Edition Tenschert bei Hanser

Rudolf Borchardt

A N A B A S I S

Aufzeichnungen · Dokumente
Erinnerungen
1943–1945

Herausgegeben
von Cornelius Borchardt
in Verbindung
mit dem Rudolf Borchardt Archiv

Edition Tenschert
bei Hanser

INHALT

ESTELLA CASTOLDI
in Dankbarkeit

Die ›Anabasis‹ des Xenophon (um 430–354 v. Chr.), der Bericht
von der Rückführung griechischer Söldner aus dem Perser-
reich des Grosskönigs Artaxerxes bis in die griechische Heimat,
gehört in den humanistischen Gymnasien des Königreichs
Preussen, wie Rudolf Borchardt sie seit 1882 durchlläuft, zu den
bereits in Untersekunda vorgeschriebenen Texten.[1] Früh, schon
im westpreussischen Marienburg 1892, ist ihm das Werk also
vertraut; und entsprechend häufig finden sich die Erwähnungen
dieses Autors in seinen späteren eigenen Schriften. Den »Zug
der Zehntausend« erwähnt das Tagebuchblatt über den Besuch
in Worms vom Juli 1906[2] und auch die gross geplante kulturpo-
litische Abhandlung ›Weltfragen‹ von 1907 spielt auf den antiken Traktat an.[3] In seinem Brief an die Schwester Vera vom Mai
1907, der eine sehr persönliche Methode zum Lernen des Griechischen entwirft, nennt Rudolf Borchardt vor der gelehrigen
Schülerin auch die Argumente seiner Schätzung: »Du also wirf
die Anabasis in weitem Bogen von Dir fort. Es ist nichts für
Dich, die Wahl beruht auf einer völlig barocken Einteilung der
antiken Schriftsteller in leichte und schwere, und findet ihre
treffendste Kritik in dem bekannten Bedauern des gebildeten
Leutnants vor der Cäsarbüste: ›Schade dass er nur für mittlere

---

[1] Vgl. die Ausgabe: Xenophon: Anabasis. Der Zug der Zehntausend. Grie-
chisch-Deutsch. Hrsg. von Walter Müri. Bearb. und mit einem Anhang versehen von Bernhard Zimmermann (München/Zürich: Artemis 1990).

[2] ›Worms. Ein Tagebuchblatt‹, 1906 (Prosa III 1960 S. 258).

[3] ›Weltfragen‹, 1907; (Prosa V 1979 S. 12).

Classen geschrieben hat‹. Xenophon ist genauso schwer wie Pindar leicht, und umgekehrt, das geht wie Handschuh umzukrempeln. Das Leichte des einen und das Schwere des andern ist ganz oberflächlich. Um ohne Lügen und Nachschwatzen fertiger literarkritischer Clichés aus eigener Empfindung sagen zu können, dass Xenophon ein wundervoller Schriftsteller ist, dazu braucht man tausendmal so viel Griechisch als um von Pindar den Eindruck der Grösse zu haben; warum, das kann ich Dir hier nicht auseinandersetzen, aber dass es so ist, darauf kannst Du Dich verlassen.«[4] Die Beschäftigung mit diesem Werk ist ein fester Bestandteil seines literarischen Lebensplanes. Im Dezember 1911, als die Gründung der Bremer Presse zwischen den Freunden zur Debatte steht und Borchardt als künftiger hauptsächlicher Mitarbeiter bereits um Vorschläge gebeten wurde, heisst es sogar: »Ich denke, wenn es zu unserer Cooperation kommen sollte, zunächst zu machen, was ich am besten kann: Pindar, Lyriker, – darunter die überhaupt noch nie recht gewürdigten – ich meine ästhetisch – und kaum je ziemlich übersetzten philosophischen, deren Schönheit und Herrlichkeit wahrhaft übermenschlich ist – Tragiker – um zu zeigen wie man das macht nämlich weder à la Vollmoeller noch à la Hofmannsthal, – Aristophanes, Prosaiker. Auf letztere richte ich Dein Hauptaugenmerk; das erste Buch Herodot, das dritte Thukydides, die Anabasis, das Buch Strabon über Griechenland in der genau entsprechenden deutschen Sprachschicht zu lesen, diese Aussicht wird auch manchem Nichtbibliophilen das Geld in der Tasche lose machen. Das Beispiel habe ich im Lysis gegeben, inzwischen aber unendliches gelernt und unendliches abgethan;

[4] RB an Vera Rosenberg, Mai 1907 (Briefe 1907–1913 S.78).

das ist heut noch viel besser zu machen.«[5] Neben beiläufigen Hinweisen[6] kommt vor allem der Würdigung in Borchardts geplanter, aber unvollendet gebliebener Abhandlung über ›Cäsars Gallischen Krieg‹, die im Januar 1943 entstanden ist, besondere Bedeutung zu; dort findet sich die Einschätzung: »Es ist ein grosser Unterschied zwischen einem so schönen, so gescheiten und franken Buche wie Xenophons Geschichte vom Rückzug der 10 000 Griechen aus Persien und Cäsars Geschichte seines gallischen Krieges«.[7] In der Familie ist überliefert, dass Rudolf Borchardt, genauso wie Teile des ›Strabo Geographicus‹ auch den Grundtext des Xenophon »in seiner Jackentasche« bei sich getragen habe und immer wieder über die sowohl militärische wie auch die darstellerische Leistung des antiken Verfassers dozierte. Mehrfach hat er im Gespräch, angesichts der militärischen Entwicklung des Zweiten Weltkrieges, auf Parallelen zwischen der Antike und seiner eigenen Zeit hingewiesen.

Diese Beschäftigung erhält eine neue Dimension, als die dramatischen Ereignisse des Sommers 1944 – ein Fluchtversuch der Familie Borchardt, Verhaftung und Verbringung »heim ins Reich« – nach einer literarischen Darstellung drängen, die sich nun sogar der Anspielung auf den antiken Text, seiner Übernahme in die Jetztzeit, gleichsam als strukturelle Folie für die Erklärung des soeben mit knapper Not bestandenen Abenteuers

---

[5] RB an Rudolf Alexander Schröder, 15. Dezember 1911 (Briefwechsel RB/Rudolf Alexander Schröder 1901–1918 S. 381).

[6] Vgl. die Bemerkung in einem Brief RBs an Unbekannt vom 21. Januar 1921 (Briefe 1914–1923 S. 268) und im Nachwort zu den Altionischen Götterliedern unter dem Namen Homers von 1923 (Prosa II 1959 S. 116).

[7] ›Cäsars Gallischer Krieg‹, Januar 1943 (Prosa IV S. 1973 S. 101 f., mit der irrtümlicher Datierung »um 1942«; vgl. die Chronik S. 263).

bedient – hier wie da ein Entkommen aus scheinbar aussichts-
loser Lage, mit unerwartet glücklichem Ausgang. Der Erzähl-
bogen der Borchardtschen ›Anabasis‹ beginnt zeitlich mit dem
Auszug aus der Villa Bernardini in Saltocchio bei Lucca zu
Weihnachten 1942 und endet knapp vor seiner Flucht in die
Weingärten um St. Stefano di Moriano bei Lucca im September
1944. Sie besteht inhaltlich aus vier Hauptteilen: Einer Charak-
terstudie seiner Gastgeberin, »Frau N.«, die der Familie Borchardt Aufnahme in ihrem Haus gewährt, Ausführungen zum
Niedergang der preussischen Militärtradition unter Hitler, einer
Schilderung der barbarischen Verwüstung Italiens am Ende des
Zweiten Weltkriegs durch deutsche Soldaten und die in plasti-
schen Charakterstudien – auch dies ein xenophontischer Kunst-
griff modellierten Figuren der Gastgeberin und des Offiziers
»Dr. Schneider«, der sich als SS-Offizier und sogar als SD-Spit-
zel entpuppt. Rudolf Borchardts Impuls ist dabei während der
Niederschrift in Innsbruck Ende September 1944, die gastliche
Aufnahme bei den Freunden als Wendepunkt in der bis dahin
glückhaften Linie seiner Italiengeschicke zu inszenieren. Bis zu
diesem Zeitpunkt, im Frühjahr 1944, hatte ihn sein Glücksstern
aller persönlichen Gefahr enthoben, hatte ihn seine Vorsicht,
wie er sagt, alles Richtige tun und alles Falsche vermeiden lassen. Nun tritt ihm ausgerechnet seine Gastgeberin (die fünf Personen aufnahm und vielleicht vor Schlimmerem rettete) in den
Weg, um die ersehnte Befreiung von nationalsozialistischem
Terror in dem Augenblick zu verhindern, in dem sich alliierte
Truppen bereits fast auf Blickweite dem ungeduldig Wartenden
genähert haben.
    Was Rudolf Borchardt unter dem entlehnten Titel in seiner
eigenen ›Anabasis‹ schildert, spielt, wie eine genaue Analyse zu
zeigen hätte, vielfach in motivischer Abwandlung und kompo-

sitioneller Kontrafaktur mit eben dieser Vorlage, um schliesslich aber doch zu einem Textfluss zu finden, der nicht nur zu den beeindruckendsten Kriegsdarstellungen der Moderne zählt, sondern auch in der Reihe von Borchardts eigenen autobiographischen Aufrissen, in konsequenter Steigerung seiner bisherigen schriftstellerischen Mittel, an chronologisch letzter Stelle dieses Œuvreteiles steht. Seine Darstellung ordnet sich in die Folge der grossen autobiographischen Selbstvergewisserungen ein, die mit dem ›Brief an den Verleger‹ von 1906 einsetzen,[8] im ›Eranos‹-Brief zu Hofmannsthals fünfzigstem Geburtstag 1924 einen Höhepunkt als Epochenbild finden,[9] die eigenen Kindheiterinnerungen 1926/27 entwickeln[10] und über mehrfache weitere Anläufe bis hin zu dem grossen Panorama ›Frühstück zu acht Gedecken‹ von 1943 reichen, in dem der Zeitgenosse des zuendegehenden Zweiten Weltkrieges seine Rolle und sein Wirken während des Ersten Weltkrieges am Beispiel des Zustandekommens seiner Rede ›Der Krieg und die deutsche Verantwortung‹ in der Deutschen Gesellschaft zu Berlin zu schildern gedachte. Hier wie später in der ›Anabasis‹ öffnet sich Borchardts Text an entscheidender Stelle seiner inneren Linienführung sogar zu dialogischen Strukturen.

Die integrale Veröffentlichung dieses Borchardtschen Nachlasstextes ist aus verschiedenen Gründen seit Jahren immer wieder hinausgeschoben worden. In die Ausgabe der Gesammelten Werke liess er sich schon deshalb nicht einfügen, weil der unabgeschlossene Charakter des Fragments nach textkritischen Darbietungsprinzipien verlangte und ausserdem eine Kommen-

---

[8] Prosa VI 1990 S. 11–31, 555–557.

[9] Prosa I 2002 S. 286–326, 559 f.

[10] Prosa VI 1990 S. 59–176, 565–570.

tierung des von Borchardt subjektiv akzentuierten Sachverhaltes geboten schien, die in diesem Rahmen nicht möglich war.[11] Erst sechzig Jahre nach ihrer Niederschrift kann diese Arbeit nun vorgelegt werden, vermehrt um die Florentiner Tagebuchniederschriften der damals, 1944, achtzehnjährigen Tochter Corona Borchardt, deren eigene ›Anabasis‹, nämlich die Trennung von ihren Eltern und Brüdern in Forte dei Marmi und Lucca und ihre verzweifelte Suche nach den Verschollenen ein zweites eindrucksvolles Bild der Kriegsmonate neben dem von Borchardt gegebenen liefert.

Den Gang der Ereignisse bis zum Tode des Vaters am 10. Januar 1945 in Trins am Brenner zeichnen die Erinnerungen von Cornelius Borchardt und eine Lebenschronik von Gerhard Schuster nach, in der alle Zeitebenen zusammengeführt und mit weiteren Zeugnissen versehen werden. Nichts mehr also von Stahlgewittern oder Kämpfen als innerem Erlebnis angesichts der Beschiessung von Pisa und der Hinrichtung Hunderter von Partisanen und Zivilisten in der von ihm seit 1903 bewohnten und geliebten Landschaft: Am Ende seines Lebens findet Rudolf Borchardt zu einer Auffassung des Preussischen und Deutschen, die zwar fast alle seine lebenslang geäusserten Positionen noch einmal wiederholt, um sie aber dann aus den früher geäusserten Ansprüchen politischer Praktikabilität in die Trauer einer Selbstaufhebung zu überführen: »Die Traditionen sind nicht mehr herstellbar, die menschlichen Träger sind ausgestorben, man kann Preusse nur noch sein wie Grieche, das Land mit der Seele suchend.«[12]

---

[11] Vgl. das von Ulrich Ott gezeichnete Nachwort in Prosa VI 1990 S. 548.

[12] RB an Rudolf Alexander Schröder, 29. Dezember 1931 (Briefwechsel RB/Rudolf Alexander Schröder 1919–1945 S. 285)

Auf den vorangehenden Seiten:
[2]   Villa Poggio al Debbio (Castoldi)
in S. Stefano di Morian, 1944
(Rudolf Borchardt Archiv).

ANABASIS

Um Weihnachten 1942 zerriss mit einem ersten Stosse der Wirklichkeit der Schleier, hinter dem wir unsere alte Welt immer noch behütet glaubten. Unsere so breite und glückliche italienische Basis wich unter unsern Füssen, Saltocchio[13] ging verloren. Das riesige alte Haus der Cenami und Bernardini eine Wegstunde von Lucca am Fuss der Pizzorne[14] verwildernd wie ein Eichendorffscher Traum aus Park und Gärten Becken Teichen Götterbildern und Barocktreppen, so herrlich und so unbequem, immer gescholten und immer geliebt, – nach jahrlangem vergeblichen Ausbieten war es dann doch plötzlich, mit einem Donnerschlage, verkauft gewesen. Noch war die geneigte

---

[13] *Saltocchio:* Das Haus, Ende des 16. Jahrhunderts erbaut, in einem Park von ca. 8 Hektar, mit italienischer Anlage im Kern und englischer Ausgestaltung der Randbereiche im 19. Jahrhundert. Zunächst im Besitz der Luccheser Seidenhändler-Dynastie der Grafen Cenami; Bartolomeo Conte Cenami, Oberstallmeister und »gran scudiero« der Herzogin von Lucca, Napoleons Schwester Elisa Baciocchi (1777–1820, reg. 1805–1815), beauftragte Umbauten im Empire-Stil der Zeit und liess den Salon des Erdgeschosses von Stefano Tofanelli (1750/52–1812) mit einem ›Achilles‹-Zyklus in Grisaille schmücken. Im Juli 1824 ging das Anwesen durch Heirat in den Besitz der Marchesi Bernardini und durch diese per Erbgang 1890 auf die Marchesi Mansi über, von denen es RB im März 1931 für eine Monatszahlung von zunächst 220 Reichsmark mieten konnte. Vgl. die noch immer ausführlichste Beschreibung, bei Isa Belli Barsali (1920–1986): Ville e Committenti dello Stato di Lucca (Lucca: Pacini Fazzi 2000). – Vgl. Abb. S. 204 f.

[14] *am Fuss der Pizzorne*: Der Bergzug ›Le Pizzorne‹ (ca. 1000 M.) zwischen Lucca und Bagni di Lucca.

Bahn, auf der wir von unserer hohen Einsamkeit zu Thale rollen sollten, von sanfteren Halten unterbrochen. Der bittere Abschied[15] war uns dadurch tröstlicher geworden, dass neben der stumpfen italienischen Figur[16] die uns vertrieb, die lichteste[17] die ich kannte und auch eine italienische gestanden hatte wie Ariel neben Caliban um das Lästigste von mir abzuwehren – sie wird auf einem spätern Blatte hier noch eine flüchtige Spur ziehen. Auch rollten die Packwagen mit der Ausstattung eines grossen Hausstandes nach einem immer noch ansehnlichen und, für die Umstände, angemessenen Hause an der See,[18] wohin ich nur kurz auszuweichen hoffte, um nach Kriegsende oder gar früher wiederum in einem Luccheser Land Hause die weite

[15] *Der bittere Abschied*: So auch in Briefen RBs an Marion Baronin Franchetti vom 24. Dezember 1942 (Briefe 1936–1945 S. 533–535) und Rudolf Alexander Schröder aus Florenz vom 2. Februar 1943 (Briefwechsel RB/Rudolf Alexander Schröder S. 612 ff.). Vgl. die Chronik S. 261.

[16] *neben der stumpfen italienischen Figur*: Der Genueser Reeder Marino Querci erwarb die Villa von den Marchesi Mansi zum 1. Januar 1943 für 7 Millionen Lire, sie befindet sich noch heute im Besitz von Erben aus dieser Familie. Zur Einschätzung des Käufers durch RB vgl. Briefe 1936–1945 S. 549.

[17] *die lichteste*: Wohl der mit RB und seiner Familie befreundete Conte Girolamo Roncioni (1895–1980); die alteingesessene Pisaner Familie lebte in ihrer Villa in Pugnano bei San Giuliano Terme unweit von Pisa. Zur Familie vgl. Giuseppa Rossi: Salotti letterari in Toscana. I tempi, l'ambiente, i personaggi. Presentazione di Antonio Tabucchi (Firenze: Le Lettere 1992, insbes. Abb. 55–57), zum Anwesen vgl. Carlo Cresti/Massimo Listri: Villen der Toskana (München: Hirmer 1992) S. 380–389 mit farbigen Abb. Die Erinnerungen von Girolamo Roncioni erschienen als Privatdruck: ›Ricordi di un Signore di altri tempi‹ (2001). Vgl. die Briefe RBs aus dem Sommer 1944 (Chronik S. 287 f.).

[18] *nach einem [...] Hause an der See*: Das Haus in Forte dei Marmi an der Durchgangsstrasse Viale Morin 80b. Vgl. die Chronik S. 260 f.

Freundschaft um mich zu ziehen, die in den verflossenen dreizehn Jahren Saltocchio seinen schönen Namen gemacht hatte.[19]
Ich verzeichne alle meine Irrtümer und zerfallenen Rechnungen
hier, sie ordnen das Bild. Der Krieg war entschieden. Das Resultat stand fest, und bis zur wievielten blutigen Dezimalstelle
man es austreiben wollte, statt hinter dem Komma abzurunden,
betraf das Resultat nicht mehr. Mit der afrikanischen Katastrophe[20] und der unabwehrbaren Landung in Sizilien[21] war wie ich
wusste für die italienische Generalität das Stichwort zum Handeln gegeben, auf das ganz Italien drängte und wartete, – mit der
russischen Katastrophe[22] die Hitlers Grosse Armee verschlun-
gen hatte, war auch dort das verzweifelte Rennen um die bessere
Zeit für immer verloren, und für die anderen gewonnen. Auch
bei uns rückte die Generalität zusammen, um im Sinne unserer
gewissenhaften militärischen Tradition, das Fazit zu ziehen und
nach dem Charakter auszublicken, der Preusse genug gewesen
wäre, noch ein Mal zu handeln wie Yorck.[23]

---

[19] *seinen schönen Namen gemacht hatte*: Zu den »Paying Guests« vgl. die Erinnerungen von Cornelius Borchardt (S. 214 f.).

[20] *Mit der afrikanischen Katastrophe*: Die Kapitulation der deutschen Truppen
unter Generaloberst Hans-Jürgen von Arnim nach mehreren militärischen
Rückschlägen am 13. Mai 1943; vgl. die Chronik S. 264.

[21] *Landung in Sizilien*: Vgl. die Chronik S. 269.

[22] *mit der russischen Katastrophe*: Die Vernichtung der deutschen 6. Armee beim
Kampf um Stalingrad vom 19./20. November 1942 bis 2. Februar 1943.

[23] *wie Yorck*: Gemeint ist die »Konvention von Tauroggen« vom 30. Dezember
1812 zwischen dem preussischen General Hans David Ludwig Graf Yorck von
Wartenburg (1759–1830) und dem russischen Generalmajor Hans Karl Friedrich
Anton Graf von Diebitsch-Sabalkanski (1785–1831), ein eigenmächtiges Waf-
fenstillstands- und Neutralitätsabkommen, wonach das preussische Hilfs-
Corps, anstatt Napoleon gegen die Russen zu unterstützen, Winterquartier be-

Ich wollte das Ende in Forte dei Marmi auswarten, wo wie ich wusste und trotz alles dräuenden Armierens,[24] Marschierens, Kommandierens, Unterminierens beweisen konnte, Landungen ausgeschlossen waren und nur steigende Belästigungen zu ertragen waren. Aber die geneigte Bahn auf der wir sanken, liess von ihrem Gesetze nicht ab. Die Kisten und Kasten des Hausrats waren eines Tages wieder auf Packwagen verladen und rollten rückwärts gegen die vermeintlich weniger gefährdete Florentiner und hauptsächlich Lucchesische Villenlandschaft, über der, blau ungebrochen ein unser spottender Scheinfriede hing. Zuerst hatte ich die Familie, mit der nötigsten Habe, dann wenigstens mich selber mit der spärlichsten, noch an der peripherischen Stelle festhalten zu können gehofft. Dann zog es uns mit. Das Rad hatte sich fast um den vollen Kreis gedreht. Wir sassen wenige Kilometer von Saltocchio, nur um Hoffnungen und Freiheit ärmer und trauriger geworden, wieder an der Wurzel des umsonst durchmessenen, rückläufig gewordenen Bo-

zog. Diese entscheidende Schwächung der Franzosen in einem Moment, zu dem König Friedrich Wilhelm III. von Preussen sich in der Gewalt der Franzosen befand, gilt als Beginn der Befreiungskriege, die Yorck als Generalgouverneur von Preussen mit der Volksbewaffnung einleitete; sein Entschluss wird hier von RB mit dem kurz zuvor am 20. Juli 1944 missglückten Putsch deutscher Offiziere gegen Hitler in Parallele gesetzt.

[24] *trotz alles dräuenden Armierens*: Zur Strandverminung vgl. die Chronik S. 284. Cornelius Borchardt erinnert sich an die laute Präsenz der deutschen Marinetruppen in Forte, vom Zapfenstreich bis zum Absingen von Marschliedern wie »O, Heideröslein …«, »In einem Polenstädtchen, | da wohnte einst ein Mädchen, | das war so schön …« (Text und Melodie: Martin Stonsdorf), das sog. Horst Wessel-Lied (»Die Fahne hoch! Die Reihen dicht geschlossen! …«); vgl. seinen Beitrag S. 216. Gelegentlich brachten die Söhne den einen oder anderen deutschen Soldaten – wie etwa den Anm. 70 genannten Gottfried Söder – zum Tee ins Haus.

gens. Auf den Hügeln im Eck der Strasse nach Camaiore-Viareggio und der Thalstrasse zum Abetonepass und Modena – Hügeln ohne militärisch interessierendes Hinterland an strassenlose Waldberge gelehnt – hatten Bekannte seit einigen Jahren ein mässiges Landgut mit Herrenhaus[25] erworben und suchten in der Gefahr, bei umsich greifenden Evakuierungen Zwangsgäste nehmen zu müssen, mit allen Mitteln uns an ihr Haus zu fesseln. Die Fatalität war stärker als mein langes zähes Widerstreben und bestand noch ein Mal auf ihrem Rechte. Auch hier und bis zuletzt verbarg sie ihr Antlitz hinter freundlichen Masken und wir durften, wenn wir die innere Stimme übertönten und unzählige Mahnungen an unserer Bahn übersahen, uns schmeicheln, dass wir es aufs weiseste angelegt und unendlich viel besser getroffen hatten, als die weitaus Meisten die der Krieg täglich zwang sich irgendwie mit Bekannten Halbbekannten, Fremden, den Ersten Besten unter dem gleichen Notdache zu behelfen.

Das war ein grosser Irrtum. In gewöhnlichen Zeiten deckt der uniforme gesellschaftliche Firnis widerstreitende Gesinnungen schon dadurch, dass man ohnehin einander nur Oberflächen zu zeigen braucht. In schrecklichen und gefährlichen wird der Conflict früher oder später durch jede conventionelle Decke brechen und den besten Willen beider Teile oder des einen von beiden aus dem Halt heben. In unserm Falle sollte es sich steigend rächen, dass wir um des nächsten Vorteils willen diese Warnungen hatten überhören wollen – allerdings überhören, denn sie waren uns durchaus gegenwärtig gewesen. Wir hatten

---

[25] *ein mässiges Landgut mit Herrenhaus*: Die Villa ›Poggio al Debbio‹ (oggi Perini) in San Michele di Moriano. Vgl. Abb. S. 14 f.

uns überreden wollen, mit conventionellen Leuten, wie die N[26] es waren, conventionell in den Formen der Wolerzogenheit existieren und entstehenden Differenzen leicht eine überlegene Wendung geben zu können. Aber die Ns waren eben reiche bürgerliche Italiener des gewöhnlichen Schlages nur im negativen Sinne, der totalen Phantasielosigkeit, des totalen Mangels jeder Ahnung einer Welt höherer Werte, und jener einfältigen Sicherheit in Beidem, die sie den höchst gebildeten hohen wie den höchst bildsamen niederen Ständen je nachdem verleidet oder komisch zu machen pflegt. In allem positiven waren sie die denkbar tollste Ausnahme von jeder Convention des Landes und der Gesellschaft, und der Schrecken der Landschaft.

Der Frau des Hauses,[27] einer Halbengländerin aus ansehnlichem, ehemals begütert gewesenem italienischem Hause, die unter ihrem Stande reich geheiratet hatte, England wütend hasste und sich Italiens schämte, hatte ich schon 1940 als sie mich in Saltocchio besuchte,[28] kurzab erklärt, dass alles verloren und der Siegeslauf von Land zu Land ein schrecklicher Vorbehalt der göttlichen Rache sei und dass der Krieg mit dem Untergange Deutschlands und seinem Ausscheiden aus der europäischen Geschichte für 200 Jahre enden werde. Darauf hatte sie damals in ihrer dummen Siegestrunkenheit nur hell und höhnisch gelacht und sich über mich so erhaben gedünkt wie über ihre Bauern, deren keinem ich natürlich mit jenen Worten das

[26] *die N*: Die Gastgeberfamilie Castoldi.

[27] *Der Frau des Hauses*: Zu Estella Castoldi (18. Oktober 1901–16. September 1960), die der römischen Familie der Conti Macchi di Cellere entstammte, vgl. die Erinnerungen von Cornelius Borchardt (S. 221 f.).

[28] *mich in Saltocchio besuchte*: Das genaue Datum dieses Besuchs ist noch nicht ermittelt; vgl. die Erinnerungen von Cornelius Borchardt (S. 222 f.).

RUDOLF BORCHARDT: ANABASIS

geringste Neue gesagt hätte, denn das durch uralte Erfahrung zu bitterer Skepsis und grimmigem Realismus erzogene weise und christliche Landvolk[29], das diese Halbfremde und Halbwitzige Instinktlose verachten und belehren zu können glaubte, wusste aus Instinkt und angeborenem Massgefühl dasjenige, was mich die Einsicht in die latenten Kräfte der alten Staatsvölker Europas lehrte; jeder Taglöhner bewertete den politischen Dauergehalt jener blitzartig abgemähten militärisch technischen Siegesernten untrüglich. Einer Florentiner Freundin[30] hatte ihr Taxifahrer hinter der Hand gesagt »Wenn wir nicht flott machen dass dass wir diesen Krieg verlieren, Signora Marchesa, dann wird das böse, böse«, ein anderer hatte geäussert »Nur keine Bange, den Krieg hier, den gewinnt das Flugzeug und die Bistecca, alles andere sind Sprüche« und mir waren auf einem befreundeten Schlossgute,[31] als die Engländer in Afrika eine pein-

---

[29] *weise und christliche Landvolk*: So schon sinngemäss in RBs Essay ›Villa‹ von 1907: »Der citramontane Aberglaube, der alle Künstlerqualitäten von Phantasie und Leidenschaft, genialem und brausendem Blut, Leichtsinn und Idealität auf den Ehrenscheitel des Italieners häuft, kann kaum irgendwo grimmigerem Hohne begegnen als bei den so Misskannten selber, den zähen und rechnerischen, kalten, überlegenen und klaren Kindern einer seit undenklichen Zeiten festgewordenen Rasse, so fein von Kopf, wie deutlich, ja grob von Seele, im ausgeträumten Innern schwunglos und streng bei der Sache, so schönen Schein des Schwunges eine elastische Sprache ihnen leihen mag – diesem greisen und ungläubigen Volke von Bauern und Gerichtsleuten, Bürgern im historischen Sinne des Wortes, Händlern und Unterhändlern, Vermittlern und Bankiers, das nur halb aus der Lähmung von Armut und Unfreiheit hat heraustreten dürfen, um sich auch schon mit den immanenten Eigenschaften des Lateiners wieder zu bezeugen.« (Prosa III 1960 S. 38 f.)

[30] *Einer Florentiner Freundin*: Wohl Baronin Marion Franchetti.

[31] *auf einem befreundeten Schlossgute*: Wohl bei der Contessa Alicia Paolozzi geb. Schlesinger in der unweit von Saltocchio liegenden Villa Paolozzi in Palmata.

liche Schlappe eingesteckt hatten, Gärtner Bauern Gutsvogt in voller Verstörung am Rocke gehangen, um ja vergewissert zu werden, dass das nichts zu sagen habe, vielleicht gar nichts daran sei. Mussolini war gegen den hochgehenden Strom des geschlossenen italienischen Volkswillens in den Krieg gegangen. Heer und Flotte, Finanz Banken und Industrie und ein sehr beträchtlicher Teil der Partei hatten auf das Bestimmteste nicht gewollt und nicht getraut. Mit ihm war nur die Spekulation gewesen, alle Plusmacherei, alle Glücksrittergesellschaft und natürlich alles was die Partei leicht aufwirbeln, in Abhängigkeit bringen und fanatisieren konnte weil es keine eigenen Wurzen [*sic*] hatte, Subalterne, Kleinbeamte, Halbgebildete, Frauen, Streber und Narren, im Ganzen doch nur eine mitschreiende Minderheit. Vom König und Kronprinzen[32] hatte die Nation bis zum letzten Augenblicke das Veto gegen das aberwitzige Vabanque erhofft und bei einer denkwürdigen öffentlichen Veranstaltung vergeblich darum demonstriert. Aber der Hof in allen seinen Gliedern und Verzweigungen war hart, gab sich siegesgewiss und sah das Risiko des Ausbrechens aus der politischen Festlegung des Landes in der national sozialistischen Linie als das eigentliche, das Mitthun neben dem übergerüsteten Nationalsozialismus als das relativ geringere an. Der König hat hochgestellten deutschen Warnern gegenüber geäussert,[33] ein Mo-

---

[32] *Vom König und Kronprinzen*: König Vittorio Emanuele III. (reg. 1900–1946) und der damalige Kronprinz Umberto (1904–1983), nach der Abdankung seines siebenundsiebzigjährigen Vaters im Mai 1946 als König Umberto II. bis zum 2. Juni 1946 der letzte Monarch Italiens.

[33] *deutschen Warnern gegenüber geäussert*: Gemeint sein dürfte Kronprinz Rupprecht von Bayern. – RBs Wiedergabe deckt sich mit den Ergebnissen der Geschichtsforschung; vgl. etwa Jens Petersen: ›Die Stunde der Entscheidung. Das

RUDOLF BORCHARDT: ANABASIS

narch müsse bei seiner Unterschrift bleiben, sonst laufe er Gefahr wie Alfons von Spanien[34] schliesslich bei niemandem mehr Vertrauen zu finden, eine vorzügliche Maxime, im rechten Munde und an der rechten Stelle, und durch die Zukunft auf die für den Unrechten Mann doppelt grausamen Proben gestellt. Die königliche Familie war gespalten.[35] Unter den Königstöchtern gab es wilde und ungezogene englandfeindliche Faschistinnen neben ruhig und besonnen urteilenden. Der Herzog von Aosta,[36] dem das Schicksal eine undankbare Rolle und einen schmerzlich frühen Tod aufbehielt, war wie andere jüngere Agnaten des Hauses traditionell englandfreundlich. Die Königin,

faschistische Italien zwischen Mittelmeerimperium und neutralistischem Niedergang‹. In: Kriegsausbruch 1939. Beteiligte, Betroffene, Neutrale. Hrsg. von Helmut Altrichter und Josef Becker (München: C. H. Beck 1989 S. 131–152).

[34] *wie Alfons von Spanien*: König Alfons XIII. von Spanien (1886–1941) stimmte der Militärdiktatur von Primo de Ribera 1930 zu, musste aber 1931, als die republikanischen Parteien den Wahlsieg davontrugen, das Land verlassen. Er lebte, ohne abgedankt zu haben, seither im Exil in Rom.

[35] *Die königliche Familie war gespalten*: Mit Bezug auf den Kronprinzen Umberto (1904–1983) und seine Schwestern Jolanda Margherita (1887–1986), seit 1923 verh. mit Giorgio Carlo Calvi Conte di Bergolo, Mafalda (1902–1944), seit 1944 verh. mit Landgraf Philipp von Hessen (1896–1980) – dem SA-Obergruppenführer und Oberpräsidenten der Provinz Hessen-Nassau –, Giovanna (1907–2000), verh. mit König Boris III. von Bulgarien, und Maria (1914–2001), verheiratet mit Prinz Louis von Bourbon-Parma (1899–1967).

[36] *Der Herzog von Aosta*: Amadeo Duca d'Aosta, der Sohn von Emanuele Filiberto Duca d'Aosta (1869–1931), geb. Turin 21. Oktober 1898, gest. Nairobi 3. März 1942, wurde Brigadegeneral in der ital. Luftwaffe, dann Ende 1937 Vizekönig von Italienisch-Ostafrika, 1940 Oberbefehlshaber der dortigen italienischen Streitkräfte. Im August 1940 eroberte er Britisch-Somaliland, verlor es jedoch Anfang 1941 mit Italienisch-Somaliland und Eritrea und kapitulierte nach dem Verlust des grössten Teils Abessiniens am 19. Mai 1941 bei Amba Alagi.

die Saltocchio liebte und alljährlich bei mir einsprach,[37] stellte leise Fragen und war bekümmert. Die Monarchie hat nie während ihrer gesamten neuitalienischen Geschichte eine grössere Gelegenheit, die ganze Nation mit sich zu reissen, besessen und verwirkt. Heut ist es zum mindesten fraglich ob die klägliche Ausflucht Mussolinis – oder das Diktat seiner urteilslosen deutschen Hintermänner – der Dynastie eine italienische Republik[38] zwischen die Räder zu werfen, den Begriff dieser letzteren so total discreditirt hat, dass man wol oder übel und trotz Allem es weiter mit der alten Staatsform halten muss, obwol sie mit den unabsehbaren Ruinen des Landes belastet ist.[39]

Frau N war von der eigenen Familie her und aus gemeinsamen Schultagen mit dem königlichen Hause, und zwar gerade seinen hitzigsten Vertreterinnen, vertraut gewesen. Auch darin Engländerin, empfand sie sich als Mitausdruck der für das Land verantwortlichen Führung, als Instanz und Autorität, – eine unglückliche Combination, da sie wie andere ihrer Art ihre Denkschablonen und Vorurteile für Urteile und das stereotype Nachsprechen halbverstandener Dogmen für ihren Charakter hielt und damit der Schrecken vernünftiger und bequemer Conversationen geworden war. Sie war auch abgesehen von den Disharmonieen ihrer zwiespältigen Herkunft ein sehr bedauernswerter Mensch, aber sie erweckte keine Sympathieen oder entmutigte

---

[37] *alljährlich bei mir einsprach*: Die wiederholten Besuche der Königin Elena, zumeist während der sommerlichen Aufenthalte in der ›Tenuta di San Rossore‹ bei Pisa, galten ihrem Interesse an der Anlage von Villa Bernardini und benachbarten Gütern wie der Villa Marlia. Anfang Oktober 1938 überreichte ihr RB ein Exemplar seines Buches ›Pisa‹ (Briefe 1936–1945 S. 307 f.).

[38] *eine italienische Republik*: Vgl. die Literaturhinweise zur Chronik S. 255.

[39] *mit den unabsehbaren Ruinen des Landes belastet ist*: Die Volksabstimmung von 1946 entschied mit knapper Mehrheit gegen die Monarchie.

sie so bald und so definitiv, dass sie sich seit Jahren darauf
zurückgedrängt sah ihren engsten Lebenskreis zu kasteien zu
fanatisieren und unglücklich zu machen, wobei sie nach englisch
schottischer Art, Jedermanns Bestes[40] wollte, welches Beste sie
nach dem Mass ihrer Beschränktheit und Selbstgerechtigkeit
bestimmte. In Aberdeenshire[41] ist dieser Typus weiblicher Ty-
rannei und aberwitziger Ordnungswut alltäglich und die Grosse
Literatur hat ihn oft verzeichnet, aber wo er italienisch spricht
und sich dem klügsten, civilsten und biegsamsten aller Völker als
Jehovah aller verdienten Strafen und karg bemessenen Gnaden
aufzuzwingen versucht, führt er in die Scherben. Frau N. hatte
im Faschismus die ideale Brücke zwischen ihrer englischen und
ihrer italienischen Halbheit geträumt und mit vollem Fanatismus zu erzwingen geholfen. Ein italienisches Volk das ohne
eine einzige der schönen italienischen Tugenden, aber mit lauter
Carrikatur englischer Tugenden ausstaffiert, und durch einige
carrikierte römische auch diesen noch überlegen, dienend,
schweigend, spezialisiert bis zur Nummer, seegewaltig, ländererobernd, geldmachend Recorde brechend, England eines Tages
die Bedingungen diktieren würde von gleich zu gleich, und in
Beschämung englischer Brutalität mit jener Grossmut, bei der
die Eitelkeit ihre doppelte Rechnung findet. Dass dieser idioti-
sche Traum bereits längst an der italienischen Wirklichkeit zu
dem Papier geworden war, aus dem seine Schemen stammten,

[40] *Jedermanns Bestes*: Vgl. den Brief RBs an Conte Girolamo Roncioni über
Estella Castoldi vom 15. Januar 1944 (Briefe 1936 – 1945 S. 647).

[41] *In Aberdeenshire*: Der Grafschaft im Nordosten Schottlands mit der Haupt-
stadt Aberdeen. Ob RBs Einschätzung auf persönlicher Erfahrung beruhen
könnte, ist nicht genau auszumachen. Die möglicherweise auch literarisch ge-
meinte Anspielung bleibt (den Herausgebern) unklar.

der Faschismus ein ordinärer Laden, von dem eine ordinäre Minderheit gut zu leben fand und Italien das alte Italien geblieben, mit mehr Licht und weniger Schatten als die meisten Schwestervölker, aber mit italienischen und nicht englischen Tugenden, hatte die Ergrimmte nicht verzeihen können, da sie alles auf sich selber und die eigene Fügung bezog und gab ohne es zu ahnen die Namen der geblähten politischen Propaganda nur ihren eigenen Geltungs und Vollkommenheitsansprüchen. Da sie Italien weder kannte noch liebte noch begriff und viel zu hoffärtig war hierin einen Mangel und eine Schuld zu fühlen, wäre sie endlich ohne Basis gewesen, wenn der Nationalsozialismus sie ihr nicht gegeben hätte, in dem er sich anheischig machte, das sie erniedrigende italienische Defizit an Disziplin, Fanatismus, Reckentrotz, Heldengesinnung, Härte, Grösse und wie die Bilderbogenbegriffe sonst heissen mochten, durch politischmilitärischen Contract zu decken, und Italien gegen mässige Leistungen an seiner Weltherrschaft zu commanditieren. Jetzt hatte sie ihr Idol, jetzt gewonnenes Spiel, und setzte sich selber und all das Ihre blind und toll auf diese Karte. Die Ereignisse kritisch zu ordnen, die durcheinander lärmenden Propaganden zu sichten, auf den Kern der Vorgänge zu dringen, ihre Interessen den Geboten der Klugheit und Besonnenheit laufend anzupassen, fehlte ihr nicht weniger als alles, hätte ihr aber auch ihre masslose Eitelkeit verboten. Als die Schreckenszeichen am Himmel sich häuften, hat sie gegen meine Frau buchstäblich geäussert, falls der Ausschlag doch gegen Hitler und Mussolini ergehen sollte, was sie zwar bis zum letzten Augenblicke für unmöglich halten werde, könne sie an keinen Gott mehr glauben. Um bei dieser bösen Tollheit bleiben zu können, musste sie freilich grundsätzlich Ohren und Augen gegen die Wirklichkeit verschliessen und sich in einer verlogenen Welt gegen die Wahrheit verschanzen. Was der Nationalsozialismus wirklich war, konnte sie durch die deutsche Erzieherin ihrer Kinder,[42] eine vortreffliche, so zartfühlende wie mutige, so feingebildete wie urteilsfähige Hamburgerin – sie sei hier Gertrud genannt – erfahren, mit zweifellosen Belegen und Thatsachen. Aber die grauenhafte Confusion zwischen deutschen [sic] Deutschland und Nazideutschland, echter deutscher Eigenschaft und Substanz und den Teufeln von denen beides geritten wurde, dieser schillernde Trugschluss aus dem Hitler seine ganzen Credite immer noch, ja immer mehr an sich zog, und den aufzulösen es allerdings wirklicher geschichtlicher, geistiger und sittlicher Kräfte bedurfte, gab der wütenden Frau allerdings sophistische Argumente. Das alte deutsche Deutschland war 1914 von Italien ja wirklich verraten worden.[43] Der Friede von Versailles war ja wirklich eine aberwitzige und gewährlose Unthat an jenem echten und wahren Deutschland gewesen und niemand der ihn hinnahm ohne den festen Entschluss sein Joch bei gegebener Frist wieder zu sprengen, des deutschen Namens würdig. Dass ich so dachte, war der Frau immer bekannt gewesen. Dass ich gerade weil ich so dachte, und weil ich Faktoren und Proportionen übersah, unsern definitiven Untergang dort erblicken musste, wo diese entartete Engländerin und stillose Italienerin unseren und damit ihren eigenen Triumph mit ihrem Seelenheil erkauft hätte, und Gott geleugnet wenn er den Bund mit dem Satan göttlich rächte, war zugleich ihrer geistigen Stufe unauf-

---

[42] *die deutsche Erzieherin ihrer Kinder*: Die junge Dame hiess Lisbeth (»Liby«); vgl. das Tagebuch von Corona Borchardt (S. 194).

[43] *von Italien [...] verraten worden*: Vgl. dazu RBs in Müllheim am 8. August 1915 gehaltene Rede ›Warum fiel Italien ab?‹ (Prosa V 1979 S. 284–300; Schriften 4/5 S. 183).

löslich und ihrer Überheblichkeit ein dauernder Antrieb mich entweder zu bessern oder zu strafen. Wir hatten uns dem rancunösen und unberechenbaren Elemente ständiger Reizung, das sie in die Beziehungen brachte, thunlichst entzogen, und die Kinder vor allem, die mit den einseitig angelegten und noch einseitiger gequetschten übrigens von Natur her gutartigen und banalen aber bereits zum dümmsten Aburteilen erzogenen Kindern des Hauses[44] in kein Vernehmen gelangen konnten, ihre geliebte Atmosphäre, Musik, Redefreiheit, höhere Interessen, schmerzlich entbehrten, hockten tagsüber mit den Bauernknaben um Saltocchio herum, von wo sie fast alltäglich Wissenswertes und Gescheites mitbrachten. Die Nsche Familie, ohnehin erst kurz im Lande, wo es zehnjähriger, misstrauischer Durchprüfung bedarf um voll zu gelten, und nie sehr beliebt gewesen, wurde scharf beobachtet und hart beurteilt. Die Hitlertruppen, über den Tiber geschlagen und gegen die Berge gedrückt, unbeschränkte Herren des wehrlosen Landes wo keine italienische Autorität mehr Recht sprach und Schutz gewährte, behandelten die vorgeblichen Bundesgenossen, – was sie dem fiktiven Rechtsboden nach immer noch waren, praktisch als Eroberer, in Einzelfällen, und wo einmal ein einsichtiger Offizier sich durchsetzte, mit verständiger Schonung, aber durchaus ohne jenes tiefere Verständnis des Volkscharakters, an dessen Gewinnung gerade das ältere Deutschland ein Jahrhundert feinster und liebevollster Arbeit gesetzt hatte. Die Italiener auf Schritt und Tritt gedrängt, beschränkt, von Verboten, Drohun-

---

[44] *gutartigen und banalen [...] Kindern des Hauses*: Das Ehepaar Giovanni Antonio und Estella Castoldi hatte sechs Kinder: Alberto (»Giogio«), Agostino (»Tino«), Maria Zelì (»Pupa«) – später verheiratet mit Conte Manfredo Roncioni (1920–1999) –, Giulia (»Agù«), Gianqualberto (»Chicco«) und Carlo.

gen, Anherrschungen in ungeschickter, durch Übersetzung noch
vergröberter Sprache her und hin gestossen, wichen geschmei-
dig aus, lächelten, radebrechten und schickten sich, gaben
achselzuckend und mit beherrschten Gesichtern was die geschlagene und übel versehene Armee ihnen anfänglich mit Vor-
wänden, bald unverblümt abforderte, die Autos, die Fahrräder,
die Radioapparate, die Näh- und Schreibmaschinen, Fuhrwerke
jeder Art und Zugtiere jeder Gattung und dahinter, wie anfangs
nur die Eingeweihten, bald Alle wussten, mit radikaler Plünde-
rungs Organisation alle Vorräte des Landes, die Maschinerieen
seiner Fabriken, selbst die Nahrungsmittellager auf denen die
rationierte Volksernährung, schlecht und arm wie sie war, doch
immer beruhte. Wol war alles voll fremder Soldaten, fast kein
Haus das der verdriesslichen Einquartierung, oft Enteignung,
manchmal Vertreibung der Bewohner entgangen wäre, es wurde
mit Resignation, Artigkeit und vorbildlicher Fassung ertragen,
aber eben doch ertragen wie man ein nationales Unglück erträgt,
ohne Abbruch an der menschlichen und nationalen Würde und
mit dem Vorbehalte des Ausgleichs am Tage der Abrechnung.
Wie anders als mit dumpfem Ingrimm konnte dies Volk auf das
N'sche Haus sehen, das die Gutsherrin mit empörender Her-
ausforderung der öffentlichen Stimmung zur Centrale der Um-
schmeichelung und Idolisierung des ungeliebten Bedrückers
machte, jeden Soldaten und Offizier einladend beschenkend,
bewirtend, behausend, unter Verleugnung jeder würdigen Fühlung mit dem ungeheuren Elend der Landschaft und der
Nation? Wo sie selbst als Propagandistin ihrer Lügenwelt von
Bauernhaus zu Bauernhaus ging um denjenigen, die sich all-
nächtlich an den Londoner Radioemissionen Hoffnung und
Lebensmut holen, zu predigen, jedes englische Wort sei Lüge,
jedes Naziwort Evangelium, und Italien sei ein Lumpenkram

und eine Zigeunerbande, die der Rettung durch den grandiosen
Nationalsozialismus nur langsam wert werden könne? Wir
selber waren durch meine lebenslange Ansässigkeit im Lande
und unsere Allen wolbekannte Gesinnung die Vertrauten aller
Stände geworden, ich vor allem genoss infolge meiner Arbeiten,
für deren Charakter das alte Kulturvolk bis in seine Analpha-
beten hinein zugleich akustisch und respektvoll dankbar war,
eine Art ungeschriebenen Ehrenbürgerrechts, wo wir auftraten,
entblössten sich die Häupter und erhellten sich die Mienen, und
seit durch Wolunterrichtete, darunter italienische Amtsorgane[45]
mehr oder minder bekannt geworden war, dass ich seit der deutschen Schreckensherrschaft in Italien als politisch Selbstverbannter[46] lebte, ja nur dem Schutze des italienischen Volkes[47]

---

[45] *italienische Amtsorgane*: Diese Anspielung lässt sich einstweilen nicht auflösen.

[46] *als politisch Selbstverbannter*: Eine spätestens nach 1933 bei RB häufig wieder-
kehrende Formulierung.

[47] *dem Schutze des italienischen Volkes*: RB hatte nicht nur durch Vermittlung der
Deutschen Botschaft in Rom am 26. März 1933 eine »Domanda d'udienza« an
Benito Mussolini gerichtet, und ihm am 4. April 1933 die Ausgabe des ›Dante
Deutsch‹ (München/Berlin: Verlag der Bremer Presse/Ernst Rowohlt 1930)
überreicht; darüber berichtet (als letzte Publikation in Deutschland) der Aufsatz
›Besuch bei Mussolini‹ in der Kölnischen Zeitung vom 16. April 1933 (Prosa VI
1990 S. 211–218). Am 4. September 1939, unmittelbar nach Kriegsausbruch, ad-
ressierte RB durch Vermittlung Giovanni Gentiles (1875–1944) ein Gesuch an
Mussolini: »Le incertezze della situazione mi costringono – e la generosa con-
siderazione che l'Eccellenza Vostra sei anni fa ha voluto dimostrarmi, riceven-
domi a Palazzo Venezia e dandone notizia per la stampa Italiana, m'incoraggia a
mettere me e la mia famiglia sotto la protezione di chi dirige le sorti dell'Ita-
lia.|Non chiedo favori specifici o particolari né aiuti di sorta.|Cittadino di Ger-
mania, munito di passaporto regolare valido fino al 42, residente in Italia dal
1906, stabilito in questa campagna dal 1930 nulla in tempi normali avrei da te-
mere per sicurezza dei miei e per il tranquillo svolgimento della mia attività in

Freiheit und Leben dankte, hatte sich um mich und uns alle ein Mythus sympatisierender Bewunderung gewoben, der mit den schwarzen Schatten über dem Nschen Hause sehr zum Nachteile unserer Wirte kontrastierte. Ich hatte es für pflichtgemäss gehalten in den ersten Tagen meines Aufenthaltes den Geistlichen zu consultieren[48] um sicher zu stellen, dass bei dem um sich greifenden Deutschenhasse der Bevölkerung unser Aufenthalt das Nsche Haus nicht etwa gefährde. Der Pfarrer, ein kluger, und dazu ein mutiger Mann, antwortete mir das Haus sei derartig gefährdet und verrufen, dass vielleicht nur das unverhoffte Glück gerade uns zu beherbergen, an einem nicht zu fernen Tage als Blitzableiter wirken könne. Er zeigte sich über

tanta parte dedicate alle glorie d'Italia.|L' Eccellenza Vostra nell' occasione sopradetta, accogliendo il dono del mio Dante volle designarmi, interprete per trent'anni dell'Italia alla Germania della Germania all'Italia, al ›riconoscente rispetto di tutti gli Italiani‹. Trascrivo letteralmente le parole della stampa d'allora.|Nient'altro oggi oso ricordando chiedere all' Eccellenza Vostra. Una Sua parola sarà bastevole ad assicurare i miei quattro figli minorenni o di tenera età, me stesso la vita nostra ed i miei lavori, da qualunque eventualità che cambiamenti imprevisti potrebbero, da un giorno all'altro, produrre. Qui dove per 33 anni ho vissuto e lavorato, vorrei continuare a lavorare e vivere ritirato ed indisturbato.« (Briefe 1936−1945 S.384−386).

[48] *den Geistlichen zu consultieren*: Wohl Giovanni Freddolini (1902−1980), seit 1929 Pfarrer des unweit von San Michele di Moriano gelegenen Bergdorfes Aquilea, den auch Corona Borchardt erwähnt (S.196), er hat im Sommer 1944 mehrfach Flüchtige versteckt; seine Kirche wurde im Zuge der Kampfhandlungen zerstört (und modern wiederaufgebaut). RB stand mit dem Geistlichen in freundlicher Verbindung. Der auch als Holzschnitzer dilettierende Pfarrer schenkte ihm ein Dante-Porträt als Hochrelief aus Olivenholz (Leihgabe im Rudolf Borchardt Archiv). Vgl. die Widmung in einer dann von RB an Schröder weitergegebene Miniaturausgabe des Horaz (London: Pickering 1818) (Briefwechsel RB/Rudolf Alexander Schröder 1919−1945 S.460).

mich und meine Umstände und Antecedentien[49] bis ins Einzelne unterrichtet, deutete mir an, auch die noch im Dunklen arbeitenden und vorbereitenden Faktoren[50] mit denen er natürlich längst in Fühlung war, seien das, und drang in mich, alles aufzubieten um Frau N zu grösserer Vorsicht und Klugheit vor allem in ihren hirnverbrannten Reden vor Dienstboten und Gutsbauern zu bestimmen, da sie sonst mit Sicherheit schweren Stunden entgegen gehe. In den darauf folgenden Zeiten haben wir, ohne uns in Dinge einzumengen, die uns nicht angingen und in denen wir bei diesem verkehrten Charakter doch nichts ausgerichtet hätten, das Unsere gethan um zwischen der Truppe und der Bevölkerung zu vermitteln, Härten auszugleichen und vor allem den deutschen Soldaten und Corporälen, die bei ihrer Sprachunkenntnis und dem Zwange abscheuliche Befehle auszuführen, gerade dann wenn sie anständige Kerle waren, sich in einer beklagenswerten Lage befanden, ihr unliebsames Handwerk etwas zu erleichtern. Die hungernde und moralisch haltlose Armee, in deren Gefüge die Niederlage wühlte und zersetzte, lebte nun buchstäblich aus dem unglücklichen Lande.

[49] *meine Umstände und Antecedentien*: Vgl. dazu: ›Rudolf Borchardt und Martin Buber. Briefe, Dokumente, Gespräche 1907–1964‹. In Zusammenarbeit mit Karl Neuwirth hrsg. von Gerhard Schuster (München 1991; Schriften der Rudolf Borchardt-Gesellschaft, Band 2).

[50] *im Dunklen arbeitenden [...] Faktoren*: Nach Auskunft von Cornelius Borchardt gab es in diesen Wochen einen nicht mehr näher bestimmbaren Kontakt RBs zu den Partisanen. Die Darstellung von Andrea De Vita: ›Resistenza e alleati in provincia di Lucca‹ enthält weitgehend nur »Personalpolitik« ab September 1944 (›La Resistenza e gli Alleati in Toscana. I C.L.N. della Toscana nei rapporti col Governo militare alleato e col Governo dell' Italia liberata. Atti del primo convegno di storia della Resistenza in Toscana tenuto nel XX anniversario della costituzione dei C.L.N.‹ Firenze 1964 S.179–187).

Fast die gesamte ebene und hügelige Lucchesia war durch Armeebefehl zum »Requisitionsgebiete«, d h vogelfrei erklärt worden. Ein braver deutscher Offizier, dessen Namen ich um seines Verständnisses und seiner Verdienste im Sinne internationaler Menschlichkeit hier aufbewahre, der Leutnant Schwarzmannseder aus Stuttgart,[51] der Luccheser Ortskommandantur zugeteilt, hatte uns darüber unterrichtet, dass der Abtrieb von 75 % des gesamten Viehbestandes der Provinz befohlen war und bereits durchgeführt werde, und die arbeitsfähige männliche Bevölkerung zur Zwangsarbeit beigetrieben[52] und verschickt werden solle ohne jeden Unterschied der Stände, der Herkunft des Alters. Ich selber zunächst, dann meine Frau und meine Söhne hatten bald keinen ruhigen Tag mehr. Von nah und fern kamen die Angstbotschaften die uns riefen hier einem Armen eine Kuh, oder ein Schwein, einer Frau den Mann, einer Familie den Handkarren, einem Arbeiter das Fahrrad zu retten, einer von schreienden und drohenden Soldaten umgebenden Hilflosen zu erklären und vielleicht zu erhalten was man von ihr erpressen wollte. Frau N. war auf diesem Punkte, wo ihre eigene Habe an die der Halbpachtbauern[53] angewachsen war, keineswegs eine Ausnahme von der schutzflehenden Bevölkerung und bediente sich weder ungern noch erfolglos der ruhigen und freundlichen Autorität, mit der ich den verärgerten und barschen Lanzern gegenüber aufzutreten vermochte. Dass ihre

---

[51] *der Leutnant Schwarzmannseder aus Stuttgart*: Nichts Näheres ermittelt.

[52] *zur Zwangsarbeit beigetrieben*: Vgl. die Literaturhinweise S. 255 f.

[53] *der Halbpachtbauern*: Zu RBs Auffassung über den »weisen und anständigen Spielraum« der sog. »mezzadria«, »die bei allem festgehaltenen Anschein eines aristokratischen Regimes in Wahrheit ein so demokratisches Gemeinwesen schafft«, vgl. den Essay ›Villa‹ von 1907 (Prosa III 1990 S. 59 f.).

Eifersucht und Hoffahrt zu mir erst dann griff, wenn die klein-
lichen und sorgfältig verheimlichten Versuche, durch ihre
deutsch stammelnden Kinder durchzudringen und durch ein par
Flaschen Wein sich beim Kommandanten Vorrechte zu verschaffen, abgeglitten waren, muss darum erwähnt werden, weil
hier die steigende Tendenz einsetzte, sich über uns hinweg deutschen Anhang zu verschaffen und sich vor diesem mit manie-
rierter Opferbereitschaft für die gute Sache zu spreizen und zu
brüsten wobei unsere gemessene und ausgleichende Haltung
denn allerdings abstechen und schliesslich auffallen konnte.
Dass daneben unsere Befürwortung bei den deutschen Stellen
dem Gute seinen vollen Viehbestand und den Gutsbauern die
Exemption von der Verschickung erhielt, wurde, wie es bei
solchen Charakteren üblich ist, halbsüss gedankt und umso gif-
tiger verheimlicht, als der kindische Anspruch der eitlen Frau
von allen Unterthanen als einziger Quell der Rettung Weisheit
und Allmacht vergöttert und durch unbedingte Hingabe ent-
schädigt zu werden, an den Thatsachen zerfiel, denn jeder weit
und breit wusste und bezeugte mit stillem Danke, wer einge-
griffen und zu recht geschoben hatte. Wir liessen uns durch
diese durchsichtigen Mitmenschlichkeiten weder berühren
noch verstimmen, sondern übersahen sie stillschweigend, um
so mehr als die Zeit härter und härter wurde. Mit dem letzten rein militärischen Platzkommandanten von Lucca der sein
Amt an die SS abgab, begann die absolute Plünderung, die
systematische Verwüstung der herrlichen Kulturlandschaft die
seit dem Mittelalter keinen Feind auf ihrem Boden gesehen
hatte, die grässliche Menschenjagd,[54] die auch unsere nächsten

---

[54] *die grässliche Menschenjagd*: Vgl. die Literaturhinweise S. 255 ff. – Hingewiesen
sei in diesem Zusammenhang auf die von Reinhard Tgahrt hrsg. Erinnerungen

RUDOLF BORCHARDT: ANABASIS

Freunde[55] auf ihren altberühmten Villen nicht ausnahm oder
erst ausnahm als wir alle Mittel der Verteidigung anstrengten,
das kaltblütige Ermorden harmloser Flüchtlinge aus gefährde-
ten Räumen, die als vorgebliche Franctireurs im Bergwald auf-
gegriffen, und in Abständen tot auf die Landstrassen geworfen
wurden, mein ältester Sohn[56] der um Freunden Hilfe zu bringen
soweit er konnte der Front entgegenfuhr ist auf seinem Rade
zwischen diesen Opfern einer kopflosen Verwilderung hin-
durchpassiert. Hier, aus Gründen die hier nur zum Teile berührt
werden können, wich der affektierte Tollpunkt der uns Herber-
genden schliesslich doch materiellen und eifersüchtig persönlichen Interessen. Als die nach Jahren zum ersten Male wieder
reiche Kornernte nicht gemahlen werden konnte, weil die SS
täglich eine der grossen und herrlichen Kunstmühlen, den Stolz
der ackerbauenden und modern entwickelten Landschaft, in
Schutt und Asche legte – wir sahen von der Terrasse aus die
Bauten in Rauch und Schall schrecklich zusammenbrechen –,
als marodierende Soldaten von den besten weissen Trauben der
Weinberge nichts für das alles Weines beraubte Land übrig zu
lassen drohten, als die Roheit der Fahrer die Lastkraftwagen

Ludwig Greves (1924–1991), soweit sie den Verhältnissen in Lucca zeitgleich zu
RBs Aufenthalt gelten: ›Wo gehörte ich hin? Geschichte einer Jugend‹ (Frank-
furt/Main: S. Fischer 1994 S. 167–179) und der autobiographische Titel-Essay
des von Reinhard Tgahrt hrsg. Bandes ›Ein Besuch in der Villa Sardi. Porträts,
Gedenkblätter, Reden‹ (Warmbronn: Ulrich Keicher 2001 S. 7–32). Greves Gedicht ›Lucca, Giardino Botanico‹ gilt der Deportation seines Vaters und der seiner Schwester von Lucca aus, im Frühling 1944 (›Sie lacht und andere Gedichte‹.
Frankfurt/Main: S. Fischer 1991 S. 12).

[55] *unsere nächsten Freunde*: Nicht mit Sicherheit zu bestimmen, wohl die Familie
Roncioni in Pugnano, die im Verdacht der Kollaboration stand.
[56] *mein ältester Sohn*: Kaspar Borchardt. Vgl. die Chronik S. 288.

statt unter unfruchtbaren Laubzweigen unter armdicken frucht-
schweren Ästen der Oliven versteckte – seit fünf Jahren versprachen die Ölberge zum ersten Male wieder eine Ernte, – als
diese geschlagene und verurteilte Armee eines geschlagenen und
verlorenen Landes noch kurz vor dem Ende eine Provinz auf der
mit Sicherheit nie geschlagen werden würde, bereits als künftiges Schlachtfeld zusammenhieb und kahlschlug, reduzierte
sich bei Frau N. der allgemeine politische Paroxysmus zusehends auf das Zittern um die eigene Existenz auf dem eigenen
Boden. Wir selber sahen der Entwickelung mit äusserster Ge-
spanntheit und gesammeltem Ernste entgegen. Die geringen
Kräfte der amerikanischen fünften Armee die am westlichen
Flügel der Front, nach Abziehung der Hauptkräfte adriawärts,
verblieben waren, fühlten gegen Lucca vor, drängten die dortigen schwachen deutschen Deckungen zurück und sicherten gegen die grosse Strasse Pistoia-Florenz die seit Tagen unter Feuer
lag, zwanzig bis dreissig Kilometer jenseits des Stromes von unsern Hügeln entfernt. Früher oder später mussten wir erwarten
die spärlichen deutschen Gruppen die um uns her quartierten,
abziehen und an ihre Stelle das neue Regiment treten zu sehen,
wahrscheinlich nicht einmal amerikanische Commandos, sondern italienische Organisationen[57], die wie wir genau wussten,
sich für diesen Fall bereithielten, im Interim zu fungieren. Aber
ehe es so weit war, machten weichende Deutsche, es schien
Artillerie, gerade bei uns und zunächst vor uns Halt, ich wurde
in die befreundete Nachbarvilla[58] gebeten, ein kleines aber
unglücklicherweise einer Strassenkreuzung anliegendes Haus,
um den verlegenen und tief gedrückten Besitzern in der Aus-

---

[57] *italienische Organisationen*: Vgl. die Literaturhinweise S. 256 f.
[58] *in die befreundete Nachbarvilla*: Nichts Näheres ermittelt.

RUDOLF BORCHARDT: ANABASIS

einandersetzung mit einem fast knabenhaften Offizier[59] beizu-
stehen, den mein Sohn noch vor zwei Wochen in Migliarino[60]
an der Serchiomündung, hart an der Front, um Passierscheine
für gequälte Pisaner Freunde[61] nicht ohne Erfolg angegangen
hatte und der jetzt bereits hier als Nachhut des Rückzugs auftrat. Sein Aufenthalt – der wie ein Student wirkende, in normalen Heersverhältnissen kaum zu den jüngsten Leutnants
zählende trug Hauptmannsabzeichen und trat mit Wichtigkeit
auf – werde wie er sagte sich auf drei bis vier Tage bemessen,
innerhalb dieser belegte er den Hauptteil des Hauses für sich
und drückte den alten italienischen Obersten den Herrn des
Gütchens mit seiner Familie in wenige Räume zusammen. Er
war ein Heidelberger, jedoch mit Wohnsitz in Freiburg ich
wechselte mit dem nicht unangenehm aussehenden und nicht
unhöflichen jungen Menschen einige allgemeine Worte über die
mir aus eigenen Kriegszeiten[62] liebgebliebene pfälzisch ober-

[59] *fast knabenhaften Offizier*: Biographica zu dem aus Heidelberg stammenden,
in Freiburg wohnhaften Hauptmann der Artillerie sind (noch) nicht ermittelt.
Der S. 40 erwähnte Name Dörner ist als authentisch verbürgt.

[60] *in Migliarino*: Unweit der Serchiomündung, nördlich von Pisa, an der Strada
Statale Nr. 1. In Migliarino Pisano, nahe der ›Tenuta di San Rossore‹, befand sich
die Besitzung und Villa der mit RB bekannten Familie der Marchesi Salviati
(vgl. Chronik S. 300 f.), deren Verwandte bei Modena dann den Borchardts im
September 1944 mitsamt den militärischen Bewachern Obdach gaben.

[61] *gequälte Pisaner Freunde*: Wohl die Familie Roncioni. Vgl. die zeitgeschichtli-
che bedeutsamen Tagebuchnotizen von Girolamo Roncioni aus dem Zeitraum
zwischen 8. September 1943 und 14. September 1944 über die Kriegsereignisse in
der unmittelbaren Nähe von Pisa und Lucca (›Ricordi di un Signore di altri
tempi‹. Privatdruck 2001, S. 139–160); ergänzend dazu Vincenzo Cei Martini:
›Settanta giorni di guerra fra i monti pisani‹ (Pisa: Giordano 1945).

[62] *aus eigenen Kriegszeiten*: RB hatte sich nach Kriegsausbruch im August 1914
von Italien aus als Freiwilliger gemeldet und wurde dem 7. Badischen Infanterie-

ländische Landschaft. Um zu verhindern, dass Frau N ihrer Art
nach sich eindrängen und so viel Militär wie nötig auf sich und
ihr Haus concentrieren möchte, liess ich einfallen, dass Scharlach bei uns sei – ein leichter Fall bei einem der vielen mitlogie-
renden Verwandtenkindern – und glaubte den gewünschten Erfolg erzielt zu haben, denn der junge Mann – er hiess Dörner –
sagte nach einer Stunde einen vereinbarten Besuch durch seinen
Burschen ab. Gleichwol störten uns über unsern Häuptern am
Nachmittag Soldatenschritte und deutsche Worte aus unserer
Ruhe. Die Sanitätsabteilung des Trupps[63] hatte das Haus belegt,
ein Assistenzarzt[64] sich einquartiert und durch grosse Ansprüche und immer erneuerte Einwände alles in Unruhe versetzt, in
der Garage stand das Auto mit dem roten Kreuz und lag Mann-
schaft mit dem Sanitätsunteroffizier.[65] So war endlich doch das
peinliche Kriegswesen bis auf Meterlängen an mich heran-
gerückt, noch im letzten Augenblicke musste es meine Haut
streifen. Der Arzt war abends zu Tische gebeten, als ich vors
Haus trat wo er mit den deutsch stammelnden Töchtern des
Hauses sass, erhob sich von der Gartenbank ein blutjunger blas-
ser Mensch mit zurückgelegtem Kopf und halbgeschlossenen
Augen in einem feinen aber degenerierten Gesicht, dem stellen-

regiment Nr. 142 in Müllheim zugewiesen, wo er als Unteroffizier bis zur Über-
stellung an die Westfront zu Anfang November 1915 Kasernendienst tat. Noch
sein Kondolenzbrief an Isabel Gerbel geb. Jägerschmid (1878–1944), die Frau
des befreundeten damaligen Müllheimer Oberamtsrichters Walter Gerbel
(1873–1940), evoziert im Februar 1940 die Erinnerung (Briefe 1936–1945 S. 405 f.).

[63] *Die Sanitätsabteilung des Trupps*: Nichts Näheres ermittelt.

[64] *ein Assistenzarzt*: Biographica zu dem aus Prag gebürtigen und dort als Me-
diziner praktizierenden SS-Offizier Dr. med. Schneider sind (noch) nicht ermittelt. Der Name ist als authentisch verbürgt.

[65] *Sanitätsunteroffizier*: Pastor Ulrich; vgl. Anm. 105.

weise ergraute Haare ein besonders krankhaftes Aussehen gaben. Er nannte sich Schneider, aus Prag, Deutschböhme und der slavische Zug war in der Physiognomie wie in der ziehenden Sprechweise unverkennbar.

Ich trage hier nach, dass ich nach meinem politischen wie nach meinem geistigen Stande, nach Lebens- wie nach Bildungsgange nur mit Entsetzen hatte zusehen können, ja die Augen dagegen verschliessen müssen, dass meine eigenen Landsleute den verlorenen Krieg ihrer Tyrannen über das wehrlose und mir heilige Land wälzten das Land, das als frommer Allgemeinbesitz der gesamten bildsamen Menschheit auch von seinen eigenen Bewohnern, meinem Gefühle nach mehr im Namen einer universalen Gemeinbürgschaft verwaltet als eigentlich und ausschliesslich besessen wird und in dem jeder Kreuzweg, jedes Gemäuer und jede Perspektive noch als Fragment und Reflex an der Unanrührbarkeit seiner höchsten Denkmäler Teil hat. Ich kann nie vergessen wie das erste Auftauchen der lehmgelben sackartigen Anzüge der nationalsozialistischen Tropenarmee in Viareggio, im Perlenlichte des verklärten Tyrrhenischen Gestades auf mich gewirkt hat, und die an sich indifferenten, aber in dieser Atmosphäre unerträglichen Stimmen, Geberden, Profile, Physiogonomieen Accente einer Fremdengruppe, die sich nicht mehr ein- oder unterordnete wie alle Nationen dies in Italien zu thun gelernt hatten, sondern so auftraten, noch ein letztes unseliges Mal, wie die der Völkerwanderung, oder Ludwigs des Baiern[66] oder die verhassten Öster-

---

[66] *Ludwigs des Baiern*: Kaiser Ludwig IV. gen. der Bayer (1287–1347), Nachfolger Heinrichs VII. auf dem Thron, 1314 zum deutschen König gewählt, 1327 in Mailand mit der lombardischen Krone gekrönt, am 13. Januar 1328 in Rom (von Sciarra Colonna, einem Laien) zum Kaiser erhoben, erklärte Papst

reicher und Kroaten Haynaus,[67] sie alle, deren national fluch-
beladenes Erinnerungsbild in der Phantasie des Italieners erst
die deutsche Humanität des 19ten und 20ten Jahrhunderts, – ich
und mein Lebenswerk ein Teil von ihr – allmählich fast ver-
löscht hatte. Ich weiss diese Empfindungen von jeder ästhetisie-
renden Halbheit, von jeder närrisch unsachlichen Affektation
gegenüber den furchtbaren Notwendigkeiten eines National-
krieges frei. Als wir im Weltkriege auf italienischem Boden zu
kämpfen gezwungen waren, war ich nicht nur natürlich immun
gegen jede andere als militärische Regung gewesen, sondern
hatte im Generalstab,[68] von Ludendorff zu einem Sachverständigenbericht über die Wirkung des Vormarsches zum Piave auf

Johannes XXII. für abgesetzt und setzte Nikolaus V. auf den päpstlichen Stuhl.
Während seines Aufenthaltes in Italien bis 1329 wurde das Land durch Krieg
und Plünderung schwer in Mitleidenschaft gezogen.

[67] *Österreicher und Kroaten Haynaus*: Mit Bezug auf den österreichischen General Freiherr Julius Jakob von Haynau (1786–1853); dieser war nach der Revolution von 1848 Kommandant von Verona und hielt bis Mai 1849 mit eiserner
Strenge – man nannte ihn die »Hyäne von Brescia« – die öffentliche Ruhe in
Oberitalien aufrecht.

[68] *im Generalstab*: Die Funktion RBs ab Januar 1917 als Mitglied des 1867 be-
gründeten ›Nachrichtenbüros des Grossen Generalstabs‹, das 1889 in Abteilung
›III b‹ umbenannt wird und 1919 in den Geheimdienst der Reichswehr – ›Abwehr‹ – eingeht, lässt sich bis jetzt nur auf Grund eigener Zeugnisse bestimmen;
er selbst benutzt ein (privates) Briefpapier mit dem gedruckten Kopf ›N. O. B.
[Nachrichten-Offiziere Berlin]|Generalstab des Feldheeres Berlin N.W.‹. Die
wenigen erhaltenen Manuskripte aus dieser Zeit geben kein ganz klares Bild des
Aufgabenkreises (vgl. etwa Briefe 1914–1923 S.160–164) in der (räumlichen)
Nähe des Büros von Generalquartiermeister Erich Ludendorff (1865–1937), die
auch Werner Kraft in seinen Erinnerungen ›Spiegelung der Jugend‹ bezeugt
(Frankfurt/Main: Suhrkamp 1973 S.67). Akten dieser Tätigkeit, die wohl im
Wesentlichen aus der Durchsicht und Auswertung von Gefangenenpost und
ausländischen Tageszeitungen bestand, haben sich bis jetzt nicht gefunden.

die italienische Wirtschaft befohlen,[69] pflichtmässig dargelegt, dass ein solcher ohne bis Mailand und Venedig auszugreifen auf einen strategischen und politischen Irrtum hinauszulaufen drohe. Hätte der jetzige Krieg, wie immer ich über ihn denken musste, auf italienischem Boden zu Gunsten selbst auch nur des Nationalsozialismus entschieden werden, oder der italienische Feldzug zu einer solchen Entscheidung wesentlich beitragen können, ich hätte mein empörtes Gefühl zum Schweigen zu bringen gewusst und unter die mir noch so verhasste Notwendigkeit gebeugt. Aber dass dieser auf jedem seiner Schauplätze und im Ganzen seiner Anlage längst verlorene Krieg eine Fristverlängerung für seine verworfenen Anstifter und Nutzniesser dadurch suchen und ungestraft finden sollte dass er sein fressendes Schwert und seinen zermalmenden Huftritt durch das Museum der abendländischen Jahrhunderte wälzte nur um auf ihm Vernichtung zu hinterlassen und in die eigene Vernichtung zu rennen, brach mir fast das Herz und machte es mir anfangs fast unmöglich in dem unglücklichen deutschen Landsmann den Bruder zu fühlen, der hier in einer mir widerwärtigen Staffierung und mit Hakenkreuzen bemalt, dennoch der alte treuherzige schlichte und brave Mensch geblieben war, und von allem Hassenswürdigen wozu er missbraucht und befohlen wurde, nicht viel mehr begriff und verstand als von dem Lande das ihn umgab und dem Volke, zu dem er den Kopf schüttelte. Meine Kinder hatten in natürlichem Instinkte der Landsmannschaft dies letztere rascher als ich erfasst, sich herzlich an die verlorenen Kriegsleute[70] angeschlossen und brachten sie schliesslich

[69] *zu einem Sachverständigenbericht [...] befohlen*: Nichts Näheres ermittelt.

[70] *die verlorenen Kriegsleute*: So schrieb Marie Luise Borchardt im Januar 1943 an Rudolf Alexander Schröder mit Bezug auf die in Forte dei Marmi stationierten

einzeln und zu Mehrern ins Haus, wo wir es keinem fehlen liessen und den Ein und Anderen lieb gewannen. Etwas ganz Anderes war es mit den Offizieren dieser Armee, die im Laufe der Monate nicht umgangen werden konnten.

So misslich es sein mochte tapfern Männern und in ihrem Handwerk von gewiss bewiesener Tüchtigkeit, Fall für Fall Unrecht zu thun so hatten mich die eigenen Feldzugserfahrungen praktisch und meine Einsichten theoretisch darüber belehrt, dass Kriege weder von Tapferkeit und Tüchtigkeit geschlagen und gewonnen werden – alle ausgebildeten Armeen sind etwa gleich tapfer und mindestens recht tüchtig – noch dass es Soldaten und Truppenoffiziere sind die einen Krieg führen – denn sonst blieben alle Kriege unentschieden, sondern dass es der höchste militärische Geist ist, der durch ihr Mittel siegreich oder unterliegend handelt, und dass das Gesicht des Staates, der seine politischen Zwecke gewaltsam durchzusetzen in der Lage

deutschen Soldaten: »Liebster Onkel Rudi – Gestern trafen wir zufällig einen Traunsteiner der mir diesen Brief besorgt! Wie nett überhaupt mit jemandem zu sprechen von daher – wie oft denken wir an Euch – an Euer Leben dort in der Bergeinsamkeit, das jetzt hier mit unserer Meereinsamkeit doch nicht mehr zu vergleichen ist, denn wir sind im Gedränge.« (Briefwechsel RB/Rudolf Alexander Schröder 1919–1945 S. 611) Cornelius Borchardt fügt hinzu: »Ich erinnere mich noch einzelner Namen, wie Gottfried Söder aus Hamburg, einfacher Marinesoldat, erzählte von seiner Familie zu Hause und von seinen Kriegsabenteuern, wie er schon mehrmals ›abgesoffen‹ sei. Aber er schien achtlos und unbekümmert, wie Soldaten. Sie wussten: Es gibt kein Entrinnen, wenn sie einmal an der Reihe sind. Er war lustig und stets zu Scherzen aufgelegt. Von der Feldküche bekamen wir oder ergatterten wir uns ab und zu altes Kommissbrot, für uns ein seltener Luxus, schon weil es so ein Brot in Italien nicht gab und uns früher die Grosseltern aus Bremen mitbrachten. Von den späteren Greueltaten gegen Partisanen haben wir gottlob damals (etwa Anf. September 44) nichts gewusst.« (Aufzeichnung Gerhard Schuster, 1999).

RUDOLF BORCHARDT: ANABASIS

ist, sich in ihnen unwiderruflich abbilden muss, während ihrerseits alle Tapferkeit und technische Leistung Einzelner insofern doch das Schachfigurenartige behält, als sie sich selber nur des nächsten, rein taktischen Zieles ihrer Aufopferung bewusst sein kann und nicht controllieren, in welche Falschmünzerei der calculierende Staat ihren sittlich und soldatisch goldensten Beitrag umsetzen, in ihr verprassen und verspielen mag. Hier hatte es sich seit dem afrikanisch italienischen[71] und dem russischen Umschwung[72] bis zur schrecklichen Evidenz herausgestellt, dass die in wenigen Jahren aus mässigen Caders aufgeschwemmte Hitler Armee nach Ausspielung und Verausgabung ihrer Überraschungstrümpfe nichts mehr einzusetzen hatte als die traditionellen aber primitiven militärischen Leistungen – und wenn es Helden-, wenn es Wunderleistungen gewesen wären – der auf den blutigen Schachbrettern abenteuerlich bewegten deutschen Tapferkeit, dass der zu Hitler übergetretene Teil der alten höhern Stabsoffiziere keinen echten Feldherrn in sich enthalten, und das Schnellavancement aus der Pseudorevolution heraus keinen solchen erzeugt hatte, und dass vielmehr die bereits kaum zählbaren Feld Marschälle von Parteignaden[73] auch nur zu den bessern Napoleonischen Marschällen – die Moreau[74] und

[71] *seit dem afrikanisch italienischen [...]*: Vgl. die Chronik S. 264.

[72] *dem russischen Umschwung*: Vgl. die Chronik S. 263.

[73] *Feld Marschälle von Parteignaden*: Mit Bezug auf den 19. Juli 1940, an dem Hitler nach dem Sieg in Norwegen im Westen zwölf neue Generalfeldmarschälle (u. a. von Brauchitsch, von Kluge, von Witzleben, von Reichenau, Keitel) und achtzehn Generaloberste (u. a. Halder, Guderian, Hoepner, Fromm) ernannte. Vgl. Otto Ernst Moll: Die deutschen Generalfeldmarschälle 1935–1945. Bearbeitung Wolfgang Wilhelm Marek (Rastatt/Baden: Pabel 1961).

[74] *Moreau*: Der französische General Jean Victor Moreau (1763–1813) führte 1796/97 und 1800 siegreich die Rheinarmeen in Süddeutschland, kämpfte in

Dumouriez[75] bleiben billig ganz beiseite – sich nur wenig besser verhielten, als der triste Zwingherr Europas selber zum grossen Napoleon. Diese Andeutungen müssen hinreichen zu erklären, warum ich den peinlichen Empfindungen lange auszuweichen versucht hatte, die ich von Berührungen mit Offizieren dieses Schlages gerade dann erst recht zu erwarten hatte, wenn ihre Tüchtigkeit und ihre Zuversicht, ihr Naturell und ihre menschliche Trefflichkeit mich bewegt hatten – menschlich und landsmannschaftlich denn da ich ihnen doch keine andern Wünsche hätte mitgeben können als die ihrer persönlichen Erhaltung. Ihren Ansprüchen, den traditionellen deutschen Offizier, selbst den des ersten Weltkrieges, fortzusetzen, dessen eigentümlicher und überlieferter Geist und Gehalt ihnen so unverständlich gewesen wäre, wie seine Haltung, sein Charakter und seine, in höheren Dienstgraden, sprichwörtlich gewordene kriegsakade-

Oberitalien und schlug am 3. Dezember 1800 die Österreicher bei Hohenlinden. Sein Kriegsruhm kam dem Napoleons zeitweise gleich; dieser liess ihn wegen des Verdachts zum Umsturz am 4. Februar 1804 verhaften und für zwei Jahre verbannen. Erst 1813 kehrte er, von Alexander I. aufgefordert, aus den Vereinigten Staaten nach Europa zurück, und wurde als Generaladjutant des Zaren in der Schlacht von Dresden am 27. August 1813 tödlich verwundet. König Ludwig XVIII. liess ihm 1819 in Paris ein Denkmal errichten. – RB erwähnt Moreau im Roman ›Vereinigung durch den Feind hindurch‹ von 1937 als Studiengegenstand Georg von Harbrichts (Erzählungen 1956 S. 344, 375).

[75] *Dumouriez*: Der französische General Charles François Dumouriez (1739–1823), im März 1792 Minister der auswärtigen Angelegenheiten, im August Führer der Nordarmee, siegte bei Valmy am 20. September und Jemappes am 6. November 1792 über die Preussen und Österreicher und eroberte Belgien. Nach seiner Niederlage bei Neerwinden am 18. März 1793 und einem Umsturzversuch mit Anklage bedroht, ging er am 4. April 1793 zu den Österreichern über und lebte seit 1804 in Grossbritannien, wo er eine Pension erhielt.

RUDOLF BORCHARDT: ANABASIS

mische und Stabsbildung ihnen unzugänglich geblieben, hatte nur mit Schweigen begegnet werden können, und nur mit Wegblicken der äussern Erscheinung junger Menschen, manchmal halber Knaben in phantastisch von Blechen, Sternchen, Kreuzen, Bändern, Schreckbildern strotzenden Waffenröcken, die an das ernste Tuch des preussischen Offiziers mit dem nur durch seine Seltenheit kostbaren Ehrenzeichen noch weniger zu erinnern erlaubten als bereits im Weltkriege, in dem der Missbrauch und die Entweihung altehrwürdiger Auszeichnungen, die Quantität statt der Qualität, allerdings schon einzureissen begonnen hatte: Ging dies alles anfangs doch noch ungefähr an, und nahm ich die Geringhaltigkeit und Phrasenhaftigkeit der immer noch von schalgewordenen Siegen trunkenen fast durchweg subaltern und seicht urteilenden Zwanzig bis Dreissigjährigen – je höher im Scheinrange, um so erschreckender – mit einer angelernten Gelassenheit hin, so veränderte das Ausscheiden Italiens aus dem Kriege[76] schlagartig diese aufs Duldende gesenkte Verfassung meines Innern.

Militärisch wie politisch war der Schritt zu dem Armee und Flotte schrittweise den halsstarrig kniffligen alten König gezwungen hatten, der durch die Situation klar vorgeschriebene, kein italienischer Politiker hätte einen anderen verantworten können, und Mussolini selber hat wie längst feststeht, nach seiner letzten für ihn vernichtenden Zusammenkunft mit Hitler (Feltre Aug. 43)[77] nur noch das Wie, nicht mehr das Was erwogen. Mit dem Verluste Afrikas und Siziliens war zugleich der Krieg für Italien verloren und bei der unwiderruflichen deutschen Unterlegenheit auch für Deutschland verloren, und damit

[76] *das Ausscheiden Italiens aus dem Kriege*: Vgl. die Chronik S. 276.
[77] *(Feltre Aug. 43):* Vielmehr am 19. Juli; vgl. die Chronik S. 269.

der deutsch italienische Pakt[78] toter Buchstabe geworden, denn es gibt in der Welt der fünf Sinne keinen Staatsvertrag zwischen souveränen Staaten, der den Doppelselbstmord zur nationalen Ehrenpflicht machte und die letzte Reserve der Souveränetät, die Selbsthilfe bei notorischer Versagung der Bundeshilfe, aus der Hand gäbe. Völker, die durch ihre unfähige Regierung in die Heeresfolge fremder Tyrannen gepresst in [sic] Begriffe sind sich für dessen Aberwitz zu verbluten, handeln sobald er der Fatalität verfällt, so wie Yorck in Tauroggen und der deutsche Rheinbund bei Leipzig gehandelt haben, und Badoglios Entschluss das Schlepptau zu kappen ehe Italien im deutschen Untergangsstrudel mit verschwand, ist durch die gesamte Geschichte der europäischen Politik legitimiert; Italien besass nicht mehr eine einzige vollzählige motorisierte Division und keine Luftwaffe, war weder im Stande Landungen noch Luftangriffe des übermächtigen Feindes abzuwehren noch einem gelandeten das Feld zu bestreiten, hatte die einzige Pflicht zu verhindern dass sein geweihter Boden zum Schauplatze eines bereits verlorenen Verwüstungskrieges würde und also selbst vom Vertragsbuchstaben aus gesehen, das Recht, vom deutschen Partner Friedensverhandlungen zu fordern, wie Österreich es 1918 getan hat. Hinter dem Akte der Krone stand die gesamte italienische Nation[79] zum ersten Male seit undenklichen Zeiten wieder in einem hochgehenden Enthusiasmus geeinigt, sie fasste mit untrüg-

[78] *der deutsch italienische Pakt*: Der sog. ›Stahlpakt‹ vom 22. Mai 1939 sah eine enge militärische Zusammenarbeit zwischen Deutschland und Italien vor, ausserdem gegenseitige Unterstützung im Falle eines Angriffskrieges.

[79] *die gesamte italienische Nation*: Vgl. dazu den Aufsatz von Jens Petersen: ›Sommer 1943‹, mit umfassender Literatur. In: Italien und die Grossmächte 1943–1949. Hrsg. von Hans Woller (München: Oldenbourg 1988; Schriftenreihe der Vierteljahreshefte für Zeitgeschichte, Band 57).

lichem Instinkte die Niederlage Mussolinis im Kriege einer Partei als einen eigenen Sieg auf, und die zeternden Minderheiten, deren Interessen oder Monomanien durch die Entwickelung allerdings annulliert wurden, stellten eben durch ihre Verblendung sich ausserhalb des einmütigen Volkes. Dass Badoglios Schlag nicht wirklich durchschlug und Italien nur wenig von den sonst ihm zugemessenen Leiden hat ersparen können, ist seine Schuld nicht gewesen. Die Führung der Waffenstillstandsverhandlungen[80] wird wenn der Tag der amtlichen Beweisstücke gekommen sein wird, kein Ruhmesblatt in der ohnehin an Seltsamkeiten nicht gerade armen Geschichte der atlantischen Coalition darstellen, sie hat sich der italienischen Flotte[81] ausser der sie kein praktisches Ziel gehabt zu haben scheint, nur um den Preis bemächtigt Hitler das Schwert für eben jenen Feldzug, den Badoglios Politik ihm bereits verlegt hatte, nun erst recht in beide Hände zu drücken und den glänzenden Talenten General Alexanders die undankbarsten Aufgaben zu stellen. Es ist wol kaum je in der Kriegsgeschichte ein solcher Schulfall, wie der des italienischen Feldzugs der Alliierten für das alte Gesetz zu finden dass im Kriege politische Fehler militärisch schwerer gebüsst werden als militärische.

Dass Hitler, statt seine geringen Truppen aus Italien herauszuziehen – wobei ihm italienische Hilfe sicher gewesen wäre, – und die ohnehin verlorenen kleinen Seestreitkräfte in neutrale Häfen oder französische zu bergen, die ihm durch alliierte Fehler geschenkte Frist mit roher Wut dazu nutzte Italien als vogelfrei zu behandeln und eine Sperrfront nach der andern zu opfern um in ihrem Schutze die totale Plünderung des unglücklichen

---

[80] *Die Führung der Waffenstillstandsverhandlungen*: Vgl. die Hinweise S. 255 f.

[81] *der italienischen Flotte*: Sie wurde von den Alliierten in Malta blockiert.

Landes, sein eigentliches Ziel ohne Zeitdruck durchzuführen, wirkte darum kaum glaublich, weil es politisch wie militärisch hirnverbrannt war, auf den russischen Schlachtfeldern, wie jeder sah, schrecklich gebüsst werden musste, in einen weiteren verlorenen Feldzug führen musste, und diese beiden Katastrophen durch die italienische Beute nicht auswog, denn sie hielt besten Falles die Endkatastrophe kaum nennenswert auf. Für mich war der deutsche Offizier, der als Träger und Vertreter dieser so schändlichen wie unsinnigen Mord- und Selbstmordpolitik als Zwingherr des verräterischen Italien auftrat, und sich nur noch das grässliche Vorgeben einer vorgeblichen Verteidigung Italiens zu eigen machte, im besten Falle eine beklagenswerte Figur, aber in den weitaus meisten mir kenntlich werdenden Fällen eine düstere und gezeichnete, von deren Sache und deren Mitschuld mein wahrer und wesentlicher Patriotismus, meine Bürgschaft für den deutschen Namen und die deutsche Vergangenheit mich von nun ab trennte. Ich habe die Befreiung Italiens von Hitlers Joche, dessen brutale Härte und dessen niedrige Organe mich gelegentlich persönlich berührten,[82] so vehement wünschen und so mitfühlend erleben müssen, wie nur irgend ein Italiener oder Engländer, und mich von diesen nur durch das bittere Gefühl unterschieden, das Unglück zweier Nationen auf der Seele lasten zu fühlen, das materielle des italienischen, das sittliche des eigenen, das seine jammervolle bürgerliche Schwäche und Charakterlosigkeit nun als Hilfstruppe eines Unholds auf der geschichtlich falschen Seite büssen musste, zum verhassten Barbaren umgezwungen, neben dem verfluchten Schatten Haynaus

---

[82] *persönlich berührten*: Etwa in Gestalt des für die »Auslandsdeutschen« der Ortsgruppe Livorno zuständigen »Blockwarts« Richard Goldberg.

RUDOLF BORCHARDT: ANABASIS

bei Mailand,[83] wie zwei Jahr zuvor neben dem Schatten des Meders bei Thermopylae[84] – während unser Wahnwitz England
noch ein Mal, wie so oft in seiner Geschichte, die glänzenden
Rollen der Promachie[85] für die alten grossen Freiheitsnamen,
Italien, Athen, laufend aufdrängte. Ich bestehe auf dem durch
Leben und Arbeit erworbenen Rechte, die Basis meines Patriotismus selber zu bestimmen und mir von niemandem diktieren
zu lassen, der für eine Galgenfrist bis zu seiner Dingfestma-
chung mit einem erpressten Stempel die Nation aufzubieten
vermag. Es ist zwar ein bewährter Griff von Usurpatoren geworden, die Minderheiten oder auch Mehrheiten, deren kein
Terror sie sicher machen könnte, dadurch zum Kampfe für ihre
finstere Macht zu zwingen, dass sie die gesamte Nation zwischen Tod und Leben stellen, sodass dann wider Willen jeder
für die nationale Existenz Kämpfende jene finstere Macht mit
verteidigen helfen müsste; und das deutsche Volk, durch ein
Jahrhundert vortrefflicher Regierungen unseligerweise zu dem
Glauben verdorben, eine jede irgendwie in Besitz gelangte Regierung müsse darum schon vortrefflich sein, ohne Charakter im
Politischen und bei höchstem soldatischen Mut ohne den
schwereren Mut der eigenen unerschütterlichen, von Erfolg und
Misserfolg unabhängigen Überzeugung, – mit allen Tugenden

[83] *Schatten Haynaus bei Mailand*: Als Anspielung auf die deutsche Besatzung seit
September 1943; vgl. Anm.67 und die Literaturhinweise zur Chronik S.255f.
[84] *Schatten des Meders bei Thermopylae*: Im April 1941 stossen die deutschen
Truppen gegen britische Einheiten nach Griechenland vor; an den Thermopy-
len lässt Feldmarschall Henry Maitland Wilson die 6. neuseeländische Brigade
gegen die 5. deutsche Panzerdivision kämpfen, um den Rückzug der übrigen
Briten zu decken. Zu Ende April war ganz Griechenland von Hitlers Truppen
besetzt.
[85] *der Promachie*: (griech.) Vorkämpferschaft.

des Gehorsams gegen Befehle ausgestattet – mögen sie kommen woher sie wollen – und total unfähig, den Befehl zu verantwortlichem Handeln im bessern innern Wissen zu finden – dies ärmste aller reichen und kleinste aller grossen und hoffnungsloseste unter allen reichbegnadeten Völkern hatte, kaum in Krieg und Sieg fortgerissen, praktisch jeden Unterschied zwischen der eigenen Sache und der des landfremden Abenteurers aus Braunau sich verwirren lassen. Wurde der Einzelne an ihn erinnert, so pflegte er wol halb verzagt halb trotzig zu erwidern, mit Hitler werde man nach dem Siege abrechnen – nach Seinem Siege, über die ganze Welt dass Gott erbarm, mit Demjenigen, dessen man nicht Herr hatte werden können oder wollen, als er mit unsicherm Anhange, vor und nach dem Umbruche, noch täglich von der Hand in den Mund hatte leben müssen. Und auch unter seinen entschiedenen Gegnern standen diejenigen einsam da, die wie der ehemalige preussische Kriegsminister General von Hammerstein[86] sich den kalten Mut und die logische Geradheit abgewonnen hatten, die militärische Niederlage als die erste, unumgängliche, notwendige Voraussetzung für eine deutsche Zukunft zu bezeichnen. Eine solche Notwendigkeit anzuerkennen und sich mit heissen Leiden ihr zu fügen, wird immer die Grenze darstellen, über die hinaus der ehrliebende

---

[86] *General von Hammerstein*: Freiherr Kurt von Hammerstein-Equord (1878 bis 1943), Generalstabsoffizier im Ersten Weltkrieg (aber niemals preussischer Kriegsminister!), 1929 als Generalleutnant Chef des Truppenamts, 1930–34 als General der Infanterie Chef der Heeresleitung, als preussischer Berufssoldat und Patriot erbitterter Gegner der Nationalsozialisten. Nach seinem Rücktritt 1934 berief ihn Hitler aber doch im September 1939 wieder als Oberbefehlshaber der Armeeabteilung A an die Westfront. Wegen entschieden geäussertem Widerstand gegen die politischen Machthaber in Deutschland wurde er seiner Stellung enthoben; er starb am 25. April 1943 in Berlin.

Deutsche seine Seele nicht wagt, und so habe ich im vollen Gefühle der Schicksalsverkettung, die Hitlers Krieg in die Carica-
tur eines deutschen Krieges überführt hatte, nichts gethan, wie
ich an meiner Stelle es wol hätte tun können, was als Schlag gegen Hitlers Sache dennoch die Lage auch nur des letzten seiner
Opfer meiner armen Landsleute, an der Front oder hinter der
Front, hätte verschlimmern können. Wer an einer der meinen
verwandten Stelle anders und als Parteigänger gehandelt hat,
hat damit zugegeben Partei zu sein. Der Dichter, der sich dazu
bestellt weiss, die haarfeine Linie zwischen Ja und Nein, zwischen der höchsten Leidenschaft des symbolischen Verhaltens
und dem ersten verstohlenen Zugriffe in die Causalität des
Handelns zu ahnen und zu achten – das ganze Wesen der Poesie beruht auf ihr und Dante wie Goethe haben es ungerührt mit
beiden Parten verdorben um der eigenen Hoheit treu zu bleiben
– der Dichter also hat bereits gehandelt indem er sich versagt.
Ich war entschlossen, mich und die Meinen an dem unausbleib-
lichen Tage, der das Kommando der Sieger, nach Abzug der
deutschen Truppen, in meine Nachbarschaft gebracht hätte,
mich und die Meinen unter dessen Schutz zu stellen. Allerdings
wurden deutsche Staatsangehörige in solchen Fällen interniert
oder concentriert. Aber abgesehen von dem Zeugnis der ganzen
Luccheser Landschaft das bei solcher Gefahr für mich gesprochen hätte, trug ich seit längster Zeit einen ostensibel gedachten
Brief Benedetto Croces[87] bei mir, den der ausgezeichnete Mann
und Freund eigens aufgesetzt hatte, um sich gegen mögliche politische Belästiger für mich zu verbürgen und selbst nach seinem
Ausscheiden aus der Regierung war sein nächster Freund der

[87] *Brief Benedetto Croces*: Mit Bezug auf das Schreiben Benedetto Croces vom
4. August 1943, von dem sich eine maschinenschriftliche Abschrift im Nachlass
des Absenders erhalten hat. – Vgl. die Chronik S. 271 f.

Kriegsminister Graf Casati,[88] – mir persönlich wolbekannt, und würden Tage, ja Stunden genügt haben, um von Florenz, Rom, Oxford, ja den Vereinigten Staaten die Stimmen namhafter Personen[89] aufzubieten, denen meine Stellung und mein Charakter nicht nur vertraut war, sondern am Herzen lag. Auch hier habe ich eine zarte Linie nicht verletzen wollen, bin nicht beizeiten nach Florenz, gar beizeiten nach Lucca, wie es mir ein Leichtes gewesen wäre, dem alliierten Vormarsch entgegengegangen um ja überzugehen, und habe mich darauf verlassen, an Ort und Stelle verbleibend, nichts fördernd, nichts hindernd, zugleich meinem Gewissen und unseren persönlichen Interessen genügen zu können. Meine junge Tochter[90] die in Florenz bei Freunden halbgezwungen Dolmetscherfunktionen übernommen aber zeitig genug abgeworfen hatte, war seit der Besetzung der Stadt[91] für uns verschollen und der Gegenstand ängstlicher Sorgen. Von meinen drei Söhnen war der älteste[92] auf Grund eines

[88] *Kriegsminister Graf Casati*: Alessandro Conte Casati (1881–1955), den RB aus dem Freundeskreis von Tommaso Gallarati Scotti (1878–1966) kannte; er ist ihm etwa am 30. März 1933 in Rom persönlich begegnet (Briefe 1931–1935 S. 288).

[89] *die Stimmen namhafter Personen*: RB denkt hier wohl an Giovanni Gentile (1875–1944), Gilbert Murray (1866–1957) in Oxford und Werner Jaeger (1888 bis 1961) in Harvard. Seine italienischen Gelehrtenfreunde Ranuccio Bianchi Bandinelli und Vittorio Santoli sind einflussreiche Mitglieder des ›Comitato Toscano di Liberazione Nazionale‹.

[90] *Meine junge Tochter*: Corona Borchardt (Villa Mansi Monsagrati 29. Januar 1923 – Perugia 20. Februar 1999); sie war damals tätig in der Florentiner Dienststelle ›Hauptabteilung Rüstung und Kriegsproduktion im Verwaltungsstab des Bevollmächtigten Generals der deutschen Wehrmacht in Italien‹; vgl. Anm. 240.

[91] *seit der Besetzung der Stadt*: Vgl. die Chronik S. 286 f.

[92] *der älteste*: Kaspar Borchardt (geb. München 27. April 1921). Vgl. RBs Brief an den Chef der italienischen Wehrerfassung in Lucca vom 3. Januar 1940 (Briefe 1936–1945 S. 404 f.).

54

körperlichen Leidens, das sich praktisch wenig fühlbar machte, aus aller Wehrverpflichtung entlassen, die beiden jüngern,[93] halbwüchsigen, noch im Schulalter der Grenze freilich schon nahegerückt, an der sie dem Moloch zu verfallen drohten – den Ältern von Beiden hatte das Genueser Consulat bereits mit militärischen Fragebogen behelligt, deren Ausfüllung zu hintertreiben mir durch die Flucht der Consulate leicht geworden war, während ich Empfang und Verpflichtung umgehend bestätigt und so der Form genügt hatte. In dieser letzten Spannung in zwei Gartenzimmern eines fremden nicht unbedenklichen Hauses zusammen drängend, bei Leuten mit denen uns nichts verband und eine angestrengte Höflichkeit mühsam das gegenseitige Vertrauen ersetzen musste, waren wir, wie oben gesagt, von den Nachhuten des deutschen Rückzugs aus Pisa und von den dortigen Strassen her unmittelbar erreicht worden. Die unerhörte Zermalmung der von mir über alles geliebten Stadt[94] in einem wochenlangen Festhalten der alten nördlichen Haupthälfte, über dessen militärischen Unwert die Zukunft richten wird, hatte mich so erschüttert, dass ich die nun mich direkt berührenden deutschen Offiziere mit ihren adretten Uniformen, kahlen Mienen, gleichgiltigen Routinegesprächen und Alltagsphrasen, inmitten einer solchen Katastrophe unserer Kultur nur mit innerem Grauen sich meiner Sprache bedienen hören konnte und die Empfindung nicht loswerden, einem in Zeit und Ewigkeit verlorenen Bruder von jenseits der Gerichtsschranken in die verschlossene Miene zu blicken. Bis hierhin hatte das

---

[93] *die beiden jüngern*: Johann Gottfried (geb. Villa di Bigiano Candeglia bei Pistoia 9. November 1926) und Cornelius (geb. Bremen 20. März 1928).
[94] *Zermalmung der [...] über alles geliebten Stadt*: Vgl. die Chronik S. 286.

Radio[95] mich den Vorgängen gegenüber im täglichen Gleichgewicht erhalten. Während die Deutschen in und um Pisa die Abziehung der fünften amerikanischen Armee am untern Arno, die dort nur Deckungstruppen hatte stehen lassen, phantastisch mit der Landung in Südfrankreich combinierten, für welche die Alliierten sonst nicht stark genug gewesen wären – selbst Offiziere glaubten damals Dinge dieses Kalibers – wusste ich dass Alexander, sein tunesisches Manöver noch einmal wiederholend, die Armee Clarke[96] hinter seiner Front mit einer des Hochgebirges spottenden riesigen Rochade[97] hindurchgezogen und am adriatischen Stossflügel aufgebaut hatte. Sein erster breiter Durchbruch auf Rimini,[98] von dessen operativen Auswirkungen noch kein Bild zu gewinnen war, den man aber naturgemäss schon in die freie Ebene ausbrechen sah, war die letzte zuverlässige Meldung die ich auf unabsehbare Zeit erhalten sollte. Wenig Stunden darauf sprengte die SS die Luccheser elektrische Centrale gleichzeitig mit den letzten Fabriken, Garagen und andern wahllos herausgegriffenen namhaften Gebäuden der lieben, reinlichen und fleissigen, friedlichen Stadt, mit der fast ein Menschenleben meine wechselnden ländlichen Wohnsitze verbunden hatte. Wir erfuhren nun nichts mehr; nur noch die uncontrollierbaren Gerüchte der Bevölkerung und die widerspruchsvollen der im Dunkeln tappenden deutschen Truppe erreichten uns. Es hiess bald die Amerikaner hätten vor-

---

[95] *das Radio*: Vgl. die Erinnerung von Cornelius Borchardt (Chronik S. 284).

[96] *die Armee Clarke*: Die von dem General Mark Wayne Clarke (geb. 1896) als Oberbefehlshaber geführte 5. Armee in Italien.

[97] *Rochade*: (Frz.) Ein Platzwechsel, etwa von König und Turm beim Schachspiel.

[98] *Durchbruch auf Rimini*: Vgl. die Chronik S. 290.

RUDOLF BORCHARDT: ANABASIS

gefühlt und ständen am Stadtrande von Lucca, zehn Kilometer von uns entfernt. An der einzigen von den Deutschen noch nicht gesprengten Serchiobrücke flussabwärts bei Monte San Quirico[99] – die uns nächstgelegene bei Moriano[100] sollte bis zu letzt deutschen Truppenbewegungen dienen, wurde einer Hausangehörigen der Übergang und Eintritt in die Stadt bereits versagt. Übrigens war um diese Jahreszeit der Fluss fast überall leicht zu durchfurten und Frontläufer unseres Ufers mögen ohne grosse Mühe unter Umgehung der Stadt die amerikanischen Linien erreicht haben. Das Artilleriefeuer das fast eine Woche geschwiegen hatte, setzte nun in einiger Nähe aber nur mit streuendem Störungsfeuer ein und wurde von den wenigen deutschen Geschützen, die auf Hügeln um uns her behelfsmässig untergebracht worden waren, schwach erwidert, wie es hiess mit Ziel auf die inzwischen schon genommene Stadt. Man verhielt den Atem und lebte von Minute auf Minute.

Aber inzwischen waren schon einige Tage seit dem Abende vergangen, an dem sich mir vor Tisch als ich auf den Garten zu der dort wartenden Gesellschaft hinausgetreten war, ein bleicher junger Mensch in Offiziersuniform, mit einer aufzuckenden Bewegung im Aufstehen, als Dr Schneider vorgestellt hatte, der bei uns quartierende Assistenzarzt der Abteilung, deren Hauptmann nächstbei seinen Befehlsstand errichtet hatte. So war also der Einquartierte auch Tischgast geworden, und Frau Ns nervöse aufgeregte Aigreurs über die ihr gemachten, durch die

---

[99] *bei Monte San Quirico*: Am rechten Ufer des Serchio gegenüber den nördlichen Stadtteilen von Lucca. Corona Borchardt schildert die Brücke als gesprengt um den 29. Oktober 1944 (vgl. S. 193).

[100] *bei Moriano*: Die Serchio-Brücke in Ponte a Moriano, zwischen San Michele di Moriano und Saltocchio.

Ansprüche des Herrn angeblich noch komplizierten Schwierigkeiten waren, wie mein Humor bereits vermutet hatte, nur die Neckereien gewesen, die das Bewusstsein solcher Naturen mit ihrem Unterbewusstsein sich eine Weile zu verlängern beliebt, bis man sich in das zu fügen scheint, was man von Anfang an gewollt hatte. Die Feldküche die dem jungen Halbkrieger geholt worden war, eine angeblich nicht menschenwürdige Kost, hatte den Henkel für die Bitte gegeben, wenigstens an jenem Abend am Familientische vorlieb zu nehmen, an dem denn auch das nervöse Umbuhlen des sehr kühlen Gastes und ein Auftischen von Aussergewöhnlichkeiten begann, von denen dieser nur gelangweilte Notiz nahm. Da er weder Italienisch noch Französisch sprach und das letztere, von Frau N nach Italiener Art scharf und hart gerattert ohnehin aufmerksame Hörer verlangt hätte, blieben nur die zwanzig deutschen Brocken über die sie verfügte, für den Austausch den sie mit der gewöhnlichen Überreizung zu erzwingen gesonnen war. Sie musste sich loswerden oder zerspringen. Sie musste ihre Reden halten. Sie musste vor einem Publikum, vor einer fühlenden Brust, die Heldenrolle ihrer Gefühle, ihres Patriotismus, ihres universalen Einsatzes, der Vereinsamung ihrer Römerseele unter Feigen, Lauen, Verrätern, Bestochenen spielen. Sie musste gewürdigt werden, bestätigt und bewundert. Sie musste einen Deutschen dahin bringen, nie zu vergessen, noch seinen Kindeskindern zu erzählen, dass er ein Mal doch eine grosse Italienerin gefunden habe, eine echte Bundesgenossin. Sie musste ihm sagen, was sie gegeben, gespendet, geopfert hatte, dass sie ihren halbwüchsigen Sohn,[101] blass und überarbeitet aus dem von ihr ins I A gesteigerten Abiturientenexamen herausgekommen, ein gutes weiches Kind

---

[101] *ihren halbwüchsigen Sohn*: Agostino Castoldi. Vgl. Anm. 44.

und normal erholungsbedürftig, sofort gezwungen hatte, sich
bei der nächsten deutschen Todt-Organisation,[102] 16 Kilometer
entfernt in einem kriegsverwahrlosten Bergnest als Dolmetscher vollends aufzureiben, halb krank, an der fremden Kost
verelendend, elf Stunden täglich umgeben von den vergebens
um die Hilfe des Landsmanns flehenden italienischen Zwangs-
arbeitern; und dass sie ihn gezwungen hatte, bei der Rück-
verlegung der Organisation diese wohin sie wollte und wäre es
nach Deutschland, zu begleiten. Sie musste, musste sagen, dass
sie bereit war ihn zu opfern. Sie musste ihr ganzes Pfauenrad
schlagen und sich mit ihm spreizen, von rechts, von links, von
vorne, keines der starren Pfauenaugen ihrer Eitelkeit durfte fehlen. Sie war verhungert nach Schaustellung und Selbstausdruck,
die stechenden kleinen Augen in dem zuckenden geschrumpf-
ten Gesicht bohrten in ihrem Gegenüber. Sie war zulange die
Verrückte, die Halbnärrin, die von ihren Teufeln Besessene und
Gerittene gewesen, die harte Mutter, die kränkende Herrin die
man überhörte, übersah, bedauerte, hasste. Sie versuchte es französisch, dann mit einem kläglichen, flehenden Lächeln fieber-
hafter Unsicherheit deutsch, oder was immer die drei falsch gebrauchten Worte besagen wollten die sie suchend stammelte.
Ich griff ein und übersetzte, zu ihrem namenlosen, ersticktem
Grimm; die grosse Rolle, die einen Souffleur brauchte, war ja

---

[102] *Todt-Organisation*: Die von Fritz Todt (1891–1942) als Generalbevollmäch-
tigtem für die Bauwirtschaft 1938 geschaffene ›Organisation Todt‹ beschäftigte
seit 1939 bei den zahlreichen Armierungsarbeiten, Bahn- und Strassenbaupro-
jekten auch K.Z.-Häftlinge, Kriegsgefangene, Fremdarbeiter und »Freiwillige«.
Todt war seit 1940 auch Reichsminister für Bewaffnung und Munition. Nach
seinem Tod am 8. Februar 1942 übernahm Albert Speer (1905–1981) die Leitung
der ›O.T.‹.

nicht mehr die grosse Rolle, die grosse Werbung um dies un-
bekannte Gegenüber, an dem die neue Eroberung gemacht werden sollte. So ging es weiter. Dann gab sie für den Moment auf,
aber nur für den Moment, und schwieg, mit einem verzerrten
Lächeln.

Das gelangweilt blickende Objekt dieser Anstrengungen, ein
knabenhafter langer Mensch mit einem halb weibischen halb
lauernden Zuge in dem blassen immer etwas zurückgeworfe-
nen Gesicht, würdigte die ihm zu Ehren gesteigerte Küche
nicht nur darum nicht, weil ihm die Sprachen dafür gefehlt
hätten. Meine zu seiner Linken gesetzte Frau sah die ihm ge-
widmete Freundlichkeit nur durch hin und her gekaute Worte
mit ziehendem Accent erwidert. Italien? hatte ihn gleichgiltig
gelassen, schön? er fand es nicht; das spielte ja auch keine
Rolle. Er war aus Prag ein Sudetendeutscher, hatte dort promoviert und zu assistieren begonnen. Meine Frau versuchte
ihn über Stifter,[103] mit dem sie gerade, nach einer letzten Lektüre in Hader lag, zu Äusserungen über seine Heimat zu bewegen, erfuhr aber dass er diesen nicht gelesen hatte, und von
der Thatsache, dass die letzten Jahrzehnte ihn zum Klassiker
erhoben hätten, überlegen urteilte, soviel er wisse lese ihn

---

[103] *über Stifter*: Marie Luise Borchardt besass die ›Gesammelten Werke‹ in sieben Bänden, erschienen 1939–1942 im Insel-Verlag, zu dessen Anteilsinhabern
die Familie Voigt gehörte. Anton Kippenbergs Engagement und den seit 1921
einzeln und als Folge erscheinenden Bänden verdankt Adalbert Stifter seit den
zwanziger Jahren eine entschiedene Wiederbelebung. Marie Luise Borchardt
war damals, nach einem Zeugnis Gerhard Schuster gegenüber von 1981, gerade
in einer Lektüre des ›Witiko‹ begriffen. RB erwähnt Stifter nur beiläufig, wie im
Nachwort zur Anthologie ›Der Deutsche in der Landschaft‹ von 1927 (Prosa
1960 III S. 32).

kaum ein »Sudetendeutscher«, jedenfalls habe er es nie gehört. Gleicher Art war das übrige maulfaule und gedehnte Antworten des auf seinem Stuhle, über dem Tische nicht in rechten Sitz kommenden, sich ständig halb räkelnden und werfenden jungen Menschen. Als wäre ihm in seiner Haut nicht wol, als käme er nicht zur Ruh, so wie in seinen Zügen deutsches und slavisches, bei urspünglich feiner Anlage, sich zu einer ärgerlichen Maske zusammenfinden konnte, um dann sich wieder zu lösen Kindisches durchblicken zu lassen – etwa eines verzogenen Mädchens – und dann wirklich Kindliches, das dann nicht missfiel. Aber das Lächeln wenn es kam fletschte die Zähne, die Augen unter den gesenkten Lidern musterten halb vorsichtig halb hart die Runde, die Bewegungen waren sprunghaft und jäh. Es war kein behaglicher Mensch, vielleicht ein bedauernswerter wie diese ganze Generation, ganz unerzogen sodass er ungezogen wirken konnte, ohne Offenheit und schlichten Zug unbeherrscht im Äussern aber bewacht und verschlossen im Innern, ohne höhere Bildung, voller durch einander zuckender Widerspüche. Das zu lang gehaltene strähnige Haar, auffallenderweise, ergraute bereits um das noch nicht zu Männlichkeit reifende Antlitz, als bekundete die Natur an ihm symbolisch, wie bei gewissen pathologischen Fällen des Pflanzenlebens, das Erstarren der Entwickelungsfähigkeit schon auf den ersten Stufen der Bildung. Diese Starrheit kontrastierte mit der Unruhe des Menschen und gab seinen Zügen in Augenblicken, wenn über dem vorgeschobenen degenerierten Kinn die Lippen scharf zuklappten und der Blick lauerte, etwas von einem geringen Raubtier, Wieseln, Iltissen, kleinen Räubern.

Nach Tische ergänzte sein Sanitätsunteroffizier den Kreis, zu meiner angenehmen Überraschung ein ostpreussischer Landsmann,[104] Pastor Ulrich aus Königsberg Juditten,[105] kurz breit und blond mit der sofort überzeugenden schlichten Festigkeit des redlichen Mannes, und wie sich zeigen sollte, der nicht nur theologischen tüchtigen Bildung, allseitig thätigen Aufmerksamkeit unseres Landes. Das Gespräch wurde lebhaft schloss aber trotz aller meiner Anstrengungen sie durch Dolmetschen zu beteiligen, die Wirtin und deren deutsch verstehende Töchter immer wieder aus, denn sie hätten den Andeutungen und Scherzen die zu viel voraussetzten nicht folgen können, und dem umgekehrt von mir auf die Frau gezielten Gespräch wiederum folgten die zu wenig beweglichen Männer nicht. Schneider fügte sich der Unterhaltung jetzt mit Geschmeidigkeit, liess sich auf Prag bringen und hatte in der von ihm, mit eigentümlicher Glut, geliebten Vaterstadt, sein Thema, das ihn auflöste: die für ihn schönste Stadt der Welt, in ihr zu leben der

[104] *ein ostpreussischer Landsmann*: Vgl. dazu: Rudolf Borchardt und Martin Buber. Briefe, Dokumente, Gespräche 1907–1964. In Zusammenarbeit mit Karl Neuwirth hrsg. von Gerhard Schuster. München 1991 (Schriften der Rudolf Borchardt-Gesellschaft, Band 2).

[105] *Königsberg Juditten*: Biographica zu dem bereits oben S. 40 als Sanitätsunteroffizier erwähnten Pastor Hans-Joachim Ulrich sind einstweilen noch spärlich. Geboren am 20. Juli 1913 in Rastenburg/Ostpreussen – nicht also in dem nordwestlich von Königsberg gelegenen Kirchspiel Juditten im Samland – hat er die II. theologische Prüfung am 25. Juni 1943, bereits als Angehöriger der Wehrmacht abgelegt und wurde am 27. Juni 1943 in Königsberg ordiniert. Er wirkte nach 1945 als Geistlicher in Schleswig-Holstein und verstarb am 16. Dezember 1960 in Hamburg. – RBs Bemerkungen über die Gespräche mit Ulrich gewinnen an Brisanz, wenn man bedenkt, dass genau in diesen Tagen – am 26./27. und 29./30. August 1944 – durch zwei nächtliche Fliegerangriffe mit über 800 Flugzeugen Teile vom Norden der Stadt Königsberg und die gesamte Innenstadt vernichtet wurden; 4200 Menschen fanden dabei den Tod, 200 000 Menschen wurden obdachlos.

Inbegriff aller seiner Wünsche. Bevor wir uns draussen in der Nacht vor dem Sanitätswagen trennten, an dem er noch Weisungen zu geben hatte, spann er das Thema, das er nicht abwerfen konnte noch weiter, und, zu meinem Erstaunen, nach einer ganz unerwartbaren Seite hin. Er sei von Jugend auf zwiesprachig, habe mehr tschechische Patienten tschechisch behandeln müssen als deutsche deutsch. Die Eltern seien aus politischen Gründen in das rein deutsche Tetschen[106] abgewandert, er aber werde im Notfalle, um in Prag bleiben und leben zu können, für die Tschechei optieren, – die Heimat, das fände ich doch auch? – bilde doch das stärkste Band. Unreif und unbedacht wie dies Bekenntnis in dieser Situation war, so hatte doch die Schwäche die es zeigte, viel mehr Gewinnendes, als manche Forcen, die er sich vorher im Gespräch gegeben hatte, denn unser Interesse sucht immer das Individuelle, auch wo es scheinbar unter seinen Vorsatz sinkt, wir können nicht wissen und erst allmählich erfahren, durch welche Stärken solche Blössen bedingt sein mögen, und werden sie nicht pedantisch beurteilen. Ich würde ohne dies aufkeimende Interesse schwerlich den nächsten Abend im gleichen Kreise verplaudert haben. – Schneider hatte nun die Ziererei fallen lassen und nahm alle seine Mahlzeiten unbekümmert und ohne dieser, wie er meinte, Selbstverständlichkeit durch die geringste Courtoisie gegen die Wirtin etwas abzudingen, als ihr Gast ein. Pastor Ulrich, der uns gefiel, erschien in unsern Räumen am Theetisch meiner Frau, und ein herzliches und vertrauensvolles Gespräch zeigte den braven Mann, soweit es militärische Bindung und politische Vorsicht von seiner, Takt und Schonung von unserer Seite zu-

---

[106] *in das rein deutsche Tetschen*: Die Bezirksstadt im nördlichen Böhmen, tschechisch Děčin.

liess, als Christen und Deutschen von unerschüttertem Ehrbegriff. Er erzählte – der politische[n] Frage an sich nicht vorgreifend – wie er am Sonntag nach den Königsberger Scheusslichkeiten gegen Juden[107] die Kanzel bestiegen habe um über den Text zu predigen[108] »Thue Deinem Nächsten dessen nichts an, des Du nicht wolltest, das Dir von ihm geschähe« und wie unmittelbar darauf der Superintendent[109] ihn hart darüber angelassen, dass er sich etwas herausgenommen habe, was die Partei zu ihrer Kirchenfeindlichkeit berechtigen müsse. Ich vermied hier wie immer der Uniform gegenüber, ohne meinen düsteren Ausblick auf die Zukunft zu verhehlen, alles was den Soldaten oder zum Soldaten Gezwungenen in seiner Pflichterfüllung hätte spalten oder lähmen können und gab mich bescheiden nur als

[107] *Königsberger Scheusslichkeiten gegen Juden*: Ulrich predigte also am Sonntag, den 13. November 1938, in einer der Kirchen von Königsberg nach der Reichskristallnacht vom 9./10. November. Zur Judenverfolgung in Königsberg vgl. den Abschnitt bei Fritz Gause: Die Geschichte der Stadt Königsberg in Preussen. Band III: Vom Ersten Weltkrieg bis zum Untergang Königsbergs (Köln/Weimar/Wien: Böhlau 1996 S. 146–149). – Ergänzend dazu der Erlebnisbericht von David F. Kaelter: Die Jüdische Schule in Königsberg/Pr. Ein Gedanke und seine Verwirklichung. In: Bulletin. Publikationen des Leo Baeck Instituts. Tel-Aviv. Jg. 4, Nr. 14, 1961, S. 145–166, insbes. S. 161 ff. – Yoram K. Jacoby: Jüdisches Leben in Königsberg/Pr. im 20. Jahrhundert (Würzburg: Holzner 1983; Ostdeutsche Beiträge aus dem Göttinger Arbeitskreis, Band LV). – Stefanie Schüler-Springorum: Die jüdische Minderheit in Königsberg/Preussen 1871–1945 (Göttingen: Vandenhoek & Ruprecht 1996; Schriftenreihe der Historischen Kommission bei der Bayerischen Akademie der Wissenschaften, Bd. 56).

[108] *um über den Text zu predigen*: Der Text der sog. »Goldenen Regel« findet sich in der Luther-Bibel nur positiv formuliert (vgl. Matth. 7, 12, und Luk. 6, 31). Vorschriften hinsichtlich der Auswahl der Predigttexte für die einzelnen Sonntage bestanden in der altpreussischen Kirche damals nicht.

[109] *der Superintendent*: Nicht mit Sicherheit zu bestimmen.

den älteren Mann, der einen Weltkrieg als Soldat mit Siegessicherheit durchgekämpft und als Katastrophe durchgelitten hätte und füglich nicht mehr blind auf rettende Wunder zählen könne wie die nachgeborenen Generationen. Überhaupt, wie hier gut sein wird nachzutragen, bestand ich diese unvermeidlichen Bemühungen mit der Okkupationstruppe in einem von langer Hand festgelegten möglichst unscheinbar gehaltenen Incognito. Ich war angeblich ein eingezogen lebender älterer Gelehrter,[110] mit toskanischer Spezialgeschichte beschäf-

---

[110] *älterer Gelehrter:* So wie Robert Davidsohn (1853–1937), den RB spätestens seit dessen Besuch in der Villa Chiappelli bei Pistoia im Oktober 1926 persönlich kannte und wohl häufiger auch im Hause der Baronin Franchetti wiedertraf. Ein damals überreichtes Exemplar der ›Epilegomena zu Dante I: Einleitung in die Vita Nuova‹ (Berlin: Rowohlt 1923) trägt die Widmung: »Robert Davidsohn als schwaches Zeichen alter Dankbarkeit des Werdenden überreicht Bigiano Okt 26« (Nachlass Robert Davidsohn, Biblioteca Comunale Centrale, Florenz). Am 4. Januar 1934 antwortete er ihm auf einen (nicht erhaltenen) Brief, in dem Davidsohn seine Erfahrungen mit dem Nationalsozialismus thematisiert hatte: »Das Verhältnis zum Vaterlande ist wie jede Liebe ein absolutes, unteilbares Ganzes oder es ist nichts. An seinem vollen heiligen unverkürzten Rechte an der Heimat kann man nicht wie an einer Klassenlotterie ein Sechzehntel spielen und den Ausfall auf gut Glück stellen. In meinem Einzelfalle steht es so, dass mir die Ehre der Stellung innerhalb der Nation, die ich mir durch die Aufopferung meines ganzen Lebens gewonnen habe, abgesprochen und geschändet worden ist. Von denjenigen, die mir das angethan haben, nehme ich Vergütungen und Wiedereinsetzungen nicht an. Sie haben weder zum einen noch zum anderen eine Legitimation. Ich erwarte in vollkommener Ruhe und in dem Gefühle meines besseren inneren Wissens den Tag meiner Rechtfertigung durch die allgemeine äusserste Not, den ich für mich nicht als Tag der Rache ansehen kann. Auch mein Einzelfall ist ja nichts als ein blind wütendes Stück eines zusammenhängenden ruchlosen und stumpfsinnigen Bubenstücks, allerdings ein solches an dem ihm seine Dummheit selber fast greifbar wird, wie die mir zugekommenen Sondierungen beweisen. So etwas muss daran sterben, dass es kein wirkliches Wesen und Leben hat, und es ist für mich ein tröstlicher Gedanke mir meine ei-

tigt[III] und daher seit Jahren an italienische Domizile gebunden, ganz ohne andere Interessen und an Weltvorgängen gerne vorbeilebend. Es amüsiert mich, festzustellen, dass nur ein einziges Mal, und zwar meiner Tochter gegenüber[112] in Florenz, stürmisch gefragt worden ist, ob sie meine, das heisst die Tochter nicht gerade des in den weltfremden Spezialforscher Verkleideten sei, was das geistesgegenwärtige Kind klug genug war, weit von sich zu weisen. Mich für derzeit verschollen[113] halten zu dürfen und den Ruf den ich mir früher erworben haben mochte, in einer unangreifbaren Hülle zu überleben, bezauberte mich geradezu. Es war umso leichter, als ich es von jeher bequem gefunden

gene Ehrenstellung nicht anders als im Zusammenhange der Rettung der Nation vorstellen zu können. Weder Sie noch ein des deutschen Namens würdiger kann anders denken und handeln.« (Briefe 1931–1935 S. 320f.) Vgl. auch RBs Brief an Dorothee Hambuechen vom September 1937, als die Nachrichten über Robert Davidsohns Befinden auf sein Ableben hindeuteten, über seine dankbare Hochschätzung der Lebensleistung des Gelehrten (Briefe 1936–1945 S. 248 f.). Der Briefwechsel zwischen RB und Robert Davidsohn wird zusammen mit anderen Zeugnissen über das lebenslang ambivalente Verhältnis zu Florenz und die dortigen persönlichen Verbindungen zur Veröffentlichung vorbereitet.

[III] *mit toskanischer Spezialgeschichte beschäftigt*: Wie die Forschungen zur ›Pisa‹-Monographie, die 1932 abgeschlossen war, aber erst im Oktober 1938 erscheinen konnte. Im ›Nachwort‹ des Buches von Januar 1935 (jetzt Prosa III 1960 S. 495) wird auf einen bereits 1918 angekündigten, aber nie publizierten ›Versuch über die vorflorentinische Kultur Toskanas‹ hingewiesen, der RB seit seinem Aufenthalten in Pisa, Volterra und San Gimignano 1903/04 beschäftigte.

[112] *meiner Tochter gegenüber*: Nichts Näheres ermittelt.

[113] *derzeit verschollen*: So heisst es etwa gegenüber Heinrich Zimmer in einem Brief nach Amerika vom Juli 1940: »Wenn Ihr Berührung mit dem urchigen Eydgenossen Heribertus a Lapide [Herbert Steiner] nicht vermeiden könnt, – nennt mich nicht, und kennt mich nicht. Sagt ich sei tot oder hätte mich reaktivieren lassen und führte ein Bataillon oder etwas Ähnliches.« (Briefwechsel RB/Hugo von Hofmannsthal S. 413)

hatte, in meiner ital. Umgebung für einen auf dem Lande leben-
den Irgendjemand zu gelten und der Nachbarschaft Landschaft
Gesellschaft zu erraten überlassen, mit welchen Beschäftigun-
gen ich meine Musse ausfüllen mochte, so dass davon nur solche
wussten, die nicht davon gesprochen hätten. Ich hatte Zeitlebens
weder mit deutscher noch italienischer Literatur Umgang gehabt, und in denjenigen Freunden die als Autoren darin wie ich
handelten alles gethan um den Autor über dem hohen Menschen
zu vergessen. Es mochte bei dem Bildungsgrade und Interessen-
kreise der mich berührenden Truppe, Offizier wie Mann zwar ohnehin die Gefahr meiner Identifizierung fast auszuschalten sein,
aber wenn der Zufall dennoch so spielte war sie in ihrer Furcht-
barkeit nicht auszudenken und ich wagte den Kopf. Seit zehn
Jahren waren in Deutschland meine Bücher verboten;[114] mein
Name war unter Bann, ich selber ausserhalb der in der Partei syn-
dizierten Literatur, der ich verweigert hatte, mich zur Controlle
meiner Familiengeschichte[115] zu stellen; meine Bücher seitdem

[114] *meine Bücher verboten*: Der Sachverhalt ist noch ungeklärt.
[115] *Controlle meiner Familiengeschichte*: Über eine Aufforderung zur »Einzeichnung« berichtet RB gegenüber Herbert Steiner bereits Ende 1933 (Briefe
1931–1935 S. 311 f.). Er antwortet dem ›Reichsverband Deutscher Schriftsteller
e. V.‹ nochmals am 14. Oktober 1935: »Auf die mir übermachten Drucksachen
bezw. zur Ausfüllung vorgelegten Fragebogen, die ich nach längerer Abwesenheit hier vorfinde, kann ich nur mit dem Befremden darüber erwidern, dass mein
Name Ihren Mitgliederlisten angehören kann. Ich bin nie Mitglied irgend eines
Verbandes oder Vereines, Gruppe oder Bundes oder Partei welcher Art immer
gewesen und wünsche es weder zu sein noch zu werden. Sollte einer meiner Verleger, der mir allerdings vor Jahren aus verlagstechnischen Gründen nahegelegt
hat, meiner Einzeichnung in den Schutzverband zuzustimmen, sich über meine
Ablehnung hinweggesetzt haben, so ersuche ich um unverzügliche Streichung
meines Namens.« (Briefe 1931–1935 S. 516)

waren im Corona Verlage[116] und dem nach Wien gedrängten von Fischers Erben[117] erschienen. Bei der Okkupation des Münchener Zeitungsgebäudes der Neusten Nachrichten,[118] unter den

[116] *im Corona Verlage*: In einer der Zeitschrift angegliederten Buchreihe ›Schriften der Corona‹ des in Zürich firmierenden ›Verlags der Corona‹ erschien als Band XX nach endlosen Verzögerungen lediglich ›Pisa. Ein Versuch‹ im Oktober 1938. Der Band durfte in Deutschland bereits nicht mehr vertrieben werden. Zur Druckgeschichte vgl. die Zeugnisse in Briefe 1936–1945.

[117] *Fischers Erben*: Der Roman ›Vereinigung durch den Feind hindurch‹, von RB zwischen 20. März–14. April 1931 und 22. Oktober–2. November 1936 rasch niedergeschrieben, wurde durch Vermittlung des Schwagers Peter Voigt von Gottfried Bermann Fischer in Wien in einer Auflage von 2000 Exemplaren verlegt. Das Buch erschien, mit gedruckter Widmung an Marion Baronin Franchetti, Mitte März 1937. Ein Vertrieb war nur ausserhalb des Deutschen Reiches möglich. Zur Druckgeschichte vgl. die Zeugnisse in Briefe 1936–1945.

[118] *der Neusten Nachrichten*: Gegen die Verhaftung der »Hauptschriftleiter« Erwein Freiherr von Aretin (1887–1952) und Fritz Büchner (1895–1940) und die Besetzung und Durchsuchung des Zeitungsgebäudes der ›Münchner Neuesten Nachrichten‹ in der Sendlingerstrasse hatte RB sofort nach Bekanntwerden in einem Brief vom 22. März 1933 an den damaligen Reichsaussenminister Konstantin Freiherr von Neurath (1873–1956), den er zwischen 1921 und 1930 als Deutschen Botschafter in Rom persönlich kannte, protestiert: »Ich weiss sehr wol, hochverehrter Herr Minister, dass diese Treue und diese deutsche Gesinnung das Unglück hat, eine Lösung des deutschen Problems angestrebt zu haben, die nicht die parteioffizielle der heut Siegreichen, sondern deren bairische Fassung und Abwandlung ist, und dass die Kreuze, unter denen sie ihren guten Kampf kämpften, keinen Haken hatten. Wenn jeder, der in dem gleichen Falle ist, der Acht verfallen, und ihm vom Tage des Parteisieges an sein lebenslanger persönlicher Einsatz für das Vaterland nicht gerechnet werden soll, müssten die treuesten Deutschen an unserm Schicksal verzweifeln. Eine nationale Front wächst von vielen einander entgegengesetzten Punkten der Peripherie langsam in den einigenden Mittelpunkt zusammen. Um das heut in Deutschland vollzogene in jeder seiner Einzelheiten billigen zu können, haben die reinsten Naturen Opfer ihres Urteils und ihres Widerwillens bringen müssen, die der Einheit, wenn es zu ihr kommen kann, eine sehr ernste Farbe mitteilen, und das deutsche

Papieren der in den Junimorden abgethanen Jung[119] und Bose[120] mussten Briefe von mir gefunden sein, vor 33 geschrieben, mit so dringenden und präzisen wie leider unbefolgt gebliebenen Ratschlägen und Warnungen an meine conservativen Freunde, darunter ein besonders heftiger an den unglücklichen Baron Aretin,[121] der meine kurz vor der Machtergreifung gehaltene Rede über »Führung«[122] damals viel besprochen und missdeutet, ihrer Missbrauchung durch Hitlers Parteischreiber[123] zu entziehen bestimmt war und meinen Aufruf zum Widerstande ausser allen Zweifel stellte. Dass die Partei mich in meiner italienischen Re-

Volk ist ohnehin in zwei fast gleiche Lager zerfallen. Wenn das eine durch Massnahmen so verbitternder Art, die niemals vergessen und kaum verziehen werden können seine noch sehr junge und weiche Einheit wieder spaltet, so gewinnt vielleicht die Revolution, aber die Tradition – und sie ist es aus der ein Volk lebt, – verzeichnet ihren Verlust und meldet ihn bei der Zukunft an.« (Briefe 1931–1935 S. 231–234, hier 232f.).

[119] *Jung*: Edgar J. Jung (1894–erschossen München 30. Juni 1934), den RB als Autor des 1929 erschienenen Buches ›Die Herrschaft der Minderwertigen‹ schätzte und mit dem er seit Sommer 1931 befreundet war, vertrat ihn in seinem Prozess gegen Werner Richter am 26. Januar 1932; zu ihrer Korrespondenz vgl. Briefe 1931–1935.

[120] *Bose*: Herbert von Bose (Strassburg 16. März 1893 – erschossen Berlin 30. Juni 1934), Oberregierungsrat in der Kanzlei von Papen. Vgl. die Erwähnung im Brief RBs an Josef Nadler vom 27. August 1937 (Briefe 1936–1945 S. 156), dort trotz des Hinweises »mein Freund und Mitarbeiter« irrtümlich Bosse geschrieben. Briefe von und an RB sind bis jetzt nicht ermittelt.

[121] *Baron Aretin*: Die Briefe RBs an Erwein Freiherrn von Aretin (1887–1952) sind – nach dessen Auskunft noch Marie Luise Borchardt gegenüber – nicht mehr erhalten.

[122] *Rede über »Führung«*: RB hielt seine Rede auf Einladung der G. A. von Halem'schen Export- und Verlagsbuchhandlung AG am 2. Februar in Bremen (Schriften 4/5 S. 252f.). Zu den Teilnachdrucken vgl. Grüninger 2001 Nr. 537 ff.

[123] *Hitlers Parteischreiber*: Zustimmende Reaktionen aus den Reihen der NSDAP, von Privatbriefen abgesehen, sind als Zeitungsartikel bis jetzt nicht ermittelt.

traite ignoriert hatte, solange ich sie nicht zwang sich meiner zu
erinnern, mochte viele Gründe haben, vor allem den meiner
Stellung in Italien, die es opportun sein konnte, mit Vorsicht zu
umgehen, die man aber doch unter Aufsicht gehalten und in bestimmten mir bekannt gewordenen Fällen[124] durch einen Griff
aus dem Hintergrunde beschnitten hatte. Und inzwischen war
die italienische Staatshoheit dahin, Mussolini ein Schatten, Italien besetztes Gebiet unter allen Schrecken der Geheimpolizei,
der SS-Streifen, und ihrer möglichst noch scheusäligeren italienischen Henkershelfer,[125] das Attentat auf Hitler missglückt,[126]

---

[124] *in bestimmten [...] Fällen*: So im Falle der Rede ›Goethe‹ aus Anlass des hun-
dersten Todestages, zu der ihn der Rektor der ›Reale Università di Firenze‹ durch
Vermittlung des Deutschen Konsulats in Florenz eingeladen hatte (Schriften 4/5
S. 255–257). RB genügte dieser »schmeichelhaften Aufforderung« in einem »leeren Saale den ein einziger dazu abgeordneter Professor mitleidig genug war mit-
zuverzieren.« (RB an Giorgio Gabetti im Istituto Italiano di Studi Germanici
Rom, 7. Februar 1932; Briefe 1931–1935 S. 225). Hinweise auf die Gründe dazu ergeben sich aus einem Brief RBs an Konstantin von Neurath vom 8. April 1933 im
Hinblick auf das Presse-Echo seiner römischen Rede ›L'Italia e la poesia tedesca
intorno all 1900‹: »Zu meinem sehr lebhaften Bedauern bin ich von einer unmittelbar darauf eingetretenen vertraulichen Einwirkung der römischen Press-
vertretung der deutschen Regierungspartei auf die italienischen, oben angedeu-
teten Kreise unterrichtet worden, deren Spitze sich gegen mich richtet und mich
aus familiengeschichtlichen weitzurückreichenden Gründen in meiner Legitimation bestreitet. Gleichzeitig erfahre ich, dass die selbe Pressstelle im vergangenen Jahre darauf hingewirkt hat, die Florentiner Deutschen und Italiener zur
Ignorierung der Goethe-Rede zu veranlassen, die ich damals auf eine, von mir
gänzlich unprovozierte, Einladung des Rektors im Auditorium Maximum der
dortigen Universität gehalten habe.« (Briefe 1931–1935 S. 237f.)

[125] *italienischen Henkershelfer*: Vgl. die Literaturhinweise S. 255ff.

[126] *das Attentat auf Hitler missglückt*: Vgl. die Ausführungen RBs gegenüber
Conte Girolamo Roncioni von Anfang August und 9. August 1944 (Briefe
1936–1945 S. 659, 662).

das Schreckensregiment überall in blutigem Vollzuge. Es war keine Spielerei in der Hülle eines weltfremden Gelehrten irgendwo in Toskana zwischen Bach und Hügel zu verschwinden, sondern grimmiger Ernst.

An den nachfolgenden Abenden war es der Unterhaltung nicht ganz zu verwehren, dass sie auch aktuellere Gegenstände streifte, schon um der Hausangehörigen und der eifernden Wirtin willen, die nur am gröbsten zu beteiligen und nicht ausserhalb der Conversation zu halten waren. So vorsichtig ich mich hielt, oder vielmehr gerade darum war das Geltungsbedürfnis Schneiders im ständigen Vordringen auf die Meinungen der Mitunterredner, und ich hatte den Pastor wiederholt vor mich zu schieben um diesen Druck zu neutralisieren, dem Gespräche Wendungen zu geben, die ich wünschen musste. Eine der letzteren betraf die religiöse Entwickelung in Deutschland und ausserhalb, ich wollte erfahren, ob sie so hoffnungsvoll beurteilt würde, wie ich sie ansah,[127] wollte von dem religiösen Status der Armee, ihren Einrichtungen Messe, Predigt, Abendmahl, Seelsorge wissen, und von dem Geistlichen die Frage nach den Austritten aus der Kirche beantwortet wissen, hier überall von Frau N lebhaft unterstützt, zu deren fixen Ideen unter anderem auch, hier mir gelegen kommend, eine neue Weltreligion auf den Trümmern des christkatholischen Glaubens gehörte. Pastor Ulrich war Christ genug, um an dieser der Subordination entzogenen Stelle ohne Liebedienerei gegen den Vorgesetzten seine tapfere Klinge zu schlagen, während der junge Mensch kalt und

---

[127] *wie ich sie ansah*: Dezidierte bekennende Äusserungen enthält RBs Beitrag zur Umfrage des Ostwart-Jahrbuchs ›Gibt es eine christliche Dichtung und wie sehen Sie ihr Bild?‹ mit einer Spitze gegen Rilkes Religiosität (Prosa IV 1973 S. 205 f.) und der Schluss der Rede ›Schöpferische Restauration‹ von 1927 (Reden 1955 S. 251 ff.; vgl. Schriften 4/5 S. 227–232)

höhnisch, den Kopf in seiner gewohnten Art zurückgedrückt und die unschöne Unterlippe vorgeschoben, sich den Anschein der Unbeteiligung zugegeben hatte. Ulrich belebte sich in dem er mir beipflichtend, von dem mächtigen inneren Drängen im Volke, seelischen geistigen religiösen, sprach wir waren darin einig, dass es nach Kriegsende die Epoche auf weithinaus zu tragen verspräche, und hier konnte der blasse Laffe nicht ansich halten und brachte, seine Nägel besehend, mit blasierter Gedehntheit, seine grünen Zeitphrasen zu Markte. Wenn es so etwas in Deutschland wirklich gäbe, so sei es eine Nebenerscheinung der Überalterung der innern Front. Im Heere jedenfalls sei man seines Wissens von solchen Erscheinungen noch unberührt. Soviel er wisse, werde dort niemand verwehrt, seine sogenannt religiösen Privatsachen, soweit keine dienstlichen Hindernisse beständen, zu erledigen, aber, wenn ich vorhin gefragt habe, ob [für] die Erfüllung der normalen Christenpflichten des Soldaten oder seine religiösen Bedürfnisse wie Beichte, Abendmahl, Gottesdienst, Messe so wie noch im Weltkriege, organisierte Vorsorge bestände, so könne er nur sagen, dass er von solchen Bedürfnissen des Soldaten zum ersten Male höre, sie seien ihm bisher unbekannt gewesen, Feldgeistliche gebe es hier und da. Diese im Tone hochfahrender Überlegenheit gesetzten kahlen Trümpfe wurden vom allgemeinen Widerspruch zugedeckt. Es kam zur Sprache, und meine Frau war hier besonders genau unterrichtet,[128] inwieweit Austritt aus der Kir-

---

[128] *besonders genau unterrichtet*: Das ergab sich schon durch Marie Luise Borchardts familiäre Nähe zu ihrem Onkel Rudolf Alexander Schröder, der seit Anfang der dreissiger Jahre immer stärkeren Anschluss an die evangelische Kirche suchte und mit zahlreichen offiziellen Vertretern in Korrespondenz stand. Bezeichnend ist in diesem Zusammenhang ein Brief, den Schröder von Lotte Denkhaus, der Frau des befreundeten Pfarrers Friedel Denkhaus in Berlin, mit

che bei gewissen Ansprüchen fast unumgänglich gemacht war, christliche Observanz verdächtig machte oder Ansichten zu Boden schlug. Soldaten hatten uns das ihnen Widerfahrene genau belegt, höhere Offiziere in Florenz[129] meine Frau geradezu gefragt ob auch sie, wie die Fragenden selber, ihren Austritt habe erklären müssen. Der Mensch sah sich in einem gemeindeartig gleichdenkenden Kreise isoliert, und trat mit ein par unsicheren Redensarten den Rückzug an. Das Gespräch zog sich auf Grundsatzfragen zusammen, die ihn auf Zuhören beschränkten, der Pastor hatte die ungewöhnliche Kühnheit, nach einer Pause des Schwankens und Schluckens offen zu sagen, Niemöller sei der führende Theologe der Zeit,[130] salvierte sich aber noch bei

Datum des 17. Dezember 1941 erhielt, nachdem er ihr offenbar seine Bemühungen geschildert hatte, Caroline Borchardt-Ehrmann (1873–1944), Rudolf Borchardts seit 1919 geschiedener erster Frau, mit Hilfe der ›Inneren Mission‹ in München vor ihrer Einweisung in das »Judenlager Milbertshofen« und der drohenden Deportation nach Theresienstadt zu retten: »Hier wäre das, was Sie taten, völlig unmöglich ohne Gefängnis und andere Unannehmlichkeiten schlimmer Art als Folgeerscheinung. Abendmahlsbesuch zog auch für den Pfarrer – einen Freund meines Mannes – Anzeige bei der Gestapo, und, da er Soldat war, Versetzung nach sich zu einer Zeit, da nicht das geringste Verbot bestand. Einer der Kollegen fuhr in dieser Sache nach Berlin und kam sehr niedergedrückt wieder. Er sagte mir auf Befragen, die Luft sei eisig gewesen beim Kirchenministerium wie auch bei andern Behörden, ja auch Mahr. [?] wolle nicht damit zu tun haben. Ich kann und darf nicht deutlicher schreiben. Ich denke, Sie verstehen, was ich meine, so undeutlich ich mich ausdrücke. Es geht wohl doch dort, wo Sie waren, anders zu wie hier, so entsetzlich hart die Einzelnen getroffen werden. Hier ging man noch um vieles radikaler vor.« (Nachlass Schröder DLA)

[129] *höhere Offiziere in Florenz*: Wohl im Haus der Baronin Franchetti.

[130] *Niemöller sei der führende Theologe der Zeit*: Die bis jetzt einzige bekanntgewordene Erwähnung Martin Niemöllers (1892–1984) bei RB, der wie auch Schröder von den Aktivitäten, Veröffentlichungen und Schicksalen des führenden Kopfes der »Bekennenden Kirche« auch Einzelheiten gewusst haben dürfte.

Zeiten durch strafende Bemerkungen gegen Barth[131] der den Verlust seines Berliner Katheders[132] und die Rückschrumpfung in die Schweizer Heimat durch seine politische Verschärfung von Bekenntnisfragen voll verschuldet habe. Ich resümierte die Unterhaltung die mich vieles mittelbar und einiges unmittelbar gelehrt hatte, indem ich, die alten kirchengeschichtlichen Schulbegriffe neu wendend, die Ecclesia pressa[133] weit zurückreichen liess und der Ecclesia militans auf jedem Gebiete, das kirchliche nur eines von ihnen, mit einiger Wärme das Wort redete, und es ist mir der wackere Ton noch gegenwärtig, mit

Niemöller war seit 2. März 1938 als »persönlicher Gefangener Hitlers« in den Konzentrationslagern Sachsenhausen und (ab 1941) Dachau bis zu seiner Befreiung durch die Alliierten im April 1945 interniert.

[131] *Barth*: Vgl. das Urteil Schröders über Karl Barth (1886–1968) (Briefwechsel RB/Rudolf Alexander Schröder 1919–1945 S. 151 f., 155); einlässliche Äusserungen RBs sind bis jetzt nicht überliefert.

[132] *Verlust seines Berliner Katheders*: Ein Irrtum RBs, Barth lehrte seit 1930 in Bonn, wurde 1935 seines Amtes enthoben und kehrte in seine Heimatstadt Basel zurück.

[133] *die Ecclesia pressa*: Der altklerikale Begriff »Ecclesia pressa«, dessen sich RB auch nach dem Zeugnis von Cornelius Borchardt in diesen Jahren häufig bedient, findet sich etwa 1928 im Aufsatz ›Der Dichter und seine Zeit. Die Gestalt Stefan Georges‹ (Prosa I 2002 S. 425) und im Geburtstagsartikel für Kronprinz Rupprecht von Bayern vom 18. Mai 1932 (Prosa V 1979 S. 462–470, 604 f.). Im Dezember 1933 widmete RB sein Gedicht ›Ecclesia Pressa‹ im Untertitel ausdrücklich Rudolf Alexander Schröder, der die Zueignung als ein Zeichen höchsten Einverständnisses empfand (Briefwechsel RB/Rudolf Alexander Schröder 1919–1945 S. 350 f.). RB hatte zwar diesen Text noch 1936 Ernst Schönwiese zur Publikation überlassen; er wurde jedoch von diesem erst postum, als Doppeldruck in der Zeitschrift ›das silberboot‹ (Salzburg, Jg. 2, Heft 5 vom Juli 1946 S. 225–227) und ›Die Fähre‹ (München. Jg. 1 Heft 8 vom Juli 1946 S. 500–502) unter dem von der Gesamtredaktion beider Blätter frei erfundenen Titel ›Stimme vom Berge‹ veröffentlicht (jetzt in Gedichte 2003 S. 382–385).

dem mein geistlicher Landsmann die protestantische Kirche gegen die Gefahr und das Unglück verwahrte, je eine Ecclesia triumphans zu werden. Schneider lenkte kurz vor dem Aufbruch mit plötzlicher Liebenswürdigkeit – seine Geschmeidigkeit hatte nie so slavisch auf mich gewirkt – wieder ein, und hoffte mit einem Händedrucke, wir seien doch nicht etwa Gegner geworden, worüber ich ihn mit der toleranten Verbindlichkeit des Älteren beruhigte. Ich ginge weil ich noch arbeiten wolle,[134] der Pastor musste dienstlich abtreten. Es fiel mir auf – doch schlug ich es mir wieder aus dem Sinne – dass der junge Arzt sich dem Aufbruche nicht anschloss. Welches Verständigungsmittel ihm ein weiteres Verweilen mit der Herrin des Hauses – die Töchter wurden immer früh peremptorisch verabschiedet [–] fruchtbar oder anziehend machen konnte, blieb dunkel. Das gleiche wiederholte sich an den beiden nächst folgenden Abenden, an denen das Gespräch noch häufiger verstimmen sollte. Die Widerwärtigkeit des Patrons hatte mehr und mehr aufgehört, sich unter den ihm auferlegten guten Manieren einer wenigstens in den Formen homogenen Gesellschaft zu ducken, er warf die Hindernisse jetzt schon ungezogen ab. Dass er, in seinem Lehnstuhl mit spitz angezogenen Knieen zurück gekauert, dem Geistlichen, ihm gegenüber hinter dem Tische auf dem Divan neben der Wirtin, eine Cigarette im Bogen zu warf ohne die Stellung zu ändern, und jenen in die Verlegenheit brachte, unter den grausamen Blicken des Vorgesetzten danach zu suchen, mochte als soldatische Neckerei gelten, obwol ich nie einen mir

---

[134] *weil ich noch arbeiten wolle*: Zu den Briefen und Niederschriften RBs in diesen Wochen vgl. die Chronik S. 280, 284. Hinweise auf damals entstandene Arbeiten ergeben sich aus den Erwähnungen von Corona Borchardt bei ihrem Besuch im Hause des Ehepaars Broglio ca. am 29. Oktober 1944 (vgl. S. 199).

dienstlich Untergebenen, der eine solche Neckerei nicht erwidern dürfte, geschweige einen solchen der mir ausserdienstlich gleichstand, gewagt hätte, in einem Salon zum Gegenstande wegwerfender Herablassungen zu machen. Schlimmer war anderes. Ein in der Nähe ansässiger Luccheser Bürger und geachteter und begüterter Goldschmied[135] hatte sich an Frau N und mich gewandt, um vielleicht eine Linderung der rohen Behelligungen zu finden, denen eine bei ihm quartierende deutsche Feldküche ihn seit Tagen aussetzte. Diese Bursche [sic] verhielten seine Frau und Tochter zu niedrigen Dienstleistungen, liessen sich nicht mehr herab einen Eimer Wasser zu schöpfen und zu tragen sondern wollten bedient sein, hausten mit aufgebrachten Dirnen in dem reinlichen Ziergarten des reputierlichen Mannes, terrorisierten die Familie und rauften mit Anderen. Ich konnte persönlich hier nichts thun es handelte sich um eine andere als die uns regierende Truppe, deren Commandeur nach meinen Erfahrungen die Kerle sofort geschützt und sich Einmischungen verbeten hätte, nur ein Offizier konnte unter dem Anscheine zufälliger Kenntnisnahme, dort einsprechen und mit einem leichten, halb ernst getönten Scherze, wie ich es in solchen Fällen zu thun pflegte, den Leuten zu Gefühl zu bringen dass sie nicht uncontroliert blieben. Frau N, auch sie ausnahmsweise über die Vorgänge, die ich hier nicht erschöpfen wollte, empört, hatte an den Geistlichen gedacht, der aber als Unteroffizier sich nicht vorwagen durfte und von mir gebeten wurde, Schneider unter der Hand zu orientieren und ihm die obige unscheinbare Correctur eines unanständigen Falles nahezulegen, mit dem Hinweis auf die Gastfreundschaft in einem italienischen Herrenhause, die er geniesse, und auf die sehr enge und im

---

[135] *geachteter und begüterter Goldschmied*: Noch nichts Näheres ermittelt.

besten Sinne demokratische Verbindung, die in Toscana den grössern mit dem mittlern und dem kleinbürgerlichen Landbesitz nachbarschaftlich zusammenhält. Bald darauf beschied mich Pastor Ulrich mit betrübter und stummer Miene, dass Schneider es ablehne, sich um Italiener zu kümmern, und als Abends mein ältester Sohn, der mit Hilfe eines gerechtdenkenden Offiziers die besonders unverfrorene Beraubung einer armen Kätnerin teilweise verhindert hatte, die Sprache auf solche Missstände brachte, lieferte der rohe Mensch einen nicht absichtslosen Kommentar zu seiner Weigerung, man merkte wol dass er gesonnen war seinen Standpunkt gegen unsere Einmütigkeit ein Mal als »deutscher Offizier« zu präcisieren, und nun äusserte sich, vor seinen italienischen Wirten, die ihn zum Teil wenigstens verstehen konnten, zwischen den Zähnen in seiner Art mit leiser Stimme kauend heraus geknirscht, jener platte Hass gegen Italien und alles Italienische, jenes arrogante und überhebliche Aburteilen der ungebildeten Verständnislosigkeit, der man auch sonst wol gelegentlich bei Offizier und Mann begegnete, die aber hier ihr Gift aus der Wut des vor der Niederlage stehenden Hitleroffiziers zog und nichts Deutsches, auch nichts Deutsch Unverständiges mehr hatte. Alle Italiener seien Verräter. Sie würden es schon unter den Amerikanern erleben, was es heisse, arbeiten zu müssen ohne Unterschied und ohne Widerrede, da werde es keine Kranken und Atteste und Ärzte und Beschränkt Leistungsfähige geben, wie unter den albernen Deutschen die von dieser frechen Bande auch noch brutal gescholten würden. (Wir waren Spezialisten auf diesem Gebiete geworden und wussten zu welchen verzweifelten Mitteln der Bevölkerung gegenüber die deutsche Arbeitsnot, vielfach mit schlechtem Gewissen, sich verstanden hatte, dass das Menschenleben durchaus nichts mehr galt, und der menschliche

Abfall bei seiner maschinellen Durchpressung nicht gezählt wurde, während uns natürlich bekannt war, dass die Alliierten, bei manchen anderen Fehlern der Bevölkerung gegenüber, von dem der organisierten Menschenjagd frei waren). Auf keinem Kriegsschauplatze hätte sich die deutsche Truppe dem organisierten Verrate gegenüber so wehrlos befunden als von Anfang an in Italien. Es folgten die mir aus meiner Feldzugszeit so wolbekannten, in jedem Kriege sich wiederholenden, immer gleichmässig verbürgten Geschichten, Phantasieprodukte der überall Spionage witternden Nervosität des von starken unerklärlichen Verlusten aufgeregten Soldaten, eine Frontpsychose die jeder Offizier kennt und jeder selbstbeherrschte zu beruhigen weiss. Aber in dieser engen Stirn dort waren alle diese Märchen geglaubt, alle Wahrheit, und der bescheidene Zweifel des Pastors der die einzelnen Fälle miterlebt hatte, drang nicht durch. An allen Niederlagen – man glaubte das Frankreich von 1870 zu hören – war der Verrat schuld. Es gebe nur eine einzige Möglichkeit für die richtige Führung der Operationen in Italien, die einheimische Bevölkerung entweder deportieren oder ausrotten (»wegdrängen oder umlegen« waren die von dem Bengel gebrauchten Worte des Parteipressen Jargons.) Es entstand ein allgemeines Schweigen. Dann, da doch irgendwie weiter geredet werden musste, hatte Frau N den glücklosen Einfall, dem sonderbaren Gaste, man traute seinen Ohren nicht, teilweise beizupflichten, in dem sie immer und Allen gesagt, wiederholt, bewiesen habe, dass die deutsche Armee noch immer viel zu gut mit den Italienern umgehe, sie habe sich ausgezeichnet betragen, darüber sei nur eine Stimme, und das Unglück nur, dass ihr alle Schandthaten der SS aufgebürdet würden, die eben allerdings eine notorische Pest sei und alles den Deutschen angehängte Schandmal allein zu verantworten habe. Ich sah Schnei-

ders verzerrte Maske sich noch grüner verzerren und die Cigarette in seiner Hand zittern, dann seinen Blick unter den gesenkten Lidern sich auf mich heften. Dann sagte er mit erkün-
stelter Ruhe wie nebenbei und ohne sich an die Sprecherin zu
wenden, das seien doch nur die üblichen Propagandafälschun-
gen und nichts Wahres dahinter, er müsse das am besten wissen,
denn er sei alter SS Mann. Ah so, hiess es von unserer Seite recht
unbefangen, das habe man nicht wissen können, Frau N werde
gewiss am ersten bedauern[.] – Die Aufgelaufene sass die Farbe
wechselnd und etwas stammelnd wie ein Bild des Elends hinter
ihren Likör Caraffen. Ja, fuhr Schneider mit leiser singender
Stimme fort, es sei eine Art Familienstolz bei ihnen, sein
Schwager sei SS Obersturmbannführer[136] und habe ihn schon
ganz früh hineingebracht. Meine Frau griff ein und hatte in einem Augenblick dem unmöglichen Gespräch eine banale Wendung gegeben, da Frauen wissen, dass vor dem Abgrunde nicht
etwa der Geist eine Gesellschaft rettet, sondern nur der extreme
Gegensatz, die Banalität. Wir zogen uns bald zurück, aber auch
diesmal nahm Schneider der sich mit uns allen erhoben hatte,
trotz der späten Stunde sofort seinen Sessel wieder ein.

Es war unangenehm, ja fatal, wie wir einander sofort bestätig-
ten, mit einem Manne dieser unheimlichen Kaste schon so lange
unter dem gleichen Dache gewesen zu sein, und ich hätte, wie ich
heut weiss, der Entdeckung ihre volle Schwere geben müssen.
Aber ich war unter der Illusion, dass Schneider durch seine unprovozierte Preisgabe der noch so sehr gravierenden Thatsache
sie selber, was uns betraf, abgeschwächt hätte. Hätte er sie ver-
schwiegen und die Täuschung, für einen simplen jungen Trup-

---

[136] *SS Obersturmbannführer*: Das entsprach in der Wehrmacht dem Rang eines
Oberstleutnants.

penarzt zu gelten, zu unserem Schaden ausgenutzt und wir dann doch durch einen Zufall Klarheit gewonnen, dann war er allerdings sehr gefährlich. Aber er hatte die Karte auf den Tisch gelegt, und wie ein normaler und harmloser Mensch, gereizt durch die ungeschickte Frau, gegen eine Beschuldigung seines Corps reagiert. Auch heut noch glaube ich nicht, dass diese Unbefangenheit gespielt war, er hat sie vielleicht schon einen Augenblick später bereut; er war als SS-Spitzel eben noch ganz so geringhaltig und unreif wie als Mensch und hätte von seinen Ober-Schergen eine scharfe Abbürstung einstecken müssen. Wen es unbegreiflich dünkt, dass wir Alle uns eine solche Enthüllung sofort haben aus dem Sinne schlagen können, der bedenke, dass wir die Stunden bis zu unserer Befreiung bereits zählten. Es war ganz bekannt, dass die Truppe jeden Augenblick abziehen konnte, ja musste. Die Einschläge der feindlichen Geschütze, die ich von der Hausterrasse beobachtete, lagen schon nur wenige hundert Meter von uns, ganz in unserer Nähe war das Haus, das ich in »Villa« geschildert und Vielen so teuer gemacht habe wie mir selber, Villa Sardi in Vallebuia,[137] schwer getroffen worden, die deutsche Rückzugs Canonade wurde flauer, Truppe nach Truppe, Colonne nach Colonne lärmte im Nachtdunkel über die ferne grosse Heerstrasse und war morgens in der

---

[137] *Villa Sardi in Vallebuia*: Der Essay erschien am 15./16. Februar 1907 im Feuilleton der ›Frankfurter Zeitung‹ und wurde durch den Insel-Verlag im Februar 1908 als Privatdruck im Auftrag Alfred Walter Heymels (Leipzig: Offizin E. Haberland) ausgegeben. RB nahm den Text 1920 in den Band ›Prosa I‹ seiner ›Schriften‹ auf. Zur exakten Schilderung der Villa Sardi in Vallebuia bei Lucca, die RB mit seiner ersten Frau Caroline Borchardt-Ehrmann (1873–1944) von Mitte August 1906 bis zum 31. Oktober 1907 von Conte Cesare Sardi gemietet hatte und in Briefen gern beschrieb, vgl. insbesondere Prosa III 1960 S. 64–70.

Serchioschlucht[138] verschwunden. Schweres feindliches Feuer, mit dem Glase wol zu beobachten, lag auf der Hauptrückzugslinie der deutschen Nachhuten, die mitten durch die Luccheser Bodentafel langsam zu den Hügeln des Valdinievole[139] und zur Wasserscheide hinter Pescia[140] nach Pistoia und Florenz führt, dort sah ich voraus würde Clarkes linker Flügel, zu schwach um noch weiter über den Serchio auszuholen, und sich vielmehr bis an dessen linkes Ufer durch Seitenhuten sichernd, den Abziehenden schrittweise folgen, bei uns würden die Deutschen räumen und die Sicherung der Strasse Lucca Camaiore, die durch den Verlust der Stadt bedeutungslos geworden war, auf deren Abfall zur See beschränken, mit einem Widerstandskerne bei dem wahrscheinlich stark ausgebauten Montemagno,[141] gut 25 km. von uns entfernt. An einem Montag Abend[142] war jene kleine häusliche Krise eingetreten. Am Mittwoch[143] hatten wir Freunden[144] zum Nachtessen zugesagt, die eine Viertelstunde entfernt eine hübsche alte Villa bewohnten, einem kinderlosen

---

[138] *in der Serchioschlucht*: Nördlich von Lucca, entlang der Strada Statale Nr. 445 bis Barga und Castelnuovo Garfagnana, wo die Strada Statale Nr. 324 und 486 über den Appennin bis Modena führt.

[139] *zu den Hügeln des Valdinievole*: Nördlich von Montecatini Terme.

[140] *zur Wasserscheide hinter Pescia*: Nordöstlich von Montecatini Terme.

[141] *Montemagno*: Eine Ortschaft (und ein Pass) an der Landstrasse Lucca-Camaiore auf halbem Wege zwischen Monsagrati und Camaiore; dahinter senkt sich die Strasse in Serpentinen in die Ebene.

[142] *An einem Montag Abend*: Dem 28. August 1944 (vgl. S. 291).

[143] *Am Mittwoch*: Dem 30. August (vgl. die Chronik S. 294).

[144] *Freunden*: Das Maler-Ehepaar Mario Broglio (Piacenza 2. August 1891 bis S. Michele di Moriano/Lucca 22. Dezember 1948) und seine Frau Edita geb. Walterovna von zur Muehlen (Smiltene/Lettland 26. November 1886 – Rom 19. Januar 1977). Sie bewohnten eine Villa in S. Michele di Moriano (heute Villa

Paar in mittlern Jahren Künstlern von Welterfahrung und mit ausgebreiteten Interessen, und vor allem von echter Gutherzigkeit, – sie hofften wie wir zitterten und bangten aber und stärkten sich an unserer Ruhe. Ich sah keine Gefahr, der ich nicht vernünftiger Weise geglaubt hätte begegnen zu können, und kam das Haus in den Feuerbereich, so hatte man im Keller auszuharren, wie Unzählige allenthalben. Frau N in allem Wirtschaftlichen musterhaft und vorsorgend, hatte ihn für eine ziemliche Belagerung eingerichtet und beabsichtigte vor allem die kleinen Kinder deren Zimmer dicht unter dem Dache, dann am gefährdetsten gewesen waren, schon vor der letzten Minute dort wenigstens schlafen zu lassen.

Am Vormittage des nächsten, eines Dienstages, sah ich an der Glasthür meines ebenerdigen Gartenzimmers,[145] den bisher nie auf dem Grundstück erschienenen Hauptmann[146] vorübergehen und die Freitreppe in den ersten Stock ersteigen wo Schneider über mir das Appartement des abwesenden Hausherrn innehatte. Ein längeres Gespräch wurde hörbar und es verging eine gute Stunde, bis er sich kurz vor Mittag wieder aussen zeigte. Am Nachmittag an einer schattigen Vorhalle den Pastor an einem Tische schreiben sehend sagte ich ihm freundlich im Vorbeigehen, wir hätten ihn nicht mehr eigens aufgefordert, er wisse aber wie willkommen er uns immer sei. Für dies Mal, war die etwas befangene Antwort des tüchtigen Mannes – er hat sie

---

Collesano, Via Mammoli Nr. 972). – Vgl. die Erinnerungen von Corona Borchardt an ihren Besuch dort um den 15. Oktober 1944 (S. 198 f.).

[145] *ebenerdigen Gartenzimmers*: Zur Beschreibung des Hauses vgl. die Chronik S. 285; die Eltern Borchardt bewohnten zeitweise auch einen Gartenpavillon.

[146] *den [...] Hauptmann*: Der oben erwähnte Hauptmann Dörner (Anm. 59).

wie ich später erfuhr, gleich darauf auch meiner Frau gegeben –
habe er sich vorgenommen, liegengebliebene Briefe nun endlich
wirklich fertig zu schreiben, wozu ihm Glück wünschend ich
ihn liess. Gegen die Nachtessensstunde hin war auf dem Frei-
platze vor dem Hause lebhafte Unterhaltung, eines meiner Kinder sagte mir, der Hauptmann sei mit zu Tische, worauf ich bei
meinem Buche kaum hörte. Wenige Minuten darauf kam mein
ältester Sohn, der zur Hausgesellschaft getreten war von dort
zurück und sagte mir ohne sonderliche Wichtigkeit, der Hauptmann möchte mich einen Augenblick sprechen. Ich zog mich
um, ging hinaus und begrüsste den jungen Mann, den ich, wie
oben erwähnt bei seiner Quartiersuche unterstützt und seitdem
nicht gesehen hatte. Er sagte etwas förmlich, in der Art wie Stu-
denten seines Alters und wol seiner Kategorie sich »förmlich«
geben, ja, er hätte mich bitten müssen, und wir gingen wol am
besten für einen Augenblick zusammen ins Haus. Ich liess ihn
die Freitreppe vorangehen, in das Arbeitszimmer des Hausherrn, während durch die offene Thür ins Schlafzimmer Schneider in Hemdsärmeln sich umziehend und herumgehend, sicht-
bar wurde. Es entstand folgendes Gespräch[.]

Er. Herr Borchardt, ich muss Ihnen mitteilen, dass die Lage
   sich jetzt so gestaltet, dass Sie hier nicht länger bleiben können. Wir nehmen morgen einen Stellungswechsel vor, und
   ich habe den Befehl, dafür zu sorgen, dass Sie mit Ihrer
   Familie hinter die Front kommen. Ich muss Sie bitten, das
   strikt notwendige heute noch zu packen und sich morgen früh
   um 7 zur Abfahrt bereit zu halten. Ein Auto wird zu Ihrer
   Verfügung sein und Sie nach – mit einem Worte hinter die
   Front bringen, ich meine hinter den Appennin, nach Nord-
   italien.

Ich. Eine Verlängerung der Zeit ist nicht möglich?

Er. Nein, unmöglich. Der Wagen ist nur morgen früh verfügbar.

Ich. Ich sehe keine Möglichkeit in so kurzer Zeit, und ohne die geringste vorherige Andeutung

Er (mich unterbrechend) Sie mussten Sich das doch schon längst selber

Ich Ich darf wol bitten, auch meinerseits auszusprechen. Was ich mir längst selber gesagt haben mag, gehört schwerlich hierher. Ich habe hier einen umfangreichen Hausstand und für meine Entschlüsse auf viele persönliche Umstände Rücksicht zu nehmen.

Er. Sie können doch schwerlich ausser Acht gelassen haben, dass Sie bei längerem Verweilen hier nicht nur sich selber, sondern auch Ihre Söhne in die Hände des Feindes fallen lassen könnten.

Ich. Wieso? Ich erfahre zum ersten Male, dass unsere Stellungen nicht gehalten werden könnten oder sollten. Rein militärisch halte ich und halten höhere Offiziere, deren Meinung ich eingeholt habe, nicht für wahrscheinlich, dass ein toter Winkel wie unser Gebiet in absehbarer Zeit Operationen erlebt, die nur in den Stein rennen würden. Was meinen ältesten Sohn betrifft, so ist er garnicht in Frage. Er ist aus aller Wehrmachtspflicht nach normaler Musterung normal entlassen, meine beiden anderen Söhne sind Schuljungen.

Er. Sie kommen aber demnächst in wehrfähiges Alter. Sie müssen sich darüber klar werden, dass Sie durch Ihr Verbleiben sie in der demnächstigen Ausübung dieser Wehrpflicht bereits gefährdet haben. Ihr ältester Sohn könnte sich ebenfalls, auch wenn nicht wehrfähig, vielfach nützlich gemacht haben.

Ich. Mein Sohn war freiwilliger Dolmetscher bei einer deutschen Einheit

Er. Er ist es aber nicht mehr.

Ich. Die Einheit ist fort. Er hat sich seitdem überall in vorbildlicher Weise zur Verfügung gestellt, wo immer seine Sprach-
kenntnisse vermittelnd wirken konnten.

Er. Solche Vermittlungen, wie Sie es nennen, kommen nicht in
erster Linie. Der Sohn dieses Hauses[147], der junge Graf (NB!
Frau N stammte aus einer gräflichen Familie[148], und liess den
Mädchentitel gern unbegrenzte Wanderungen vornehmen)
hat sich, obwol nur Italiener der deutschen Todt Organisation
angeschlossen und mit ihr das gefährdete Gebiet verlassen,
sich von seiner Familie getrennt, um sich einzusetzen. Das
nenne ich vorbildlich. Ihr Sohn dagegen

Ich. Mein Sohn hätte vermutlich das Gleiche gethan; ich selber
habe es inhibiert. Wenn meine Söhne in *Ihrem* Sinne *hier* gefährdet sind, so sind sie es in *meinem* Sinne in Oberitalien in
noch höherem Maasse. Ich habe nicht die geringste Garantie
dafür, dass sie noch von dort noch nach Deutschland zurück-
kämen.

Er (nach einer Pause.) Ihre persönlichen Ansichten über den
Kriegsausgang thun hier wol nichts zur Sache. Ich habe je-
denfalls Ihnen den Befehl zur Kenntnis gebracht, den ich in
Bezug auf – auf alle in die Frontlinie kommenden deutschen
Reichsangehörigen erhalten habe

Ich. Ich werde mich also zu fügen haben. Ich bemerke dass ich
einem auf mich ausgeübten äussersten Druck nachgebe, und
dass dieser Druck nicht nur in rein dienstlicher, sondern in
schärfster dienstlicher Form erfolgt ist – Soviel ich verstehe ist
der Befehl Ihrer vorgesetzten Stelle formuliert worden, ehe

[147] *Der Sohn dieses Hauses*: Agostino Castoldi (vgl. Anm. 44).
[148] *aus einer gräflichen Familie*: Vgl. Anm. 27.

ich selber zu Äusserungen veranlasst worden wäre. Unter diesen Umständen werden Sie begreifen, dass ich an der gemeinschaftlichen Abendtafel des Hauses nicht teilnehmen kann. Ich verabschiede mich bereits jetzt.

Ich verbeugte mich kurz, und liess ihn stehen. Dörner war im Gegensatze zu dem Andern, wie bereits gesagt, ein gutgewachsener junger Mensch von netter Haltung mit offenen und einnehmenden Zügen, nicht gerade Garde, aber der Typus des besseren Leutnants früherer Tage, wenn auch, für meine Augen durch den proportionslosen Hauptmannsrang und das schon fast zu ihm gehörige wertlose Eiserne Kreuz erster Klasse, auf dem während des Gesprächs mein Blick geruht hatte, nicht stilvoller geworden. Ich hatte Beweise dafür, dass er sich mehrfach einsichtig und human betragen hatte, und sah den Airs von Autorität und Überlegenheit, die er sich leider geben musste, um abschneidend zu wirken, das gemachte an – ich kannte Manier und Ton von studentischer Affektation her[149]. Das Gespräch war unfreundlich geführt worden, von meiner Seite nicht ohne ein eisiges Amusement über die ungeheure Unverschämtheit des Ansinnens und ihrer Träger, zweier unreifer Knaben, die sich erdreisteten, in meine Handlungen zu greifen, und denen die Maschinerie einer nur noch dem Unglücksnamen nach deutschen Armee kurz vor ihrer Katastrophe thatsächlich noch erlaubt hatte, den Stempel irgend eines dummen Generals oder vermutlich nur eines Parteioffiziers in seinem Stabe für ihren Anschlag zu erraffen. Ich sah blitzartig alle Schleier von den

---

[149] *von studentischer Affektation her*: Vor allem aus Bonn (1896/1898) und Göttingen (1898/1902); in Bonn stand RB zeitweise der Verbindung ›Rheno-Ostphalia‹ nahe.

RUDOLF BORCHARDT: ANABASIS

Vorgängen fallen. Schneider war einer der im Radio so oft besprochenen sogenannten Führungsoffiziere der Partei[150] die neuerdings alle Formationen durchsetzten und das Offizier Corps bis zu den Kommandostellen zu bespitzeln hatten, er hatte ohne grosse Mühe unsere Reserve festgestellt und nach der primitiven Skala seiner Barbarei klassiert, hatte die Dummheit, Eitelkeit und Hysterie der Frau des Hauses nur anzurühren gebraucht, um sie gegen mich zu entladen, vielleicht zu direktem Verrate zu bestimmen dann war Dörner unter Druck genommen worden, zu einem Besuche im Hause bestimmt, der allgemeinen Besprechungen zu Dreien gegolten und noch Anderes betroffen hatte als mich – welcher allgemeinen Kombination erfuhr ich später und werde ich noch sagen – dann war der Befehl beim Corps Commando in Barga[151] telephonisch mit drei Worten erwirkt und der nur von dorther freizugebende Wagen für unsern Abtransport bewilligt worden, und schliesslich die Mine

---

[150] *Führungsoffiziere der Partei*: Der 1931 unter Leitung von Reinhard Heydrich eingerichtete »Sicherheits-Dienst« beim Reichsführer SS war seit 1937 damit befasst, Nachrichten über weltanschauliche Gegner zu sammeln, über die politische Zuverlässigkeit einzelner zu urteilen und die Planung über eine Ausbeutung annektierter Gebiete mitzubestimmen. Dem SD-Hauptamt unterstanden im Reichsgebiet bis zu 52 Leit-Abschnitte mit über 500 Aussenstellen, bei denen für die (1944) 6482 hauptamtlichen SD-Angehörigen rund 30 000 V-Leute tätig waren. Als Angehörige des SD wurden auch alle Beamten und Mitarbeiter der Gestapo und der Kriminalpolizei geführt, wenn sie der SS angehörten. Beim Einsatz in besetzten Gebieten trugen sie das SD-Abzeichen an der Uniform, was dazu geführt hat, dass die Einsatzgruppen und Dienststellen der Sicherheitspolizei und des SD von der Wehrmacht abgekürzt als SD bezeichnet wurden. Nach dem 20. Juli 1944 übernahm der SD den militärischen Nachrichtendienst, die ›Abwehr‹, einschliesslich deren Führungsspitze im Oberkommando der Wehrmacht.

[151] *beim Corps Commando in Barga*: Vgl. die Literaturhinweise S. 255 ff.

der Abendeinladung gelegt, um mich in der letzten Minute, unter Ausnutzung der Überraschung, vor das fait accompli unserer Abschaffung zu stellen, mit Handgepäck, das ohne Licht mit der Kerze in der Hand – wenn es soviel Kerzen gab – zwischen dem abgelegenen Magazin unserer Kisten und Koffer[152] und dem weitläuftigen fremden Hause, ohne eigene Dienerschaft, zu bestellen gewesen wäre, für fünf Personen in wenigen Stunden, denn der Ukas[153] wurde um 8,30 pm[154] notifiziert, und es musste auch gegessen und geschlafen und verfügt und geschrieben werden. Dass auch der Tags drauf angesetzte Stellungswechsel der sonst dem unerhörten Vorgehen eine schwache Legitimation hätte geben können, eine Lüge war, konnte ich damals noch nicht wissen und haben mir erst vierundzwanzig Stunden später, wie sich zeigen wird, zunächst die ahnungslosen Schreiber der Stabswache[155] enthüllt und dann die Vorgänge bestätigt, zu diesen unehrenhaften Mitteln hatte man aus Gründen gegriffen die ich ebenfalls damals nur ahnen, dann sofort durchschauen sollte, und bei denen die Interessen der Italienerin sich mit denen des Nazioffiziers begegneten. Der letztere wollte vor allem meine drei Söhne in die Hand bekommen und ihrer sogenannten Erfassung zuführen, – vor allem, aber nicht ausschliesslich. Denn es hätte eine strafbare Naivetät dazu gehört, den arglosen Naturkindern, die diese Mine von langer Hand gelegt hatten zuzutrauen, sie würden uns jenseits des Appennin an einer von uns befohlenen Haltestelle freundlichst absetzen und uns frei-

---

[152] *Magazin unserer Kisten und Koffer*: Vgl. dazu Chronik S. 285.

[153] *der Ukas*: (russ.) Der Erlass, die Verordnung, ursprünglich des Zaren.

[154] *um 8,30 pm*: (lat.) post meridiem, also 20.30 Uhr.

[155] *Schreiber der Stabswache*: In der Villa Mansi in San Stefano di Moriano (vgl. die Chronik S. 294).

stellen über unsere Kinder neuerdings nach unserem eigenen elterlichen Gewissen zu verfügen. Das wäre nach meiner Kenntnis des Dienstweges schon rein dienstlich unmöglich gewesen, ich hätte in keiner der von Evacuierten überfüllten Occupations Städte der Poebene ohne Mitwirkung des deutschen Platzcommandos Quartier gefunden, wäre bei den gesprengten Communikationen immer auf die Gefährte und die Bewilligungen des Militärs angewiesen und ohne sie nicht nur hilflos, sondern ohne Lebensmittel, da die italienischen Rationierungskarten wenn sie dort überhaupt noch bestanden – in Lucca war das System seit zwei Wochen erloschen – mir nur auf deutsche Stempelausweise hin widerwillig ausgefolgt worden wären. Ich war also vom Augenblicke an, in dem ich den Fuss in den Wagen setzte, in der Hand dieser Leute, von denen ich nun wusste was ihnen zuzutrauen war, und zwar im fremden Lande, wo im Gegensatze zur altvertrauten Lucchesia niemand uns kannte, kein Arm sich für uns regen würde und wir im Augenblicke einer Krise nichts gewesen wären als verwünschte Deutsche. Diese Perspektive, die ein Sekundenblick mir erhellte, hat später nur einer einzigen und von mir nicht verschuldeten Correctur bedurft. Ich besass keine Nachrichten über den Fortgang von Alexanders Angriff, musste nach den letzten von mir noch aufgenommenen mit einer früheren Bedrohung der deutschen Rückzugslinien rechnen und daher die erwähnte Krisis auf die ich in Bologna hätte gefasst sein müssen, schon anticipieren. Aber dieser Punkt war für meine Entschlüsse nicht erheblich. Eine Empörung in der ich die kalte Wut nicht von der glühenden Wut unterscheiden konnte, überschwemmte mich und trug mich vorwärts. Ihr Sinn war ein einziger Begriff, – Nie, Niemals, Nie! Solange noch ein einziger Ausweg war, ein einziges Mittel unversucht um meine Freiheit durchzusetzen, würde ich nicht mich beugen lassen. Ich hatte es mein Leben lang nicht gethan. Alles was ich war und geworden war und um sehr teuere Preise endlich aus mir gemacht hatte, dankte ich dem mir angeborenen Instinkte fast einem Furor, zur absoluten Freiheit, jener Manie der Unabhängigkeit, der ich von je alles geopfert hatte was sie von mir verlangte. Ich war als Student aus dem reichen väterlichen Hause Nachts geflohen[156] um auf einem entscheidenen Punkte beim eigenen Willen zu bleiben und hatte harte Jahre gleichmütig auf mich genommen um mich nicht Befehlen haben beugen zu müssen. Nie hatte ich eine Autorität über mich zugelassen, nie gehorcht, nie compromittiert. Ich war auf jedem Gebiete meines Thuns grundsätzlich Outsider geblieben, um durch keine Beamtung, keine Collegialität, keinen halbgeschäftlichen Sozialzwang mir die Linie des freien Mannes bedingen lassen zu müssen, ich lebte in Italien fast nur, weil diese selbstbestimmte Niemandem Rechenschaft schuldige, keine Behörde, Registrierung, Polizierung Bevormundung ken-

---

[156] *Nachts geflohen*: Nach der Rückkehr aus Bad Nassau am 7. Oktober 1901 lebte RB bis Mitte Januar des folgenden Jahres bei den Eltern in Berlin, Kronprinzen-Ufer 5, und suchte dort auf Anordnung des Vaters seine Dissertation abzuschliessen, »bis er es einfach nicht mehr aushielt. Er war eines Tages verschwunden und war bei Nacht und Nebel ausgerückt, wir wussten nicht wohin. Auch mich hatte er nicht ins Vertrauen gezogen. Mit unserem Vater durfte nicht mehr über ihn gesprochen werden.« (Philipp Borchardt an Marie Luise Borchardt, 7. März 1951; Privatbesitz) Marie Luise Borchardt erinnerte sich im Alter: »Er erzählte, dass er als Erklärung seiner Flucht an die Wand über seinem Bett die Schlussworte des Kleinen Welttheaters [aus der Rede des Wahnsinnigen] geschrieben hatte: ›Bacchus, Bacchus, auch Dich fing einer ein, | Und band dich fest, doch nicht für lange.« (Gesprächsaufzeichnung Gerhard Schuster, 1981). Der skandalumwitterte Aufbruch RBs ca. am 17./18. Januar 1902 führte zunächst nach Göttingen zu Otto Deneke, von dort mit dessen finanzieller Unterstützung zu Hofmannsthal nach Wien.

nende Landabgeschlossenheit des geschützten Fremden der
einzige in Europa erhalten gebliebene Rest der alten Freiheit des
Individuums war. Ich hatte selbst jeden jemals von Freunden in
irgend welcher Hinsicht auf mich geübten ungeschickten Druck
unbedenklich, und wäre es zusammen mit dem Freunde,[157]
abgeworfen, es war bekannt, dass ich in solchen Fällen so unbe-
rechenbar werden konnte, wie ein Erstickender der um Luft
kämpfend um sich schlägt. Um mich unterzuordnen, wie ich
es freiwillig Jahrelang im Weltkrieg, mein Lebenlang Hofmannsthal und in singulären Verhältnissen der Huldigung den
höchsten menschlichen Symbolen gegenüber nicht nur gethan,
sondern aus tiefem Bedürfnis gethan hatte, bedurfte es des Enthusiasmus, der in der Verleugnung des eigenen Selbst nur eine
höhere sublimere Form der Freiheit findet, die unerschöpfliche
Freiheit des Gebens. Dies war meine Natur geworden, mein
Naturell, durch dies allein hatte ich von aussen her zu nützen
vermocht, was mir an meiner Stelle zustand, und allen meinen
auf die geistige Lage, auf die Nation, sogar auf Einzelnes der
Literatur der Wissenschaft, der Kunst gerichteten Anstrengungen den Charakter menschlicher Handlungen gesichert, den
initiativen Charakter, den sie nur haben können, wenn der Han-
delnde als sein eigener Herr den vollen Einsatz wagen kann. So
hätte es mir festgestanden, mich hier nicht zu fügen, selbst wenn
die Militärfaust einen Rechtsgrund gehabt und selbst wenn der
Befehl normal ausführbar gewesen wäre. Der Rechtsgrund bestand nicht. Das Consulat hatte mich wiederholt vor die Wahl

[157] *zusammen mit dem Freunde*: Das gilt sowohl etwa für die Beziehung zu Hofmannsthal (bis 1924) als auch zu Willy Wiegand (bis 1929) oder Herbert Steiner
und Martin Bodmer (bis 1935); Wiederanknüpfungen sind freilich niemals ausgeschlossen.

gestellt,[158] nach Norden auszuweichen oder zu bleiben und mich schliesslich einen Revers[159] unterzeichnen lassen, laut dem ich mich bei Verharren in Italien und eintretenden Verlusten meiner Ansprüche an den Staat auf Entschädigung begab, was ich um so lieber gethan hatte, als diese Ansprüche an den deutschen Nachkriegsschutthaufen Papier gewesen wären und Revers und Unterzeichnung augenscheinlich als Liquidation des Schutz-verhältnisses mich vielleicht meiner Massacrierung durch die Italiener freigab aber nicht der militärischen Willkür; welch letztere auf Grund ihrer rohen Auslegung des Kriegsrechts sich in meine Wohnung setzen konnte und mich auf die Strasse, wie in meiner Nähe der jungen Gräfin Sardi[160] im siebten Monat einer Schwangerschaft geschehen war, oder mit meinen Bü-chern und Möbeln heizen, wie in der Villa des benachbarten Admirals Grafen Trevigliani,[161] aber rechtmässig nicht hindern dass ich mich an die Trümmer meiner Kellers klammerte oder sonst wo und wie ich wollte mich verelenden und vernichten liesse, soweit das ihren Operationen nicht im Wege gewesen wäre und vorausgesetzt, sie hätte nicht einen allgemeinen Räu-mungsbefehl für die Zone erlassen: und selbst dann noch wäre der nicht Mittellose frei geblieben sich nach freiem Ermessen zu verlegen. Ich unterstand als Auslandsdeutscher und Ausgewan-derter nur dem Landesgesetz[162] und seit der Zurückziehung der italienischen Präfektur aus Lucca keinem Gesetze mehr, am we-

---

[158] *vor die Wahl gestellt*: Dokumente dazu sind bis jetzt nicht ermittelt.

[159] *einen Revers*: Nicht ermittelt.

[160] *der jungen Gräfin Sardi*: Nicht mit Sicherheit zu bestimmen.

[161] *Admirals Grafen Trevigliani*: Die Villa Torre in Saltocchio ist Eigentum der Grafen Trebiliani.

[162] *nur dem Landesgesetz*: RBs Annahme ist unzutreffend.

nigsten der Befehlsgewalt einer fremden Truppe, die bereits im vollen Rückzuge alle ihre Kommandanturen – Orts und Platz-kommandos – aufgelöst und keine Befehlsstellen mehr hatte, nur noch aus ein par kofferpackenden Nachhuten bestand, und sich auf einen fünfzig Kilometer entfernt packenden General berief, ohne mir diesem gegenüber das Recht auf Anhörung und Recurs zu geben. War dies also rechtlich nackte Gewalt die nur soweit verpflichtete, wie sie die stärkere war, so war es gleichzei-tig aus allen angeführten Gründen blödsinnig und undurch-führbar.

Auf den vorangehenden Seiten:
[3]   Blick vom Ponte Vecchio auf die gesprengte Ponte S. Trinita und
Ponte alla Carraia, August 1944 (Privatbesitz).

CORONA BORCHARDT

TAGEBUCHAUFZEICHNUNGEN FLORENZ 1944

Juli 1944

Ich kann nicht mehr bei Fraunbergs[163] bleiben: es wurde mir
heute mitgeteilt, und es war ein Schlag für mich. Es wurde mir
plötzlich klar, wie ernst die Lage für uns alle war. Ich war bestürzt über das aufgeregte Gesicht von Tante Adriana. Ich darf
nicht mehr hier bleiben! Der Kronprinz[164] und Fraunberg sind
schon seit geraumer Zeit versteckt: ich darf auch nicht wissen,
wo sie sich befinden, es könnte uns alle den Hals kosten. Wir
wissen ja, was ein Verhör von Seiten der SS[165] bedeutet. Heute
morgen waren SS Offiziere bei Tante Adriana, angeblich um
Nachrichten über Benigna[166] und Iliana[167] zu erhalten, aber si-

---

[163] *bei Fraunbergs*: Theodor Freiherr von und zu Fraunberg (1889–1948) und
Adriana Freifrau von und zu Fraunberg geb. Contessa Pecori-Giraldi (1893 bis
1975) wohnten mit ihren Töchtern Benigna (geb. 1922), Maximiliane (»Iliana«)
(geb. 1926) und Nicoletta (geb. 1931) in Florenz, Palazzo Pecori-Giraldi, Via San
Niccolò Nr. 119. Fraunberg war bereits im Ersten Weltkrieg Stellvertretender
Adjutant des Kronprinzen Rupprecht von Bayern; er gehörte zu dessen engsten
Vertrauten.

[164] *Der Kronprinz*: Kronprinz Rupprecht von Bayern (1869–1955). RB stand mit
dem bayerischen Thronfolger seit 1931 in enger persönlicher Verbindung und traf
ihn seither regelmässig während dessen italienischen Aufenthalten (vgl. die
Chronik). Die Dokumente ihrer Beziehung werden von Gustav Seibt und Gerhard Schuster für einen Band der ›Schriften der Rudolf Borchardt Gesellschaft‹
zur Veröffentlichung vorbereitet.

[165] *ein Verhör von Seiten der SS*: Vgl. die Schilderung der berüchtigten »Villa
Triste« bei Tutaev 1967 S. 279 u. ö.

[166] *Benigna*: Vgl. Anm. 163.

[167] *Iliana*: Vgl. Anm. 163.

cher wollten sie nur schnüffeln. Schon was ich hier schreibe ist gefährlich, und ich muss die geschriebenen Seiten gut verstecken! Sie wissen nicht, dass auch ich hier wohne, und ich muss also schleunigst verschwinden! Fort! Fort! Aber wohin? Zu Tante Marion Franchetti,[168] sie ist die beste Freundin meiner Mutter. Es wurde also das Notwendigste gepackt, u. es ging los, auf gut Glück – denn telephonieren war zu riskant.

Gottlob war Platz für mich in Bellosguardo,[169] und Tante Marion war liebevoll und gastfreundlich wie immer.

Um den 16. Juli

Herrlich ist es hier! Der ganze Roseto[170] blüht und duftet wunderbar. Auch der Garten um das Haus blüht trotz der Schrecken und Ängste, die allen in den Knochen sitzen. Vor einem Monat war ich hier oft gewesen, habe hier auch länger gewohnt, als Editha[171] hier war. Das war kurz vor ihrer Flucht

---

[168] *Marion Franchetti*: Marion Baronin Franchetti geb. Freiin von Hornstein-Hohenstoffeln (1870–1948), die Tochter des Komponisten Robert von Hornstein; als Schwester der zweiten Frau Lolo (Charlotte) Lenbach geb. von Hornstein zugleich die Schwägerin Franz von Lenbachs, der sie mehrfach malte. Verheiratet seit 1890 mit Giorgio Barone Franchetti (1860–1923), einem Bankier in Florenz, der Teile seiner Kunstsammlungen in der Ca d'Oro in Venedig dem italienischen Staat stiftete.

[169] *in Bellosguardo*: Über die traditionsreiche Villa Torre di Bellosguardo, seit 1913 im Besitz der Franchettis, vgl. etwa Gerda Bödefeld und Berthold Hinz: Die Villen der Toscana und ihre Gärten. Kunst- und kulturgeschichtliche Reisen durch die Landschaften um Florenz und Pistoia, Lucca und Siena. Mit einem Beitrag von Richard Harprath (Köln 1991; DuMont Kunst-Reiseführer, passim).

[170] *Der ganze Roseto*: Der auch unter Kennern damals berühmte Rosengarten von Torre di Bellosguardo.

[171] *Editha*: Editha Prinzessin von Bayern (geb. 16. September 1924), eine Tochter des Kronprinzen Rupprecht und der Kronprinzessin Antonia von Bayern; zu ihrem Aufenthalt vgl. die Chronik S. 283.

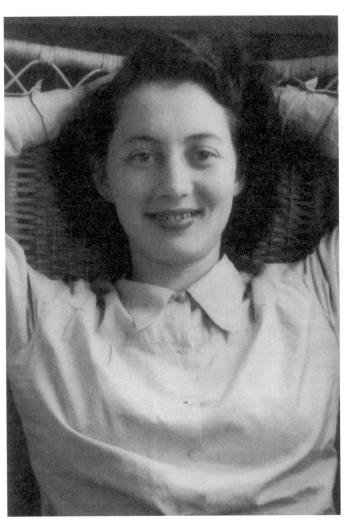

[4] *Corona Borchardt, um 1945 (Privatbesitz).*

nach Norden. Wir waren sehr eng befreundet: hier hatte sie auch Tito[172] kennengelernt, den Mann den sie später geheiratet hat. Ich war ein stummer Zuschauer ihres Glücks gewesen – voller Achtung und Schauer. Nur Tante Marion war nicht ganz zufrieden und fürchtete den Zorn des Vaters – denn so nett Tito auch war, ein Prinz war er nun einmal nicht. Tito war geflüchtet und Editha war auch nicht mehr hier. Auch Pichler,[173] der nette österreichische Stabsapotheker war einmal hier gewesen: bei ihm habe ich zehn Tage gearbeitet und um mir zu helfen hatten sie mir Lebensmittel und Verbandzeug mitgegeben. »Man kann nie wissen was Ihnen noch einmal passieren kann!« hatte er gesagt. Hilda[174] war auch dabei gewesen und dann war auch sie gen Norden gezogen. Alles dies war nun vorbei, und das Bild unserer Welt war wieder ein ganz anderes geworden. Die Köchin weckte mich aus meinen Gedanken: Haben Sie Lebensmittel? Gar keine? Aber Ihre Lebensmittelkarten haben Sie doch?! Ich sagte natürlich ja und ich hatte ja auch noch einen kleinen Sack getrockneter Erbsen und das Oel, das Mama mir zum Tauschen hiergelassen hatte. Es waren ungefähr zwanzig Liter und mehr als Gold wert.

Gisele Stockhausen[175] wohnt auch hier; sie begrüsste mich sehr herzlich und der Neffe von Tante Marion, Nanuk Fran-

---

[172] *Tito*: Tito Tommaso Brunetti (Florenz 18. Dezember 1905 – verunglückt bei Piacenza 13. Juli 1954), Ingenieur und Gutsbesitzer in Mailand. Er heiratete die Prinzessin von Bayern am 12. November 1946 (vgl. Irmingard Prinzessin von Bayern 2000 S. 291 f.).

[173] *Pichler*: Ein Bekannter von Freiin Benigna von und zu Fraunberg.

[174] *Hilda*: Hilda Prinzessin von Bayern (geb. 24. März 1926 – gest. 5. Mai 2002), eine Tochter des Kronprinzen Rupprecht und der Kronprinzessin Antonia von Bayern.

[175] *Gisele Stockhausen*: Die Malerin Gisèle von Stockhausen.

CORONA BORCHARDT: TAGEBUCH

[5]   Reiseggesellschaft auf der »Via del Amore« in Vernazza/Cinque Terre, dreissiger Jahre. Von links nach rechts: Marion Baronin Franchetti, Unbekannt, Gabriella Peterich, Rudolf Borchardt, Unbekannt, Unbekannt, Luigi Franchetti, Unbekannt (Rudolf Borchardt Archiv).

chetti[176]. Er muss etwa 19 Jahre alt sein, versteckt sich vor dem Militärdienst. Wir kommen sehr bald ins Gespräch, und ich stelle fest, dass er sehr nett ist, gar nicht angibt, eher ernst für sein Alter und auch politisch ganz gut informiert ist. Er möchte hier auf die Alliierten warten und dann später zurück nach Venedig zu seinen Eltern. Er spricht auch venetianisch und das klingt so hübsch. Er hört zu, wenn andere sprechen und das finde ich sehr beachtlich, denn das tun wenige. Er hat Reis mitgebracht, und das ist ein wahres Labsal, und wir essen viel davon. Er lacht, wenn ich von Angst spreche: »Du hast doch keine Angst? Nein, das glaube ich nicht, du siehst gar nicht so aus!« Und tatsächlich, wenn ich darüber nachdachte, hatte ich auch gar keine Angst. Oben im Turm von Bellosguardo ist noch ein junger Mann versteckt: es ist V. G.[177] Er geht uns allen ein wenig auf die Nerven, denn er besteht zum grossen Teil aus falschen Tönen. Auch er will sich nicht mehr für diese Faschisten im Kriege schlagen und dem Militärdienst aus dem Wege gehen. Seine Eltern und Schwestern wohnen hier in der Nähe und bringen ihm das Essen. Er erscheint erst abends spät bei uns im Salon. Leider hat er mich auserkoren, und ich werde sehr von ihm drangsaliert. Auch muss mir die Schwester Geschenke von ihm übergeben – was ich peinlich finde –, zum Beispiel ein Mundstück aus Elfenbein! Zum Glück ist abends immer Nanuk dabei, wir sprechen alle miteinander ich habe die Gabe das Gespräch auf belanglose Themen zu leiten.

Als ich eines Abends gedankenverloren aus meinem Fenster schaute, sah ich in der Zypresse vor meinem Fenster … Vitto-

---

[176] *Nanuk Franchetti*: Raimondo Nanuk Franchetti, der Sohn von Giorgio Franchetti, ein Enkel von Marion Franchetti.

[177] *V. G.*: Vittorio Giorgini.

rio! Anfangs wollte ich ihn zur Rechenschaft ziehen, aber schliesslich habe ich dann doch gelacht, denn es war zu komisch, besonders da er grosse Schwierigkeit zu haben schien, hinunter zu kommen und mehrfach ausrutschte!

20 Juli

Endlich folge ich dem Rat von Gisele und entschliesse mich, in die Via dei Bardi zum Deutschen Konsulat zu gehen. Mein Pass ist abgelaufen, und ich darf nicht versäumen, ihn mir noch einmal stempeln zu lassen. Als ich auf vielen Umwegen schliesslich in der Via dei Bardi angelangt war – natürlich mit meinem treuen Begleiter Nanuk – erschien plötzlich, von der anderen Seite kommend, Vittorio mit grollendem Blick. »Was machst du hier, Vittorio?« riefen wir beide fast gleichzeitig, »wenn man dich nun hier sieht?« »Es macht nichts«, meinte er stolz, »und wenn man nun dich sieht (auf Nanuk zeigend)«? Wir schwiegen etwas betroffen – »Ich wollte dir auch beistehen«, fügte er etwas verlegen hinzu.

Ich liess beide draussen warten und trat in den Wartesaal. Dort sass nur eine einzige Dame, deutsch aussehend und mit platiniertem Haar, eher dick und grob in der Art. Ich kam ganz ohne Absicht nicht ins Gespäch mit ihr. Zu meinem Glück, denn als mich der Konsul Wolf[178] dort warten sah, liess er mich eilig eintreten, zu meinem Erstaunen mit mir italienisch sprechend. Als er die Tür hinter sich geschlossen hatte, sah er mich mit aufgeregten Augen an, stempelte sofort meinen Pass und fügte im Flüsterton hinzu: »Sie haben doch wohl nicht mit ihr

---

[178] *der Konsul Wolf:* Legationsrat Dr. Gerhard Wolf (1896–1971), vom 21. Januar 1941 bis 25. Oktober 1944 ›Konsul I. Klasse‹ in Florenz; vgl. die Literaturhinweise S. 257 f.

[6]   *Konsul Gerhard Wolf, 1942 (Privatbesitz).*

gesprochen? Nein? Diese Dame ist nur hier, um zurückgebliebenen deutschen Mädchen zurück ins Reich zu helfen!« Er beschwor mich, so unauffällig wie möglich und auch so schnell ich konnte mich aus dem Staube zu machen. Ich wurde von ihm selbst durch ein Hinterpförtchen herausgelassen, traf unten wieder meine Begleiter, mit denen ich eiligst nach Hause lief. Ich sollte wohl vorerst nicht wieder in die Stadt kommen. Vittorio war wieder so albern eifersüchtig. Ich weiss gar nicht was er sich eigentlich einbildet.

21 Juli

Ich helfe etwas im Haus und bin auch ein wenig im Garten angestellt worden, was mir mehr Spass macht. Auch sehe ich ab und zu nach meinem Öl. Heute abend kam auch Reynald[179] und wir sprachen über die allgemeine Lage. Die Alliierten scheinen schon in der Nähe von Siena zu liegen. Man hört die Geschosse aus Südosten kommen, manchmal schon sehr nah und mit einem ausgedehnten Pfeifen. Wir atmen dann auf und sagen uns: sehr lange kann es nun nicht mehr dauern! Nur ist auch meine Lage hier schwierig wegen des Essens; ich habe immer das Gefühl, zur Last zu fallen – ich esse auch so wenig wie möglich und hab infolgedessen immer einen grossen Hunger – aber sicher haben alle diese gleiche Plage. Marion ist sehr nett und man sieht, es freut sie, mit uns zu sprechen, aber Lebensmittel sind eben überall knapp. Sie mag Nanuk gern, denn ich höre sie manchmal zusammen lachen. Sie hat viel Humor, aber sie lacht

---

[179] *Reynald*: Henri-Reynald de Simony (1929 – 1999), ein Freund von Erbprinz Heinrich von Bayern, verheiratet mit Nicoletta de Simony geb. Freiin von und zu Fraunberg, der jüngsten Tochter von Theodor und Adriana von Fraunberg.

nicht mit jedem. Wir sprachen heute wieder über die Lage, während Maria[180] das Abendessen servierte. Ich möchte hinzufügen, dass ich es schön und zeitgemäss finde, dass Mittag- und Abendessen elegant wie immer serviert werden, aber in unserem Fall war das Essen als solches nicht vorhanden. Wir sprachen also wieder über unsere schreckliche Lage und Marion geriet in eine grosse Erregung über Deutschland. »Was haben diese Nazis über unser Deutschland verhängt! Der Krieg kann zwar nicht mehr lange dauern, aber die Deutschen können sich niemals wieder aus dieser Niederlage erholen! Wie wird es jetzt in Deutschland aussehen! Welch jammervolles Bild von verwüsteten Dörfern und Städten! Was wird die Flucht der vielen Obdachlosen sein!« Sie hatte Nachrichten von Freunden und Verwandten erhalten und was man vernahm war schrecklich.

Wo ist wohl Rupprecht? und wo Prinz Heinrich?[181] Was ist aus Editha geworden und hat sich Hilda bei der Kronprinzessin[182] retten können? Aber wo waren sie dann? Dass man auch nichts wusste! Aber man wusste ja auch von meiner Familie nichts!

Gestern hat mich mit Angst erfüllt. Wer weiss wie die Alliierten sein werden. Werden sie uns gefangennehmen? Sollten wir uns auch dann noch verstecken? Man hört, dass es ihnen verboten ist zu »fraternisieren«. Oh, was kann noch alles kom-

---

[180] *Maria*: Ein Hausmädchen bei den Franchettis.

[181] *Prinz Heinrich*: Heinrich Erbprinz von Bayern (28. März 1922–14. Februar 1958), ein Sohn des Kronprinzen Rupprecht aus seiner zweiten Ehe.

[182] *bei der Kronprinzessin*: Antonia Kronprinzessin von Bayern geb. Prinzessin von Luxemburg und von Nassau (7. Oktober 1899–31. Juli 1954). Kronprinz Rupprecht heiratete sie in zweiter Ehe am 7. April 1921.

men! Und was werden sie mit uns wenigen Deutschen, die hier noch übriggeblieben sind, machen? Wenn Lucca befreit ist, kann ich ja wieder nach Hause, aber wenn es länger dauern sollte, wovon soll ich leben? Es war leichtsinnig gewesen, mich hier so ganz allein abzusetzen. Hätte ich Mama und Papa durch meine Anwesenheit nicht viel mehr helfen können?

23 Juli

Ich habe wieder im Garten mitgeholfen: auch Nanuk war dabei. Er glaubt, die Alliierten würden uns nichts tun, denn sie würden mit Leichtigkeit feststellen, dass wir alle keine Nazis gewesen seien. »Ich glaube nicht, dass es so leicht sein wird«, erwiderte ich, »es müssen schon sehr viele Leute uns beistehen, um das zu bezeugen. Und wenn diese nun nicht gleich zur Stelle wären? Ich möchte allerdings nicht mit allen Deutschen in gleicher Weise verurteilt werden, andererseits fühle ich mich aber auch als Deutsche und leide als solche an dem schrecklichen Schicksal, das unser Land befallen hat: unser Herz brennt an zwei Seiten![183] Gleichzeitig wünsche ich mir nichts sehnlicher, als dass die deutschen Soldaten Florenz bald verlassen und dies ohne die schöne Stadt Florenz zu zerstören! Ich habe die grösste Angst, und der Gedanke allein ist schon unerträglich!« »Ja«, sagte Nanuk sanft, »aber schliesslich haben die Deutschen diesen Krieg begonnen, nenne sie Deutsche, nenne sie Nazis, das ist mir jetzt ein und dasselbe!« »Den Krieg begonnen haben doch nur eine Handvoll Wahnsinniger«, rief ich erregt, »die vielen einzelnen Landser, die hier kämpfen müssen, weil es ihre Pflicht ist, trifft doch kaum eine Schuld«. Er dagegen fand diese Lösung zu einfach und daher nicht richtig. »Schuld«, sagte er, »Schuld haben

[183] *an zwei Seiten!*: Vgl. die Parallelstelle in RBs ›Anabasis‹ (S. 29).

wir eben doch alle!« Hier war das Gespräch an seiner Grenze angekommen, denn was wir Deutschen unter Deutschland verstehen, kann ein Nanuk nicht verstehen. Schliesslich war Italien durch den Krieg und die Deutschen tief im Unglück versunken, das Land war verwüstet und arm geworden. Er hätte mich nicht mehr verstanden. Und von seinem Standpunkt aus hatte er ja recht.

24 Juli – Ende Juli

Ich muss zusammenfassen, denn es ist viel passiert, und ich habe nichts mehr eintragen können. An einem Morgen erschienen mehrere deutsche Offiziere – es stellte sich heraus, dass es Fallschirmjäger[184] waren – sprachen mit Tante Marion und nahmen sie mit. Ich war nicht da, sondern im podere[185] und das war mein Glück: denn sie hätten gewiss auch mich mitgenommen. Ich war sehr bestürzt und sah mich nach Rettung um. Hier konnte ich nicht mehr bleiben, auch Nanuk war nicht mehr da, er war in die Stadt geflüchtet. Gisele und Reynald trafen mich auf dem podere. »Ich weiss nicht wohin«, sagte ich ratlos, aber nach einigem Hin und Her beschwatzte ich ihn, mich bei sich aufzunehmen. Er wohnt in San Francesco,[186] einem ehemaligen Kloster

---

[184] *Fallschirmjäger*: Die Einheit des Obersten Fuchs (vgl. Tutaev 1967 S. 245).

[185] *im podere*: Im Gutsgelände der Villa, am südlichen Hang des Gartens.

[186] *San Francesco*: Die Villa Hildebrand in Piazza S. Francesco di Paola Nr. 3, in Luftlinie südlich unterhalb von Bellosguardo, eine Anlage des späten 16. Jahrhunderts, die der Bildhauer Adolf von Hildebrand (1847–1921) 1874 als ständigen Wohnsitz erwarb. Arnold Böcklin, Conrad Fiedler und Hans von Marées, der zeitweilig im Obergeschoss ein Atelier innehatte, zählten zu den Gästen, ebenso Cosima Wagner oder der mit RB befreundete Archäologe Ludwig Curtius mit seinem Schüler Wilhelm Furtwängler. Vgl. Sigrid Esche-Braunfels: Adolf von Hildebrand (1847–1921). (Berlin: Deutscher Verlag für Kunstwissenschaft 1993).

CORONA BORCHARDT: TAGEBUCH

aus dem Mittelalter, das aber schon seit vielen Jahren der Familie Hildebrand gehört und jetzt deren Erbin Liesel Brewster,[187] einer hervorragenden Malerin. Reynald ist dort wie Kind des Hauses, er bestimmt und leitet alles und ist ihr daher ganz unentbehrlich. Nur das alte Thema: wo sollte ich essen? »denn Essen haben wir nicht« sagte Reynald beklommen, »wir haben selber nichts«. »Aber ich habe ja mein Oel, das ist in einer damigiana[188] und steht bei Ugo,[189] dem Gärtner von Tante Marion«. Sofort erhellte sich sein Gesicht, ich hatte gewonnenes Spiel und war überglücklich, denn ich hatte Liesel gern. Sie war ganz versponnen, und man hatte immer das Gefühl, dass sie nie ganz hörte was man sagte, fälschlicherweise, denn wenn man nachforschte, hatte sie immer alles ganz verstanden. Ich brachte also schnell meine wenigen Sachen zu ihr und dankte ihr und auch Reynald von ganzem Herzen. Reynald sagte mir sofort, ich solle mich versteckt halten, da ich Deutsche sei, und ich möge auch bitte kein Deutsch sprechen. Ich habe jetzt ein Bett in der Bibliothek – nur vorübergehend natürlich. Ich bin aber trotz der etwas trüben Stimmung frohen Herzens, denn es kann ja nicht mehr lange dauern. Nachrichten aus Lucca sind völlig ausgeschlossen. Dagegen hören wir von deutschen Angriffen auf Partisanen[190], die sich im Gebirge aufhalten und ich habe immer die grösste Angst, dass Papa mit ihnen in Beziehung steht. Bei

[187] *Liesel Brewster*: Elizabeth Brewster (1878–1956), eine Tochter Adolf von Hildebrands.

[188] *damigiana*: Eine Korbflasche.

[189] *Ugo*: Der Gartenmeister von Villa Torre di Bellosguardo, Ugo Fallai; RB stand mit ihm in freundschaftlich-fachlichem Austausch.

[190] *auf Partisanen*: Vgl. die Literaturhinweise S. 255 ff.

Liesel wohnen auch die beiden Lorias[191] einer ist ein berühmter Schriftsteller und beide sind sehr interessant. Ich habe neulich Loria von meinem Tagebuch erzählt. Er hat mir viel Mut gemacht, es weiter zu führen. Auf keinen Fall kann ich in der Bibliothek schlafen; es wird schon zu stark geschossen. An einem Morgen war ein Stückchen der Wand unter dem Fenster mitten auf meinem Bett gelandet. Hätte ich geschlafen, wäre es mit mir aus gewesen. Wir schlafen daher alle im Keller der sehr geräumig und von grossen Säulen unterteilt ist.

Um den 28. Juli

Heute kam ganz unerwartet Nanuk, sehr froh, mich wiedergefunden zu haben, wie er lachend rief. Er war reizend und gab mir sofort mein Selbstgefühl wieder. »Wollen wir nach Bellosguardo gehen um zu fragen ob Nachrichten von Marion eingetroffen sind?« schlug er vor, »vielleicht können wir auch Gisele besuchen, sie wohnt doch bei Romanellis,[192] die dort ganz nebenan wohnen?« Die Villa von Romanellis liegt ganz nah bei Bellosguardo, daher schien es mir nicht sonderlich falsch, diesen Besuch zu machen. Es war aber gefährlich, das merkten wir auf halbem Wege. Wir schlüpften behend durch den Weinberg; es wurde aber immer stärker geschossen und wir mussten laufen. Nanuk war immer voran und ab und zu rief er mir zu: »in gamba!«[193] Oben angekommen, war das Schloss fest verschlossen

[191] *die beiden Lorias*: Der Dramatiker und Erzähler Arturo Loria (1902–1957) und sein Bruder, der Industrielle Cesare Loria; er war nach der »Befreiung« Präsident des ›Consiglio Provinciale dell'Economia‹. – Vgl. Arturo Lorias Bericht: ›La liberazione [di Firenze]‹ (Il Ponte. Firenze. Jg. 10, 1954, S. 1401–1404).

[192] *bei Romanellis*: Der Bildhauer Romano Romanelli (1882–1968), seit 1942 Inhaber des Lehrstuhls für Bildhauerei an der Akademie in Florenz.

[193] *»in gamba!«*: (ital.) Tüchtig!

CORONA BORCHARDT: TAGEBUCH

und keine Menschenseele zu sehen, als wenn es ganz unbewohnt wäre. Wir liefen ganz schnell, fast springend zu Romanellis; über Zäune und Gräben, mussten uns ab und zu hinwerfen, denn es pfiff ganz ordentlich um uns herum: zwischendurch klauten wir uns Tomaten aus dem Podere, denn wir hatten – wie immer – Hunger. Wir fragten uns immer ob das Schiessen von den Deutschen oder von den Alliierten stammte! Bei Romanellis angekommen läuteten wir schnell am Gartentor und uns wurde leider nicht sofort aufgemacht, was uns in grosse Unruhe stürzte. Plötzlich ging die Tür auf und wir wurden eilig hereingelassen. Wir fanden grosse Bestürzung vor: »was macht ihr hier! geht sofort wieder nach Hause! Heute ist es gefährlich auf den Strassen! Heute ist die letzte Schlacht um Florenz.« Dann schiessen wohl beide, meinte Nanuk kühl. Es knallte mitunter fast ohne Unterbrechung. Heute nacht würden die Deutschen über den Arno gehen. In dem Moment kam ein pfeifender Schuss gerade in den Garten, in dem wir uns immer noch aufhielten, weil es so heiss war. So nah war noch nie ein Schuss neben uns niedergegangen. Wir hörten das Klirren von Gläsern und plötzlich fiel Frau Romanelli zu Boden. Wir waren alle entsetzt und schafften sie sofort ins Haus. Nach einigen Untersuchungen stellten wir fest, dass sie einen Splitter im Oberschenkel hatte. Es war nicht schmerzhaft, sagte sie, aber es hätte ihr im Augenblick das Gleichgewicht genommen. Wir versuchten, den Splitter hinauszuziehen, aber er sass zu tief. Deshalb wurde nach kurzem Ratschlagen beschlossen, sie hinunter in die Stadt zu tragen, wo wir vielleicht einen Arzt finden würden. Wir machten eine Trage aus einem Liegestuhl, umwickelten das Bein, das jetzt doch wirklich zu schmerzen begann und bildeten ein Team aus vier Leuten, bestehend aus Gisele, Nanuk, Vittorio und mir. Vittorio, der genau gegenüber wohnte, wurde schnell gerufen, aber leider

war er nicht der Mutigste, denn er fand allzu schnell eine Aus-
rede. So mussten wir die Verwundete zu dritt tragen, was doch
recht beschwerlich war. Daran merkte ich, wie wenig Kraft ich in
den Armen hatte. Der arme Nanuk stand vorne und hatte am
meisten zu tragen: Gisele und ich keuchten hinten. Die Win-
dungen der Strasse wollten nicht enden, denn diesmal konnten
wir nicht durch die Felder hüpfen wie vorhin, und die Strasse
nach Bellosguardo, die zum Teil von Mauern eingefasst ist, zieht
sich sehr in die Länge. Die Schrapnellschüsse prallten manchmal
auf der gegenüberliegenden Mauer auf und zersprengten Steine,
die uns wiederum in Gefahr brachten. In solchen Fällen rief mir
Nanuk trocken zu: »dies sind die Amerikaner! Gottlob, sie sind
nicht mehr weit!« Am Ende der Strasse kam uns Loria entgegen
und nahm uns die Last ab. Die arme Frau Romanelli litt indessen
ziemlich und wir bedauerten sie sehr. Man brachte sie zum
Roten Kreuz, wo sie mehrere Tage blieb. Gisele blieb die Nacht
bei uns,[194] denn sie konnte auf keinen Fall wieder zurückgehen.
Nanuk eilte in seine Stadtwohnung zurück.

Die Nacht, die nun kam,[195] war eine fürchterliche. In S. Francesco war grosser Aufruhr, weil nach den Vermutungen man inzwischen Gewissheit über die Lage erhalten hatte. Alles rettete
sich in den Keller, denn kein Zimmer schien mehr sicher zu sein.
Diesmal war unsere Gesellschaft noch grösser geworden: sie bestand aus zwei Griechen, die gerade angekommen waren, den
beiden Loria, Ugo und Maria Miglietta,[196] Reynald, Liesel und

---

[194] *bei uns*: In der Villa von San Francesco.

[195] *Die Nacht, die nun kam*: Die Sprengung der Brücken erfolgte in der Nacht
von Dienstag auf Mittwoch, 3./4. August 1944.

[196] *Ugo und Maria Miglietta*: Der Architekt Ugo Miglietta und seine Frau Maria Miglietta geb. Sattler.

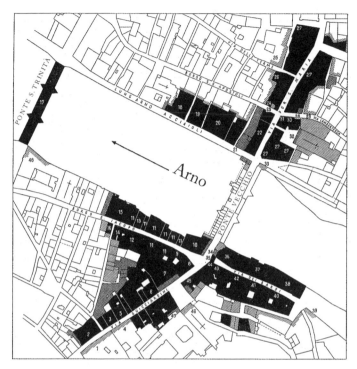

[7]   Die Sprengungen der Brückenköpfe des Ponte Vecchio, 4. August 1944. (Nach: Gerhard Hümmelchen, S.53).

Die Nummern in der Zeichnung verweisen auf 1. Palazzo Guicciardini; 2. Casa Guicciardini-Mattei; 3. Casa Ventura; 4. Palazzo Franceschi; 5. Casa dei Macchia- velli; 6. Palazzo Firidolfi-Ricasoli; 7. Palazzo Barbadori; 8. Torre dei Rossi- Cerchi; 9. Palazzo Rossi-Cerchi-Canigiani; 10. Magione dei Templari; 11. Häuser aus dem Mittelalter; 12. Palazzo Novellucci-Strozzi; 13. Torre dei Serragli; 14. Torre dei Ridolfi; 15. Palazzo Barbadori; 16. Palazzo Belfredelli; 17. Ponte Santa Trinità; 18. Palazzo del Turco; 19. Palazzo de Angelis; 20. Palazzo Acciaioli; 21. Palazzo und Torre dei Carducci.

[8] Gesprengte Strassenzüge nördlich des Ponte Vecchio in Richtung Piazza della Repubblica, am oberen Bildrand S. Lorenzo, Baptisterium und Dom. August 1944 (Kunsthistorisches Institut Florenz, Photothek).

[9] Blick vom linken Arno-Ufer, Lungarno Guicciardini, auf den Ponte Vecchio, August 1944 (Kunsthistorisches Institut Florenz, Photothek).

[10] Blick vom Ponte Vecchio auf den Borgo S. Jacopo, August 1944 (Kunsthistorisches Institut Florenz, Photothek).

[11]   *Ponte Vecchio nach den Kriegszerstörungen 1944 (Kunsthistorisches Institut Florenz, Photothek).*

mir. Erstaunlicherweise war auch ein englischer Captain bei uns, ich weiss nicht, wie er zu uns gekommen ist und habe auch nicht gefragt, denn alles schien heute so unglaublich und erstaunlich. Liesel zog es vor, auf der Treppe zu schlafen, sie hatte sich dort mehrere Kissen aufgebaut und nach einigem Zögern tat ich das gleiche. Plötzlich erzitterten Boden und Wände wie von einer riesigen Explosion und alle riefen schmerzerfüllt: das sind unsere Brücken![197] Und tatsächlich, so war es. Etwa zehn Explosionen der gleichen Stärke erfüllten die Nacht mit Grausen und Trauer. Ich hasste die Deutschen in dieser Nacht von ganzem Herzen.

Am nächsten Morgen war unsere ganze Welt verändert. Es wurde weiter geschossen, und man sah ab und zu amerikanische und englische Militärwagen vorbeiflitzen. Anscheinend waren sie bis zum Arnoufer vorgedrungen. Ich durfte nicht auf den Platz,[198] aber von einem Fenster aus sah ich einen sonderbaren Freudentanz sich langsam aus verschiedenen Strassen zusammensetzen: es waren Frauen, die mit Töpfen und Pfannen das Ende des Krieges, jedenfalls für sie, und die Abfahrt der Deutschen feierten. Deutsche und Faschisten sind jedoch noch in der Stadt und schiessen von den Dächern aus auf die Strasse. Auf der anderen Seite des Arno wird gekämpft. Wir leben in diesen Tagen auf schmalem Fusse und halten den Atem an. Alle sind ernst und schweigsam. Das Brot, das wir auf unsere Lebensmittelkarten kriegen, wird noch am gleichen Tage so steinhart, das man es kaum geniessen kann. Trotzdem ist es manchmal das Einzige, was ich am Tage esse. Argene,[199] das Dienstmädchen

[197] *unsere Brücken!*: Vgl. die Literaturhinweise S. 257 f. und die Chronik S. 287.

[198] *auf den Platz*: Piazza San Francesco.

[199] *Argene*: Nichts Näheres ermittelt.

von Mrs. Pinter,[200] war so freundlich es für mich zu besorgen, da
ich ja nicht aus dem Hause darf. Geld habe ich ja genug, nur
kann man nichts damit anfangen. Aber ich habe ja noch das Öl!
Deshalb sorge ich mich auch nicht.

Montag [31. Juli]

Heute nachmittag war ich noch einmal bei meinem tenente,
aber er war nicht da; ich hinterliess aber meinen Namen, damit
mein Besuch registriert wird. Trotzdem wird es mir langsam
peinlich, wenn seine attendenti immer so heimlich tuscheln;
ich habe immer ein ungemütliches Gefühl, wenn ich dort bin.
Zu Hause angekommen, kam Nanuk vorbei, um mit mir nach
Bellosguardo zu gehen: doch wir hörten es wieder so stark pfeifen und schiessen, dass wir Abstand davon nahmen und um-
kehrten. Dann trafen wir Mrs Pinter und kamen mit ihr ins
Gespräch. Dabei kam heraus, dass sie Hauptmann Schwarz[201]
kannte und auch Herrn Schünemann aus Bremen![202] Durch
Perry[203] hörte ich, dass Morghen[204] vor ein Kriegsgericht gerufen worden sei, da er in angetrunkenem Zustande in das Zimmer von zwei Mädchen eingedrungen sei. Ich muss gestehen,
dass ich ihn nie ausstehen konnte, aber dass er so ordinär war,
habe ich doch nicht erwartet. Wenn ich bedenke, dass ich ge-
zwungenermassen mit diesem scheusslichen Menschen habe

---

[200] *Mrs. Pinter*: Nichts Näheres ermittelt.

[201] *Hauptmann Schwarz*: Nichts Näheres ermittelt.

[202] *Herrn Schünemann aus Bremen*: Nichts Näheres ermittelt, wohl ein Mitglied
der Bremer Verlegerfamilie.

[203] *Perry*: Perry Pinter. Nichts Näheres ermittelt.

[204] *Morghen*: Nichts Näheres ermittelt.

CORONA BORCHARDT: TAGEBUCH

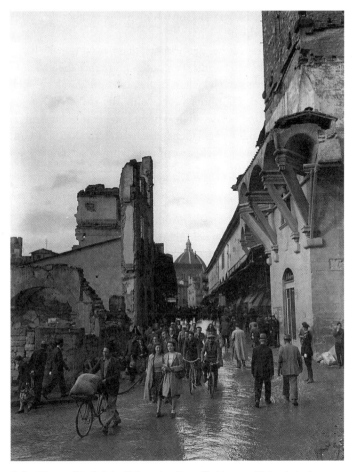

[12]   *Florenz, Via Guicciardini vor dem Ponte Vecchio, 1944 (Privatbesitz).*

arbeiten müssen! Es war ja Gottlob nicht lange, aber drei Monate[205] waren es doch!

Ich schlafe jetzt oft bei den Pinters, denn es ist mir doch angenehmer. Sie haben es mir angeboten und ich habe es angenommen. Sie erzählen viel Klatsch, aber ich höre durch sie auch Angenehmes: bei Giorginis[206] sei, zum Beispiel, eine grosse Party gewesen, und bei der Gelegenheit habe man auch Amerikaner und Engländer eingeladen – das heisst also, dass sie es mit der non-fraternization nicht so ernst zu nehmen scheinen! Dies ist für uns alle sehr beruhigend.

Dienstag [1. August]

Ich fühle mich heute so allein und dann kommen mir allerlei traurige Gedanken. Reynald hat mir »Rouge et Noir« von Stendhal geliehen. Ich habe mich sofort hineingelesen und finde das französisch ganz herrlich. Es sind aber so ganz andere Zeiten, dass ich mich nicht völlig darin auflösen kann. Stendhal war aber lange Zeit in Italien und daher ist er für uns sehr interessant. Trotzdem ist er mir nicht ganz klar. Ich werde aber weiter lesen. Vielleicht begeistere ich mich doch noch dafür und kann auf diese Weise meine unsichere Lage besser überbrücken. Neulich sind die beiden jungen Griechen abgefahren sie waren übrigens nur 18 und 19 Jahre alt und sie waren in italienischer Kunst sehr gebildet. Ich habe die letzte Zeit viel mit ihnen gesprochen. denn ich habe immer für sie gekocht. Ausserdem spielten sie sehr hübsch Gitarre. Als wir uns verabschiedeten, gaben sie mir die Hand, und es war mit einem Mal so sonderbar gespannt – dann liefen beide schnell die Treppe hinunter und ich machte

---

[205] *drei Monate*: Vgl. Anm. 240.

[206] *bei Giorginis*: Die Eltern und die Schwester von Vittorio Giorgini.

CORONA BORCHARDT: TAGEBUCH

schnell die Tür hinter ihnen zu; kurz darauf aber kam der eine schnell wieder herauf und klopfte an der Tür, als ob er etwas vergessen hätte; ich machte also auf und fand mich kurz vor ihm stehend: da sagte er ganz verlegen in gebrochenem italienisch: »gib mir ein Küsschen« – aber ich sagte erschrocken: »nein – nein!«, er aber ergriff mich, als hätte er nicht verstanden und küsste mich geschwind auf die Backe. Dann lachte er mich lustig an, blinzelte mit den Augen und lief schnell die Treppe wieder hinunter. Ok!

Mittwoch [2. August]

Ich schreibe an meinem Tisch und sehe durch das Loch unter meinem Fenster hindurch; ein Flugzeug fliegt immer um uns herum. Ich denke oft an die Leute von Ponte a Moriano,[207] an Angela,[208] an Emilio[209] der gefallen ist; und wie dumm, wie unnötig war das – immer wenn ich ein Flugzeug sehe, denke ich an ihn – an den letzten Brief, den er an mich geschrieben hat und den ich immer noch bei mir habe. Es war ein sehr leidenschaftlicher Brief, aus dem ich entnahm, dass er sehr unglücklich war, weil ich seine Leidenschaft nicht erwidern konnte. Ich werde dann immer so entsetzlich traurig und denke an das Unnötige, Unnütze, nicht Wieder-gut-zu-machende in diesem Leben. Tito[210] mochte ihn gern und war sehr beeindruckt von der Geradheit und dem Mut von Emilio. Eins steht fest: viele Männer

---

[207] *Ponte a Moriano*: Das Städtchen am rechten Serchio-Ufer mit Bahnstation, unweit von Saltocchio.

[208] *Angela*: Eine Schulfreundin von Corona Borchardt aus Ponte a Moriano.

[209] *Emilio*: Ein Offizier der italienischen Luftwaffe, Verehrer von Corona Borchardt, auch mit Tito Tommaso Brunetti befreundet.

[210] *Tito*: Vgl. Anm. 172.

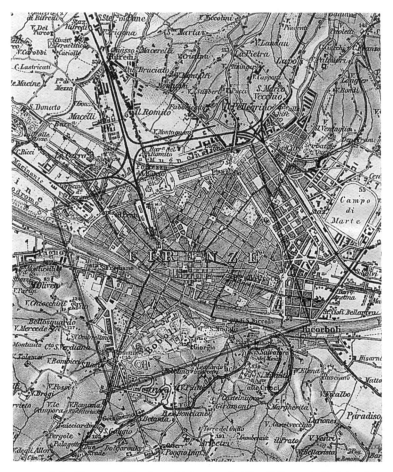

*[13]   Florenz und Umgebung. Links, unter der Mitte Bellosguardo. Dreissiger Jahre
(Sammlung Friedrich Pfäfflin).*

wie Emilio gibt es nicht! Es ist abends geworden und sehr heiss. Es liegt eine dumpfe Stille über der Stadt. Ich möchte einmal versuchen bis in die Via S. Niccolò zu gelangen um zu sehen, wie es Fraunbergs geht! Soll ich es nicht einfach wagen? Von Marion hört man auch noch nichts. Aber sie wird sicher bald wieder zurückkommen. Sie ist in der Kampflinie. Sie muss sicher warten, bis die Deutschen vollkommen aus Florenz verschwunden sind.

Es wird mir abgeraten auf die Strasse und gar bis Via S. Niccolò zu gehen: Die Faschisten schiessen von den Dächern herunter.

Heute abend ist noch viel passiert und ich muss es eintragen.

Um fünf Uhr wollte ich zu meinem carabiniere; vor dem Hause[211] traf ich Nanuk der mich besuchen wollte. Wir tranken noch eine Tasse Thee. Dann gingen wir zusammen bis zur Piazza Tasso,[212] wo wir uns trennten, da er noch zu seinem Weinhändler gehen wollte. »Nachher komme ich wieder bei dir vorbei, denn ich will wissen wie sich der tenente benommen hat«. Der tenente hatte zu tun, drückte mir aber eine Schachtel Lucky-strike in die Hand, sowie eine Handvoll Erdnüsse und versprach gleich wiederzukommen. Während ich wartete, sass ein Mann hinter dem Fenster und dem eisernen Gitter und rief mir zu: »Per l'amor di Dio, Signorina, mi faccia scappare, mi hanno rinchiuso qui per una sciocchezza«![213] Ich war entsetzt über seine Verzweiflung, aber ich konnte ihm nicht helfen, hätte es auf keinen Fall gewagt. Im gleichen Augenblick trat auch mein Tenente ein und hiess mich in ein anderes Zimmer gehen.

[211] *vor dem Hause*: Villa San Francesco.

[212] *Piazza Tasso*: Unterhalb des Colle di Bellosguardo.

[213] *»Per l'amor di Dio [...]«*: »Um Gotteswillen, Signorina, helfen Sie mir zu entwischen, die haben mich hier eingesperrt wegen einer Dummheit.«

Kurze Zeit darauf trat ein englischer Offizier ein, und ich musste zum ersten Mal englisch-italienisch und umgekehrt übersetzen: zu meinem grossen Erstaunen ging es ganz gut, denn ich hatte es mir viel schwerer vorgestellt. Nur war es mir peinlich, dass der Major annehmen konnte, ich sei die Freundin des Tenente. Im übrigen war er sehr nett und bot mir an, einen Spion nach Lucca zu schicken um meinen Eltern Bescheid von mir zu überbringen. Das Nächste war, dass er mich zum »type-writing« haben wollte und gleich darauf schlug er mir vor, demnächst zu ihm zum Essen zu kommen, denn er würde in den nächsten Tagen einen »turkey« bekommen. Dazu habe ich aber garkeine Lust und ich fand den Engländer etwas aufdringlich. Der Tenente dagegen wurde nun wirklich dreist und machte eine Reihe unangenehmer Anspielungen, die ich alle mich bemühte zu überhören. Ich finde der Moment ist gekommen, dass ich ihn abbauen muss. Es tut mir nur um die Büchsen leid, aber sein Ton ist wirklich nicht mehr tragbar. Ich habe heute zum ersten Mal alles, was er mir angeboten hat, abgelehnt.

Danach traf ich Nanuk und ich war den Tränen nahe. Ich weiss nicht ob er es gemerkt hat, ich hoffe nicht. Er hat mir rührenderweise die Hälfte seiner Milch abgegeben. Es ist ihm geglückt wieder viel Cognac und andere alkoholische Getränke zu bekommen, mit denen er Tauschgeschäfte machen will. Ich möchte ihn einmal wieder zum Essen einladen, wenn ich etwas Gutes habe.

8. August

Heute morgen kam Gisele zu mir um mir zu raten mich bei der Polizei zu melden. Sie würde es auch tun. Vorher aber wollte sie an ihre Koffer, die hier in San Francesco untergestellt waren.

CORONA BORCHARDT: TAGEBUCH

Leider störten wir dabei Reynald der sich gerade ausruhte. Er machte einen riesigen Spektakel: on n'est pas même chez soi! Nanuk war auch dabei und es war uns allen sehr peinlich. Wir standen alle ganz begossen da. Er regt sich sehr auf und ist daher sehr nervös, stellten wir verständnisvoll fest.

Am gleichen Abend, als ich für mich und die beiden griechischen Jünglinge[214] Essen gekocht hatte – denn dies ist seit einigen Tagen meine neue Mansion[215] obwohl es ein sehr dürftiges Essen ist, etwas Kohl und etwas Reis von dem rührenden Nanuk, erschien hier plötzlich ein höherer deutscher Offizier, der sich von dem Heer freigemacht hatte und sich verstecken wollte; er versicherte eindringlich, vielen Italienern das Leben gerettet zu haben, sich gegen Befehle widersetzt zu haben und derlei mehr. Er war blass und tat mir leid. Reynald und Loria aber waren wütend und wollten nichts mit ihm zu tun haben. Liesel, die gute, hätte ihn wahrscheinlich aufgenommen, getraute sich aber nicht. Er wurde aber nachher etwas dreist, denn als man ihm klarmachte, dass seine Gegenwart uns gefährdete und er möge sich doch lieber ins Feld verziehen, hat er erwidert: ja, dort ist es aber für mich gefährlich! Immerhin hat man ihn über die Nacht behalten und am andren Morgen ist er weggegangen, um sich zu stellen. Jedenfalls war es beachtlich dass auch er diese Nacht mit uns allen geschlafen hat. Diesmal schliefen auch zwei amerikanische Damen mit uns, Mrs Pinter und ihre Tochter Perry.[216]

[214] *die beiden griechischen Jünglinge*: Nichts Näheres ermittelt; vgl. die Erwähnung S. 120 f.

[215] *Mansion*: (Engl.) Hier in dem Sinne: »Mein Reich«.

[216] *ihre Tochter Perry*: Nichts Näheres ermittelt.

Heute bin ich nun entschlossen, obwohl es mir davor graut, mich bei der Polizei zu melden. Argene das Dienstmädchen der Amerikanerinnen fand ich sollte nicht alleine gehen und so hat sie mich freundlicherweise begleitet. Ich sah vorerst nur einige Italiener und einer fragte mich nach meinem Begehren: darauf sagte ich ihm, ich sei Deutsche und wolle mich als solche melden; darauf riet er mir, mich an den italienischen Offizier zu wenden, der Engländer sei nicht so nett. Ich wartete also etwas und schliesslich konnte ich eintreten. Der »tenente« war ein Neapolitaner; seine Antworten auf meine Fragen waren sehr komisch: »ma Lei cosa vuole? vuole andare dentro? vuole essere interrogata? Le potrebbe essere penoso, però ... Non dica che ha lavorato con i tedeschi, anche se è stato forzatamente! Che è scappata ... chi ci crede ... Dica che è italiana – non dica che è tedesca e nessuno La seccherà«.[217] Nun wusste ich wirklich nicht mehr, was ich tun sollte! Nanuk hatte Recht gehabt, er hatte mir vollkommen abgeraten mich zu melden. Es brauchte doch niemand zu erfahren, dass ich Deutsche sei, meinte er, da ich ja obendrein auch noch Verfolgte der Nazis sei, was ja leicht nachzuweisen sei. Nun war es aber geschehen und der tenente hat meinen Pass und was ich noch an Papieren hatte behalten und will mir einen »permesso di circolazione« [geben], damit, wie er sich ausdrückte: ich völlig sicher sei! Ich war wirklich sehr gerührt von seiner Freundlichkeit, denn er war sichtlich bemüht

---

[217] *»ma Lei cosa vuole? [...]«*: »Aber Sie, was wollen Sie? Wollen Sie reinkommen? Wollen Sie verhört werden? Das könnte für Sie freilich unangenehm werden. Sagen Sie nicht, Sie haben mit den Deutschen zusammengearbeitet, auch wenn es zwangsweise so war. Sie ist abgehauen ... Wers glaubt ... Sagen Sie, Sie seien Italienerin – Sagen Sie nicht, dass Sie Deutsche sind, und Niemand wird Sie belästigen.«

mir jegliche Sorge zu nehmen. Zum Schluss hat er mir sogar eine Fleischbüchse gegeben, da er mich plötzlich ansah und mich etwas barsch fragte: haben Sie Hunger? Ich lachte darauf etwas verlegen und sagte: ja, meistens. Ich solle doch morgen wiederkommen, meinte er – bereits etwas allzu vertrauensvoll – dann würde er mir den Ausweis geben. Ich ging also den kommenden Tag wieder hin, merkte aber gleich aus dem Blinzeln seiner »attendenti«,[218] dass ich erwartet wurde – denn ich wurde als erste vorgelassen. Ich werde von den »attendenti« zuvorkommend behandelt er selbst macht mir Komplimente und ich fange an, mich in meiner Haut nicht mehr sehr wohl zu fühlen. Auch diesmal bekomme ich etwas Essbares mit – aber von dem Ausweis ist garkeine Rede. Ich muss mich mehrmals in der Woche bei ihm melden, darf auch Florenz nicht verlassen. Jedesmal bekomme ich aber Fleischbüchsen mit, die ich immer redlich mit Nanuk teile, der mich fast täglich besucht und meine Besuche beim Tenente in keiner Weise billigt. Das letzte Mal hat er mir eine grosse Schachtel Bisquits – wie lang hatte ich soetwas nicht mehr gesehen – und Zigaretten mitgegeben, sowie eine Büchse Fisch, die ganz ausgezeichnet war: wir haben sie zu viert verspeist.

Inzwischen ist Reynald wieder in grosse Wut geraten, weil die Leute in der Strasse beginnen, ganze Zypressen abzuschlagen und auf dem Platz Kohlen daraus zu machen. Sofort ist er hingestürzt und hat einen grossen Krach geschlagen. Dann hat er den »carabinieri« einen Brief geschrieben in dem er sich bitter über diese Übergriffe beklagte. Dieser Brief ist natürlich gerade an meinen neuen Freund gelangt und wurde mir von ihm wieder mitgeteilt, da, wie er meinte, ich ja in demselben Hause

[218] *attendenti*: (Ital.) Die Offiziersburschen.

wohnte. Er meinte gedehnt, es gäbe wohl Wichtigeres im Augenblick und man könne den Leuten nicht verbieten, Holz zu nehmen, wenn sie Hungers stürben oder in dem Partisanenkampf verbluteten – »denn von diesem weiss Ihr Gastgeber wohl nichts?« Im ganzen gab ich ihm wohl Recht, ich verteidigte aber die Sache von Reynald so gut ich konnte. Er versprach darauf, jemanden zu schicken, aber es ist bis jetzt noch niemand gekommen.

Als ich dies alles Nanuk erzählte, fand er es köstlich, besonders die menschliche Art des Napolitaners. Auch Gisele hatte sich gemeldet und kam mir wieder zu erzählen. Bei ihr war es anders abgelaufen, vielleicht hatte sie mit dem Engländer gesprochen und es schien nun alles in bester Ordnung, viel besser als bei mir, zu sein.

Dagegen habe ich nun das Gefühl Reynald und Liesel zur Last zu fallen, denn sie sagen mir fast täglich, dass ich woanders hingehen muss. Ich glaub der Grund ist, dass ich Deutsche bin! Hoffentlich kommt Marion bald wieder! Vielleicht kann ich ja auch bald wieder nach Lucca, denn ich habe manchmal wirklich genug!

11. August

Heute habe ich mich verstohlen auf die Strasse gewagt um mit Maria[219] Brot zu kaufen. Es pfiff wieder so stark, dass wir schliesslich von einem Tor zum anderen sprangen. Auf der Strasse sieht [man] mit erheblicher Geschwindigkeit Inder mit Turban und Dolch auf den kleinen englischen Militärwagen vorbeiflitzen. Sie sind schön und haben klassische Züge; sie tragen oft einen Spitzbart. Sie sollen sehr reserviert und auch reli-

---

[219] *Maria*: Maria Miglietta.

giös sein. Man sieht auch viele Neger; bei diesen fällt vor allem ihre riesige Gestalt auf. Schön sind sie gerade nicht, aber sehr gutmütig: sie verteilen Schokolade an alle Kinder der Stadt.

13. August

Heute morgen bin ich wieder mit Nanuk gen Bellosguardo gegangen, um bei Ugo Nachricht über Tante Marion zu erhalten, denn wir waren doch alle sehr besorgt. Aber zu unserer Freude kam uns Ugo strahlend entgegen und brachte die herrliche Botschaft Marion sei frei und wohlauf, aber noch nicht hier: sie sei in Via Lorenzo il Magnifico,[220] gerade da, wo im Augenblick gekämpft wird. Einer der Gärtnergehilfen sei gerade dort gewesen und habe sie gesehen. Wir waren alle überglücklich, als wir dies hörten und eine Menge Leute aus der Gegend, die alle Marion kannten, kamen herzu und wollten weiteres hören. Luigino,[221] Sohn von Marion, der sich aber in Rom versteckt gehalten hätte, wisse noch nichts von allem und das sei auch besser: wo übrigens er sich aufhielte wisse keiner. Dann trafen wir auch noch Gisele, die gerade zu mir kommen wollte, um mir die gute Nachricht zu überbringen. Wir setzten uns nun alle in das Wohnzimmer von Ugo und er erzählte uns, dass die Serra[222] die letzte Nacht arg zugerichtet worden sei: alle Gläser seien kaputt gegangen und auch der Roseto, der bis jetzt verschont geblieben, sei in der letzten Nacht zerstört worden. Sie haben viele Pflanzen verloren.

---

[220] *Via Lorenzo il Magnifico*: Am nördlichen Rand von Florenz, führt von der Fortezza da Basso zum Palazzo delle Esposizioni.

[221] *Luigino*: Der Pianist Barone Luigi Franchetti (1891–1978), ein Sohn von Baronin Marion Franchetti; er heiratete am 19. September 1938 in zweiter Ehe Eva Dorothea Hambuechen geb. Pietrkowski (1900–1953).

[222] *die Serra*: Das Treibhaus im Garten von Villa Torre di Bellosguardo.

Auch das Haus von Ugo hat viel gelitten. Eine Zypresse sei zur Hälfte abgebrochen. Nachher sind wir voll Schrecken in den Garten gegangen: es sieht so aus, als ob die Mauern Karton und die Bäume nicht stärker als Streichhölzer wären. Der Garten von Marion sieht so aus als ob einer wild kreuz und quer hinübergefahren wäre. Gläserstaub knirscht unter den Schuhen und der Staub macht das Atmen schwer. Dabei scheint die Sonne erbarmungslos heiss und die Grillen zirpen ungestört weiter. Ab und zu erzittert der Boden von den schweren Geschützen der Südafrikaner, die sich in der Villa Cappell,[223] dicht neben Bel-

[223] *Villa Cappell*: Villa ›L'Ombrellino‹, das Haus der Schriftstellerin Violet Keppel-Trefusis (1894–1972) auf dem Hügel von Bellosguardo; sie war u. a. zwischen 1918–1921 mit Vita Sackville-West (1892–1962) eng befreundet.

*[15]   Villa Torre di Bellosguardo, zwanziger Jahre (Nachlass Kronprinz Rupprecht
von Bayern; Bayerisches Hauptstaatsarchiv München/Geheimes Hausarchiv)*

losguardo, niedergelassen haben. Gisele hat sie gesehen und sagt
es seien die schönsten Menschen, die sie je gesehen habe.

Sind die Deutschen nun fort? Nein, man kämpft noch immer
im Norden von Florenz. »Sie werden sehen«, meinte Ugo, »sie
werden wie in Perugia mit Stukas Florenz bewerfen und dann
sind wir in keinem Keller sicher«. Die Deutschen sind noch
in Piazza Cavour.[224] Ihre weitesten Geschütze liegen in Pratolino[225] und die Engländer lassen sich Zeit. Nachts kommen

---

[224]   *in Piazza Cavour:* Die heutige Piazza della Libertà im Norden von Florenz,
am Ende der zum Dom führenden Via Cavour.

[225]   *in Pratolino:* Ca. 20 km nördlich vom Stadtzentrum Florenz, an den Apen-
ninhängen (Strada Statale Nr. 65 in das Mugello). Dort befindet sich der sog.
»Uccellatoio«, ein berühmter Aussichtspunkt auf die Stadt im Tal.

deutsche Tanks bis zur Piazza San Marco[226] und schiessen mit
Maschinengewehren auf die italienischen Partisanen, scheinbar
die einzigen, die dort die Stellung halten. Dies sagt Ugo, der
keine grosse Meinung von den Alliierten Truppen zu haben
scheint. Englische Truppen scheinen noch nicht auf der anderen
Seite des Arno vorgedrungen zu sein. Nur einige Patrouillen
sind im Zentrum. Dies weiss ich von den beiden Loria Brüdern.
Sie gehen fast jeden Tag hin um nach ihrem Haus zu sehen: die
Stadt sei wie ausgestorben, alles geschlossen. Man sieht plötzlich von einer Strasse aus in ganz andere Richtungen, da ja ganze
Häuserblocks umgestürzt sind. Man sieht Plätze und Kirchen,
die vorher von Mauern und Häusern versteckt gewesen waren.
Alles scheint tot und leer. Schrecklich muss der Gestank der
Leichen sein, die man noch nicht unter den Trümmern rausge-
zogen hat. Ausserdem haben die Deutschen viele Minen in
Strassen und Häuser gelegt. Es wird sicher noch viel zerstört
werden, das jetzt noch schön und heil dasteht.

14. August

Neger haben gestern eine Brücke über die Ponte S. Trinità[227] gebaut. Ugo Miglietta[228] war dort und erzählte, sie reichten sich
Stück für Stück eiserne Balken, die sie wie Meccano-Stücke[229]
aneinanderschraubten. In sechs Stunden sei eine solche Brücke
hergestellt, eine Brücke, die ein ganzes Heer über den Arno tra-

---

[226] *Piazza San Marco*: Aus nördlicher Richtung (Piazza della Libertà) bis zum
Kloster San Marco.

[227] *Ponte S. Trinità*: Vgl. Anm. 94 f.

[228] *Ugo Miglietta*: Vgl. Anm. 196.

[229] *wie Meccano-Stücke*: Stücke aus einem Metallbaukasten; vgl. die Schilderung
bei Tutaev 1967 S. 295.

gen kann! Also nur für sechs Stunden Vorschub haben die Deutschen diese herrliche Brücke zerstört.

Heute nachmittag um drei Uhr hörte ich draussen ein Auto vorfahren: neugierig wie ich war, sah ich aus dem Fenster und siehe da: es war Prinz Heinrich! Ein älterer englischer Offizier, der sehr gentlemanlike aussah, begleitete ihn und trat mit ihm in das Tor. Reynald empfing sie beide mit grosser Begeisterung und auch ich lief schnell die Treppe herunter um Heinrich zu begrüssen. Er war diese ganze Zeit im Vatikan[230] gewesen. Eine unangenehme Nachricht spricht sich herum: es scheint, dass die Engländer in Genua und Ventimiglia gelandet sind.[231] Ausserdem seien die Polen in Arezzo,[232] also ganz in unserer Nähe – vielleicht schon in Pontassieve.[233] Wenn das stimmt, nehme ich wohl an, dass die Deutschen Florenz bald verlassen werden.

15. August

Es ist morgens und Heinrich hat mich in meinem winzigen Zimmerchen, wo auch ein Herd und ein Waschbecken ist, besucht. Es war eine grosse Freude, mit ihm zu sprechen. Er kommt direkt aus Rom, wo er auch Luigino gesehen hat, der ganz ausser sich gewesen sein soll, ihm ein grosses Packet Briefe mitgegeben hat und händeringend: ich beschwöööre Sie! gesagt haben soll! Er weiss Gottlob nichts davon, dass Marion von den SS verschleppt worden ist. Ich habe lange mit Heinrich

---

[230] *im Vatikan*: Papst Pius XII. (Eugenio Pacelli; reg. seit 2. März 1939) war vom 1. Mai 1920 bis 1929 Nuntius in München.

[231] *in Genua und Ventimiglia gelandet*: Vgl. die Chronik S. 289.

[232] *in Arezzo*: Also sechzig Kilometer südlich von Florenz.

[233] *in Pontassieve*: Im Arnotal, 18 km östlich vom Stadtzentrum von Florenz.

gesprochen, er hat mir viel erzählt und mich auch über mich und Papa sehr beruhigt. Er war herzlich und freundschaftlich. Er erzählte auch von einem Komplott gegen Hitler, der für Ende Juli geplant worden sei und der den Krieg sofort beendet haben würde – der aber schrecklicherweise misslungen sei. Man wisse noch nichts Genaues, aber viele Deutsche, sehr mutige Männer, haben dadurch ihr kostbares Leben verwirkt. Die Ausmasse diese Attentates, denn es scheint eine Bombe gewesen zu sein, die Hitler hätte treffen sollen, sei unermesslich und die Rache der Nazis würde schrecklich sein.

Donnerstag [17. August]

Heute kam Heinrich kurz vor dem Essen zu mir herauf[234] und sagte etwas verlegen, der Hunter,[235] der englische Offizier, der ihn begleitet habe, wollte mit mir sprechen. Ich war erschrocken. Er bewohnte das ehemalige Zimmer von Reynald, ging mir freundlich entgegen und sagte: »Let us have a little chat«, dann bot er mir einen Sitz auf dem Sofa neben sich an und fragte mich etwas aus: ob und wann ich in Deutschland gewesen sei. Über meinen Vater, meine Mutter und warum wir überhaupt in Italien gelebt hatten; nachdem ich ihm alles gesagt hatte, auch über meine Schulzeit und meiner beiden Eltern Einstellung war er anscheinend befriedigt und nun fingen wir an, nach Herzenslust über Hitler zu schimpfen. Er hatte natürlich die gleiche Überzeugung, die wir alle haben und er entwarf mir ein Bild, wie etwa die Engländer sich die Zukunft Deutschlands denken: »of course, after a certain time Germany must be allowed into the Union of Nations again: we can't exclude her. Be-

[234] *zu mir herauf*: In Villa Torre di Bellosguardo.
[235] *der Hunter*: Nichts Näheres ermittelt.

sides our major problem will be the reeducation of the German people – I dare say it is an important and an extremely difficult one. We can't send all English teachers into Germany! Besides the youth is ruined: Hitler says in ›Mein Kampf‹ that it does not pay to say little lies: If one says big ones the result will be that all the people will believe them and consequently follow you.[236] Where is the moral of the people, if they really believed these principles! Worst of all are the women, who believed blindly in him. It will be our attempt to give the people work and food: we can't have them starve to death. The whole country will be occupied by the Allies for a long time. Germany cannot be left to govern herself« … so waren ungefähr seine Worte. Er ist gross und elegant gewachsen, hat ein typisch englisches Gesicht mit einem etwas zu langem Kinn, etwas schrägliegenden Augen und etwas zu klobigen Händen für die sonst sehr eleganten und grazilen Glieder. Meiner Erfahrung nach ist dies ein Zeichen für Kelten: sie sind nicht immer blond, im Gegenteil oft dunkelhaarig. Dieser Mr. Hunter sprach nur aus einem Mundwinkel heraus, ist anfangs etwas zurückhaltend, aber weiss genau, was er will. Prinz Heinrich sagte mir nachher ins Ohr: »dieser weiss alles über jeden!« Aber Heinrich kann manchmal so teuflisch sein, dass er einen auf den Arm nimmt. Ich lachte nämlich daraufhin und sagte: »ja, was kann er schon über mich wissen, ich habe doch nichts zu verbergen!« da meinte er ganz verschmitzt: »bis jetzt schon, aber ob das immer so weiter geht, weiss man

---

[236] *little lies:* Am nächsten kommen dem Passagen in ›Mein Kampf‹ I/6 (»Kriegspropaganda«) und II/5 (»Weltanschauung und Organisation«). Hier wird an die Erfolge der britischen Propaganda im Ersten Weltkrieg erinnert (»Dort gab es wirklich keine Halbheiten, die etwa zu Zweifeln hätten anregen können …«) und an die Geradlinigkeit der katholischen Doktrin. (›Mein Kampf‹. München: Franz Eher Nachf. 1938 S. 201 und 512 f.)

nicht …« Liesel sagte mir jedenfalls danach, ich habe auf den Hunter einen guten Eindruck gemacht und er habe gesagt: »a rather intelligent girl!«

Zum Schluss habe ich ihn noch gefragt, wie ich mich nun zu verhalten habe und ob ich etwas zu befürchten habe? Darauf erwiderte er, es sei alles in bester Ordnung: Wir sind ja keine SS! Sie haben nichts zu befürchten, »now that we know who you are!« Zu Reynald gewandt fügte er hinzu, er wolle auch noch mit Gisele sprechen und Reynald ist am nächsten Morgen zu Romanellis gegangen, um sie zu sich zu bitten.

Als ich wieder in meinem Zimmer angekommen war, war ich sehr beruhigt, allerdings hatte die scheussliche weisse Katze meinen schönen Fisch aufgegessen, aber ich hatte noch etwas Reis und Gemüse. Spät abends kam Reynald noch zu mir um mir zu sagen, ich müsse aus dem Zimmer gehen. Nun war ich wieder ganz verzweifelt! Wo soll ich nur hin! Ich will sobald wie möglich zu Fraunbergs, aber wenn ich dort nun nicht wohnen kann? Wenn doch nur Marion bald wieder käme! Jetzt gerade in diesem schweren Moment ganz allein und ohne Schutz und Hilfe zu sein!

Freitag [18. August]

Ich darf noch nicht zu Fraunbergs. Loria sagt, alle Strassen seien noch verschlossen und ungangbar. Ich musste also auf jeden Fall noch ein paar Tage warten, ging zu Liesel und sagte es ihr. Sie scheint auch diese grosse Eile nicht zu haben. Später sprach ich lange mit Mrs. Pinter und übte dabei mein Englisch, was ich herrlich fand: was ist Englisch für eine herrliche Sprache! Und was mich so zum Lachen bringt: alle Menschen sprechen es etwas anders! Mrs Pinter ist recht gut und verständlich: ich schlafe jetzt immer bei ihnen in der Bibliothek.

Ich habe so schrecklich über einen Ausdruck lachen müssen, den sie mir beigebracht haben: you are nuts! das heisst: du bist blöd!

18. August – Freitag

Eine ganze Woche ist vergangen und ich habe vergessen zu schreiben. Nun will ich versuchen, alles zu erinnern, was der Rede wert ist. Vorgestern war ich bei Romanellis um Gisele zu besuchen. Ich habe ihr von Hunter erzählt und von dem Engländer den ich bei dem tenente kennengelernt habe: vielleicht kann man GL Spinola[237] und seinen Freunden durch die helfen? Aber sie meinte, die beiden seien schon nicht mehr in Lucca und scheint das Schlimmste zu befürchten. Auch dass Adriana verhaftet sei – Liesel hatte es mir angedeutet – scheint bestätigt. Reynald war ganz entsetzt, aber vor allem dass man so offen darüber sprach! Warum? Ich kann das nicht verstehen. Nanuk sah ich auch und er hatte gehört Gianluca und Giancarlo[238] seien von den Deutschen erschossen worden. Ich erinnere mich noch gut an beide und besonders gut an Bobolo San Giorgio,[239] der mir damals riet, mich mit einer erfundenen Krankheit aus dem Dienstverhältnis der Ruk Süd[240] zu lösen. Ihm habe ich diese

---

[237] *GL Spinola*: Marchese Gianluca Spinola wurde zusammen mit Francesco Stucchi als Widerstandskämpfer von der SS erschossen. Vgl. Irmingard Prinzessin von Bayern 2000 S. 236.

[238] *Giancarlo*: Nichts Näheres ermittelt.

[239] *Bobolo San Giorgio*: Conte Bobolo San Giorgio wurde von deutschen Soldaten in Florenz gefangengenommen und erschossen.

[240] *Ruk Süd*: Die ›Hauptabteilung Rüstung und Kriegsproduktion im Verwaltungsstab des Bevollmächtigten Generals der deutschen Wehrmacht in Italien‹. Die Dienststelle in Florenz nahm unter Leitung von Generalmajor Dr. ing. Hans Leyer Anfang Dezember 1943 ihre Tätigkeit auf. Kriegswichtige Anlagen

gute Idee zu verdanken, dass ich mit einer erfundenen Blinddarmreizung es schliesslich erreichte von diesen unangenehmen Etappe-Deutschen, die alle Nazis waren, freizukommen. Wie schrecklich, wenn dieser junge nette Mann mit so einem ernsten klugen Gesicht sein Leben verwirkt hätte! Es ist alles so unsagbar traurig, so unfassbar tragisch! Ich weiss nicht in welche Gedanken ich mich noch retten kann! Währenddessen scheint die Sonne erbarmungslos heiss und die Grillen zirpen weiter; die Natur führt ihren Sommer weiter. Die Deutschen kämpfen noch in Piazza San Marco. Die Alliierten haben Minen um den Dom und Umgebung gefunden. Gegen die Deutschen kämpfen vor allem die italienischen Partisanen. Die Engländer – oder sind es die Amerikaner? – lassen sich Zeit. Schrecklich, dass der Komplott gegen Hitler gescheitert ist. Man hört immer wieder zaghaft davon sprechen, fast im Flüsterton, denn es muss ein schreckliches Morden in Deutschland begonnen haben gegen die vielen Menschen die direkt und indirekt an diesem Komplott beteiligt gewesen sind. Sie wollten Hitler ermorden: aber leider lebt er noch!

Gestern ist Marion wiedergekommen. Ich hörte es am Morgen und wollte gleich hinstürzen: allein Liesel riet mir, sie für heute alleine zu lassen, sie wolle niemanden sehen und sei todmüde. Sie sehe sehr gut aus, habe allerdings viel ausgestanden,

und Rohstoffe sollten nach Mittel- und Oberitalien abtransportiert und die Produktion koordiniert werden; nicht zu verlagernde kriegswichtige Betriebe wurden im Zeichen des militärischen Rückzugs für eine Zerstörung vorbereitet. (Klinkhammer 1993 S. 96–116). – Vgl. auch Maximiliane Rieser: ›Zwischen Bündnis und Ausbeutung. Der deutsche Zugriff auf das norditalienische Wirtschaftspotential 1943–1945‹ (In: Quellen und Forschungen aus italienischen Archiven und Bibliotheken. Hrsg. vom Deutschen Historischen Institut in Rom. Tübingen. Bd. 71, 1991, S. 625–698, insbes. S. 679 ff.)

CORONA BORCHARDT: TAGEBUCH

sei von sämtlichen Bedienten rechts und links umgeben, die sich alle erdenkliche Mühe um sie gäben – und schliefe jetzt. Ich war unsagbar glücklich!

Zu Mittag kam Nanuk: ich hatte ihn zum Essen eingeladen, zumal ich fest vorhatte am gleichen Abend zu Fraunbergs zu ziehen. Das Essen bestand aus Reis – man konnte es eigentlich risotto nennen, wie Nanuk lobend bemerkte – Kartoffelmus und Salat. Danach kam eine Art Creme. Es war alles recht gut, nur hatte ich kaum Zutaten und es konnte daher nichts Besonderes werden. Es hat mein letztes Öl gekostet! Um so schlimmer, als ja mein Öl, das bei Ugo stand, angeblich von den Deutschen gestohlen worden ist! Das war ein schrecklicher Schlag für mich! Aber es macht ja alles nichts, ich bin ja bald bei Fraunbergs. Nanuk kam schon um 12 Uhr und glaubte mir die gute Botschaft über Marions Befreiung als erster zu überbringen. Danach half er mir beim Essenkochen und es war sehr lustig. Wir tranken Champagner dazu, den er mitgebracht hatte. Nur wurde mir sehr müde dabei und ich verfiel in ein Grübeln über vergangene Zeiten. Nanuk war sehr guter Laune dagegen und versuchte, mich von meinen traurigen Gedanken abzubringen. Er schlug mir vor, was er mir übrigens schon öfter angeboten hatte, in seine Wohnung an der Porta Romana[241] zu ziehen. »Sie ist sehr gross und wir würden uns in keiner Weise stören«, meinte er etwas verlegen. Ich dankte ihm sehr, denn es war lieb und bestimmt ganz harmlos gemeint, aber ich kann es leider nicht annehmen. Aber tatsächlich wäre es eine fabelhafte Lösung.

Am nächsten Morgen war ich nach akrobatischen Kletter-partien ganz früh schon in der Via S. Niccolò;[242] es war das erste

---

[241] *Porta Romana*: Im Süden von Florenz, am Beginn der Ausfallstrasse nach Siena.

[242] *in der Via S. Niccolò*: Im Palazzo Pecori-Giraldi, Via San Niccolò Nr. 119.

Mal, dass ich mich so weit hinauswagte. Ich hatte noch nicht
die armen zertrümmerten Brücken gesehen, und es kamen mir
die Tränen in die Augen. Tante Adriana war leider noch nicht
aus ihrer Haft entlassen und er war auch nicht da; später habe
ich erfahren, dass Fraunberg mit Rupprecht zusammen in Via
delle Mantellate[243] bei Grammacini,[244] einem ehemaligen Botschafter und mutigen Antifaschisten versteckt war. Weil dort ja
noch gekämpft wurde, konnte er noch nicht wieder zu Hause
sein. Ich sah nur Nicoletta[245] und das Dienstmädchen: sie waren
sehr aufgeregt und mussten viel erzählen. Die Wand, an der das
Telefon stand, ist bei der Sprengung des Ponte alle Grazie[246] in
das Innere der Wohnung gestürzt und hat grossen Schaden
angerichtet. Man kann sich denken, welche grässliche Angst alle
ausgestanden haben denn der Krach muss schrecklich gewesen
sein. Alle Leute seien überreizt und einige, fügte Nicoletta
düster hinzu, würden wohl nie wieder ganz normal werden. Die
Brücke liegt als ein Geröll von kleinen und grossen Steinen im
Fluss, der Gottlob, wie immer im Hochsommer, kaum Wasser
hatte. Die Häuser längs des Ufers sind meist zusammengefallen
oder teilweise schwer beschädigt. Jedoch nimmt es die Bevölkerung mit Ruhe und viele machen schon wieder Witze, denn

---

[243] *in Via delle Mantellate*: Im Norden von Florenz, in der Nähe der heutigen
Piazza Libertà; die Via delle Mantellate verbindet den Viale Spartaco Lavagnini
mit der Via San Gallo.

[244] *bei Grammacini*: Colonello Fernando Gramaccini, den Kronprinz Rupprecht
von Bayern seit den zwanziger Jahren kannte, wo der Oberst als Vertreter einer
Militärmission der damaligen Siegermächte seinen Sitz in München hatte (vgl.
Sendter 1954 S. 660, 663, 670). Gramaccini wurde beim Wasserholen für Kronprinz Rupprecht von einer Wache erschossen.

[245] *Nicoletta*: Eine Tochter der Fraunbergs; vgl. Anm. 163.

[246] *des Ponte alle Grazie*: Vgl. S. 113.

CORONA BORCHARDT: TAGEBUCH

für sie ist ja der Krieg zuende. Ab und zu hört man einen lang-
gezogenen Pfiff in der Luft – etwa wie einen tiefen Seufzer – ich
muss sagen ein etwas unbehagliches Gefühl beschleicht einen
dann!! Tatsächlich wird noch im nördlichen Teil von Florenz gekämpft.[247]

Um in die Via S. Niccolò zu gelangen, musste ich durch den
Boboli Garten, denn der ganze Borgo S. Jacopo[248] ist ein riesiger
Schutthaufen – ein trauriges Bild. Von der Via Romana aus[249] ist
ein Tor geöffnet worden. Herrliche Statuen sehen einen erstaunt
an und die eleganten Buchsbaumanlagen, die an alte Zeiten erinnern, passen nicht gut zu den Leuten, die halb verloddert, verhungert und verzweifelt durch die Parkwege laufen und Säcke,
Hausrat oder Matratzen herumschleppen. Der Palazzo Pitti, an
dem man entlang kommt, sieht aus wie ein Armenviertel. Die
ganze Bevölkerung der Via Guicciardini[250] wohnt darin; die armen Leute haben alles verloren, da die Deutschen ihnen eine
knappe Stunde zum Räumen gelassen haben. Unter anderem
sah ich auch meine alte Wahrsagerin[251] durch die Strassen hum-
peln. Sie sah sehr komisch aus, lässt sich Signorina nennen und
hat eine verdreckte Zofe, die ihr folgt mit einem alten Dackel
im Arm. Sie selbst trägt weissblond gefärbtes Haar eine grosse
falsche Perlenkette im gleichen Farbton mit ihren ebenfalls
grossen falschen weissgelben Zähnen. (Sie hat sogar, glaube ich,

[247] *im nördlichen Teil von Florenz gekämpft*: Vgl. die Literaturhinweise S. 257 f.

[248] *Borgo S. Jacopo*: Die Strasse verbindet auf der linken Arnoseite Ponte San
Trinità und Ponte Vecchio.

[249] *Via Romana*: Führt vom Palazzo Pitti zur Porta Romana.

[250] *Via Guicciardini*: Führt vom Ponte Vecchio zum Palazzo Pitti. Die Häuser
wurden teilweise von deutschen Truppen gesprengt.

[251] *meine alte Wahrsagerin*: Signora Filippini.

einen silbernen dabei:) Lippen und Backen sind geranienrot ge-
färbt, obgleich sie schon an die 80 sein muss. Ihre Augen sind
hell, ich glaube grün und ihr ganzer Ausdruck hat etwas Laster-
haftes. In den Augen sieht man ein lauerndes Blitzen – aber
auch wieder etwas von einem gehetzten Tier, sodass sie mir
leid tat. An ihren Ohren hängen riesige gelblich-braune Steine;
einen gleichen, aber in grün trägt sie an einem Finger. Aber ihre
Hände sind das Schlimmste: sie gleichen etwa einer Kralle oder
einer Spinne und haben etwas Magisches.

Trotzdem sie mich mit ihrem Wesen wirklich abschreckte, in
diesem Moment der Spannung und der Trauer für alle, habe ich
sie angesprochen, sie hat ihren gekrümmten Rücken nach mir
gebogen und mich erstaunt angesehen. Ich wollte wissen wo sie
wohnte und wie es ihr ginge, da sie ja in der Via Guicciardini
gewohnt habe. »Ja«, erwiderte sie schliesslich, »ich wohne hier
im Palazzo, meine Wohnung habe ich ja verloren mit allen Möbeln und dazu auch noch meine Brotkarte, was im Augenblick
das Schlimmste ist.« Ich verlor sie dann aus den Augen – hatte
kaum Zeit gehabt ihr etwas Nettes zu sagen – denn Leute
drängten sich vor, schoben uns auseinander und wir näherten
uns der Leiter, die man erklimmen musste, um über die Mauer
in die Costa San Giorgio[252] zu gelangen. Kurz darauf sprach
mich einer an und fragte mich, ob ich die Hexe kenne – es schien
ihm scheinbar unglaublich –. Ich aber sagte einfach, ja und
darauf erzählte er mir, dass, nachdem die Deutschen den Räu-
mungsbefehl für die Via Guicciardini gegeben hätten, die Bevölkerung die alte Filippini auf der Strasse angefahren und

---

[252] *Costa San Giorgio*: Die Via della Costa San Giorgio führt von der Via Guic-
cardini bei der Kirche S. Felicita Richtung Forte di Belvedere und Porta S. Giorgio; von ihr gelangt man wieder Richtung Arno in die Via dei Bardi und in ihre
Weiterführung, die Via S. Niccolò.

angerempelt habe, ja man habe ihr direkt mit Rache gedroht: da sie ihnen dies alles niemals vorausgesagt habe! »ah, maledetta strega, maledetta strega«[253] habe man ihr nachgeschrien.

Am Nachmittag ging ich wieder zu Fraunbergs, in der Hoffnung jedenfalls ihn anzutreffen und um ihnen auch meine Hilfe anzubieten. Tatsächlich war er diesmal da und ich freute mich sehr ihn zu sehen: es war zwar nicht lange Zeit verstrichen, aber sie waren doch fast Eltern für mich[254] gewesen und es war so viel Schreckliches passiert, dass diese Zeit wie eine Ewigkeit herangewachsen war. Er sieht betrübt und mager aus und ist verzweifelt über die Inhaftierung seiner Frau, die sich nun schon über zehn Tage hinzieht. Man dürfe sie nicht besuchen, nicht einmal Prinz Heinrich: er habe ihr ein Esspacket bringen wollen, und man habe ihn nicht vorgelassen. Er selbst sei heute mit Prinz Rupprecht aus seinem Versteck nach Hause gekommen: er regte sich verständlicherweise sehr auf. Ich sah auch den Kronprinzen, froh wieder zuhause zu sein und den Verhältnissen entsprechend in einer besseren Verfassung als Fraunberg. Er wusste natürlich nichts über die Festnahme und mutige Flucht von Marion: ich musste ihm alles haargenau erzählen. Er würde sie demnächst besuchen, meinte er. Er sagt immer so herrliche Sachen, dass man sie sich am liebsten gleich aufschreiben möchte! Nur komm ich jetzt nicht dazu. Er steht immer erhaben über jeder Situation und wirkt daher auf mich immer beglückend. Meine Lage allerdings hat sich nicht verbessert: Fraunberg meinte es sei besser und für ihn angenehmer, wenn ich vorerst nicht käme, da seine Frau nicht da sei. Ich habe es auch mit Absicht nicht so pressant erbeten, da ich vermeiden will, zur Last zu fallen. Es ist für ihn

[253] *»ah, maledetta strega [...]«*: »Ah, verdammte Hexe ...«.
[254] *fast Eltern für mich*: Vgl. Anm. 163.

im Augenblick sehr schwierig – nur ich denke, ich hätte ihm ja vielleicht helfen können – aber er wusste nicht aus und ein, da obendrein seine Frau sogar die Hausschlüssel mitgenommen habe. Ich muss also noch warten und werde morgen zu Tante Marion gehen, vielleicht ist ja dort eine Möglichkeit.

Auf dem Rückweg traf ich unvermuteterweise mit meinem Tenente zusammen. Ich hoffe nun wirklich, dass ich nicht mehr zu ihm zu gehen brauche. Er hat mir einen Heiratsantrag gemacht! Ich fand es so peinlich, weil ich immer dabei lachen musste. Ausserdem, fügte er listig hinzu, habe mich sein attendente des öfteren mit Nanuk gesehen: ob das wohl mein »fidanzato«[255] sei? Ich fand ihn nun wirklich im äussersten Masse invadent[256] und lästig, gab nur noch kalte und kurze Antworten.

19 August

Schon seit etwa zehn Tagen schlafe ich, wie schon vorher erwähnt, in der Bibliothek. Sie befindet sich auf dem ersten Stock, daher auch von Granaten die durch das Dach kommen könnten, verhältnismässig geschützt. Das Studio, wo ich früher schlief, liegt auf einem anderen Stock, östlich, gegen das podere von Marion zu, also den von Alliierter Seite kommenden Geschützen ausgesetzt. Die Bibliothek liegt auf der Südseite, also auch vor schrägkommenden, entweder von Rifredi[257] oder über das Bauernhaus gerichteten Granaten sicher. Auch andere haben im zweiten Stock ihr Zimmer – es handelt sich um die beiden Amerikanerinnen[258] – und so haben wir uns entschlossen in der

---

[255] mein »fidanzato«: (Ital.) Der Verlobte.

[256] invadent: (Nach ital.) Zudringlich.

[257] von Rifredi: Ein Stadtteil im Norden von Florenz.

[258] die beiden Amerikanerinnen: Mrs. Pinter und ihre Tochter Perry.

Bibliothek unser Nachtlager aufzubauen. Sie legen ihre beiden Matratzen auf den Boden und haben es daher sehr bequem. Ich dagegen habe zwei Sessel zusammengerückt: es ist ein besseres Kinderbett – aber in der zweiten Nacht habe ich einen zweiten Stuhl gefunden und ihn dazwischengestellt: so geht es sehr gut. Ich schlafe zwar etwas wie ein Taschenmesser, aber alles war besser als im Keller zu schlafen. Man musste allerdings dauernd aufstehen um ins Treppenhaus zu flüchten, da es uns trotz allem vor dem dauernden Pfeifen und Einschlagen in nächster Nähe auch vor Splittern nicht ganz sicher scheint. Bettwäsche habe ich auch nicht mehr, denn Reynald hat sie der Wäscherin gegeben denn diese kommt anscheinend nur alle zwei Monate. Also um es kurz zu machen, ich schlafe ohne und finde es ganz zeitgemäss, denn die Soldaten in den Schützengräben, die auch nicht einmal wissen wie lange sie noch in solch unbequemer Lage ausharren sollen, schlafen auch nicht bequemer. Heute morgen, nachdem ich von allerlei Lärm von vorbeilaufenden Menschen aufgeweckt worden war, erhob ich mich denn auch, war aber noch sehr müde, weil die Nacht so unruhig gewesen war. Nachdem ich einige Brotrinden verzehrt hatte, legte ich mich noch etwas auf meine Couch in meinem sagenhaft stinkenden, dreckigen Zimmer mit kleiner Küche, das ich seit einigen Tagen zugewiesen bekommen habe. Heute nachmittag nehme ich mir vor, grosses Reinemachen hier zu veranstalten. Dann kam plötzlich Perry herein und fragte mich nach der Wohnung von Berenson[259] – ich wusste sie nicht und schlief

[259] *nach der Wohnung von Berenson*: Der Kunstwissenschaftler Bernard Berenson (1865–1959) und seine Frau Mary Berenson (1864–1945) lebten seit 1890 in Florenz und seit ihrer Hochzeit 1900 in der Villa ›I Tatti‹ bei Settignano, die sie 1905 erwarben. Die Beziehung zu RB war seit 1904 nur lose. Begegnungen scheinen dann seit den Dreissiger Jahren im Hause der Baronin Franchetti stattgefunden

ruhig weiter. Als ich schliesslich mit einem schrecklichen Hunger aufstand, erschien plötzlich Mrs. Pinter in der Tür und gab mir eine riesige Scheibe Weissbrot: es sei von den Captains, sagte sie, die sie inzwischen bei sich wohnen hat: sie hätten diesmal zwei komische Weiber mitgebracht, die sogar bei ihr heute nacht übernachten wollten, weil sie angeblich nur verlauste Betten in der ihnen zugewiesenen Behausung vorgefunden hätten. Das Weissbrot jedenfalls schmeckte köstlich, wie ein Kuchen aus alten Zeiten. Jetzt wollte ich auch etwas Kaffee machen, natürlich war es kein richtiger, den besass ich nicht, aber diesmal sollte es anders werden, denn die rührende Argene stürzte plötzlich herein und stellte mir eine grosse Tasse echten Kaffee auf den Tisch. »Lo provi!«[260] sagte sie. Er war ein Gedicht. – Danach holte ich mir aus dem Studio unten, unter den Blicken von unzähligen an den Wänden angebrachten Reliefs und Statuen[261] aus dem Besitz und der Werkstatt des Bildhauers Hildebrand – ein paar Küchentücher und eigene Handtücher aus meinen Koffern, die ich mit Hilfe von Nanuk aus Bellosguardo heruntergeholt hatte. Dann fand ich noch ein Alkoholfläschchen, das

zu haben, die mit Berenson in enger Verbindung stand. Im Nachlass haben sich englische Briefentwürfe RBs an Berenson vom Dezember 1940(?) und 10. April 1943 erhalten (Briefe 1936–1945 S. 416–419, 571–575), die jedoch in dessen Nachlass keine Entsprechung in abgesandten Schreiben finden. – Auch RBs Schwager, der Kunsthändler Alexander von Frey (1882–1951) stand mit Bernard Berenson in geschäftlicher Verbindung. Bernard Berenson war zum Zeitpunkt dieser Erwähnung durch die Hilfe von Konsul Gerhard Wolf in der Villa ›Le Fontenelle‹ bei Carreggi versteckt.

[260] *»Lo provi!«:* »Probieren Sie!«

[261] *Reliefs und Statuen:* Vgl. die Innenaufnahmen bei Sigrid Esche-Braunfels: Adolf von Hildebrand (1847–1921). (Berlin: Deutscher Verlag für Kunstwissenschaft 1993 S. 530 f., 587–590).

[16]   *Bernard Berenson, um 1940 (Privatbesitz).*

mir als Spiritus dienen sollte. Mein kleiner Wohnraum sollte von nun an anders aussehen – auch wenn ich nur noch einen Tag dort wohnen würde – denn meine Zeit hier ist begrenzt. Als ich auf der Treppe war, traf ich Loria, der mir eine Sandwhich mit köstlichem amerikanischen Käse in die Hand drückte: ich hatte noch nie soetwas Gutes gegessen! – Gerade als ich beim Putzen war, kam Nanuk, der Putzen als Tätigkeit völlig ablehnt – und schlug mir vor, zu Marion zu gehen. Ich machte mich also schnell zurecht und wir gingen los. Auf dem Wege flogen einige Granaten an uns vorbei, teils kamen sie von englischer, teils von deutscher Seite. Die Trauben sind noch nicht reif und was die Feigen dies Jahr machen ist mir völlig schleierhaft. Sie sind noch immer so grün und hart, wie vor zwei Monaten. Oben angekommen gingen wir als erstes zu Rina, der Köchin,[262] um nach Marion zu fragen. Es ginge ihr gut, sagte uns Rina und der Koch,[263] der für die Engländer, die dort einquartiert sind, gerade herrliche Käsebrote in dreifingerhohem Öl in der Pfanne briet, bot mir eines davon an! Es schmeckte himmlisch! Die Vorräte hier oben übersteigen jedes Mass! Alle Schränke voll der köstlichsten Dinge!

Danach gingen wir hinunter und fanden Marion in einem gesundheitlich wie geistlichen herrlichen Zustand vor – sie war lustig und witzig wie noch nie. Und nun erzählte sie uns alle ihre schrecklichen und aufregenden Erlebnisse:

»Sie sind um 11 Uhr nachts gekommen und haben mich bis 1 Uhr ausgefragt nach allem möglichen! Dann haben sie immer gedrängt: machen Sie schnell, Sie müssen mitkommen! Ohne darauf Rücksicht zu nehmen, dass ich im Nachthemd war. Ich

---

[262] *zu Rina, der Köchin*: Nichts Näheres ermittelt.
[263] *der Koch*: Nicht ermittelt.

CORONA BORCHARDT: TAGEBUCH

habe nur einen Morgenrock mitnehmen können. Danach haben sie mich in ein Auto gepackt und in der Nähe von Trespiano[264] in ein Bauernhaus gesteckt: während wir hinfuhren, haben sie mir dauernd gedroht, ich würde das Tageslicht acht Tage lang nicht sehen und höchstens Wasser und Brot zu essen bekommen. Ich wurde auch tatsächlich in einen ganz feuchten Keller gebracht und dort für die Nacht und den ganzen folgenden Tag ohne Wasser und Brot gelassen. Die Deutschen assen nebenan alles mögliche, gaben mir aber nichts ab und meinten höchstens, jetzt habe ich wohl Zeit zum Nachdenken darüber was ich getan hätte. Was es eigentlich war, war mir schleierhaft, aber vielleicht dachten sie, ich könnte ihnen etwas Wichtiges mitteilen. Am Abend des darauffolgenden Tages wollte ich wissen was mit mir passieren sollte und fragte schliesslich einen von Ihnen, ob ich nicht wenigstens das von ihnen versprochene Brot mit dem Wasser bekommen könnte. Daraufhin erwiderten sie, ich könnte gehen und wiesen mir die Tür. Draussen befand ich mich auf einer völlig verlassenen Strasse, die mir ganz unbekannt war. Andere Strassen mündeten auch in diese und ich kannte mich nicht mehr aus. Die Kugeln hagelten um mich herum, es war stockfinster und ich lief was ich konnte – schon allein aus Furcht meine Häscher würden sich inzwischen eines andren besinnen. Mein guter Instinkt führte mich glücklich auf eine Strasse an deren Rand ich einen weissen Meilenstein sich erheben sah, auf dem stand 3 Km., das heisst soviel wie 3 km. vor Florenz und so eilte ich diese Strasse entlang und kam glücklich auf die Via Bolognese.[265] Es wurde immer dunkler, der Mond

---

[264] *Trespiano*: Ein Ort ca. 8 km nördlich von Florenz, an der Strada Statale Nr. 65 in das Mugello, Richtung Bologna.

[265] *Via Bolognese*: Ausfallstrasse, die auf den Ponte Rosso mündet.

wollte nicht aufgehen und die Kugeln hagelten immer intensiver um mich herum; das Geräusch der langgedehnten Pfiffe erinnerte an heiseres Lachen. Schliesslich kam ich unten an dem Hause des mir gut bekannten Antiquars Olschky[266] an. Sein Haus liegt in der Via 20 Settembre und daher ziemlich nahe am Ponte Rosso. Keine Menschenseele war mir auf der ganzen Strasse begegnet und ich strauchelte auf das Haus zu in der letzten Hoffnung dort jemanden zu finden. Alles war indes geschlossen und es sah so aus, als wohne dort schon lange niemand mehr. Ich schlug ein paarmal an die Tür (da ja keine Klingel mehr läutet!) – niemand öffnete und ich wollte schon weiter durch die ganze Stadt zu Corsinis in Via del Prato,[267] als sich plötzlich ein Laden halbwegs öffnete. »Chi è?« rief jemand mit halb erstickter Stimme und als ich den Kopf hob, ein »ah, è Lei, Baronessa?« und freudig riefen plötzlich mehrere Stimmen bald ging die Tür auf, um mich in das Haus aufzunehmen. Sie waren rührend zu mir und es ist kaum zu beschreiben, wie dankbar ich ihnen war. Bald mussten wir aber auch dort hinaus, da das Haus gesprengt werden sollte. Frau Olschky wollte noch einmal zurück, da sie einen Ring vergessen hatte: ich hielt sie aber noch zurück und drei Sekunden später sprang das ganze Haus in die Luft und ein Staubregen verbreitete sich ringsumher. Gestern früh, nachdem sich die Deutschen um 8 Uhr zurückgezogen hatten, kam ich sofort nach Haus, denn um zehn Uhr kamen

---

[266] *Olschky*: Der Florentiner Antiquar und Verleger Aldo Olschki (1893–1963) und seine Frau. Das von seinem Vater Leo Samuele Olschki (1861–1940) im Trecento-Stil 1911 erbaute Haus lag in der Viale Venti Settembre Nr. 48b, beim Ponte Rosso über den Mugnone.

[267] *zu Corsinis in Via del Prato*: Der Palazzo Corsini, aus dem späten 16. Jahrhundert, in der Via del Prato, unweit des Parks »Le Cascine«.

CORONA BORCHARDT: TAGEBUCH

die Deutschen zurück. Die Brücke, d. h. den Schutthaufen ›alla carraia‹²⁶⁸ erklomm ich mit vieler Mühe und die Menge am anderen Ufer applaudierte mich danach. Ich kann sagen, dass ich mich bis gestern früh in der ersten Linie d. h. in dauernder Gefahr befunden habe.«

Die Erzählung war erstaunlich und ich musste mit Bewunderung bemerken, dass auch nicht die allergeringste Spur der ausgestandenen Schrecken bei Marion, die doch immerhin schon eine ältere Dame war, zu sehen war.

Ich hatte nicht das Herz, Marion um Obdach zu bitten, übrigens schien es mir auch schier unmöglich, da das ganze Schloss von Engländern besetzt zu sein scheint. Nachdem wir uns herzlich von Marion verabschiedet hatten und sie mir ihr Bedauern um mein verlorenes Öl ausgedrückt hatte (es scheint tatsächlich gestohlen zu sein) gingen wir wieder durch das podere den Berg hinunter. Unten trennten wir uns und gingen jeder nach seiner Mittagstafel. Jetzt fiel mir erst ein, dass ich ja garnichts zum Mittagessen hatte. Da ich gestern mit Sicherheit angenommen hatte, am gleichen Abend noch zu Fraunbergs zu ziehen, hatte ich mein ganzes Öl, es war nur noch ein Schluck, in den Reis getan – in die Pfanne hatte ich einen Tropfen gegossen, um ein Omelette-soufflè zu machen, was ich dann unterlassen da ich keine Eier gefunden hatte. Dieser Tropfen musste noch da sein, dachte ich geschwind, aber am besten wäre es, wenn ich einen Salat esse dazu brauche ich gar kein Öl und das gebratene Stück Brot mit Käse, das mir der Koch in Bellosguardo gegeben hatte, sollte mir als Vorspeise dienen. Ich sparte also mein Öl und rauchte einige Zigaretten als Obst. Zu meinem Tenente treibt

---

²⁶⁸ »alla carraia«: (ital.) Am Beginn der Brücke, am Brückenkopf.

mich nur noch der ärgste Hunger, und jeden Tag schiebe ich es auf. Am Nachmittag half mir die rührende Argene einen grossen Kübel Wasser hinaufzuschleppen, denn fliessendes Wasser gibt es in meiner Küche nicht. Danach sprach ich etwas Englisch mit Mrs. Pinter was ich immer sehr ergötzlich finde und so verlief der Rest des Tages. Am späten Nachmittag habe ich auch etwas geschrieben und vor allem viel gedacht. Auch mit Stendhal habe ich mich wieder beschäftigt. Meine Küche sieht jetzt blitzblank aus und mein Schlafzimmer, wo ich allerdings nie schlafe, ist von meterhohem Staub befreit. Um fünf Uhr, als ich unten im Hof war, erschien ein englischer Offizier und fragte mich sehr freundlich ob dies Haus wohl von seinen »boys« belegt werden könne? Alle Häuser seien voll und irgendwohin müssten sie ja auch am Ende. Ich hatte völliges Verständnis für ihn, denn er schien zu denen zu gehören, die viel zu liebenswürdig sind, um sich hart durchsetzen zu können. Ich brachte ihn zu Reynald, der sehr erschrocken schien und nicht sehr erbaut über die mögliche Besetzung seines Hauses. Auch schien er nicht zu billigen, dass ich mit diesem Offizier gesprochen hatte: dabei habe ich doch mit Hunter gesprochen und sie »wissen doch jetzt, wer ich bin« angeblich! Liesel sagt ab und zu zu mir: »Du tust mir wirklich leid, ich habe Mitleid mit dir, dass du so allein bist!«

Tatsächlich sind die Abende ohne Licht, ganz allein sehr einsam und manchmal kommen mir viel traurige Gedanken in den Sinn, aber meistens spielt Perry Klavier nebenan und daran freue ich mich immer sehr. Die grösste Angst habe ich nicht für mich, sondern für Papa und Mama und die drei Jungens, die schliesslich noch Gefahr laufen von den Deutschen eingezogen zu werden. Man darf nur nicht seinen guten Glauben verlieren und in schweren Momenten ist uns Gott immer nahe.

Wenn ich mir nur etwas zu essen machen könnte! Ich habe
nur noch etwas trockenen Reis und etwa einhundert Gramm
Zucker: der Thee reicht mir nur noch für einmal und ich kann
mir nur Gemüse und Salat kaufen, denn der Schwarzhandel besteht kaum noch. Mein Abendbrot war eine Suppe, worin ich
etwas Gemüse gekocht habe, das Öl, das ich glaubte in der
Pfanne zu haben, war nicht mehr zu erkennen – zum Schluss
eine Handvoll Reis und etwas Salz machte sie geniessbar und

Gottlob ist es soviel, dass sie für morgen auch noch reicht. Ich weiss jetzt eine gute Definition für Hunger: er ist wie Zahnweh – man muss immer daran denken und das Schlimme ist, dass man dabei so weinerlich wird!

Sonntag, 20. August

Verlief ruhig. Ich bekam niemanden zu Gesicht und ging nicht einmal aus dem Haus. Am Morgen wusch ich meine Kleider, hing sie in die Sonne, dann wusch ich meine Haare und später bügelte ich die Kleider. Nanuk ist gestern abend nicht gekommen. Heute abend auch noch nicht! Es tut mir leid, denn ich freue mich immer wenn er kommt. Auch wird mein Essen immer magerer und ich muss zu Fraunbergs. Adriana ist Gottlob wieder zurück und Heinrich sagte mir gestern, ihre Gefangennahme sei wegen Benigna gewesen. Ich werde immer schwächer. Heute hatte ich immer Hunger, da ich ja nur noch pures Gemüse mit etwas Reis esse. Das Brot reicht kaum und ist auch so hart und schlecht. Ich hatte kürzlich Schmerzen an der linken Schulterseite: sie sind jetzt scheinbar vorüber, aber ich glaube ich habe in letzter Zeit zu viel geraucht – aus Mangel an Nahrung. Ich habe jetzt so viele Zigaretten: wenn ich doch Papa welche abgeben könnte, sicher hat er keine! Überhaupt gehen meine Gedanken immer mehr nach Hause. Hoffentlich regen sie sich über mich nicht allzu sehr auf. Dass ich so lange von ihnen getrennt sein muss!

Montag 21. August

Heute morgen kam Luisa,[269] die ursprüngliche Bewohnerin meiner Zimmer und holte ihre Kartoffeln, sowie ihre Kohle. Die

[269] *Luisa*: Nichts Näheres ermittelt.

Tür, die sie verschlossen hatte, war scheinbar von den zwei Griechen geöffnet worden, und dies brachte sie begreiflicherweise in grosse Aufregung. Ich hatte diese verschlossene Tür überhaupt nicht bemerkt. Es fehlten scheinbar einige Kartoffeln und Kohlen und überhaupt schimpfte sie darüber, dass ich in ihrem Zimmer war. Ich war auch ganz entsetzt, da ich von der Existenz dieser Frau garnichts wusste. Es war mir sehr peinlich und ich hoffe, dass sie so wie Liesel sich von meiner Unschuld überzeugt hat. Danach kam Reynald und schlichtete Gottlob unseren Streit, indem er sagte, die beiden Griechen hätten die Tür aufgemacht und es ihm nachher gesagt. Eine Kartoffel ist zwar heute viel wert, aber schliesslich wird auch darüber wieder Gras wachsen. Ich kann mich nicht darüber aufregen, es gibt wirklich Schlimmeres. Ich habe heute nur Wasser-Gemüse gegessen und einen mörderischen Hunger schon den ganzen Tag gehabt. In meiner Verzweiflung habe ich endlich meinen letzten Fosfatina Brei[270] gemacht, allerdings ohne Milch, aber es hat doch geschmeckt. Komischerweise hat alles heute keinen Zweck, ich habe einfach immerzu Hunger.

Freitag [25. August]

Zu Mittag esse ich jetzt immer bei Maria.[271] Sie ist sehr gut und beide sind absolut frei und offen ohne irgendwelche arrière-pensées.[272] Wirklich gastfreundlich, wie eben Italiener sind, und was ich meiner Erfahrung nach auch immer wieder bestätigen kann. Sie wissen es einem leicht und angenehm zu machen ohne diese

---

[270] *Fosfatina Brei*: Ein Lebensmittel-Produkt.

[271] *bei Maria*: Maria Miglietta.

[272] *arrière-pensées*: Hintergedanken.

antipathische Erzieherei der Deutschen. Sie nehmen dich eben, wie du bist! Trotzdem ist aber alles so unangenehm für mich zumal ich gar keine Vorräte habe! Aber was soll ich essen? Ich hoffe, mich einmal bei Maria revanchieren zu können! Sie sagte mir neulich, San Francesco habe es an sich die Leute nicht von sich zu lassen: auch wenn man sich tödlich verkracht hätte, gelänge es einem nie von dort wegzukommen.

Samstag [26. August]

Ich muss mich ernstlich nach einer neuen Wohnung umsehen, denn ich darf hier nicht länger bleiben. Ich gehe also zu Fraunbergs in der Hoffnung bei ihnen oder in ihrer Nähe etwas zu finden. Ich habe auch vor, meine Erbsen zu holen. Auch im Convento »Delle Calze«[273] bin ich vorbeigegangen, aber leider ist dort eine Granate in die Kirche gefallen und hat grossen Schaden angerichtet. Die Nonnen sind ganz ausser sich, denn es hat auch eine Tote gegeben! Ich war auch ganz entsetzt und ging wieder weg: an eine Wohnung dort ist jedenfalls nicht zu denken. Nanuk kam auch wieder und er bot mir wieder an, mit in seine Wohnung zu ziehen: aber das kann ich doch wirklich nicht machen!

Wir gingen zu seinem Weinhändler, wo er Schnaps und andere Getränke kaufte. Danach ging ich zu Fraunbergs – es war aber niemand da, und ich sprach nur mit Nicoletta, was aber gut war, denn sie war ganz grenzenlos traurig und weinte. Ich habe sie getröstet und sie fühlte sich danach besser. Dann ging ich wieder nach Hause und half Maria dabei Pizza zu machen, denn

---

[273] *im Convento »Delle Calze«*: Der Convento della Calza in Piazza della Calza Nr. 6, an der Porta Romana.

wir waren heute abend bei Berchiellis[274] in der Villa Tealdi[275] eingeladen. Es war ein Picknick, und das Essen war in dieser Gesellschaft das Wichtigste. Andrea Berchielli machte mir den Hof, und ich finde ihn auch sehr nett, aber doch nur bis zu einem bestimmten Punkt: denn er ist zu eitel. Loria war auch da und ich unterhielt mich schliesslich lieber mit ihm. Das Picknick war sehr gelungen und beide Teile, sei es Maria, sci es Berchiellis haben sich grosse Ehre gemacht. Anfangs kam ich neben Andrea zu sitzen und er begann damit, meinen Ring zu bewundern und als er mich fragte wie der Stein hiesse, sagte ich gedankenverloren: »Gia, non so come si chiama questa pietra in italiano!«[276] und erschrak sofort über meine unvorsichtige Bemerkung, denn gleich darauf sagte er etwas misstrauisch: »come, in che lingua … ma Lei non è Italiana?«[277] – den Satz, vor dem ich immer so grosse Angst habe. Ich überhörte dies also absichtlich und begann mit der Schwester[278] zu sprechen. Aber ich entging ihm leider nicht, denn nach dem köstlichen Nachtisch, kamen wir wieder miteinander zu sprechen. Natürlich musste ich ihm sagen, dass ich Deutsche sei und er fand es sehr unehrenhaft von mir, so grosse Angst davor zu haben. »Jetzt wäre es aber besser für mich Italienerin zu sein«, sagte ich und lachte. Ich könnte sicher eine italienische Staatsangehörigkeit anstreben, meinte er, aber

---

[274] *bei Berchiellis*: Die Töchter des Kronprinzen von Bayern wohnten zeitweise im Hotel Berchielli (Lungarno Acciaiuoli 14).

[275] *Villa Tealdi*: Näheres nicht ermittelt.

[276] *»Gia, non so […]«*: »Ja, ich weiss nicht, wie man diesen Stein auf Italienisch nennt!«

[277] *»come, in che lingua […]«*: »Wie, was heisst das, in welcher Sprache … aber sind Sie denn keine Italienerin?«

[278] *mit der Schwester*: Näheres nicht ermittelt.

ich sollte es lieber bleiben lassen, denn ich würde ja doch bald heiraten und höchstwahrscheinlich keinen Deutschen, denn die würde man hier für eine geraume Zeit nicht mehr sehen (meinte er). Damit hörte unser Gespräch auf, denn wir wurden unterbrochen und ich fand ihn bereits etwas langweilig.

Von dem Captain hatte ich heute morgen zwei herrliche reife Pfirsiche bekommen und eine Schachtel Chesterfield: diese letzteren bot ich hier an um auch meinerseits etwas beizutragen. Gegen 12 Uhr ging ein fürchterliches Geknalle los, sodass wir sehr ängstlich über unseren Heimweg wurden. Loria ermahnte uns mehrmals, und so gingen wir denn auch ziemlich früh los. Der Weg geht über Felder und Bäche und wer ihn nicht kennt, stolpert leicht und fällt. Ich bin auch ziemlich oft hingefallen! Maria und ich hatten heute früh schon einen grossen Schrecken ausgestanden, denn auf dem Heimweg vom Brotladen, wo wir lange Schlange gestanden hatten, und wo ich allerhand Karakterstudien gemacht hatte, hatten uns deutsche Kanonen aufgeschreckt, deren Geschosse teilweise in unserem Podere landeten, und wir waren von einer Tür zur anderen gesprungen immer von dem ungemütlichen Gefühl erfüllt, nächstens ins Jenseits zu hüpfen. Wir waren also schon etwas gewarnt, und deshalb hatten wir uns so schnell auf den Heimweg gemacht. Zu Hause angekommen, merkten wir aber zu unserem Schrecken dass Reynald, nicht wissend, dass wir aus dem Hause waren, das Tor geschlossen hatte. Das ehemalige Kloster S. Francesco hat ein einziges Tor zur Strasse, innerhalb des Klosterhofes sind viele kleine Wohnungen entstanden, die auf den hübschen Klostergarten münden: von dort aus kann man dann direkt in das Podere von Marion[279] gelangen, das sich langsam und anmutig den

---

[279] *in das Podere von Marion*: Die Abkürzung führt bis heute über Privatgelände.

Hügel hinaufschlängelt. Wir standen nun mitten in der Nacht draussen, und die Schiesserei fing schon wieder an. Schliesslich gelang es Ugo[280] durch das Feld in den Hintergarten über die Mauer zu springen, um uns von dort zu öffnen. Jedoch verletzte er sich im Springen das Bein, das ihm noch tagelang wehe tat. Der Captain und Reynald warteten unser bereits im Keller und ich stiess an sämtliche Betten und Mauern im Stockdunkeln – da ja nirgends Kerzen zu finden sind – ehe ich mit vieler Mühe endlich zu meinem Bett gelangte. Bettwäsche habe ich ja schon seit langem nicht mehr, und hier unten ist es zwar kühl, aber doch am Sichersten, leider, so ungern ich es zugestehen muss; eine Decke habe ich auch nicht. Gottlob ist mir das unbezogene Kopfkissen geblieben, das ich mit einem Unterrock bezogen habe. Ich bedecke mich mit meinem Morgenrock und einer Wolljacke. Die Gipsstatuen von Hildebrand sehen mich dann verständnisvoll an und meinen, dass alles vergänglich ist und nur das Schöne bleibt. Das Bett vom Captain ist sehr weit von mir entfernt, er ist sehr diskret und man merkt nichts von ihm. Er hat allerdings auch ein Mückennetz »from the army« über sich hängen und auch sein Lager, wie das von Reynald, ist sehr raffiniert; trotz aller Weite hört man aber sein Schnarchen und Seufzen durch den ganzen Keller rauschen, und dann muss ich immer in mein Kissen lachen.

Sonntag, 27. August

Heute vormittags war ich wieder bei Fraunbergs, immer auf der Suche nach einem Zimmer. Die Maria portiera[281] bot mir das Zimmer ihres Sohnes an, das ich vielleicht annehmen werde,

[280] *Ugo*: Ugo Miglietta.
[281] *Die Maria portiera*: Maria, die Hausmeisterfrau.

denn ich bin ziemlich in die Enge getrieben. Es ist ganz gross, aber dunkel und muffig. Ich kann mich einfach noch nicht dazu entschliessen. Nachmittags kam Nanuk wieder, und wir machten uns einen himmlischen Thee mit dem Captain, der nebenan sein Zimmer hat. Dieser hatte es mir schon vorher vorgeschlagen und schien ziemlich wütend über das Erscheinen von Nanuk. Aber was hätte ich tun können? Immerhin ging es aber ganz gut und wir redeten über alles Mögliche: er liebt Musik und da auch Nanuk recht viel davon versteht, wurde es sehr angeregt. Nanuk war auch nicht gerade gut gelaunt über das Dabeisein des Captains und ich musste ihn immer mit Blicken beschwichtigen, ganz sauer wurde er als mir der Captain nachher ein mysterieuses Päckchen in die Tasche legte: ich dankte äusserst verlegen, aber eigentlich war es doch sehr nett von ihm gemeint: darin waren Zigaretten, Schokolade, Streichhölzer und einige Bisquits. Er wusste, was für einen Hunger ich meistens hatte! Nach dem Thee fuhr er uns nach der Villa Mercedes,[282] einer grossen Villa mit sehr vielen eleganten Wohnungen, die auch in Bellosguardo liegt. Ugo Miglietta hatte mir angedeutet, dass dort mit Sicherheit ein Zimmer zu finden sei. Oben war gerade ein grosser Thee gewesen, Pasettis[283] hatten eingeladen und verschiedene englische Offiziere gingen gerade aus dem Hause. Ich kannte Pasettis durch Marion und wandte mich daher sofort an Frau Pasetti mit der Frage, ob sie wohl ein Zimmer zu vermieten hätte. Sie lehnte es aber ab, da sie meinte, das Zimmer was infrage käme, sei sehr unpraktisch. Tatsächlich hat sich in mir der Glaube befestigt, dass alles immer so schwierig ist, weil ich Deutsche bin. Die Nazi-Faschisten-Frage ist ja auch noch nicht gelöst! Ich wollte

[282] *Villa Mercedes*: An der Piazza Bellosguardo.
[283] *Pasettis*: Nichts Näheres ermittelt.

also schon etwas traurig abziehen, als mich vom Balkon aus die herzensgute Signora Giorgini,[284] Mutter von Vittorio, sah und hörte. Sie rief mich zu sich und bot mir sofort ihr Haus an. Ich konnte mich auch kaum ihrer Güte erwehren. Sie führte mich auch sofort in ihr Haus, zeigte mir alles und sagte ich könnte ruhig kommen, müsse aber nur für mein Essen sorgen. Mein Mut sank wieder, denn natürlich konnte ich nicht in dem Haus auf einem Spirituskocher kochen oder eben meist nicht kochen. Sie würden mich nicht nur Salat oder Tomaten essen lassen! In meinem Kopf bildete sich aber schon ein Plan, der zu verwirklichen war: Nanuk würde mir etwas Reis geben, denn er war der gutmütigste Mensch der Welt, den Rest würde ich mir schon besorgen. Geld habe ich ja, nur zu kaufen gibt es ja nichts! Aber ich war wieder guten Mutes, denn endlich war doch wieder ein Lichtstrahl in mein Leben gekommen!

Montag [28. August]

Der Captain hat mir angeboten, mich mit meinen Sachen zu Giorginis zu fahren. Nur sollte der Wagen erst gewaschen werden, darum habe er ihn in die Stadt gefahren. Das ist zwar »too bad« meinte er, aber danach würde er mich sicher fahren. Ich verabschiedete mich also bei allen: es gab noch ein langes Abschiedsgespräch mit den beiden Pinters: nachher sass ich noch lange mit der netten Maria zusammen, und wir versprachen uns, nicht den Kontakt zueinander zu verlieren und zum Schluss ging ich zu Liesel um ihr für alles zu danken. Sie war sehr liebevoll und sie meinte, es täte ihr leid, dass alles so ungemütlich gewesen sei! Aber der Krieg ist ja an allem schuld und er wird bald zuende sein, gab ich ihr beruhigend zur Antwort.

[284] *Signora Giorgini*: Die Mutter von Vittorio Giorgini.

Es wurde aber doch noch spät, und der Captain meinte, es würde wohl erst morgen früh werden, sodass ich wohl noch eine Nacht im Keller schlafen muss, was ich mit Seufzen wahrnehme.

Mittwoch, den 30. August

Heute früh haben sie Pasetti verhaftet. Alle waren sehr alarmiert und man sprach sogar davon, dass man ihn erschiessen würde. Es seien die Partisanen gewesen, die ihn geholt haben. Er wurde aber am Nachmittag wieder freigelassen und erst am Abend haben sie ihm gesagt, weshalb man ihn geholt habe: sie wollten Informationen über zurückgebliebene Deutsche – auch über mich scheinbar – und über Freundinnen von Faschisten. Da Pasetti sehr viel mit Deutschen zusammengewesen war, war er ihnen vielleicht verdächtig geschienen. Er kennt allerdings Gott und die Welt. Es wurde darüber geredet, dass von dem Colle di B.[285] aus vor einigen Tagen Zeichen gegeben worden seien und man hatte drei Leute in Verdacht: die Geliebte von Alberti,[286] die in dem Hause unterhalb Pasettis wohnte, die Principessa Doria,[287] die oberhalb von S. Francesco ihre Villa hat und Pasetti selbst. Die erste könnte, nach allem was ich von ihr gehört habe, soetwas tun, aber die anderen zwei ganz bestimmt nicht: persönlich halte ich alles für Märchen. Auf alle Fälle hatte ich doch ein etwas ungemütliches Gefühl, denn aus Angst um ihre eigene Haut zeigen die Leute irgendwelche Nachbarn an ohne zu überprüfen, ob sie dazu berechtigt sind. Daher ist das Leben jedes Einzelnen kaum soviel wert, als das einer Fliege:

[285] *Colle di B.*: Colle di Bellosguardo.
[286] *die Geliebte von Alberti*: Nicht ermittelt.
[287] *die Principessa Doria*: Nichts Näheres ermittelt.

man kann gegenwärtig jeden Moment ohne die geringste Schuld an den Pranger gestellt werden und dabei in Lebensgefahr geraten. Ich für meinen Teil werde mich baldmöglichst, trotz der gutgemeinten Ratschläge des Tenente, bei der Questura melden.[288]

Freitag, 1. September

Heute abend ist eine grosse Party in Bellosguardo und wir sind alle eingeladen. Ich hatte gestern gelegentlich der Unterhaltung über Pasetti einen Engländer kennengelernt der in Bellosguardo einquartiert ist; er hat mich freundlicherweise mit in die Stadt genommen, wo ich meine Sandalen beim Schuster abholen konnte. Mit diesem Engländer habe ich schon grosse Tauschgeschäfte geplant. Denn Prinz Rupprecht hatte mir zum Tauschen eine Flasche Whisky gegeben und er möchte dafür eine Flasche Öl bekommen. Der Engländer schien zu diesem Tausch sehr bereit zu sein: er habe zwar kein Öl, aber er werde es sich besorgen.

Die folgenden Tage:

Ich habe keine Zeit mehr gehabt einzutragen und versuche es jetzt nachzuholen. Es ist auch nichts besonderes passiert als folgendes: in der questura ging alles glänzend; gleich beim ersten Mal traf ich die kleine Schweizerin,[289] die ich einmal bei Fraunbergs gesehen hatte. Sie war die Geliebte von Grammacini gewesen, der unglücklicherweise von den Faschisten erschossen worden war. Bei ihnen war Fraunberg und Rupprecht versteckt gewesen. Frau Menzel war sehr freundlich und sagte mir sofort, sie könne mir helfen, ich möge mich nur ihr anvertrauen. Als

---

[288] *bei der Questura melden*: Die Polizeibehörde.
[289] *die kleine Schweizerin*: Eine Frau Menzel.

der Beamte kam, stellte ich mich ihm vor, sodass er sogleich im Bilde war wer ich sei. Pasetti hatte mir gesagt, mein Vater habe doch jüdisches Blut und es sei jetzt der Moment gekommen, es zu sagen. Es würde mich retten, denn wir seien doch verfolgt worden. Ich sagte ja, er sei halb-Jüdisch, obgleich ich es nicht genau wusste. Ich habe mich also entschlossen, es zu sagen und mit Frau Menzel zu einem Anwalt zu gehen, um es als ein Atto notorio[290] aufzunehmen. Wir sind noch so sehr an die Nazis gewöhnt, dass es mir unangenehm war und ich hoffe, Papa ist mit mir zufrieden, weil er niemals soetwas ausgenützt haben würde. Es bleibt mir aber garnichts anderes übrig, da ich als Deutsche höchst gefährdet bin. Papa fühlte sich aber in erster Linie als Deutscher und würde ihr Schicksal welches es auch immer gewesen sei, geteilt haben.[291]

Nachdem ich mich von Frau Menzel verabschiedet und auch den beiden Steiner[292] die mit uns waren – und ein mir ähnliches Schicksal haben, Adieu gesagt hatte, begab ich mich auf den Rückweg und als ich am Palazzo Vecchio vorbeikam, sah ich

---

[290] *als ein Atto notorio*: Eine Zeugenaussage.

[291] *ihr Schicksal [...] geteilt haben*: In diesem Sinne auch der Beginn des von Corona Borchardt bei den Broglios aufgefundenen und wohl im Sommer 1944 niedergeschriebenen Aufsatzes ›Der Untergang der deutschen Nation‹: »Meine Ordnung und Darstellung ist dadurch bestimmt, dass ich als ein Deutscher schreibe, nur als ein Deutscher, und in Allem als ein Deutscher. Da es aber nicht eine äusserliche Geburts- und Sprachzugehörigkeit ist, ein Deutscher zu sein, sowenig wie ein Engländer zu sein oder ein Franzose, sondern nur das Bewusstsein einer nationalen Überlieferung und eines nationalen Erbes diese Zugehörigkeit zu Charakter erhebt, so schreibe ich als ein Deutscher, der diese Überlieferung und dies Erbe als seine Pflicht und als sein Recht, und überhaupt als seinen Sinn als Mensch seines Volkes in sich trägt.« (Prosa V 1979 S. 503 f.)

[292] *den beiden Steiner*: Heinrich Steiner und sein Bruder, jüdische Intellektuelle, die sich in Florenz versteckt hielten.

CORONA BORCHARDT: TAGEBUCH

schottische Soldaten ihren sonderbaren Volkstanz mit Dudelsack und Trommel vorführen. Sie tragen dabei ihre bunt-karierten Schottenröcke und Mützen und marschieren kreuz und quer über den Platz dabei. Einige von ihnen sehen sehr gut aus. Sie haben einen stolzen Ausdruck und eine hoheitsvolle Haltung bei der Ausführung dieses für sie sehr ernsten Tanzes. Die Italiener stehen halb verwundert, halb amüsiert dabei herum und wissen nicht, was sie dazu sagen sollen. Die Kommentare sind etwa folgende: »ma che hanno proprio altro da fare, quei buffoni? ma non lo sentono il caldo? A fare quelle danze sul caldo di mezzogiorno!«[293]

Ich ging dann mit meinem Begleiter, einem Kutscher, der mir den Weg über den Ponte Vecchio zeigen wollte, weiter. Ich hatte noch nie die Lungarni, die Via Por Santa Maria und die Via Guicciardini gesehen – nach der Katastrophe! Es sieht schrecklich aus. Die Strasse ist nicht zu erkennen: Trümmerhaufen rechts und links; die Steine und der Schutt nehmen einem jede Aussicht, man sieht plötzlich nie gesehene Viertel und Häuser vor sich. Das Haus genau neben dem Ponte Vecchio auf dem Lungarno Acciaioli ist verschwunden. Ein Mann steht auf dem dritten Stock des Hauses daneben – wie er dort hingekommen ist, fragte man sich, denn Treppen gibt es ja nicht mehr. Er sucht etwas, wer weiss!

4. September

Heute ist Montag. Morgens war ich in Via S. Niccolò, wo ich meine Sachen waschen durfte, dank der gutmütigen Fraun-

[293] »ma che hanno proprio altro da fare [...]«: »Haben die denn nichts anderes zu tun, diese Witzbolde? Aber von der Hitze merken sie nichts? Solche Tänze aufzuführen in der Mittagshitze!«

bergs. Diesmal haben sie mir eine Flasche Wodka vom Kronprinzen gegeben, da mein Tauschgeschäft mit dem Engländer und dem Whisky so gut geklappt hatte. Auch diesmal soll es möglichst Öl sein: die Engländer haben zwar kein Öl, aber sie tauschen ebenfalls bis wir gemeinsam zu dem gewünschten Gegenstand gelangen. Fraunbergs haben garnichts mehr zu essen und sind, glaube ich schlimmer dran als ich. Sie sehen beide jämmerlich dünn aus. Auch Nicoletta sieht sehr schmal aus, aber sehr hübsch.

Nachmittags war ich bei Romanellis;[294] sie sagen Lucca wäre befreit: wenigstens sind die Alliierten Herren der Strecke Lucca–Pisa–Florenz. Das heisst glaube ich Marlia und Ponte a Moriano.[295] Ich rege mich wahnsinnig über die Familie auf. Was mag ihnen wohl passiert sein? Ist alles so verlaufen, wie wir es uns vorgestellt hatten? Wie es mir Papa bis in die kleinste Einzelheit vorgemalt hat? Es ist schrecklich zu bedenken, dass sie jetzt in der Kampflinie sind. Castoldis[296] sind ja wirkliche Freunde, nur sind sie allzu deutschfreundlich und ziehen dauernd Deutsche in's Haus – das kann für Papa nur gefährlich sein, da er ja immer allen das sagt was er denkt.

Ich habe Angst um Papa! Er hatte ja Feinde! Hoffentlich haben sie sich mehr im Inneren des Landes – etwa bei Bauern – versteckt! Herr Gott! Beschütze sie! Heute abend waren wir wieder bei Romanellis. Gisele, Lorle Hopfen,[297] Luigino waren

[294] *bei Romanellis*: Vgl. Anm.192.

[295] *Marlia und Ponte a Moriano*: Orte nördlich von Lucca, unweit von Saltocchio.

[296] *Castoldis*: Vgl. Anm.44.

[297] *Lorle Hopfen*: Eleonore Hopfen, der Kronprinz Rupprecht seine Memoiren diktierte (Irmingard Prinzessin von Bayern 2000 S.240).

auch da. Ich glaube ich war etwas allzu scheu. Frau Romanelli ist noch nicht wieder zu Hause. Sie hat doch viele Schmerzen an dem Bein gehabt. Später bin ich mit Costanza[298] und Ilaria[299] in den Garten gegangen, wo wir alle geraucht haben – das Einzige, was wir haben – denn wir haben ja nie etwas zu essen. Ich habe ihnen jedenfalls die Bisquits, die mir der Captain von Brewsters gegeben hat, angeboten. Ich kann aber kaum etwas essen, denn mein Mund tut mir so schrecklich weh von den vielen Tomaten, die ich so ohne irgend etwas ständig esse. Ich kam mir vor wie ein kleines Kind, plötzlich, und ich wurde auf einmal so traurig.

Mittwoch, 6. September

In diesen Tagen sind die Alliierten ein gutes Stück über Lucca hinausgekommen ungefähr bis Bagni di Lucca.[300]

Heute nachmittag kam Paulin,[301] eine Freundin von Graziella[302], deren Mutter Engländerin ist, mit einem Amerikaner, um Graziella und mich zu einer party auf morgen einzuladen. Ich hatte eigentlich nicht so grosse Lust, denn ich war deprimiert und versorgt, auch wenn der gestrige Tag schön in unserem Gedächtnis war.

Donnerstag, den 7. September

Heute abend sind wir also eingeladen. Ja, was ziehen wir an? war die Frage. Graziella, die ich im übrigen sehr nett finde und die

---

[298] *Costanza*: Eine Tochter von Romano Romanelli.

[299] *Ilaria*: Eine Tochter von Romano Romanelli.

[300] *bis Bagni di Lucca*: Vgl. die Chronik S. 304 f.

[301] *Paulin*: Nichts Näheres ermittelt.

[302] *Graziella*: Graziella Giorgini, die Schwester von Vittorio Giorgini.

glücklicherweise in vielem so denkt wie ich, machte sich recht hübsch zurecht mit kleinen, sehr niedlichen Ohrringen und einem hübschen Kleid. Ich dachte wehmütig an mein Kleid aus Seide, das wohl unter dem Schutt von Florenz liegt – da ich es nicht mehr zur rechten Zeit von der Reinigung abholen konnte –, und zog seufzend mein rosageblümtes an. Signora Giorgini ermunterte uns und zu mir gewandt, sagte sie: »reiss dich aus deinen traurigen und sorgenvollen Gedanken heraus, du wirst schon bald Nachrichten von deiner Familie bekommen!« Ich gab ihr nach und obgleich Vittorio grollte, bereitete ich mich für den Abend vor.

Perry Pinter war auch zu dem Abend eingeladen, aber sie kam nicht, weil Paulin mir sagte, sie sei eifersüchtig auf mich! Ich war bass erstaunt und konnte es mir nicht zusammenreimen: ich war immer der Meinung gewesen, sie möge mich leiden. Oder ist es, weil ich Deutsche bin? So eine Vorstellung wirkt auf mich wie ein Stachel und kränkt mich. Aber ich verstehe natürlich auch, dass die Menschen im Augenblick die Deutschen nicht gerade mögen!

Und doch bin ich eine Deutsche im Sinne von Goethe, von Schiller, von Hofmannsthal von Papa! Und das würde hier niemand verstehen!

Wie werden diese Amerikaner sein? Ich kenne nur Sigg und Tim[303] – beide auf ihre Weise sehr nett.

8. September

Ein schrecklicher Tag. Wir sollten Milch holen und gingen den Weg hinter der Villa Mercedes den Hügel hinunter, einen Weg, der von Mauern rechts und links eingefasst ist, wo der Bauer

---

[303] *Sigg und Tim*: Nichts Näheres ermittelt.

wohnt. Plötzlich wurde vor uns geschossen und ein Mann vor uns fing an zu schreien: »no, no, non mi ammazzate!!«[304] aber der andere hatte scheinbar kein Mitleid, denn vor unseren Augen wurde der Mann erschossen, der wie ein Tier noch rechts und links gegen die Mauer rannte und dann wie ein Sack zusammenfiel. Wie versteinert standen wir da – erst als wir uns etwas gesammelt hatten, stürzten wir nach Hause. Es war ein Racheakt von seiten der Faschisten oder auch umgekehrt. Wir wurden das Zittern lange nicht los. Ich beruhigte mich erst langsam wieder.

Samstag, den 7. Oktober

Es sind viele Tage verstrichen, und ich habe nichts eingetragen: aber viel ist nicht passiert. Ich wohne fast ständig bei Fraunbergs, schlafe aber auch manchmal bei Giorginis. Ich fahre manchmal mit dem Fahrrad mit Graziella zum hamstern zu den Bauern hinter Bellosguardo. So helfe ich auch etwas Giorginis, denn ich bin ihnen so viel Dank schuldig!

Vor einigen Tagen war eine sehr nette party bei Südafrikanern: es sind fast alles junge, sehr lustige Leute, die leidenschaftlich tanzen. Ein gewisser Norman,[305] schlanker gut aussehender Mensch, tanzt einen tollen Stepptanz. Er ist ständig begleitet von einer kleinen zarten Italienerin und sie tanzen beide sehr gut. Auf diesem Fest lernte ich einen sehr hübschen jungen Mann kennen, genannt Apsley.[306] Er ist erst 19 Jahre alt und studiert Biologie. Man kann sich gut mit ihm unterhalten, denn er ist intelligent und versteht viel Poesie, auch weiss er eine Menge über englische Literatur zu sagen: er hat viel gelesen. Für

[304] *»no, no, non mi ammazzate!!«*: »Nein, nein, bringt mich nicht um!«
[305] *Norman*: Nichts Näheres ermittelt.
[306] *Apsley*: Nichts Näheres ermittelt.

mich ist es sehr lehrreich, denn ich weiss über zeitgenössisches nicht viel. Er liebt McNiece [sic][307], und Huxley[308] ist für ihn das Höchste. Er ist recht nett und ich scherze mit ihm, aber ich bleibe zurückhaltend. Er kommt mich oft besuchen, und wir gehen manchmal zusammen in die Stadt. Paulin[309] und Robin[310] organisieren viele Parties und ich bin oft dabei, aber nicht mit dem Herzen!

Paulin hat sich, glaube ich, bereits mit einem südafrikanischen Offizier verlobt; sie ist auch wirklich ein besonders nettes Mädchen. Sie macht sicher einen Mann überglücklich.

Sonntag, den 8. Okt

Ich muss eine Arbeit suchen, da ich sicher voraussichtlich eine Weile hier bleiben werde und ganz gut mit dem Englischen zurechtkomme, habe ich anderen Mädchen gegenüber eine Vorzugsstellung. Aber eine Stelle, obgleich sie mir öfter angeboten wird, habe ich noch nicht angenommen, da ich doch die Hoffnung noch nicht aufgegeben hatte, nach Hause zu kommen. Nach Hause! Ja, nach Hause! Heute erfahre ich es ganz zufällig durch die Schwägerin der Baronin Fraunberg:[311] meine Eltern und Brüder sind von den Deutschen mitgeschleppt worden!

---

[307] *McNiece*: Der englische Dichter und Philologe Louis MacNeice [sic] (1907–1963); die sprachliche Form seiner Gedichte schwankt zwischen Jazzrhythmen und Alltagsprosa.

[308] *Huxley*: Aldous Huxley (1894–1963), er lebte u. a. 1923–1925 zeitweise in Florenz.

[309] *Paulin*: Vgl. Anm. 301.

[310] *Robin*: Nichts Näheres ermittelt.

[311] *die Schwägerin der Baronin Fraunberg*: Contessa Fiamma Pecori-Giraldi (geb. 1905), verheiratet mit Corso Pecori-Giraldi, dem Bruder von Adriana Baronin Fraunberg.

Ich weiss nicht wo sie sind, weiss nichts, nichts, nichts. Eine unmögliche, unerträgliche Situation. Auch Manfredo[312] habe es an eine Freundin, Franca Anrangi Ruez[313] erzählt, er weiss also scheinbar garnicht, dass ich hier bin und vielleicht auch Castoldis wissen von mir nichts. Ich muss also so schnell wie möglich in Beziehung mit ihnen treten, damit sie mir näheres mitteilen können. Maria Pecori Giraldi[314] hat es in einer Zeitung gelesen,[315] die in Italien keinen sehr guten Ruf hat: »La domenica del Corriere«. Auf der Titelseite war ein älteres deutsches Dichterehepaar dargestellt, das mit groben Maschinengewehrkolben auf einen Lastwagen geprügelt wurde. Drei Söhne in verschiedenem Alter wurden gleichsam grausig behandelt. Darunter stand: die Familie Borchardt wird mit Gewalt nach Deutschland geschleppt. Nun hatten keine der hier dargestellten Figuren auch nur die geringste Ähnlichkeit mit meinen lieben Familienangehörigen, daher identifizierte ich sie auch nicht mit ihnen in meinem Innern und gab die Hoffnung nicht auf, dass sie irgendwo im Norden sich haben freimachen können: aber die Ungewissheit nahm mir doch oft die Ruhe und ich hatte nur noch im Sinn, wie ich so schnell wie möglich zu Castoldis käme. Hoffentlich wird Gocki[316] nicht noch in den Krieg geschickt, der süsse kleine Junge! Und die anderen? Ein Arbeitslager? Oh, wie entsetzlich!

[312] *Manfredo*: Conte Manfredo Roncioni (1920–1999).

[313] *Franca Anrangi Ruez*: Nichts Näheres ermittelt.

[314] *Maria Pecori Giraldi*: Eine Schwester der Baronin Adriana Fraunberg.

[315] *in einer Zeitung gelesen*: Der Artikel in dieser Boulevard-Zeitung konnte noch nicht gefunden werden; möglicherweise stammt er von Sandro Volta, der ihn in der Zeitung ›Il Quadrante‹ am 30. Dezember 1944 nochmals veröffentlichte (vgl. die Chronik S. 345–352).

[316] *Gocki*: Der Bruder Johann Gottfried Borchardt (geb. 1926).

[18/19]   Unbekannter Zeichner: Fiktive Illustrationen zum ersten Pressebericht von Sandro Volta über die Verschleppung der Familie Borchardt Deportato (vgl. S. 346–352; Nachlass Borchardt DLA).

Heute Montag, 9. Oktober

Ich bin schon seit 3 Tagen nicht mehr bei Giorginis gewesen. Hoffentlich ist Harold[317] nicht in diesen Tagen gekommen: es quält mich. Er ist nämlich Samstag vor einer Woche[318] dagewesen und ich habe erst viele Tage später davon vernommen. Harold ist nämlich Samstag vor einer Woche gekommen und hat mich nicht gefunden. Darauf hätten sie alles versucht, um mich zu erreichen, aber es sei unmöglich gewesen, da ja der Borgo S. Jacopo und die Via Guicciardini noch voll Geröll liegen und kein Auto durchkommen kann. Er kannte den Weg nicht, sonst wäre er zu Fuss gekommen, hatte er gesagt! Er habe alle schliesslich mit seinem Drängen verärgert – schliesslich haben sie sich amusieren gewollt und nicht nach einem Mädchen so lange suchen! Er habe es schliesslich kleinlaut aufgegeben und den ganzen Abend still für sich gesessen. Herrgott, war ich böse, als ich es erst am Dienstag, den 3. Oktober durch Graziella erfuhr – Telephon gibt es ja noch nicht! Ich hätte ihm nun gern ein paar Worte geschrieben und habe es lange überlegt, habe mich aber schliesslich nicht getraut. Er hatte noch nicht abfahren können, sagte sie, da er seine Erlaubnis noch nicht bekommen hatte. Er habe aber fast sicheren Bescheid, dass er nächste Woche fahren würde. Hoffentlich sehe ich ihn also noch.

(Aufzeichnungen zu Sept. 44)

Ich weiss jetzt, warum ich so oft an ihn denken muss: er ist so ausgesprochen männlich. Es ist mir klar, dass es soetwas so selten gibt. Es ist mir ebenfalls klar, warum er so grade und ohne

[317] *Harold*: Nichts Näheres ermittelt.
[318] *Samstag vor einer Woche*: Am 30. September.

[20]   *Cornelius, Corona und Johann Gottfried Borchardt. Vierziger Jahre (Rudolf Borchardt Archiv).*

jegliche Umwege ist. Ich erkenne dies alles rein instinktiv und ich habe die Gewissheit, dass mir noch nie so ein Mann begegnet ist. Es ist schön, an ihn zu denken, schön, seinen Gedankengängen noch für eine Weile zu folgen und es war wunderschön, auch nur für kurze Zeit in seiner Gedankenwelt mit einbegriffen zu sein. Das plötzliche Alleinsein nachher war nicht sofort begreiflich, denn das Glückliche, das er ausstrahlte hielt noch eine Weile vor, aber langsam kommt doch eine Trauer über mich, mit Angst, ihn nicht wiederzusehen, die mich manchmal ganz ausser mich bringt.

– Heute bin ich mit Baronin Fraunberg zum General Hume[319] gegangen: er ist die höchste Instanz hier in der Toscana und hat seinen Sitz in dem Palazzo Vecchio: ich hoffe, durch ihn eine Erleichterung bezüglich meiner Reise nach Lucca zu erhalten: das heisst, vor allem in einem Auto mitfahren zu dürfen, denn andere Reisemöglichkeiten gibt es bislang noch nicht, und ausserdem einen »permit« – denn mir ist es nicht erlaubt, ausserhalb des Umkreises von 10 Km. Florenz zu verlassen. Allerdings war nur sein Adjutant, Mr. Major,[320] zu sprechen, welcher sehr zuvorkommend und liebenswürdig war: ich glaube, die äusserst damenhafte Gestalt von Baronin F. und vielleicht vor allem ihr ausserordentliches Auftreten machte auch hier ihre Wirkung. Er hörte also meine Leidensgeschichte gleich voller Mitgefühl an und versprach mir, sofort einen permit zu erlassen, sobald ich einen Wagen gefunden hätte. Ich habe nun einige Hoffnungen in dieser Hinsicht und morgen gehe ich auf die Suche danach.

---

[319] *General Hume*: Edgar Erskin Hume (1889–1952), von August 1943 bis September 1945 »Chief of Allied Military Government« der 5. Armee mit Sitz in Florenz.

[320] *Mr. Major*: Nichts Näheres ermittelt.

Danach machten wir einige Besuche: sie ist rührend und voller Liebe für mich! ich kann es ihr nicht genug danken. Schade nur, dass wir keine Nachrichten von Benigna haben und dass sie nicht hier ist.

Einige Tage darauf:
Inzwischen ist der Kronprinz erkrankt: er hat ein schmerzendes Bein, es ist eine lumbago.[321] Baron Fraunberg hat mich gebeten, da ich mit dem englischen so gut auskomme, ob es mir gelingt, einen Wagen für den Kronprinzen zu ergattern. Für andere zu bitten ist immer sehr viel einfacher als für sich selbst, und so bin ich zu Col. Micky[322] gegangen, auch er sitzt im Palazzo Vecchio und habe ihm den Fall vorgetragen. Dieser hielt mich anscheinend für eine Prinzessin in incognito denn es ist kaum zu beschreiben mit welcher Zuvorkommenheit er mich behandelte: jedenfalls er behandelte mich königlich! Er stellte mir, sobald ich ihm die Krankheit des Kronprinzen erklärt hatte, sofort einen Chefarzt und einen Wagen zur Verfügung, um das Krankenhaus ausfindig zu machen und nachdem ich bei den »Blue Sisters« mit Hilfe dieses Arztes ein Zimmer für ihn gefunden und beschlagnahmt hatte, wurde mir ein zweites noch grösseres Auto zur Verfügung gestellt, um den Kronprinzen abzuholen. Ich bedankte mich natürlich sehr »königlich« bei Col. Micky und [wir] fuhren zurück, um den Kronprinzen abzuholen. Es freute mich sehr, dass es so gut geklappt hatte. Als aber die Krankheit seiner Königlichen Hoheit sich nicht zu bessern schien, er wahnsinnig über die Schmerzen und das Stilliegen

---

[321] *eine lumbago*: (lat.) Ein Hexenschuss.
[322] *Col. Micky*: Nichts Näheres ermittelt.

schimpfte, auch das Fieber gegen Abend immer merklich stieg, hielt man es für nötig, durch General Hume Prinz Heinrich, der im Hause Barberini bei seinem Freund Urbano,[323] weilte, zu benachrichtigen, der im Laufe des Tages, kurz nach der Ankunft des Prinzen Umberto von Italien[324] ankam. Inzwischen war hier im Hause ein ewiges Auf und Ab von Prinzen und Gefolge.

Prinz Heinrich ist heute noch hier und man findet ihn sehr erwachsen geworden. Ich hatte ihn ja seit kurzem bei Reynald gesehen und ich musste ihm noch schnell meine grässlichen Abenteuer erzählen! Majestät geht es jetzt viel besser, das Fieber ist gesunken. Prinz Heinrich erzählte bei Tisch, als er bei dem Vater gewesen sei und er immer über alles so geschimpft habe und vor allem verlangt habe bald aufstehen zu dürfen, habe Heinrich gesagt: »ja, das wird wohl noch eine Weile dauern«, darauf habe der Kronprinz erregt erwidert: »Ach, du willst mich noch so lange wie möglich im Bett behalten, Dir ist es nur lieb, wenn ich so lange wie möglich hier bleibe …« und geschimpft und sich weiter aufgeregt. Heinrich habe ihm darauf gesagt: »Ja, wenn du Faxen machst, kann dir kein Mensch helfen; einen Rückfall kannst du dir nicht erlauben, dann kratzt du in kürzester Zeit ab, das kann ich dir versichern«, so habe Heinrich mit typisch bayrischer Gemütsruhe geantwortet. Darauf habe sich der Vater sofort beruhigt.

---

[323] *bei seinem Freund Urbano*: Urbano Principe Barberini, mit Prinz Heinrich von Bayern und dem Kronprinzen Umberto von Italien befreundet, wohnte im Palazzo Barberini in Rom.

[324] *Umberto von Italien*: Vgl. Anm. 35.

Heute ist die gute Rosemarie[325] wieder nach Hause gegangen. Sie wollte zwar wiederkommen, aber ich glaube es eigentlich nicht; sie hat Angst, zur Last zu fallen.

Was aus mir wird, weiss ich nicht. Rosemarie wollte mir einen Job verschaffen, hatte ihn auch bald: aber er fand weder bei ihr noch bei mir Gefallen. Ich sollte in einem amerikanischen Club arbeiten, ich glaube an einem »information desk«. Ich kann mir nicht vorstellen, dass ich für soetwas geeignet bin. Vor allem aber möchte ich doch noch damit warten, denn ich will erst versuchen nach Lucca zu kommen. Nur muss ich ja mein Essen vor allem bei Fraunbergs bezahlen, denn bald ist auch mein Geld zuende.

Ich muss nach Moriano![326] Vorher kann ich nichts entscheiden! Ich bin masslos aufgeregt!

20. Oktober

Ich bin machtlos, mutlos und verzweifelt! Ich bilde mir ein, dass mir nichts mehr recht gelingen will. Wenn ich aber genau nachdenke, so muss ich gestehen, dass es wohl meine Schuld ist: ich habe mir immer eingebildet, dass mir gewisse Dinge nicht passieren! Wie vermessen! Wie komme ich dazu, anzunehmen, dass ich eine Ausnahme bin! In diesem Augenblick, wo alle Werte durcheinander gehen? Ein Babylon ist Florenz geworden, ich kann es garnicht ertragen. Was ist Weltschmerz? Sind das nicht nur Phrasen? Meine Traurigkeit hat schon einen tiefen Grund: ich bin von allem verlassen, was mir lieb ist. Diese Gedanken niederzuschreiben ist gut, es hilft klare Gedanken zu haben und danach fühlt man sich etwas erleichtert und nicht mehr so schwer ums Herz.

---

[325] *die gute Rosemarie*: Nichts Näheres ermittelt.

[326] *nach Moriano!*: Zu den Castoldis nach San Michele di Moriano.

Ich flüchte mich im Traum in herrliche Traumlandschaften, voll herrlicher Wiesen und nebeldampfender Täler, ringsum wie in einem Aquarell von dunstigen Bergen begrenzt und geschützt. Das Gras gibt unter meinem Fusse nach, und ich gehe weiter – dort drüben ist eine kleine Jägerhütte mit grünem Laubwerk behangen: ich setze mich davor, will aber nicht hinein … Dann wieder der Geschmack von herrlichen Trauben und Pfirsichen. Dann sehe ich einen Tiger in schrecklichen Farben sich auf mich stürzen, ich will vor ihm fliehen, er aber tut mir nichts und plötzlich legt er sich vor mir nieder… Dann wache ich auf und bin wieder traurig, denn der Traum hat mich vor der manchmal nicht zu ertragenden Wirklichkeit geschützt.

Ich habe keine rechte Lust mehr von Leuten, von Begebenheiten zu berichten. Auch fühle ich mich nicht wohl, es ist, als ob meine Lebenskraft einen Sprung erlitten habe! Gute Nacht! Was macht Mama? was macht Papa? und wo sind die Jungens?

Zwischen dem 11 und 31 Oktober

In diesen Tagen habe ich mit Hilfe von Rosemarie die Engländer vom Field Secret Service kennengelernt. Sie gaben eine party und ich muss sagen, ich ging mit gemischten Gefühlen hin: denn ich konnte mich einer gewissen Angst nicht erwehren: immerhin hatten sie mich ganz ohne zu wissen wer ich sei eingesperrt. Tatsächlich ist im Augenblick »Leben« oder »Überleben« Glücksache. Ich hatte in diesen Tagen grosses Heimweh nach meinen Eltern und Brüdern und nach Geborgenheit, deshalb musste ich mich immer überwinden unter Leute zu gehen. Der Krieg war an Florenz vorübergegangen und Alliierte jeder Sorte und verschiedener Länder setzten sich in Florenz ab; es gab daher viel Abwechslung und da ich Englisch sprach war ich immer gerne eingeladen. Immer waren es nicht aufregende

Feste; meist wurde nur getanzt und nicht alle tanzen gut; es lohnt sich daher nicht über alle einzelnen zu berichten. Diesmal aber verlohnt es sich eine Beschreibung dieser Engländer zu machen: es waren sehr gebildete Leute, sie sprachen alle ein sehr gutes Englisch und auch oft andere Sprachen. Sie waren sehr arm und sie trugen aus Ostentation ganz einfache Uniformen.[327] Sie hatten nie ein Auto und bewegten sich zu Fuss umher. Auch war das Haus, in dem sie einquartiert waren, sehr einfach eingerichtet. Die Art aber, mit der sie empfingen, war sehr eindrucksvoll und man hatte das Gefühl, dass man gut und aufmerksam angehört wurde. Mit ganz besonderer Artigkeit wurde ich behandelt, denn – wenn man sich auch nicht gerade entschuldigte, denn man hatte ja schliesslich nur seine Pflicht getan – so war man doch unbeschreiblich »sorry« über das, was mir zugestossen war, und man hoffte, dass ich es bald vergessen würde. Ich hatte bald einen Kavalier, namens Charles Thackeray,[328] der von dem berühmten J. Makepeace[329] abstammen wollte; natürlich war er sehr gebildet und sprach ein fliessendes Deutsch. Auch er trug keinerlei Auszeichnung auf seiner ganz einfachen Uniform und dabei hatte ich sofort und auch später das Gefühl, er habe den

[327] *ganz einfache Uniformen*: Vgl. die Parallelstelle in RBs ›Anabasis‹ S. 47.

[328] *Charles Thackeray*: Nichts Näheres ermittelt; jedenfalls aber kein direkter Nachfahre, da Thackeray nur drei Töchter hatte.

[329] *J. Makepeace*: Gemeint ist William Makepeace Thackeray (1811–1863), dessen Romane RB schätzte. Vgl. etwa die Erwähnungen gegenüber Otto Deneke am 1. April 1900 (Briefe 1895–1906 S. 98), im Nachwort zu ›Joram‹ von 1907 (Prosa I 2002 S. 59), in den beiden Essays ›Swinburne‹ von 1909 (Prosa III 1960 S. 396, Prosa IV 1973 S. 148, 159), dem ›Eranos-Brief‹ von 1924 (Prosa I 2002 S. 300f.), dem Nachwort zu einer zweiten Auflage seiner Übertragungen ›Swinburne Deutsch‹ von 1925 (Prosa IV 1973 S. 169f.) und der Marburger Rede ›Die geistesgeschichtliche Bedeutung des 19. Jahrhunderts‹ vom 6. Februar 1927 (Reden 1955 S. 341).

höchsten Rang unter allen anwesenden Offizieren. Wir spra-
chen den ganzen Abend über deutsche Literatur: er verehrte
Rilke und Hauptmann und hatte einen guten Geschmack; das
Gespräch regte mich sehr an und bald bildete sich ein kleiner
Kreis um uns herum. Thackeray hatte eine etwas zu lange Nase,
hatte dunkelblaue durchdringende Augen und sah keltisch aus.
Ich sah ihn oft und er lud mich manchmal zum Abendessen ein.
Je mehr ich ihn kennenlernte desto mehr schien er mir ein
schlauer Fuchs zu sein.

1 November

Es gibt doch immer wieder viel zu erzählen. Ich habe gehört,
dass Nanuk wieder nach Venedig gefahren ist und dass er auf
mich böse ist! Warum nur! Es tut mir grenzenlos leid, dass
er mich nicht mehr besucht hat. In den nächsten Tagen wird
Tatia[330] in Bellosguardo erwartet – ich werde sie besuchen und
sehen ob sie mir diese Rätsel lösen kann. Was ist denn bloss in
ihn gefahren? Waren wir nicht Freunde?

Ich war neulich mit den beiden Steiners[331] und Prinz Heinrich
bei Rosemarie zu ihrem Geburtstag eingeladen und wir sind bis
um fünf Uhr morgens mit vielem Essen und auch sehr vielem
Trinken zusammengesessen. Getanzt haben sie, glaube ich, nur
mir zuliebe, weil alle wissen, dass ich so gerne tanze – und haben
mich auch sehr gehänselt – aber vor allem haben wir vorgetragen, vorgelesen und ich habe natürlich Gedichte vorgesagt.
Zum Schluss wurden die Gedanken sehr wirr, man versteckte
sich hinter tiefen, unverständlichen Begriffen – man nannte
sie Philosophy – und vor allem haben wir viel gelacht. Fiam-

---

[330] *Tatia*: Die Schwester von Nanuk Franchetti.
[331] *mit den beiden Steiners*: Vgl. Anm. 292.

ma,[332] die auch kurze Zeit dabei war, hat sehr gut hineingepasst, aber ich glaube das Deutsch war ihr zu hoch. Prinz Heinrich hat sich erst spät zum Tanzen entschlossen, [wurde] aber sehr beklatscht. Mit anderen Worten, es war ein sehr gelungener Abend. Wir schlossen damit, dass man immer nach dem Höheren trachten müsse, und es war wohl eher komisch, in diesem lustigen Rahmen so ein grosses Wort auszusprechen: dennoch hatten wir es vielleicht alle in einer gewissen Weise nötig. Ich lag nachher auf dem Sofa von Rosemarie und dachte angestrengt über alles nach, an den Frieden, an die Betäubung, an die Vergänglichkeit.

3 November

Ich habe mich entschlossen zu Thackeray zu gehen, um ihn zu bitten, mir eine Möglichkeit zu verschaffen, nach Lucca zu kommen, ich hielt es einfach nicht mehr aus, zumal ich aus dem sonderbar zurückhaltenden Benehmen von Rosemarie glaubte verstanden zu haben, dass sie noch mehr wusste und es mir verschwieg. Er hat so ein herzensgutes Gesicht und so wunderschöne Augen; aber er schüttelte den Kopf und sagte, er könnte mir nicht helfen. Wir sind ganz arme Engländer, sagte er immer, wir haben garkeine Autos und fahren daher auch nicht herum: aber ich werde bestimmt an Sie denken, wenn ich von jemandem höre, der nach Lucca oder Pisa fährt. In meiner Verzweiflung ging ich mit Tränen in den Augen die nächste Strasse entlang, die ich fand, die Via Tornabuoni, sodass ich plötzlich vor dem »English Officer's Club« stand. Darinnen sah ich Robin Giachetti,[333] die auf ein Mädchen wartete. Ich blieb stehen und

---

[332] *Fiamma*: Fiamma Boris, eine Schulfreundin von Corona Borchardt in Florenz.

[333] *Robin Giachetti*: Nichts Näheres ermittelt.

sprach mit ihr und erzählte ihr, was mich besorgte. In dem Moment kam Fiammetta,[334] die Schwester von Adriana Fraunberg heraus, die dort eine leitende Stelle hat. Sie war sehr liebenswürdig und als ich auch ihr alles erzählte, was mich so unsagbar bedrückte, hatte sie sofort eine rettende Idee. Sie hielt plötzlich einen Offizier an, der allerdings sehr beschäftigt zu sein schien, und nachdem sie uns vorgestellt hatte, fragte sie ihn, ob er mich nicht auf seiner Fahrt nach Pisa in Lucca absetzen könnte? Er errötete etwas, denn er gehörte zu den Männern die erröten und die mich so zum Lachen bringen – und meinte er könne es versuchen. Ob ich denn einen »pass« hätte? Ich traute meinen Ohren nicht und sagte atemlos: »ja, den kann ich mir in kurzer Zeit besorgen!« So schien alles beinahe abgeschlossen und ich strahlte vor Glück.

Es kam aber doch nicht so wie ich dachte, denn dummerweise konnte er nicht zurückfahren. Ich musste also auf's Geradewohl fahren: wie ich dann zurückfahren könnte, wäre der »fortuna« überlassen. Dies schien mir nach einigem Nachdenken doch etwas riskant und ich liess den Plan nach und nach wieder fallen. Was sollte ich nur machen! ich war verzweifelt! Mit Robin ging ich dann bis zum American Club, wo sie etwas zu erledigen hatte; sie war sehr nett und freundschaftlich und sagte mir, Harold habe mich damals grüssen lassen!

Am Abend des gleichen Tages rief mich Fiammetta Pecori zu sich hinunter um mir mitzuteilen, dass der englische Offizier nicht mehr nach Pisa, sondern direkt nach Lucca führe. Ausserdem käme ein anderer Camion den übernächsten Tag wieder zurück und könne mich wieder mitnehmen. Scheinbar hatte er

[334] *Fiammetta*: Fiamma Contessa Pecori-Giraldi, die Schwester von Baronin Adriana Fraunberg.

»changed his mind«, als er merkte, dass ich mich nach einer anderen Möglichkeit umsah. Ich war ihm jedenfalls für diese Veränderung ausserordentlich dankbar und selig.

4. November

Heute Nachmittag war ich mit den beiden Steiners und Prinz Heinrich zusammen und wir tranken Thee in ihrer Pension. Sie versuchten, glaube ich, die Stimmung von neulich bei Rosemarie wieder zu erreichen! Wir sprachen über Bücher und Gedichte und es war sehr nett. Sie haben einen sehr netten Ton mit Heinrich, den ich sehr intelligent finde, wenn auch nicht so überragend und gross wie sein Vater. Es war aber so typisch bayrisch, wir assen Zwiebeln mit Speck und Thee! Der eine Steiner – er heisst auch Heinrich – tat etwas pikiert weil ich mich nicht mehr hatte sehen lassen!! Er hatte sich nämlich rührenderweise bemüht, mir einen job im südafrikanischen Club zu verschaffen; ich hätte es nicht angenommen, weil ich so einen komischen job nicht mag. Ich hoffe, dass ich noch einmal etwas besseres finde. Fiammetta findet es auch.

Der Thee bei Steiners zog sich sehr in die Länge und es wurde noch zu Abend gegessen – von weggehen war keine Rede. Schliesslich fiel uns allen ein, dass es curfew[335] war und dass wir nicht mehr auf die Strasse gehen durften! Heinrich aber fand ich könnte mich ihm anvertrauen, die Steiners aber gingen überflüssigerweise mit, und wir gingen alle vier in einer langen Reihe, Prinz Heinrich voran durch die völlig menschenleere dunkle Stadt. Als wir auf den Stufen der Kirche S. Croce waren, wurden wir mit einem scharfen Ton angehalten. Mir fiel der Schrecken durch die Glieder, aber Heinrich holte gelassen einen

---

[335] *curfew*: (Engl.) Die durch eine Sirene angezeigte Sperrstunde.

grossen Bogen aus seiner Westentasche und präsentierte ihn dem amerikanischen Gendarm. Dieser hatte keine Lust alldas zu lesen, was auf dem Zettel stand, und nachdem er das gleichmütige Gesicht von Heinrich gesehen hatte, sah er uns etwas fragend an; darauf sagte Heinrich gelassen: »These are with me, it is all written on the paper«. Nun hatte der Mann genug, er stand stramm und salutierte, was Heinrich erwiderte und wir gingen weiter. Nachher sagte mir Heinrich mit einem stolzen Grinsen: »Weisst du was das war?« »Nein«, sagte ich. »Das war die Urkunde meines Malteser-Ritter-Ordens!«[336]

5. November

Heute bin ich mit Nicoletta in den Film: »The dictator«[337] gegangen. Ich hoffe, dass auch Mama und Papa sich diesen Film einmal ansehen können. Chaplin ist ein ganz grosser Schauspieler und ich bin tief ergriffen von diesem Film. Nur glaube ich, er hat Hitler zu komisch gemacht: dafür hat er viel zu viele Menschen auf dem Gewissen, um je komisch zu werden! Gott gebe es, dass wir bald alle wieder vereinigt sind und dass ihnen nichts Schlimmes passiert ist. Ich bin heute so deprimiert. Meine Augen brennen, und ich komme mir vor wie ein Luftballon, der von Zeit zu Zeit in die Höhe geschleudert wird, um dann immer wieder leider auf das Erdreich zurückgezogen zu werden: das heisst soviel wie: ich bin mit meinen Gedanken nicht hier. Ich lese viel in meiner Bibel, besonders im alten Testament, und das hat mir immer geholfen eine grosse Ruhe zu gewinnen. Nur

---

[336] *Malteser-Ritter-Ordens*: Der Erbprinz war Mitglied des Souveränen Ordens der Johanniter seit seinem 17. Lebensjahr.

[337] *»The dictator«*: »The Great Dictator« (USA 1940), Chaplins erster Voll-Tonfilm (126 min.) und auch sein erfolgreichster Film, eine beissende Satire auf Hitler.

heute bin ich so zerstreut und traurig! Meine Zähne tun mir auch alle weh, und ich komme mir so unsäglich unnütz vor. Mit dem Essen geht es auch hier nicht gut; ich muss unbedingt etwas tun. Ich sehe es ein: ich brauche eine Arbeit und ich muss auch wieder auf eine Hamstertour gehen. Nur muss ich zuerst nach Lucca und danach wird sich schon alles finden.

Einige Tage später:

Ich fuhr tatsächlich mit dem besagten Offizier nach Lucca: er heisst Milstead[338] und ist eigentlich recht nett. Ein sergeant von General Hume hatte mir eine Erlaubnis ausgestellt und nun bestanden keine Hindernisse mehr zu meiner abenteuerlichen Fahrt. Wir machten fälschlicherweise einen grossen Umweg und befanden uns plötzlich oben am Porretta-Pass:[339] wir waren also auf dem Wege nach Bologna und Montecatini lag weit von uns entfernt. Die Strassen dort oben sind auf jeder Kurve gesprengt, an vielen Stellen sind die Bäume einer grossen Waldung umgelegt um die Sicht frei zu haben; rostiger Stacheldraht liegt ringsum am Boden und ist noch teilweise als Zaun zusammengewunden: alles zeugt noch von kürzlich hier stattgefundenen Kämpfen und man wird ein Gefühl von Kälte nicht los. Jedenfalls mussten wir den ganzen Weg wieder zurückfahren, um auf die Strasse von Montecatini zu gelangen. Da es inzwischen gegen vier Uhr nachmittags geworden war – wir waren gegen 10 Uhr abgefahren – und es Engländer waren, konnten sie nicht ohne ihren Thee auskommen. Es wurde also, als wir unten am Berg angekommen waren, ausgiebig aus riesigen Thermos-

---

[338] *Milstead*: Nicht Näheres ermittelt.
[339] *am Porretta-Pass*: Die Strada Statale Nr. 64 verbindet Pistoia mit Bologna, u. a. über den Passo di Collina d. Porretta, ca. 15 km nördlich von Pistoia.

flaschen der herrlichste Thee ausgeschenkt und zu meiner begreiflichen Begeisterung wurden dazu wunderbare Sandwiches dazu gegessen. Ich konnte allerdings, trotz Begeisterung, nicht viel essen, ich war zu aufgeregt. Schliesslich kamen wir auf die richtige Strasse und ich passte diesmal auch auf. Die Löcher auf der Strasse waren teilweise riesengross und es tat mitunter auch ziemlich weh – ich glaube, ich hatte schreckliche Beulen überall – aber ich beklagte mich natürlich nicht: ich war heilsfroh, dass ich endlich nach Lucca kam!

Der Offizier war nett und wurde immer netter und aufmerksamer, denn er war von Natur eher scheu und hatte, wie oft scheue Menschen, eine etwas brusque Art, etwa als ob er bemüht sei, seine weiche Seite zu verbergen. Da ich in Florenz keine rechte Zeit gehabt hatte, ihn zu sehen, war er mir dort eher grob geschienen. Nachdem wir öfters im Schlamm steckengeblieben waren und nur mit grosser Mühe weiterkamen, erreichten wir Lucca schliesslich gegen 8.30 Uhr. Um zu Castoldis zu fahren war es jetzt zu spät, und ausserdem gab es ja keine Brücken mehr und Moriano liegt auf der anderen Seite des Serchio! Strömender Regen hatte uns ab sechs Uhr begleitet und machte es schwer sogar für eine Ortskundige, wie mich, die Strassen wiederzuerkennen. Wo sollte ich nun übernachten, da ich diese Verspätung nicht erwartet hatte? Mein einzig rettender Gedanke war meinen alten Lateinprofessor, Prof. Barsotti[340] aufzusuchen, mit dessen Familie ich früher viel verkehrt hatte. Seine Tochter war eine gute Freundin von mir, und sie wohnten mitten in der

---

[340] *Prof. Barsotti*: Prof. Adolfo Barsotti wohnte damals in der Via Fillungo. Vgl. Kaspar Borchardt an Rudolf Alexander Schröder, 23. Januar 1936: »Wir bereiten uns jetzt für die italienische Schule in Lucca vor, der Lehrer der uns einoxen soll heisst Barzotti.« (Nachlass Schröder DLA)

Stadt. Als erstes mussten wir ein Kommando suchen, wo sich das »Officer's mess« befand, denn dort würden die Engländer übernachten und dort würden sie, wie mein Beschützer mir beteuerte, auch mich unterbringen. »I will fix it up for you, if you don't find your friends!«

Also wir fuhren los auf der Suche nach der Via Fillungo, wo Barsottis wohnten, und die Strassen waren alle unkenntlich und aufgerissen, weil auch hier viel Geröll auf den Strassen lag, sodass auch für mich schwer war, mich durchzufinden. Wir landeten schliesslich in einer Sackgasse, aus der wir mit unserem schweren Lastwagen weder vor noch rückwarts konnten. Wir gingen notgedrungen das letzte Stück zu Fuss und ich läutete eingehend an der Tür von Barsottis, während es vom Himmel wie mit Giesskannen schüttete und alles schwarz und verlassen schien. Nach langem Warten öffnete schliesslich jemand ein Fenster und fragte nach meinem Begehren. Von Prof. Barsotti wusste er aber nichts, sodass ich ganz verzweifelt wurde; endlich nachdem wir alle Klingeln geläutet hatten und Milstead mich immer wieder erneut ermutigt hatte nicht den Kopf hängen zu lassen, rief uns ein freundlicher Mann aus dem ersten Stock zu, Barsottis seien auf dem Lande, aber wenn ich etwas für ihn hinterlassen wolle, solle ich es ihm geben, denn Barsotti käme jeden Morgen in die Stadt: nein, zu hinterlassen hätte ich ihm nichts, sagte ich und mit etwas weinerlicher Stimme dankte ich ihm vielmals. Der Offizier war scheinbar sehr gerührt über meine Verzweiflung und tröstete mich, indem er immer wieder versicherte: »don't be afraid! Are you afraid? No, don't be afraid! I will fix it up for you and besides there is plenty to eat in the mess – I will explain it to the officers – don't be afraid!« und dann immer wieder ganz rührend und zaghaft, nach einer Weile: »are you afraid?« Was mich betrifft, so war ich tatsächlich etwas ausser mir. Als wir den

Wagen erreichten, kamen einige betrunkene Amerikaner des Weges und der Offizier riet mir, mich in den Wagen zu setzen. Ich hatte die Armen in eine derartig enge Gasse getrieben, dass es ihnen nur nach vielen schwierigen Manövern gelang, den Rückweg wieder anzutreten. Es tat mir sehr leid, denn sie waren wirklich alle so zuvorkommend und freundlich!

Darauf fuhren wir zu der »mess« – es blieb mir garnichts anderes übrig, obgleich es mir sehr unangenehm war. Er richtete alles so wie er es gesagt hatte ein, noch bevor ich von dem Wagen gestiegen war. Ich fand es sehr liebenswürdig und taktvoll. Daraufhin rief er mich und versicherte mich wieder, keine Angst zu haben. Ich tat nun mein möglichstes, meine Angst, die tatsächlich bestand, zu bagatellisieren – aber sehr geheuer war mir dabei nicht, besonders, als alle Offiziere mich lächelnd und erstaunt von oben bis unten betrachteten. Mein Beschützer hielt ihnen daraufhin eine ausführliche Rede, indem er ihnen meine verzwickte Lage schilderte. Daraufhin veränderten sie alle sofort ihren Ausdruck und sie wurden sehr höflich. Bald wurde ich aber aus dieser, dennoch peinlichen Lage befreit, denn der »waiter« brachte uns das Abendbrot. Ich war aber zu erregt, um zu essen: ich rührte es tatsächlich kaum an, obwohl es Beafsteak und Bratkartoffeln waren! Er hingegen ass ausgiebig und rief mir immer zu: »Eat, don't be silly! Don't be stupid! I wish the other girls of the office were here! I'm sure they would eat every bit of it!« Dann sprachen wir über vieles. Er wusste von Fiammetta, dass ich Deutsche sei; sie hatte ihn gefragt, ob es ihm nichts ausmache, eine Deutsche mitzunehmen. Wieso, habe er darauf gesagt, es mache ihm Freude, einer Dame zu helfen.

Dann war unser Mahl beendet und ich verzog mich sofort auf mein Zimmer, während er sich mit den anderen Offizieren ans Trinken machen wollte. Diese Eigenschaft haben sie tatsächlich mit den Deutschen gemeinsam. Ich finde überhaupt, dass sich diese beiden so verfeindeten Völker in vielem sehr ähnlich sind: dieser neue Freund ist der Typ etwa eines Ostfriesen, ein feinerer, gebildeterer Oberleutnant Lampmann[341] aus der Kriegsmarine in Forte dei Marmi.

16 November

Ich bin etwas im Schreiben zurückgeblieben und es fing doch gerade an, interessant zu werden. Warum habe ich damals bloss nicht weitergeschrieben? Ich muss kurz rekapitulieren: die Nacht verlief gut, ich wurde in keiner Weise gestört, aber andererseits auch weniger gut, da ich zu aufgeregt war, um zu schlafen. Die Aufregung über das, was ich morgen erfahren würde, liess mir keine Ruhe. Ich dachte immer an meine Eltern und Brüder und wo sie wohl sein mögen? Was ist ihnen passiert? Würden es Castoldis überhaupt wissen? Wann werde ich wieder mit ihnen vereinigt werden?

Ein wenig Angst hatte ich natürlich auch trotz aller guten Worte von Milstead, mich in einem nur von Männern bewohnten Ort zu befinden! Sind es wirklich meine Freunde? dachte ich manchmal mit Beklemmung. Ein gutes Gefühl aber bekam ich sofort wieder, als mir mit voller Gewissheit klar wurde, dass alle Menschen, die mir nahe standen, wohl auch liebevoll an mich dächten. Ein Stossgebet, in dem ich um Schutz und Frieden und um was ich so nötig brauchte: um Liebe bat, liess mich in früher Morgenstunde endlich in einen leichten Schlaf versinken, aus dem ich durch die Sonne auf meinem Bett und durch eine heisse Tasse Thee, die mir ein Dienstmädchen brachte, geweckt wurde. Köstlich war dieser Thee – und welch ziviles Volk, dachte ich

---

[341] *Oberleutnant Lampmann*: Nichts Näheres ermittelt.

begeistert, hat diese herrliche Sitte des »tea in the morning«! Ich trank ihn mit grösstem Behagen. Ich stand darauf sofort auf und machte mich zurecht, um gegen 8 Uhr unten im Frühstückszimmer auf Milstead zu stossen, der sehr aufgeräumt schien und voller Energie für den neuen Tag. Es fiel mir auf, dass er wirklich sehr nett war. Was hatte ich wieder für ein Glück gehabt! Mein Offizier und seine Begleiter verzehrten zu meinem Entsetzen Spiegeleier mit Bratkartoffeln, dazu Thee mit Butter – oder Margarine-Brote mit Marmelade. Ich, aber, konnte wieder nichts essen! Meine beiden Begleiter waren sehr erstaunt und Milstead sagte wieder: »don't be silly!« und ich wusste ja auch nicht, wo und wann ich heute etwas kriegen würde, ich sollte doch auf jeden Fall etwas essen! Schliesslich gab ich auf sein Drängen nach und ass ein Stück Brot mit der von mir so heiss geliebten »Marmelade«! Dann war er endlich zufrieden. Heute abend sei eine Party hier in der »Mess«, ob ich nicht kommen wolle, fügte er etwas unsicher hinzu: »will you be my partner?«, ich dankte ihm, lachte aber etwas ausweichend, denn ich konnte mir kaum vorstellen, dass ich heute zu tanzen Lust aufbringen würde. Einen Wagen gäbe es nicht, der in meine Richtung führ, aber ich wollte auch nicht mehr warten und so verabschiedete ich mich in Eile in der Hoffnung, ein Fahrrad zu finden. Ich hatte ja Adressen genug, meine ganze Schulzeit hatte ich in Lucca verbracht und kannte die Stadt sehr gut. »Why don't you leave your things here?« sagte er als er merkte, dass ich meinen Koffer mitnahm, »you will come to sleep here, after the dance tonight,« welches ich aber überhörte und nur sagte, ich würde versuchen zu kommen, aber ich müsste weit gehen, wollte so viel wie möglich über meine Familie erfahren und voraussichtlich zu verschiedenen Leuten gehen. Ich könnte nicht sagen wie spät es würde. Ich nahm also mein Köfferchen mit dankte ihm für alles und verabschiedete mich bei ihm. Er merkte wohl, dass es sehr fragwürdig war und rief mir noch zum Schluss zu: »Try to come, please, I would be glad to see you this night! …«

Bald war ich bei Caturegli:[342] er hatte ein Fahrrad: »ma credo di aver visto uno dei su' fratelli qualche giorno fa in città«, sagte er, als er mich sah. Ich war sehr aufgeregt und fuhr so schnell ich konnte durch Giannotti[343] nach der Brücke … ja, die Brücke!

Es stand nur noch die Madonna, die in der Mitte auf einem Pilaster gestanden hatte … ein grosses Boot brachte uns über den angeschwollenen Fluss, und ich durfte wieder die Witze und Redensarten meiner geliebten Lucchesen anhören. Die Schuld wurde taktvollerweise auf niemanden geschoben, es hiess nur immer: »in fondo, che colpa hanno loro, se ce li mandano in guerra? e loro che devono fare?«[344] Sie sind doch das reizendste Volk, voll Humor und natürlichem Verstand!

Die Strasse von Moriano war ein einziger Sumpf, durch den die Amerikaner mit ihren Jeeps mit grossem Schwung hindurchspritzten. Ab und zu begegnete man einem bekannten Gesicht, das sich erstaunt, ja fast erschrocken nach einem umdrehte. Auch kleinen Schildern mit der Aufschrift: »MINE« begegnete man häufig.

Castoldis empfingen mich wie immer freundlich und voller Teilnahme. Gleich wurde ich in den Salon geführt und Estella

---

[342] *bei Caturegli*: Die Lucchescher Fahrradhandlung.

[343] *durch Giannotti*: Der Borgo Giannotti führt von der Porta S. Maria an der (heute so genannten) Piazzale Martiri Della Libertà in Lucca durch die gleichnamige nördliche Vorstadt und über die Brücke nach Monte S. Quirico jenseits des Serchio.

[344] *»in fondo […]«*: »Im Grunde, was haben die für eine Schuld, wenn man sie in den Krieg schickt? Und was müssen sie dann tun?«

erzählte mir ausführlich was sich begeben hatte. »Mama sei die ganze Zeit sehr aufgeregt gewesen und man habe nicht gewusst, was tun. Vor allem habe sie sich über die Jungens gesorgt, ausserdem sei das Castoldische Haus häufig von Deutschen besucht gewesen, sodass die Familie Borchardt ständig in Kontakt mit diesen Deutschen Offizieren gewesen sei. Mama habe dann immer den einen oder anderen um Rat gefragt. Einer dieser Offiziere[345] sei sehr nett gewesen und ganz der Meinung von Papa. Dieser habe geraten hierzubleiben und die Jungens hier zu lassen. In den letzten Tagen habe der besagte Offizier warnend gesagt: sein Oberst[346] sei von der SS: in diesem Moment hätten Borchardts fliehen müssen. Sie sahen es aber anscheinend nicht so ernst an und blieben. Einige Tage später sei dieser Oberst gekommen, habe lange allein mit Papa gesprochen und habe ihm das Versprechen abgenommen am nächsten Morgen um 7 Uhr mit seiner Familie bereit zu sein: ein Wagen würde ihnen zur Verfügung stehen und sie nach Oberitalien bringen.[«] Oder eine andere Möglichkeit wäre gewesen: ihnen die Buben zu überlassen, und Mama und Papa hätten hier bleiben können: darauf ist Papa natürlich nicht eingegangen. Übrigens glaube ich, dass Papa wieder eine andere Flucht plant, Libi[347] sagte es mir – er habe es ihr gesagt. Jedenfalls sind Borchardts in dieser Nacht geflohen. Estella und alle hatten abgeraten. Mama sei auch dagegen gewesen: mein Bruder Gocki auch. Am nächsten Morgen um 8 Uhr sei das Auto angekommen und da keine Borchardts anwesend, sei es wieder abgefahren. Der Oberst sei

---

[345] *Einer dieser Offiziere*: Wohl der Unteroffizier Hans Ulrich (vgl. die Chronik S. 291).

[346] *sein Oberst*: Gemeint ist der Hauptmann Dörner (vgl. die Chronik S. 292).

[347] *Libi*: Vgl. Anm. 42.

194

[21] Estella Castoldi, um 1943 (Privatbesitz).

ausser sich gewesen, hätte sich bei Castoldis und Raffaellis[348] erkundigt was für eine Art Leute die Borchardts seien: ein Ehrenwort zu brechen! Papa hat in dieser Nacht die Familie zu dem
Pfarrer in Castello[349] gebracht, aber vorher seien sie bei Broglios,[350] einem reizenden Ehepaar, auch dem Aussehen nach –
Leute aus dem vorigen Jahrhundert – untergebracht worden. Da
seien aber plötzlich mitten in der Nacht Deutsche einquartiert
worden und sie sind von da aus wieder geflohen. Unter der Kirche vom Castello, also – fast in einem Loch – seien sie versteckt
gewesen. Am nächsten Morgen schickte der Oberst 200 Mann
auf die Suche von Borchardts. Es war unmöglich sie zu finden
dort oben, aber gegen sechs Uhr nachmittags, nachdem der
Oberst mit seinen Leuten sich bei Castoldis verabschiedet hatte
und gesagt hatte: »es hätte nun keinen Sinn mehr, sie führen
jetzt ab« machte er doch noch einen Spaziergang auf Castello –
und traf unglücklicherweise Kaspi, der auf der Suche nach etwas
zu Essen war. Castoldis hatten ihnen nichts schicken können,
das wäre ja auch zu gefährlich gewesen. Aber sie hätten ja auch
wirklich einen Tag ohne Essen aushalten können!

Auf die Fragen des Obersten, wo sein Vater sei, habe Kaspi
gesagt, er wüsste es nicht. Darauf ist Kaspi mit dem Gewehrkolben geschlagen worden und nach einer gewissen Weile hat er
sie an die Stelle gebracht, wo sie waren. Der Leutnant,[351] scheinbar von Papa beeinflusst, sagte später zu Castoldis, er garantierte

---

[348] *Raffaellis*: Näheres nicht ermittelt.

[349] *zu dem Pfarrer in Castello*: Gemeint ist Giovanni Freddolini in Aquilea; vgl.
Anm. 48.

[350] *bei Broglios*: Vgl. Anm. 144.

[351] *Der Leutnant*: Nicht mit Sicherheit zu bestimmen. Der Stabsarzt Dr. Schneider?

ihnen, dass Papa nichts passieren würde, er würde dafür sorgen. Es sei natürlich unvermeidlich, dass er für diesen Ungehorsam bestraft würde. Ich war völlig entsetzt! Es wurde Borchardts aber noch Zeit gelassen, ihre Koffer zu packen – ein gutes Zeichen. Ausserdem sagte Libi, sie seien nicht unsympathisch gewesen.

Castoldis und besonders Frl. Lisbet[352] meinten, sie würden vielleicht in Oberitalien arbeiten müssen, aber sonst würde ihnen sicher nichts passieren. Aber wo sind sie? Und das regt mich eben so entsetzlich auf. In Bologna werden sie halt machen, aber bis Bologna befreit sein wird, wird es noch eine gute Weile dauern. Ich glaube sogar, dass der Krieg bis dann zuende sein wird. Die letzten Nachrichten klingen sehr hoffnungsvoll, besonders da Himmler Hitler gefangen halten soll, weil er anscheinend einen separaten Frieden schliessen will um nicht mit seinen Helfershelfern in den Abgrund zu stürzen! Armes Deutschland!

Es ist schon wieder so viel Zeit verstrichen; es ist heute der 22.11. Beinahe ein Monat, seitdem ich aus Lucca zurückgekommen bin![353] So viele Dinge sind inzwischen passiert.

Aber um der Reihe nach alles aufzuzählen, muss ich mich an jenen kaltklaren Wintermorgen erinnern, die Strassen mit 20 cm hohem Schlamm, die Felder noch von dem nahen Kriege verwüstet, und meine geliebten Hügel, die mich von allen Seiten mit Sonntagsglocken begrüssten. »Bist Du schon wieder

---

[352] *Frl. Lisbet*: »Libi«, die (von RB in ›Anabasis‹ S. 29 Gertrud genannte) Erzieherin der Castoldischen Kinder aus Hamburg.

[353] *aus Lucca zurückgekommen*: Der Besuch von Corona Borchardt bei Familie Castoldi fand an einem Sonnabend statt (wie auch die Party in der »Officer's Mess« in Lucca). Der nachstehend erwähnte Sonntag müsste also, da noch kein Monat verflossen war, der 29. Oktober 1944 gewesen sein.

im Land?« schienen sie mir zuzurufen, »dachten wir's doch, du konntest uns doch nicht ganz vergessen haben! Wir haben lange auf dich gewartet! Warum kommst du erst jetzt? Sieh dich nicht zu genau um hier – es ist nicht mehr ganz so wie einmal! Sieh dich nicht allzu genau um hier – denn du fändest nicht alles wieder was du einmal hier kanntest! Lass dich's aber nicht grämen! Nur das Schöne bleibt! Leb wohl!« Bei all diesen Gedanken füllten sich meine Augen mit Tränen – ach warum mussten wir auch aus Saltocchio heraus! Alles Übel ist seitdem gekommen! Ach, Saltocchio! und beim Schreiben sticht es mir noch in's Herz als wie von einem Dolch.

An jenem kalten sonnigen Morgen ging ich mit Agù Castoldi[354] zu Broglios, da diese mich noch am Abend zuvor wissen liessen, sie hätten Manuskripte von Papa und wollten mich sprechen. Es sind komische Leute, keine für Castoldis, eher für uns. Er sieht aus wie ein dicker Thackeray mit oder ohne Whiskers[355] – er könnte jedenfalls auch welche tragen, denn er passte gut in's vorige Jahrhundert. Seine Frau sieht Liesel Brewster ähnlich, nur hat sie kaum Stimme und flüstert daher nur: das Haus ist eigentlich garnicht eingerichtet und sieht immer so aus, als seien sie gerade auf dem Umzug; alles Mögliche, verstaubte Möbel: Kisten, Bauernstühle stehen herum. Unten im Eingang riecht es stark nach Wein, wahrscheinlich haben sie gerade Wein gemacht. Die Villa ist wie ein kleines S. Alessio[356] und liegt ganz

---

354 *Agù Castoldi*: Vgl. Anm. 44.

355 *Whiskers*: Ein Backenbart.

356 *S. Alessio*: In Anspielung auf die Villa Chiappelli im Ortsteil Bigiano San Alessio/Candeglia nördlich von Pistoia, die die Familie Borchardt von Januar 1924 bis März 1931 bewohnte. – Die Villen ähneln sich nach Lage und äusserer baulicher Gestalt.

versteckt hinter einem Hügel. Eine lange, schmale, von Bäumen eingefasste Allee führt hin. Die Felder ringsum, vielleicht weil sie so in einem versteckten Tal liegen, scheinen ganz unberührt und grün, so ganz anders als die anderen verwüsteten.

Die Leute waren so lieb und herzlich mit mir, dass es mir wohl tat. Sie erzählten mir noch einmal alles, von ihrem Standpunkt aus und gaben mir das ganze Manuskript. Gott sei Dank und Lob, dass dies nicht in die Hände der Deutschen gefallen ist. Die erste Seite, die mir in die Hände fiel, trug die Überschrift:

Der Untergang der Deutschen Nation[357]

von

Rudolf Borchardt

Die anderen Sachen waren teils auf englisch geschrieben,[358] teils waren es Fragmente eines Stückes: Caesar und Cleopatra.[359]

---

[357] *Der Untergang der Deutschen Nation*: RBs Essay gehörte demnach zu den letzten Arbeiten, die ihn wohl noch im Hause Castoldi beschäftigt haben, und die er in der Nacht der Flucht dem Freund Mario Broglio übergab (vgl. die Chronik S. 292).

[358] *teils auf englisch geschrieben*: Darunter vermutlich ›A Word on Eastern Prussia‹ gegen den Plan Winston Churchills, Ostpreussen von Deutschland zu trennen (vgl. die Chronik S. 284).

[359] *Caesar und Cleopatra*: Die beiden fragmentarischen Arbeiten RBs, die unter den Titeln ›Kleopatra‹ und ›Caesar‹ publiziert sind (vgl. Prosa IV 1973 S. 81–89 und 90–99), gehören zu einem »im Gerüst stehen gebliebenen« (RB an Hugo Schaefer, um 5. April 1942; Briefe 1936–1945 S. 490) Buch ›Kleopatra und ihre Zeit‹, das im Werkverzeichnis des ›Pisa‹-Buches Oktober 1938 bereits als »In Vorbereitung« mit einem Umfang von »Ca. 220 Seiten« angekündigt ist. Die Erwähnung im Tagebuch von Corona Borchardt deutet darauf hin, dass RB mit dieser Arbeit noch in Villa Poggio al Debbio befasst gewesen ist und auch diese (in mehreren Fassungen existierenden) Manuskripte Mario Broglio anvertraute.

Nachdem mir Broglios alles erzählt hatten – sie hätten es
vorgezogen, wenn Agù nicht dabeigewesen wäre – man sah es
seinem Gesicht an, gingen wir zurück und ich dachte in meinem
Herzen: möge Gott sie nicht verlassen und ihnen immer gute
Menschen als Schutz zur Seite stellen. Wer weiss, wann ich
meine Familie wiedersehen werde? Sicher kann der Krieg nicht
mehr lange dauern und dann werde ich wieder mit ihnen
zusammen kommen. Mit diesen Gedanken, die teils zu hoff-
nungslos und zu optimistisch waren, erreichten wir die Villa
Castoldi. Estella empfing uns wieder sehr freundschaftlich, sie
ist immer die gleiche energische Hausfrau und strenge Mutter,
die alles unter ihrer eisernen Hand bewacht und hütet. Sie über-
trifft ihren Mann in jeder Hinsicht, scheint ihn aber doch zu lieben. Es gab ein königliches Essen mit der gleichen Bedienung
die es immer von jeher bei ihr gegeben hat. Beides fand ich für
diese Zeit ungewöhnlich, aber ich fand es herrlich. Als ich mich
von ihr verabschiedete, legte sie mir noch einmal ans Herz, dass
ich immer zu ihr kommen könne, wann immer ich es nötig
hätte.

Der Diener brachte mir die Koffer, die ich mit allen meinen
Wintersachen gefüllt[360] hatte bis zu dem Officer's Mess. Wir
fuhren mit den Rädern durch Felder und Wiesen, alles versank
im Schlamm und in den Pfützen spiegelte sich der blaue Himmel und die kleinen zierlichen mit carmoisineroten Früchten
überladenen Cachibäumchen. In Lucca gab ich Severino[361] ein
Trinkgeld und lud meine Koffer ab. Der Sergeant half mir, sie in

---

[360] *mit allen meinen Wintersachen gefüllt*: Aus dem dort als Umzugsgut maga-
zinierten Hausrat der Familie Borchardt. Vgl. Chronik S. 285.

[361] *Severino*: Der Diener der Familie Castoldi; vgl. die Erinnerungen von Cornelius Borchardt S. 219.

das Haus zu tragen; mein Offizier aber sei nicht mehr da, sagte er, und er würde erst in einem Monat wieder nach Florenz kommen. Ich war erschrocken und dachte, er sei beleidigt, denn ich war natürlich bei Castoldis geblieben und war nicht an dem Abend hergekommen. Ein kleiner Engländer mit blassblondem Gesicht aus Birmingham brachte mich nach Florenz zurück. Die Strassen waren durch den Regen noch schlimmer, als am Tage zuvor. Wir blieben einmal in einem Loch eine Stunde lang stecken und mussten von einem grossen Lastwagen herausgeholt werden, sodass wir erst spät abends in Florenz ankamen.

Milstead kam aber doch in den nächsten Tagen wieder nach Florenz und Fiammetta veranstaltete einen Thee – ach ja, es war folgendermassen: eines Tages kam Baronin Fraunberg ganz aufgeregt zum Abendessen und kündete uns freudestrahlend an, es sei ein entfernter Verwandter von ihnen, ein Engländer, gerade auf Urlaub angekommen. Ihre Eltern leben in dem selben Palazzo und Fiammetta, ihre Schwester, mit ihnen. Der Verwandte brachte einen Freund mit, einen Schotten, ebenfalls auf Urlaub und sie hatten vor, ihren Urlaub in Florenz zu verbringen. Ich sei, fügte sie hinzu, morgen dort eingeladen um die Gesellschaft kennenzulernen. Ich ging also gegen sechs Uhr hinunter, wo sich inzwischen eine grosse Anzahl von Vettern und Cousinen, nebst Tanten und Onkels angesammelt hatten und der Vetter Bruce mit schottischem Freund wurde herumgereicht. Ersterer war ein sehr netter gemütlicher Herr mit lustigem Gesicht, der sich köstlich in dieser Gesellschaft amüsierte. Der andere war etwas weniger reizvoll aber sichtlich bemüht sich zu unterhalten. Lilly B.[362] war gerade dabei ihm Lilly Marlene[363] zu erklären.

[362] *Lilly B.*: Lily Gräfin Boutourline.
[363] *Lilly Marlene*: Das legendäre Soldatenlied.

Lilly war eine Russin, die alle Sprachen bis zur Vollendung sprach und ausserdem einen eisernen Willen hatte und süss aussah. Nachdem wir etwas mit allen gesprochen hatten entschlossen wir uns, in den Royal Engineers Club zu gehen. Fiammetta kam etwas später nach und brachte Milstead mit. Ich freute mich sehr, ihn zu sehen, er aber war »disgusted« über mein Ausbleiben damals in Lucca. Er erzählte, er habe extra einen Tisch reserviert gehabt und mein Name hätte daraufgestanden. Er habe den ganzen Abend alleine dagesessen und alle hatten ihn gefragt: »well, what about your girl friend?«

Anfang [vor 5.] Dezember
Ein herrlicher Tag! Ich bin glücklich, endlich wieder ein Glied in der Kette der Familie zu sein! Heute habe ich zum ersten Mal Nachrichten von Mama und Papa durch Tante Erika[364] erhalten: sie leben in einem kleinen Dorf in der Nähe vom Brenner, genannt Steinach. Sie leben und es geht ihnen gut! Tante Erika hat ihnen über die Schweiz Geld geschickt. Sie würde mir weiter Bescheid geben, aber vor allem möchten alle wissen, wie es mir ginge, denn sie regten sich über mich auf. Omama[365] geht es gut, Onkel Peter[366] nicht sehr, aber Tante Ursula[367] führte ihnen das Haus, und es ginge so leidlich. Obwohl es in Deutschland

---

[364] *durch Tante Erika*: Marie Luise Borchardts Schwester Erika von Frey (1897 bis 1987), verheiratet mit dem Kunsthändler Alexander von Frey (1882–1951); sie lebten damals in Luzern.

[365] *Omama*: Die Grossmutter mütterlicherseits, Lina Voigt (1875–1949), eine der Schwestern Rudolf Alexander Schröders.

[366] *Onkel Peter*: Marie Luise Borchardts Bruder Peter Voigt (1899–1950), Mitinhaber der Bremer Kunsthandlung ›Graphisches Kabinett‹.

[367] *Tante Ursula*: Marie Luise Borchardts Schwester Ursula Voigt (1898–1991).

sehr, sehr schwer sei. Tante Erika lebt ja in der Schweiz mit Onkel Alexander und bekommt auch von ihnen nur mit Mühe Nachrichten. Ich solle also bald einen ausführlichen Bericht über mein Leben schreiben. Den Brüdern geht es auch gut! Sie helfen bei den Bauern und bringen Kartoffeln und Speck mit nach Hause. Kaspi malte und kriegt dafür Butter und Speck. Ich danke Gott für diese Nachrichten. Ich hoffe wir haben das Schlimmste überstanden.

CORNELIUS BORCHARDT
ERINNERUNGEN AN 1944/45

Unser Vater lebte seit 1903 in Italien. Die Turbulenzen seiner
Jugendjahre und die seit Goethe bei deutschen Dichtern sprich-
wörtliche Italiensehnsucht mögen dem eher unpraktischen,
seine Wohnwechsel nur unter stärksten seelischen Leiden ertragenden jungen Mann jenen Schritt erleichtert haben. Es gab
schon damals viele in Italien lebende Schriftsteller und Künst-
ler, hauptsächlich wohl Deutsche und Engländer, die geistige
Cercles bildeten und traumhafte Gärten hielten. So die Waterfield und die Smith, die Sattler und Brewster, Hildebrand und
Franchetti, die Rudolf Borchardt kennt oder mit denen er befreundet ist. Die Atmosphäre dieser Häuser wird in den Bü-
chern von Aldous Huxley in unvergesslicher Weise vermittelt.
Man lebt in Italien als ein dankbarer Gast dieses schönen
Landes, immer mit dem leisen Hauch von Vergänglichkeit und
Verwirkung umweht. Zuerst Byron, dann Shelley, Keats und
Browning, entdecken Italien als neue Seelenlandschaft. Der
Glanz des alten und auch des neuen, damaligen Italien in der
modernen Literatur ist ohne Zweifel eine Errungenschaft jener
Dichter, – und natürlich Rudolf Borchardts.

Wie jene aber in der Regel Engländer oder Franzosen bleiben
und nicht Italiener werden, bleibt auch Rudolf Borchardt zeitlebens ein Deutscher. Dies Gefühl der unbedingten und schicksalhaften Zugehörigkeit zu seiner Sprache und zu seiner Nation
entwickelt sich im Laufe seines Lebens mehr und mehr zu dem,
was er selbst »sein Naturell« nennt: Seine Freiheit und Unabhängigkeit unter allen Bedingungen zu bewahren, sich niemandem und keiner Macht unterzuordnen, keiner Verbindung oder

Partei anzugehören, sich von der literarischen Tagesmode zu distanzieren, nur seinem inneren Ohr und seinem untrüglichen Gefühl für das Wahre in der Poesie zu folgen, seinen Dichterberuf höher zu stellen, als alles andere. In wiederholten Gesprächen mit uns über sich selbst sagte er, er sei ein Dichter nicht aus Zufall, weil er gerade diesen Beruf gewählt habe, wie jemand Arzt oder Lehrer werde, sondern aus innerer, schicksalhafter Bestimmung.

Für Rudolf Borchardt ist die italienische Villa die einzige ideell und praktisch denkbare Lebensform. Die natürliche Würde und unauffällige Vornehmheit des Hauses und seiner umgebenden Landschaft bilden die Atmosphäre, die ihn bezaubert. Die einzige Lebensform ist es aber für ihn nicht etwa deswegen, weil er andere Wohnmöglichkeiten unter seiner Würde gefunden hätte, sondern weil es damals praktisch keine anderen Häuser gibt, in denen man als Ausländer hätte wohnen können. Toskanische Bauernhäuser, heute allgemein beliebte Ferienwohnungen, oft durch schreiend himmelblau gekachelte »swimming-pools« verschandelt, wurden seinerzeit noch von Bauern und Landarbeitern bewohnt, es sind urtümliche Behausungen ohne sanitäre Einrichtungen und natürlich ohne elektrischen Strom, nur mit dem Küchenherd als einziger Wärmequelle, meist mit anderen Gebäuden wohnverschachtelt, um einen gemeinsamen Innenhof. Sie gehören im Toskanischen in der Regel zum Gut, dem »podere«, stehen nicht zum Verkauf, und man hätte sie auch nicht mieten können.

Zudem waren die toskanischen Villen im Vergleich mit deutschen Häusern für eine niedrige Miete zu haben. Die Besitzer ermuntern Rudolf Borchardt zu bleiben oder eine ihrer anderen Villen zu testen. Was er öfter tut, besonders, wenn genügend Wasser für seine Blumenanlagen vorhanden ist. Der Garten und

[23] Marie Luise Borchardt, Kaspar, Cornelius und Corona Borchardt auf der Terrasse der Villa Pallavicino in Fortei dei Marmi, 1943 (Rudolf Borchardt Archiv).

die Möglichkeit, in ihm Blumen zu ziehen, ist in seinem späteren Leben von immer grösserer Bedeutung. Wer sein Buch ›Der leidenschaftliche Gärtner‹ kennt, der weiss, was für ein gigantisches Wissen er sich mit der Zeit darüber verschafft hat. Diese Kenntnisse kommen aus lebendiger Anschauung und Aneignung, aus Hingabe zur Blume, bis zum »Abenteuer« ihres Besitzes. Man darf sich Rudolf Borchardts Blumenliebe dabei keinesfalls als ein Hobby im heutigen Sinne vorstellen. Sein Garten (und sein Gartenbuch) gehören zum Dichter Rudolf Borchardt, sie sind ein Teil von ihm. Ich zitiere hier eine Stelle aus dem Nachwort meiner Mutter zum ›Leidenschaftlichen Gärtner‹: Borchardt wolle darin, »im Geiste der Romantik, den Garten und die Blume in den Begriff der Humanitas einreihen. Er stellt Blume und Pflanze in einen neuen Zusammenhang zum Menschen und deutet das Verhältnis des Menschen zur Blume, das Verhältnis der Blume zur Kunst, zum Ornament, zur Sprache und schliesslich zur Poesie. Er sieht die Blume als eine Ordnung, die der Mensch verwirkt hat, den Garten als eine Ordnung des Geistes gegen das Chaos, eine Flucht aus der Wildnis …«[368] Als er Saltocchio aufgeben muss, lässt er Hunderte der kostbaren Pflanzen, darunter die von ihm aus Samen gezüchtete baumhohe Riesendahlie (dahlia maxoni), ausgraben und schenkt sie einem befreundeten Nachbarn, der Familie Tealdi.

Die Villa ist für Rudolf Borchardt mehr als ein Wohnhaus: Sie ist, wie sein Leben in Italien überhaupt, auch eine Zuflucht. In seinen letzten Wochen, als er krank und ausgemergelt mit uns in der kleinen Kammer im Tiroler Gasthaus dem Kriegsende entgegenharrt, gibt er seiner Hoffnung Ausdruck,

[368] Gärtner 1968 S. 388.

CORNELIUS BORCHARDT: ERINNERUNGEN

[24]   *Marie Luise und Rudolf Borchardt auf der Terrasse der Villa Pallavicino in Forte dei Marmi, 1943 (Rudolf Borchardt Archiv).*

danach wieder nach Italien, in sein Italien, zurückziehen zu dürfen. Nach Italien, und nicht mehr nach Deutschland, um an seinem Wiederaufbau mitzuwirken, »Deutschland wieder aufzurichten«, wie er uns sonst immer gesagt hatte. In seinem Garten zur Ruhe zu kommen, war sein letzter Wunsch. Seine Kraft war erschöpft.

Wenn die Villa in ihrer Abgeschiedenheit für Rudolf Borchardt zwangsläufig eine zunehmende Vereinsamung mit sich bringt, so bietet sich jetzt eben diese Abgeschiedenheit in dem damals noch dünn besiedelten Lande zugleich auch als eine Möglichkeit zum Untertauchen. Denn ab 1933, mit dem Inkrafttreten der nationalsozialistischen ›Rassegesetzgebung, ist Rudolf Borchardt mit seiner Familie quasi »vogelfrei«. Er muss mit seiner Verhaftung und Deportation rechnen. Ein Recht oder einen Rechtsanspruch kann er nicht mehr geltend machen. Auch die italienische Justiz gewährt ihm keinen Schutz.[369] Der Einzige, der über seine jüdischen »Antezedenzien«, wie er sich ausdrückt, Bescheid weiss, ist der deutsche Konsul in Florenz, Gerhard Wolf. Dieser mutige Mann hat ihm geraten, sich möglichst nicht zu bewegen und zu bleiben, wo er ist. Offiziell ist Borchardt Auslandsdeutscher und besitzt seit 1937 einen – allerdings 1942 abgelaufenen – Reisepass für sich und seine Familie, zu unserem Glück noch ohne jenes gewisse Adelsprädikat in Form eines »J«. Dass für uns alle dennoch eine Zeitbombe tickt, die jederzeit hochgehen kann, ist ihm natürlich klar. So unbekannt ist er damals wiederum nicht, weder in Deutschland, noch hier in Italien. Um so wichtiger ist für ihn, dieses Inkognito unter allen Umständen zu erhalten.

<hr />

[369] Vgl. ›Anabasis‹ S. 92.

Die letzte und schönste der Villen war Saltocchio, und wir lebten darin elf Jahre. Sie ist eigentlich viel zu gross und unsere Mutter ist anfangs ratlos, wie sie mit all den Zimmern und Sälen fertig werden soll. Auch Borchardt ist lange unentschlossen. Da wirft sich Lina Voigt, seine Schwiegermutter, entschlossen und leidenschaftlich als Fürsprecherin in die Bresche (sie war bei der ersten Besichtigung dabei) und schiebt energisch alles Zaudern beiseite. So wird Saltocchio genommen, im März 1931. Für Rudolf Borchardt bedeutet dieses Jahrzehnt eine glückhafte Periode von grosser Produktivität. Es entstehen sogar wieder Gedichte. Eines davon, mit dem Titel ›Tiefe Nacht‹ ist Saltocchio gewidmet. Ich zitiere hier die erste Strophe, die mich heute noch unweigerlich in den Sog jener geisterhaften Stimmung mondschimmernder Sommernächte hineinzieht:

> »Still, auf Zehn ans Fenster, – still,
> Dass mirs diesmal nicht entglitte!
> Denn die Nacht weiss was sie will,
> Denn das Plätschern klang wie Schritte.
> Nichts. Die Brunnen traufen,
> Nichts. Die Becken laufen.
> Immer nichts: Ohne Zeit,
> Wiesen, Wege, mondverschneit.
> Weit und breit immer nichts. –
> Oder lachts da? oder sprichts?«[370]

Das Haus ist gross, aber doch wohnlich, ja behaglich. Die Säle sind elegant im Empire-Stil der Zeit von Elisa Baciocchi, einer

[370] Gedichte 2003 S. 142.

Schwester Napoleons, eingerichtet. Im Obergeschoss gibt es genügend Zimmer, um uns alle aufzunehmen. Im Untergeschoss befinden sich riesige, ehemals zur Küche gehörende Räume mit gewaltigen Herdstellen, wie wir sagten: aus »vorhomerischer« Zeit, über denen grosse kupferne Töpfe und Pfannen hängen. Das Badezimmer ist in Carraramarmor gehalten, mit einer massiven Wanne, zu beheizen über einen gigantischen Heizofen im Nebenraum.

So lebte man in einem fast paradiesischen, friedvollen und durch keine grösseren Widrigkeiten gestörten Dasein. Das Grollen und Wetterleuchten am fernen Horizont hatten wir zu überhören und zu übersehen gelernt. Um die versiegenden Mittel der Familie aufzubessern (von Rudolf Borchardts Schriften kann ja so gut wie nichts mehr gedruckt werden und Martin Bodmer stellt 1935 auch die letzten seiner Zahlungen ein), kommt man in Bremen auf die Idee, paying-guests zu mobilisieren. Und tatsächlich besuchen uns viele Freunde und Verwandte der Bremer Familie unserer Mutter in den darauffolgenden Sommern. Der grosse Park, das barocke Schwimmbecken mit den steinernen Brunnenfiguren bieten ein Paradies für Sommergäste. Unser Gemüsegarten und der Hühnerhof werden zu vermehrter Ergiebigkeit getrimmt, um den Speisezettel zu bereichern. Brot und Pasta macht man im Haus, Wein und Olivenöl gibt es ohnehin in alt-toskanischer Fülle.

Es beginnt nun eine quirlige, für uns Kinder lustige Zeit. Deutsche Autos röcheln die Auffahrt hoch und blitzen mit ihrem Chrom eigentümlich in der Julisonne. Ihnen entsteigen zumeist blonde, hellhäutige Deutsche mit Strohhüten und Sonnenbrand. Haus und Garten werden jetzt gebohnert, gewienert, gejätet. Gino, der eigentlich Gärtner ist, wird zum Diener umfunktioniert. Eine schneeweisse Jacke und weisse Handschuhe machen ihn zum perfekten Cameriere. Es wird serviert und diniert, geredet und gelacht, die lauen Sommerabende senden schwirrende Falter in die Blüten der Nacht.

Selbst Rudolf Borchardt geniesst diesen fast gespenstischen Trubel, am Vorabend der herannahenden Katastrophe. Und es kommt wieder Geld in die Kasse, die meine Mutter streng verwaltet. Am 1. September 1939, alle Gäste waren noch da und genossen den schönen Spätsommer, geschieht, was man schon lange befürchtet und was doch keiner erwartet hat: der Einmarsch deutscher Truppen in Polen. Der Zweite Weltkrieg ist da. Mein Bruder Johann Gottfried erinnert sich noch, wie unser Vater uns Jungens beiseite genommen und in das schreckliche Geschehen eingeweiht hat. Er sagte: »Ihr müsst wissen, dass wenn nicht dieser ... wäre, ich jetzt wie jeder andere Deutsche in den Krieg gehen würde um Seite an Seite mit ihnen zu kämpfen«. Wir fanden das normal, und dass es irgendwie nicht ging, eine günstige Fügung der Vorsehung.

Nun sollte aber doch alles anders werden. Die paying-guests werden rarer, das Reisen aus Deutschland nach Italien immer schwieriger. Nur unsere Bremer Verwandten kommen noch regelmässig. Ende 1942 platzt dann die nächste Bombe: Saltocchio wird verkauft. Der neue Besitzer, ein Genueser Reeder, möchte selbst einziehen und bittet Rudolf Borchardt, auszuziehen, und zwar sofort. Er weiss alles über ihn und droht, bei einer Weigerung davon Gebrauch zu machen. Als Ersatz vermittelt er uns ein Haus in Forte dei Marmi, direkt am Meer. Borchardt schreit und tobt, aber es nützt nichts. Weihnachten 1942 verlassen wir weinend mit Sack und Pack Saltocchio.

Die Villa Pallavicino in Forte dei Marmi ist klein, aber für unsere Zwecke gerade recht. Rudolf Borchardt stöhnt und kann nicht arbeiten: Das Meer würde seine Gedanken abfliessen machen.[371] Er sehnt sich nach den Hügelketten der Lucchesia. Der begrenzte, nicht der endlose Horizont sei, was er zum Zusichkommen benötige.

Inzwischen ist der Krieg auch in Italien in die entscheidende Phase getreten. Endlose Panzerkolonnen der Divisionen Kesselrings rasseln nächtelang an unserem Haus vorbei, gen Norden. Es wimmelt von deutschen Landsern. Einige kommen auch zu uns, bekommen Tee, fühlen sich »wie daheim«, in der noch heilen Welt unseres Hauses.

Im Frühjahr 1944 wird der gesamte Küstenstreifen zwischen Livorno und Genua evakuiert. Am Strand vor unserem Haus hatte man Geschütze in Stellung gebracht. Schlimmer ist die Verminung der Strassen in dem harmlosen kleinen Badeort. Etliche Zivilisten, Frauen und Kinder, fallen ihnen zum Opfer.

Für uns heisst das wieder einmal, unser Haus zu verlassen. Aber wohin? Geld haben wir kaum noch. Uns irgendwo einzumieten, kommt also nicht in Frage. Wir sind ratlos, was zu tun sei und wo uns hinzuwenden. Da kommt Hilfe aus unserer alten Lucchesia. Die befreundete Familie Castoldi in San Michele di Moriano teilt uns mit: »Kommt alle zu uns! Wir werden Euch schon unterbringen und auch satt kriegen.« Rudolf Borchardt ist zurückhaltend. Er kennt die allzu germanophile Einstellung unserer künftigen Gastgeberin: sie hatte sich ein Idealbild von »deutscher Treue« und allen anderen Tugenden dieses Volkes zusammengeträumt, dabei ist sie blind gegenüber der Realität des verbrecherischen Naziregimes. England hingegen, das Volk, dem einige ihrer Vorfahren entstammen, vereinigt für sie alle Perfidie der Welt in sich. Das Bild, das er von ihr entwirft, ist mit sämtlichen negativen Eigenschaften einer

[371] Vgl. Gärtner 1968 S. 387.

»old spinster« des viktorianischen Zeitalters stilisiert. Eines
Menschen im übrigen, der für alle immer nur »Jedermanns Bestes« will.[372] Diese Bemerkung, so beiläufig sie klingt, verdient,
festgehalten zu werden. Ist sie doch das Eingeständnis dass
»Frau N.« eine gute Seele, aufopfernde Mutter und für uns eine
grossherzige Freundin war, die uns trotz der grossen Gefahr
für sie in ihrem Haus aufnahm und es uns – was an ihr lag –
an nichts fehlen liess und der wir allen nur erdenklichen Dank
schuldig sind. Aber Rudolf Borchardt weigert sich anfangs, der
Einladung zu folgen, das Umfeld des Hauses ist ihm suspekt.
Im Freundeskreis jener Menschen kann doch etwas über ihn
durchsickern, und dann wäre es vorbei mit unserer Sicherheit.
Ein Brief an seinen Freund Girolamo Roncioni vom 15. Januar
1944 gibt von Borchardts Rührung und innerer Bewegung über
die Einladung von »Frau N.«, mit seiner fünfköpfigen Familie
zu ihr zu kommen, beredt Auskunft: »Der Strand zerwühlt
und verwüstet, das Meer trüb, das Dorf verändert, in eine ab-
surde Tarnung verkleidet, alles macht auf die Rückkehr noch
so ferner normaler Verhältnisse hoffen. Estelle Castoldi hat
uns in einem Akt grossmütiger, wahrhaft bewegender Freundschaft ihre Gastfreundschaft für uns alle in ihrem Haus angeboten. Es ist eines von jenen Angeboten, dessen Annahme
schon wegen der härtesten – oder soll ich sagen, drückendsten
– Notwendigkeit gerechtfertigt erscheint.«[373] Der Krieg, zu-
mindest hier in Forte, ist, wie alle meinen, praktisch vorbei. In
wenigen Wochen würde man durch die Truppen der Alliierten
befreit sein. Aber gegen die drängende Freundschaft, mit der

---

[372] Vgl. ›Anabasis‹ S. 27.
[373] Freie Übersetzung des italienischen Originals von Cornelius Borchardt
(Briefe 1936–1945 S. 647 f.).

[25]   *Peter Voigt mit seinen Neffen Johann Gottfried und Cornelius Borchardt am Strand von Forte dei Marmi, 1943 (Rudolf Borchardt Archiv).*

man uns im Augenblick der Not entgegenkommt, ist auch Borchardt machtlos.

So fahren wir im Frühjahr des Jahres 1944 mit Kisten und Kasten wieder in unsere alte Luccheser Landschaft zurück, in Sichtweite des unvergessenen Saltocchio. Wir: Die Eltern und die Söhne Kaspar, Gottfried und ich. Unsere Schwester Corona ist von der befreundeten Baronin Marion Franchetti nach Florenz eingeladen worden, bei ihr als Tochter im Haus zu wohnen. So haben die Eltern sie, wenn auch schweren Herzens, ziehen lassen. Die Verbindung zu ihr reisst dann leider völlig ab; erst im Dezember 1945 bekommen wir von ihr, und sie von uns, wieder ein Lebenszeichen.

Das Haus unserer Gastgeber, die Villa Poggio al Debbio, ist geräumig, aber voll von Menschen. Wir Jungen schlafen auf Feldbetten, man arrangiert sich. Abends wird an einer grossen, einladend gedeckten Tafel gemeinsam diniert. Wenn es soweit ist, öffnet der Diener Severino die Verbindungstür zum Esszimmer und murmelt sein stereotypes: »È servito se vuole, Signora«.

Der grosse Strom des Rückzugs der deutschen Truppen aus Italien hat eingesetzt. Zuerst noch diszipliniert und geordnet, dann zusehends ins Trudeln geratend, von mangelndem Treibstoff für die Fahrzeuge und dem eskalierenden Partisanenkrieg gleichzeitig gebeutelt. Alles, was Räder hat, wird requiriert. Wir müssen oft zu den deutschen Dienststellen, um beschlagnahmte Fahrräder unserer Freunde freizubekommen. Von Süden rücken die Alliierten langsam vor. Bald stehen sie vor den Toren von Lucca. Man kann die fast regelmässigen Einschläge der amerikanisch-britischen Artillerie hören.

Unsere Gastgeber haben einige deutsche Offiziere bei sich aufgenommen, andere werden in umliegenden Gebäuden, die zur Villa gehören, einquartiert. Sie benehmen sich korrekt und

[26]   Cornelius und Johann Gottfried Borchardt am Strand von Forte dei Marmi, 1943 (Rudolf Borchardt Archiv).

man spricht mit ihnen, auch um etwas über den voraussichtlichen Verlauf der Truppenbewegungen zu erfahren. Wir alle sind natürlich aufs Äusserste gespannt. Vom Vater haben wir die Anweisung, den Deutschen nach Möglichkeit aus dem Weg zu gehen. Zu ihm sagen sie mehrmals, seine Söhne müssten sich »im Reich« für den Militärdienst mustern lassen, jeder müsse ran, Drückebergertum gebe es nicht und dergleichen Sprüche mehr. Mein ältester Bruder Kaspar ist bereits in Italien von einer deutschen Armeestelle gemustert worden und wird wegen seiner Kinderlähmung vom aktiven Kriegsdienst befreit. Mein anderer Bruder Gottfried und ich sind damals 18 und 16 Jahre alt, also bereits im einzugsfähigen Alter oder doch kurz davor. Meine Eltern würden sich strafbar machen, wenn sie ihre Söhne der Wehrmacht vorenthalten. Hier wäre es auch bald zu gefährlich für deutsche Familien.

Eines Abends findet dann jene Unterhaltung zwischen Rudolf Borchardt und dem SD-Mann Schneider statt. Damit ist nach dem Rausschmiss aus Saltocchio der nächste Akt eingeläutet. Mit Borchardts Inkognito ist es jetzt nicht mehr weit her. Die Möglichkeiten für ihn, sich und seine Familie noch vor einer Verhaftung zu retten, schwinden mehr und mehr. Hätte er nur nicht nachgegeben, und statt diesen Freunden zu folgen, die alles zu gut meinen, sich lieber in den Bergen bei einem Schäfer oder Köhler versteckt! Nun sind wir praktisch den Deutschen ausgeliefert. Dies alles hätte nicht zu passieren brauchen, grübelt er, wenn man rechtzeitig, wie es seiner Tochter Corona anscheinend mit Erfolg gelungen ist, untergetaucht wäre. Jetzt, nur wenige Tage vor der Befreiung, sollte sich die Schlinge doch noch für uns alle zuziehen.

In seiner ›Anabasis‹ zeichnet Rudolf Borchardt das Bild der Hausherrin Estella Castoldi als »Frau N.«, die uns Aufnahme und Verpflegung gewährt, als eines zu Hysterie neigenden, geltungsbedürftigen Menschen, der blind für die Schrecken der Zeit und die Gefahr, in der wir uns befinden, den euphorischen Wunschbildern ihrer Phantasie nachträumt und sich dabei allzu kritiklos bei den deutschen Besatzern anbiedert. Rudolf Borchardt macht sie in seinem Bericht zur zentralen Figur der Handlung und zum Schlüssel für das Scheitern seiner langjährigen und bis dahin erfolgreichen Bemühungen, sein Inkognito in Italien zu wahren. Zum Zeitpunkt der Niederschrift von ›Anabasis‹ im Oktober 1944 ist ja auch die Möglichkeit seiner Verhaftung durch die Nazis durchaus noch vorhanden. Deshalb stehen in seiner Imagination das Zusammentreffen mit »Frau N.«, unsere Aufnahme als Gäste in ihrem Haus, die Konfrontation mit einem Mitglied des ›Sicherheitsdienstes‹, unsere Flucht und die anschliessende zwangsweise Verbringung nach Innsbruck in einem ursächlichen und schicksalhaften Zusammenhang.

Wie in einer griechischen Tragödie wird die Freundschaft, die uns »Frau N.« entgegenbringt, durch die Gefahr überschattet, die zugleich mit ihr und durch sie für Rudolf Borchardt verbunden ist. Je mehr sich diese beiden Mächte »Freundschaft« und »Gefahr« einander nähern, desto grösser wird die Spannung. Parallel zu dieser tragischen Entwicklung bewegen sich zwei völlig gegensätzlich geartete Menschen aufeinander zu: Rudolf Borchardt und Estella Castoldi. Von Anfang an haben zwischen ihnen unüberbrückbare Gegensätze bestanden, nicht nur politischer Art. Man ist versucht zu sagen, die »Chemie« zwischen beiden habe nicht gestimmt. Dazu passt symbolisch die folgende Anekdote: Als »Frau N.« Rudolf Borchardt zum erstenmal in Saltocchio besucht, habe ihr sein Diener gesagt, der Signore erwarte heute niemanden, worauf »Frau N.« entrüstet

ausgerufen habe, welcher Lümmel denn hier wohne, der sie zu
dieser Stunde hergebeten habe und sie nun nicht empfange.
Worauf Rudolf Borchardt, der das hört, die Freitreppe herunter
gekommen sei mit den Worten: »Ich bin der Lümmel«. Beide
lachen, das Eis scheint gebrochen. Vielleicht sind ihre Charak-
tere auch einander zu ähnlich: Beide können herrisch sein und
in gewisser Weise intolerant, sie sind stolz und wirkungsbe-
wusst, ja geradezu wirkungshungrig. Estella Castoldi verehrt alles Deutsche und alle Deutschen geradezu »blauäugig« und ist
blind für die Gefahren, die sie im Sommer 1944 damit herauf-
beschwört. Rudolf Borchardt ist extrem anglophil, sie wiederum
hasst alles Englische (natürlich nicht alles; denn sie war eine gebildete und belesene Frau). Rudolf Borchardt liebt ebenso
»blauäugig« seine Italiener als ein altes, geschichtserfahrenes
Kulturvolk, Estella Castoldi wiederum ist da eher skeptisch, wie
man in ›Anabasis‹ nachlesen kann. So kommt man sich also
nicht näher, ist aber wohlerzogen genug, um diese Gegensätze
immer wieder zu überspielen. Aber die Angst bei Rudolf Borchardt wächst. Sie steigert sich täglich und stündlich und nimmt
allmählich hassähnliche Züge an. Hass gegen alles, was ihm und
uns Gefahr bringt. Hass gegen die Nazi-Deutschen, die es sich
bei »Frau N.« gemütlich machen und zur Abendtafel erscheinen.
Zorn zum Schluss auch gegen »Frau N.«, die allzu freundlich
und arglos mit diesen seinen Todfeinden umgeht.

Und es kommt zum Eklat: An jenem Abend platzt Rudolf
Borchardt heraus mit seiner lang angestauten Wut. Dem ihn
herausfordernden Dr. Schneider sagt er seine Meinung über den
NS-Staat, über den Krieg und auch über ihn, Schneider selbst.
Natürlich weiss Schneider inzwischen, wer Rudolf Borchardt
ist. Darüber tuschelt die ganze Gesellschaft, angefangen von
»Frau N«. bis zu den Dienstboten und den normalen Landsern,

die mit uns Söhnen freundschaftlichen Kontakt suchen. Schon seine Erscheinung ist auffallend; dann hält er uns und den anderen Gästen abends manchmal Vorträge über »Dante und seine Zeit«. All das hinterlässt den Eindruck einer Aussergewöhnlichkeit. Offiziell aber sind wir ganz normale Auslandsdeutsche mit deutschen Pässen.

Noch am Abend nach dem ominösen Gespräch zwischen Rudolf Borchardt und Schneider werden wir von Pastor Ulrich gewarnt: »Vorsicht, Schneider, SD«. Kurz darauf teilt man Rudolf Borchardt mit, wir hätten uns am nächsten Morgen für einen Rückführungstransport »heim ins Reich« bereitzuhalten. Plötzlich taucht die akute Gefahr, in der wir uns befinden, aus dem scheinbaren Frieden wie ein Gespenst vor unseren erschrockenen Augen auf. Was tun? Nun ist es also heraus! Die Stunden, die wir noch in unserem »sicheren« Italien sein dürfen, scheinen gezählt – und genau in diesen Stunden werden möglicherweise die deutschen Truppen sich zurückziehen und den Alliierten das Feld überlassen. Wir sitzen alle in unserem Kämmerlein und schweigen. Da sagt Rudolf Borchardt: »Kinder, lasst uns fliehen. Wir lassen alles hier, nehmen nur das Wichtigste und was zu Essen und zu Trinken in den Rucksack und gehen einfach ›spazieren‹. Es ist ja noch eine Weile hell, wir erreichen in einer halben Stunde die Villa Broglio, wo wir Unterschlupf bekommen, von da sehen wir weiter. Wer weiss, vielleicht sind die Amerikaner morgen schon hier«. Nach längerer, heftiger Diskussion – besonders zwischen unseren Eltern – gehen wir los. Von der Gartenseite unseres Pavillons geht es in die abendlichen Weinberge, die voll reifer Trauben hängen. Ab und zu grosse Löcher durch Einschläge von Granaten oder Blindgängern. Wir erreichen die Villa Broglio. Die Signora ist verschreckt, wir könnten bei ihr keinesfalls bleiben, nur die eine Nacht ja, aber am Mor-

[27]   Cornelius Borchardt (links) vor der Villa Broglio in S. Michele di Moriano, November 2001 (Photo: Ingrid Grüninger, Rudolf Borchardt Archiv).

gen müssten wir bitte weiter. Noch in jener Nacht kommen deutsche Militärs, eine Einquartierung Dutzender von Soldaten auf dem Rückzug nach Norden. Am frühen Morgen stehlen wir uns, kaum geschlafen, aus dem Haus. Weiter geht die nun schon zaghaftere Wanderung. Wir versuchen es in Aquilea, bei unserem Freund, Parrocco Freddolini. Unsere Bitte um Unterschlupf wird mit grossem Bedauern abgelehnt. Die Angst sitzt ihm im Nacken ...

Wir ziehen weiter, schon ziemlich ratlos, es wird langsam Nachmittag. Man muss in San Michele di Moriano längst auf unsere Abwesenheit aufmerksam geworden sein; wir hätten uns ja für den Transport bereithalten sollen. Wir schlagen einen Feldweg ein, wieder hinein in die Weinberge. Kein Mensch ist zu sehen, die Bauern halten sich versteckt, sie warten auf die Amerikaner. In einer kleinen Hütte oder einem Schuppen verstecken wir uns, auch um ein wenig zu rasten. Wir sind müde und hungrig. Den mitgenommenen Proviant haben wir längst verzehrt. Wie lange wir da gesessen haben, weiss ich nicht mehr. Es wird dann beschlossen, mein Bruder Kaspar solle Brot oder etwas Essbares organisieren und zugleich schauen, ob Truppen der Alliierten zu sehen sind. Nicht lange, so hören wir Stimmen und Geschrei. Es sind deutsche Soldaten, die nach uns suchen. Sie haben meinen Bruder gefunden und wiedererkannt, nach uns ausgefragt und, da er nichts sagen will, ihm mit dem Gewehrkolben ins Gesicht geschlagen. Mittlerweile sind wir, zu Tode erschrocken, aus der Hütte herausgekommen, sehen den blutüberströmten Kaspi und die Soldaten, die uns nun abführen. Unsere Flucht ist beendet. Sie dauerte nur eine Nacht und einen Tag. Einer der Soldaten, wohl ein Offizier, sagt so etwas wie »was hatten Sie sich eigentlich dabei gedacht?« und: »wir wollen doch nur Ihr Bestes!« Meine Eltern sagen, glaube ich, weiter

[28]   In den Weinbergen bei S. Michele di Moriano, November 2001 (Photo: Gerhard Schuster, Rudolf Borchardt Archiv).

nichts. In der Kommandantur angelangt, wird Rudolf Borchardt allein (wir müssen draussen bleiben) verhört. Das Verhör bleibt zunächst ohne weitere Folgen. Er wird aber ultimativ aufgefordert, sich mit seiner Familie »heim ins Reich« zu begeben. Meine Mutter wird aufgefordert, mit einem Fahrer in die Villa Castoldi zu gehen, die notwendigsten Sachen für uns einzupacken und dann zu uns zurückzukehren und zu warten, bis wir in den Rücktransport aufgenommen würden. Mein Vater hat in der Zwischenzeit versucht, sich vom Balkon des Hauses zu stürzen, ist im letzten Moment von unserer Mutter davon abgehalten worden. Er hat in einem Moment völliger Verzweiflung alle seine Schritte, Reaktionen, Entschlüsse als verfehlt angesehen und erwartet für sich und seine Familie das Allerschlimmste.

Natürlich ist sein erster Gedanke: »Frau N. hat mir das einge-brockt! Nie hätten wir uns in dies Haus locken lassen dürfen!« Seine völlige Ohnmacht kommt ihm in dem Augenblick zum Bewusstsein, als wir in den LKW mit dem wenigen Hab und Gut, das man uns bewilligt hat, Platz genommen haben, er selbst sitzt auf der Ladefläche, nur mit einem dünnen Sommermantel um sich, Fahrtwind und Regen und der schon herbstlichen Witterung ausgesetzt. Dass die beiden plötzlich auftauchenden Frauen, die meine Mutter dort oben in den Weinbergen in ihrer Verzweiflung zur Villa Castoldi nach Proviant ausgeschickt hatte, uns – ohne es zu wollen – verraten haben, wie aus dem Bericht von Giulia Lenzi Castoldi hervorgeht,[374] haben wir damals nicht gewusst und auch später nicht mehr erfahren.

Der Konvoi kommt erst nach Stunden langsam in Bewegung. Wir sind in drei LKWs untergebracht, zu unserem »Schutz« wird uns ein Feldgendarm (ein sogenannter »Kettenhund«) mitgegeben. Er sollte uns bis Innsbruck erhalten bleiben, sein Name war Paul Müller, ein Feldwebel aus Magdeburg. Er bewacht uns mit einem stets von seiner Schulter hängenden, durchgeladenen MG anfangs sehr betont, später nicht mehr so streng. Dagegen nimmt seine Gesprächigkeit gegen Ende der Reise eher zu. Mein Vater hat ihn bei den Mahlzeiten etwas zu uns gezogen, ihn mit Fragen nach seiner Familie und freundlichem Eingehen auf dessen Fragen gewogener gemacht, wohl auch aus seiner Zeit als Soldat im Ersten Weltkrieg erzählt. So wird »Kettenhund« Müller nach und nach freundlicher, zuletzt sogar zutraulich und ist dann im Innsbrucker »Gauhaus« bei un-

---

[374] Vgl. S. 297 f.

CORNELIUS BORCHARDT: ERINNERUNGEN

serer Anmeldung dort wirklich hilfsbereit. Wir hatten eigentlich damit gerechnet, dass Rudolf Borchardt in Innsbruck verhört, verhaftet und wir alle in ein Lager deportiert werden. Wir schliessen damals aus dieser unverhofften Freiheit, dass Müller jenen »Marschbefehl«, in dem möglicherweise alles über uns steht, habe verschwinden lassen. Ob es sich nun mit jenem »Marschbefehl« so oder anders verhalten hat, kann heute wohl nicht mehr ergründet werden. Ich halte meine Theorie für wahrscheinlicher, wonach der Befehl wirklich nur lautete, uns »heim ins Reich« zu bringen.

Die Fahrt geht durch die Garfagnana. Ich weiss noch, wie wir in Piazza al Serchio aus uns unbekannten Gründen festsassen. Meine Brüder und ich hatten gebeten, am Serchio-Strand baden zu dürfen, was uns – allerdings mit MG-Bewachung – erlaubt wurde. Als wir zum Lastwagen zurückkommen, sehen wir zu unserer grossen Überraschung, wie »unser« SD-Schneider in Offiziers-Uniform in einem Armee-Kübelwagen ganz langsam, uns lange und genau anschauend, wortlos an uns vorbeifährt.

Auch dies »Nachschauen« seitens Schneider, dies vielleicht noch für einen Bericht bei seiner Dame gedachte Sich-Vergewissern unserer »Unversehrtheit«, passt zum Bild dieses Nazi-Menschen, als seine Zeit sich für ihn dem Ende nähert. Es ist ja so leicht, grosszügig zu sein und »ein Auge zuzudrücken«! Eine Gefahr kann ihm aus unserem »Fall« nicht erwachsen. Wir sind eine deutsche Familie, haben einen Pass. Vielleicht hatte ihm ja auch die »Donnerrede« dieses verrannten Poeten aus der Kaiserzeit Eindruck gemacht.

Was mein Vater nicht als entscheidenden Faktor wahrgenommen hat und was für mich aus heutiger Sicht der Dinge immer klarer wird, ist die menschlich echte Reaktion von Estella Ca-

stoldi in dem Augenblick, als wir aus ihrem Hause abtransportiert werden. Sie ist eine starke Frau mit einer vornehmen Art,
von der die sie verehrenden Deutschen beeindruckt sind. Jetzt,
im Augenblick der Krise, sollen sie die wirkliche »Frau N.« ken-
nenlernen: Wir sind ihre Schutzbefohlenen, sie fordere von
Schneider, dass die Familie Borchardt an einen sicheren Ort zu
bringen sei, wo sie sich frei bewegen könne, mit Bereitstellung
von Unterkunft und Lebensmitteln. Dieser »Befehl«, so meine
ich, wird dann auch ausgeführt: In Innsbruck sind wir frei, was
wir an jenem Morgen, als wir dort ankommen, für unglaublich
gehalten haben. Frei nicht im Sinne von befreit, das sollte leider
erst im Mai des nächsten Jahres eintreten. Aber wir können uns
frei bewegen.

Erst als unsere ›Anabasis‹ in Innsbruck ihren vorläufigen
Abschluss findet, versuchen wir eine erste Analyse der Gründe
und Hintergründe unserer Rettung. Wir verdanken sie der
energischen, ja leidenschaftlichen Forderung von »Frau N.«,
dafür zu sorgen, dass uns nichts geschieht. Sie habe uns zu sich
kommen lassen, sie fühle sich also auch für uns verantwortlich.
Mit ihrem Einfluss auf jenen weichen, nicht sehr gefestigten
Schneider kann sie rechnen, sie ist streng und unerbittlich.
Ohne Zweifel wirkt sie auf ihn, der selbst ein verrannter Träu-
mer ist, sehr stark.

Andererseits geschieht unser Abtransport aus Italien und
nach Deutschland, wenige Tage vor der Befreiung durch die
Alliierten, zwangsweise. Der äussere Grund, nämlich der unserer Musterung und Rekrutierung, scheint uns nicht der Haupt-
grund zu sein, den man uns aber verschweigt. Was genau liegt
gegen uns vor? Warum dieser zwangsweise Rücktransport unter
militärischer Bewachung? Traut man uns nicht mehr, weil wir
geflohen sind? Oder weiss man vielleicht mehr über uns? Wird

unser Transport doch im KZ enden? Diese nagende Ungewissheit sollte uns noch lange begleiten und wird erst allmählich ein
wenig abgemildert.

Unsere Fahrt geht weiter Richtung Norden, auf staubigen
Nebenstrassen, um den Tiefliegern auszuweichen, oder gar
nicht erst von ihnen aufgespürt zu werden. Der Konvoi besteht
jetzt aus vier oder fünf LKWs mit dem Schild »WH«. Man
fährt nicht im Verband, wie wir gleich merken, sondern nur in
lockerem Abstand. Meine Mutter und die zwei jüngeren Söhne
sitzen vorne in dem LKW, mein ältester Bruder Kaspar im anderen, unser Vater hinten auf der Ladefläche. Sehr schnell geht
es Gottlob nicht, aber die kurvenreiche Strecke über den Apennin und dann durch die Po-Ebene bis Modena ist äusserst
unbequem und nicht ungefährlich. In einer Villa der Herzöge
von Salviati wird Quartier gemacht. Wir kommen dort alle
unter, die Eigentümer zeigen sich meinem Vater gegenüber sehr
hilfsbereit, meine Mutter bekommt sofort Tee und Biscotti, wir
werden in herrlichen frischen Zimmern gebettet. Ich selbst
schlafe sofort und meine Erinnerung an jene Stunden ist entsprechend schwach. Meine Mutter hingegen kann sich später
ganz genau erinnern.

Am Abend oder in der Nacht des nächsten Tages erreichen
wir den Po. Über eine von der ›Organisation Todt‹ gelegte Pon-
tonbrücke überqueren wir nun im Schritttempo den vom Regen
angeschwollenen riesigen Strom. Auf einmal wird die Nacht in
gleissendes Licht getaucht: Feindliche Flugzeuge haben Ben-
galfackeln abgefeuert. Ein Flugangriff bleibt aus. Vielleicht wartet man auf die grossen Truppenbewegungen, die noch kommen
sollen. Es dauert lange, bis wir drüben sind. Vielleicht denkt Rudolf Borchardt sekundenlang darüber nach, wie es wäre, aus dem
langsam über die Flösse rumpelnden Fahrzeug abzuspringen

und im nächtlichen Fluss zu verschwinden. Man hätte ihn wohl kaum aufgefischt. Er wäre dann in den Fluten untergetaucht und als guter Schwimmer irgendwo an Land gekommen. Aber wir, seine Familie, sind ja noch da, die er nicht verlässt. Endlich sind wir am nördlichen Po-Ufer angekommen.

Am nächsten Tag geht die Fahrt weiter in Richtung Mantua. Die Fahrer der LKWs, – besonders der, bei dem meine Mutter mitfährt, – entpuppen sich, zuerst vorsichtig, dann immer offener, als Antinazi's. Sie haben alle eine Wut auf den »Kettenhund«, der uns immer noch mit einer MP bewacht. Je mehr wir mit ihnen ins Gespräch kommen, desto zutraulicher werden sie. Sie trösten meine Mutter und den Vater, sagen, »das kriegen wir schon hin, der Krieg ist ja bald vorbei« und ähnliche Worte. Von dem Gedanken, Müller mit einem Brotmesser zu erdolchen, falls die Lage es erfordern sollte (was meine Mutter uns später schuldbewusst beichtet) lässt sie dann wohl bald wieder ab. Die LKW-Fahrzeuge werden »heim ins Reich« gefahren, um dort von Benzin (das es nicht mehr gab) auf Methangas umgebaut zu werden. Schon dieses Eingeständnis fehlender Treibstoffreserven und demzufolge operativer Ohnmacht der Kampftruppen veranlasst die Soldaten zu höhnischen Witzeleien, man kommt bald in eine Stimmung von »Galgenhumor«, es ist unheimlich lustig, wenn auch für uns mit einem makabren Beigeschmack. Unser Fahrer ist ein gutmütiger, hilfsbereiter, meine Mutter stets aufmunternder Mann. »Wie geht es wohl dem da oben?« sagte er. »Ob der wohl friert? Sollen wir ihn mal reinkommen lassen?« Borchardt will aber nicht, er zieht es vor, draussen zu bleiben, die ganze Zeit, ohne gesehen zu werden, ohne mit uns zu sprechen, ausser zu den Mahlzeiten, wenn wir irgendwo anhalten um »Essen zu fassen«. Unser Bewacher, der »Kettenhund«, lässt irgendwann seine MP in der Ecke stehen (ich glaube, nachdem ihm das von unserem Fahrer nahegelegt wird: »Lass doch die dumme Knarre weg, Du siehst doch, die stört nur«). Die uns alle bang beschäftigende Frage ist: Wo werden wir die nächste Nacht verbringen? Wo werden wir morgen sein? Gibt es überhaupt ein morgen?

Die Stadt, die wir dann ausgiebig kennen lernen, ist Mantua. In Mantua wird meine Mutter aktiv in dem Bestreben, zu erreichen, dass wir dort, also in Italien, bleiben können und nicht nach Norden weiterfahren. Sie hofft das zu erreichen, indem sie sich an den dort stationierten Ortskommandanten wendet, den sie dem Namen nach (er kommt aus Bremen) kennt. Die ganze Stadt ist in einem aufruhrartigen Durcheinander. Gruppen von Faschisten ziehen gröhlend durch die Strassen, »Duce«-Hochrufe skandierend. Ein Schwarzhemdler fuchtelt mit einer Pistole auf mich ein, weil ich nicht den Arm ausstrecke, sondern sage: »noi siamo tedeschi …«, was er jedoch als Begründung nicht akzeptieren will, ja was ihm erst recht die Röte ins Gesicht treibt. Ich komme noch mit einem blauen Auge, aber einem echten, davon. Inzwischen hat meine Mutter es tatsächlich erreicht, bis zum Vorzimmer des Generals vorzudringen, mit dem Ergebnis, dass eine Delegation irgendwelcher ziviler Bittsteller feierlich auf sie zutritt und ihr einen riesigen Blumenstrauss überreicht. Es dauerte eine Weile, bis meine Mutter die Leutchen davon überzeugen kann, dass sie nicht die Gattin des Generals ist, sondern, wie sie auch, eine ganz normale Zivilistin. Nach einiger Zeit wird sie dann vorgelassen. Der General kann (oder will) ihr natürlich nicht helfen. Immerhin hat sie auch diese Möglichkeit nicht ungenutzt vorübergehen lassen. Man klammert sich an jeden Strohhalm, der einen noch so fraglichen Ausweg zu versprechen scheint.

Ein weiterer Versuch, unsere Reise »heim ins Reich« zu verhindern, oder wenigstens zu verzögern, geht leider auch schief, verursacht aber darüber hinaus dem armen Rudolf Borchardt die heftigsten Schmerzen. Den längeren Aufenthalt unseres LKW-Zuges nutzend, haben Vater und Mutter einen Arzt aufgesucht und in der Annahme, er sei Antinazi, ihm unsere verzweifelte Lage eröffnet und ihn um seinen Rat befragt. Dieser bietet Rudolf Borchardt eine Ischias-Spritze an, die ihn für einige Tage im wahrsten Sinne des Wortes lahmlegen sollte. Borchardt sagt natürlich »ja«, ängstlich ist er nie gewesen. Der Erfolg ist niederschmetternd. Mein Vater bietet das jammervolle Bild eines Menschen, der sein eines Bein einfach nicht mehr bewegen kann. Schmerzverzerrten Gesichtes gelingt es ihm nur mühsam, einige Schritte zu tun. So gut hätte kein noch so guter Schauspieler simulieren können! Es nützt aber trotzdem nichts. Feldwebel Müller bleibt stur.

Wovon jener Arzt meine Mutter noch unterrichtet, ist, dass Rudolf Borchardt ohne sofortige ärztliche Massnahmen nur noch kurze Zeit zu leben haben würde. Herz und Kreislauf seien in einem äusserst bedenklichen Zustand. Die Diagnose sollte sich leider bewahrheiten: Knapp vier Monate später ist er tot.

Die LKW-Fahrt geht wieder los und endet in Verona. Von dort fahren wir noch am gleichen Abend per Bahn weiter nach Innsbruck. Mein Vater braucht nun wenigstens nicht mehr auf der Ladefläche oder auf Kisten zu sitzen – und bei Fahrtwind zu frieren, ohne richtige Kleidung. Es gelingt uns noch, mit unseren letzten Lire-Beständen einen Cotteghino und ein gebratenes Huhn zu »organisieren«. Der Zug setzt sich schnaufend in Bewegung. Ich sehe noch Rudolf Borchardt vor mir, mit eingefallenem Gesicht, aschgrau, mir gegenüber sitzen. Nachdem er etwas von dem Huhn hastig gegessen hat, uns, der Mutter, den

grössten Teil lassend, verfällt er in einen tiefen Erschöpfungs-
schlaf, in dem alle Gefahren und Schrecken der vergangenen und
vor uns liegenden Tage begraben und vergessen sind.

Am Morgen danach wachen wir auf, weil der Zug steht. Als
wir hinausschauen, überrascht uns der Blick auf das sonnenbe-
schienene, oben mit Schnee bedeckte Gebirge, das Nordketten-
massiv. So hohe Berge haben wir Jungens ja noch nie gesehen!
Wir sind in Innsbruck. Vom Hauptbahnhof werden wir in das
»Gauhaus« gebracht, wo sich die Einwohnermeldestelle befindet. Es ist sieben Uhr morgens und nur eine untergeordnete
Funktionärin oder Sekretärin zur Stelle, die keine Befugnis hat.
Müller besteht darauf, dass die Familie Borchardt sofort abge-
fertigt wird, d. h. Aufenthaltsbescheinigung und Lebensmittelkarten erhält. Müller wendet sich dann an meine Mutter, sagt,
wir seien nun im Deutschen Reich, könnten uns um Unterkunft
und Schule in Innsbruck bemühen. Im übrigen hoffe er, wir
seien mit ihm zufrieden. Verabschiedet sich und entschwindet
unseren Blicken.

In Innsbruck versucht meine Mutter gleich, eine Rückführung nach Italien für uns zu beantragen. Sie meint, in Italien
sei es für uns leichter, bis zum Ende des Krieges unerkannt zu
bleiben, als in Deutschland. Es sieht auch anfänglich nicht un-
günstig für uns aus. Dann aber kommt, ohne Angabe von Gründen, eine abschlägige Antwort.

Wir finden Unterkunft im Hotel ›Speckbacher Hof‹, wo es
leider keinen Speck gibt, sondern allenfalls wässerige Suppen.
Aber sie sind warm und besser als nichts. Mit den Lebensmittelmarken können wir winzige Mengen Butter, Zucker,
Milch und Brot kaufen. Etwas Geld bekommen wir erstaunlicherweise von einer »Rückführungs«-Behörde. Das Erste, was
die Eltern tun, ist natürlich Verbindung mit dem in Bergen bei

Traunstein wohnenden Onkel meiner Mutter aufzunehmen, Rudolf Alexander Schröder und seiner Schwester Dora.

Diese Ankunftsmeldungen bleiben nicht ohne Echo. Bald darauf kommt es zu dem Zusammentreffen zwischen beiden Freunden. Im traditionsreichen, aber jetzt zu einer Schieberhöhle verkommenen ›Café Katzung‹, nahe beim »Goldenen Dachl«, schliessen sie einander bewegt in die Arme. Fünf Jahre sind es her, seit sie sich – zuletzt im April 1939 – gesehen haben. Dass sie sich so, in dieser Lage, wiedersehen sollten, hatte damals keiner von ihnen gedacht. Und doch, dass sie sich wiedersehen können, dass wir alle am Leben sind, – eine Riesenfreude! Es wird sofort beratschlagt, was zu tun sei. Zu Schröders auf den ›Sonnleithen‹ in Bergen mit der fünfköpfigen Familie wäre nicht gegangen. Das Häuschen dort ist nur für zwei Personen gebaut und eingerichtet.

Nach Trins im Gschnitztal sind wir dann durch Vermittlung des alten Bremer Freundes meiner Eltern, Ludwig Wolde, gekommen, der zufällig auch dort in der Nähe wohnt. Geld hat uns Onkel Peter, der Bruder meiner Mutter, aus Bremen geschickt. So können wir wenigstens die Hotel- und Arztkosten und die notwendigen Lebensmittel bezahlen. Im Hotel ›Trinser Hof‹, das bereits überfüllt von Menschen ist, die den letzten Tag des Krieges dort möglichst unerkannt verbringen wollen, bekommen wir im letzten Moment noch drei Zimmer, eines für die Eltern, zwei für uns Brüder. Im Hotel geht es hektisch zu. Immer mehr Menschen, Kriegs- und Systemflüchtlinge, bitten um Aufnahme, wollen zu essen haben und wollen es warm haben. Kohle und Kartoffeln können unter immer schwierigeren Umständen »organisiert« werden. Die findige Hotelierfamilie Covi versteht es immer wieder, das »Loch in der Eisdecke« einigermassen offen zu halten.

[29–31]   *Hausprospekt des Hotels Trinserhof, vor 1938 (Rudolf Borchardt Archiv).*

Kaminhalle

Tirolerstube

Hoteleingang

Kupfertiefdruck: WUB, Innsbl

NEU: Herrliche Aussichtssonnenterra

DAS ALPENHO

bietet seinen Gästen durch seine sch
einen äußerst angenehmen Aufentho
Kalt- und Warmwasser und sind di
Liegeterrasse. Die Führung des Hau
fachsten und verwöhntesten Ansprü

Pensionspreise: Je nach Lage der
Gesellschaften werden Sonderabkom

TRINS liegt am Südhange des „B l
gebettet in duftende Bergwiesen und
und Schutzhüttenwanderungen. Dank
Sommeraufenthalt. Bergführer im Or

TRINS ist einer der sonnigsten Wi
von Mitte Dezember bis Ende März
während es für gute Skifahrer viele
Sessellift 4 km. Post, Telephon, Tele

Zufahrt: Von der Schnellzugstation

Anschrift: Hotel Trinserhof, T

Besitzer: J. u. B. Covi. Telephon:
Schlern (Dolomiten), Südtirol, ITALIEN

G

Speisesaal

Adlerstube

Lesezimmer

...wimmbecken mit Liegewiese.

TRINSERHOF

...age und durch seine gemütliche Innenausstattung
...mer (60 Betten) haben Zentralheizung, fließendes
...mit Balkon versehen. Bäder, Sportbar, Garage,
...Bestes aus Küche und Keller und wird den ein-

..._____ bis S _____. Für Familien und
...ähere Auskünfte erteilt die Hotelleitung.

..., eines der blumenreichsten Berge der Alpen, ein-
...nd ist Ausgangspunkt zahlreicher schöner Berg-
...d vor allem ruhigen Lage ist es ein sehr beliebter

...Österreichs und bietet sichere Schneeverhältnisse
...n leichte Übungshänge unmittelbar beim Hotel,
...were Skitouren gibt. Neuer Schlepplift im Ort,
...Arzt im Dorfe. Leihski und Sportgeräte im Hause.
...ner täglicher Kraftpostverkehr nach Trins (4 km).

...h am Brenner, Tirol.
...Im gleichen Besitze: Hotel Miramonti in Seis am

...sterreich · Imprimé en Autriche · Printed in Austria

...öffnet

BESONDERS LOHNENDE SOMMERTOUREN

Aufstieg:

Blaser (2244 m), einer der florareichsten
  Berge der Alpen .... 3 Stunden
Naturfreundehaus (2218 m) .... 3 Stunden
Vom Naturfreundehaus zur Kirchdachspitze
  (2840 m), herrliche Aussicht .... 3 Stunden
Trunajoch (2166 m) zu den
  Obernberger Seen (1450 m) .... 4 Stunden

Aufstieg von Gschnitz aus:

Innsbrucker Hütte (2369 m) .... 3 Stunden
Von der Innsbrucker Hütte zum Habicht (3280 m) 3 Stunden
Bremer Hütte (2162 m) .... 4 Stunden
Von der Bremer Hütte zum Feuerstein (3265 m) 3 Stunden
Tribulaunhütte (2120 m) .... 2½ Stunden

Tribulaunhütte — Feuerstein (3265 m) — Innsbrucker Hütte

Trinserhof mit Blick ins Gschnitztal

Photo: Heiss

SKITOUREN

Aufstieg

Blaser (2244 m) .... 3 Stunde
Kalbenjoch (2229 m) .... 3 Stunde
Naturfreundehaus (2218 m) .... 3 Stunde
Trunajoch (2166 m) .... 3 Stunde
Nößlacher Joch (2232 m) .... 2½ Stunde
Tribulaunhütte (2120 m) von Gschnitz aus ..... 3 Stunde

DEUTSCHLAND
TYROL
SCHWEIZ
ITALIEN

Km von Trins nach:
Steinach 4
Brenner 15
Innsbruck 30

— Auto
— Bahn

Olperer

Berger Alm

Hier lebt Rudolf Borchardt noch zweieinhalb Monate in verhältnismässiger Ruhe. Die Eheleute haben in den Tagen der unmittelbaren Gefahr und übermächtiger Anstrengung wieder zueinander gefunden. Es fügt sich etwas zusammen, das vielleicht in normalen Zeiten nicht geschehen wäre: Die alte Harmonie stellt sich zwischen ihnen wieder her. Natürlich ist stets die Rede von Dichtung und Gedichten. In Ermangelung von Büchern müssen unsere Schulbücher herhalten, die wir aus der Schule in Steinach mitbringen. Gedichte von Andreas Gryphius und Walter von der Vogelweide (»Ihr sult sprechen willekommen …«) werden gelesen und eingehend besprochen. Da wir auch keinen ›Ewigen Vorrat‹ besitzen, muss Rudolf Borchardts Gedächtnis herhalten. Stark wird auch der ›Ewige Vorrat‹ selber debattiert. Gedichte, die meine Mutter gern darin gehabt hätte und andere lieber nicht, werden zum Gegenstand erregter Diskussionen. Mein Vater bespricht mit meiner Mutter natürlich auch Pläne für »danach«. Darunter in erster Linie die Neuedition seiner gedruckten Werke. Das kommt später meiner Mutter zugute, denn die Anordnung, in der die Werkausgabe gedruckt wird, entspricht, wie sie uns oft geschildert hat, weitgehend jener Struktur, die dem Vater damals wohl vorschwebt, und an die meine Mutter sich, oft gegen ihre Ratgeber, gehalten hat.

Was mit dem ungedruckten Œuvre geschehen ist, ob es noch gerettet oder für immer verloren ist, daran wagt niemand von uns zu denken. Besonders das so gut wie vollendete Homerbuch, mit dem Borchardt glaubt, eine epochale Entdeckung für die gelehrte Fachwelt gemacht zu haben, ist unter den zurückgelassenen Papieren. Er entschliesst sich daher, das ganze Buch neu zu schreiben. In der kleinen Kammer sitzt er zwischen Bett und Schrank eingeklemmt und schreibt Seite nach Seite des neuen Manuskripts. Ohne Bücher und ohne Texte!

Daneben unterrichtet er uns drei Söhne noch in Latein und Griechisch. Zur löblichen Übung, aber auch zur Schilderung unserer Lage, lässt er uns lateinische Briefe an Rudolf Alexander Schröder schreiben. Er hofft, damit die NS-Zensur zu umgehen, was sich als berechtigt erwiesen hat, denn die Briefe sind erhalten, werden also von den Behörden weitergeleitet und nicht weggeworfen. Inhaltlich und auch nach der Syntax sind sie weitgehend der väterlichen Hand zuzuschreiben. Ein Lehrstück des Thukydides über den Peloponnesischen Krieg aus meinem Griechisch-Buch veranlasst ihn, uns einen Vortrag über das Athen und die Verhältnisse der griechischen damaligen Welt zu halten. Er betont besonders, dass es zu jener Zeit im Grunde nicht viel anders gewesen sei als heute. »Auch jene Menschen waren wie die Heutigen aus Fleisch und Blut, mit Händen, die sich bewegten, wie eben jetzt die meinen«. Damit die Dramatik des lebendigen Lebens, damals wie heute, uns leidenschaftlich veranschaulichend.

Unter den Hotelgästen sind, wie sich denken lässt, auch verkappte Nazis, die allein oder mit ihren Familien nur noch ihre Rettung im Sinn haben. Auch der Adel ist vertreten, etwas scheue und sehr feine Menschen, deren Güter man konfisziert hat und die nun vor dem Nichts stehen. Dazwischen Soldaten, die nur nach Hause wollen, dann Kriegerwitwen und Marketenderinnen. Dies bunte Gemisch versammelt sich zu den Mahlzeiten im stets überfüllten Speisesaal, und es geht nur um eins: Satt werden, oder wenigstens einige Bissen abbekommen! Die Familie Borchardt wird von dieser diffusen Menge nicht weiter beachtet. Man plaudert mit den Tischnachbarn, zieht sich aber bald in die eigenen vier Zimmerwände zurück. Zu Weihnachten wird es noch einmal schlimm. Meine Brüder und ich bekommen Scharlach, und die Eltern regen sich sehr auf.

Rudolf Borchardt eilt nach Steinach, um einen Arzt aufzutun und Medikamente, die es kaum gibt, zu ergattern. Dabei hätte er selbst Medikamente nötiger gebraucht als wir. Er konnte schon keine zwei Schritte mehr tun, ohne in Atemnot zu geraten. Aber das Scharlachfieber treibt seinem Höhepunkt zu. So wird der Heilige Abend mehr in den Betten als im Hotel begangen. Die tief verschneite Aussenwelt und der klirrende Frost sind für meine Brüder und mich faszinierend. Ein deutsches Weihnachten, von dem man uns soviel erzählt hat, ist nun auch für uns da. Dass diese letzten Tage in Trins, die trotz Chaos, Weltabhandenheit und Armut für Rudolf Borchardt vor allem ein Glück der nächsten Nähe zu Frau und Kindern bedeuten, in grosser Dankbarkeit über unsere Rettung und Gottergebenheit für die Zukunft, zeigt sein letztes Gedicht, das er uns als Weihnachtsgeschenk zugedacht hat.

Am Nachmittag des 10. Januar 1945 kommt Rudolf Borchardt die Treppe zu seinem Zimmer herauf, um einem Hotelgast etwas von seinem Tabak zu holen. Im Zimmer angelangt, wird er ohnmächtig und fällt halb zu Boden. Wir eilen herzu, um zu helfen, er aber hat sich wieder gefangen, sagt »alles in Ordnung«, steht wieder auf, als sei nichts gewesen. Dann steigt er auf einen Stuhl am Schrank, um die Tabakschachtel, die sich neben allerlei Koffern auf dem Schrank befand, herunterzuholen. In dem Augenblick, als er die Schachtel ergriffen hat, verlässt ihn das Leben. Er kann noch vom Stuhl heruntersteigen, dann fällt er, da ich unmittelbar daneben stehe, in meine Arme. Ich kann ihn nicht halten, er sinkt zu Boden und liegt da auf dem Rücken. Die Augen sind geöffnet, aber sie blicken nicht mehr. Ein Arztehepaar aus Innsbruck, die neben uns wohnen, Herr und Frau Dr. Thurnher, kommen sofort und machen Wiederbelebungsversuche, stellen aber dann den Tod durch Gehirnschlag fest.

Zur Beerdigung sind Lutz Wolde und einige zuletzt befreundete Menschen aus Trins gekommen. Rudolf Alexander Schröder ist nicht da, krankheitshalber. Es hätte auch seine Kräfte überstiegen. Man beerdigt Rudolf Borchardt ausserhalb der (damaligen) Umfriedung. Als Protestant kommt er nach strenger Auslegung nicht in den katholischen Teil des Friedhofs, sondern zu den »Ungläubigen« jenseits des Kirchturms. Dort, zwischen der Kirchturmsmauer und einem Einsegnungskapellchen, liegt er begraben. Die kleine Kapelle gibt noch gerade den Blick frei nach Süden, hinüber zum Bergmassiv des ›Olperer‹, einem Dreieinhalbtausender des Zillertals, auf Gletscherzonen und Zinnen, wie die der Tribulaungruppe im Südwesten, − eine gläserne Wand aus Eis, die ihn wie eine erhabene Gefängnismauer von Süden und Freiheit trennt und ihn oft zu den Versen jenes von Goethe evozierten Troerinnen-Schicksals hingerissen hat:

> »Preiset die heiligen,
> Glücklich herstellenden
> Und heimführenden Götter!
> Schwebt der Entbundene
> Doch wie auf Fittichen
> Über das Rauhste, wenn umsonst
> Der Gefangene sehnsuchtsvoll
> Über die Zinne des Kerkers hin
> Armausbreitend sich abhärmt.«[375]

---

[375] ›Faust‹, Zweiter Teil, Verse 8619 ff.

DEUTSCHES REICH

(Stempelmarke)

Rm. 3. –

REISEPASS

Nr. *291/37*

NAME DES PASSINHABERS

Rudolf Borchardt

BEGLEITET VON SEINER EHEFRAU

UND VON ———— KINDERN

STAATSANGEHÖRIGKEIT:

DEUTSCHES REICH

Dieser Paß enthält 32 Seiten

[32–37]   Reisepass Rudolf Borchardts und einliegendes Merkblatt, 1937
(Nachlass Borchardt DLA).

Unterschrift des Paßinhabers

Rudolf Borchardt

und seiner Ehefrau

_____

....

_____

Es wird hiermit bescheinigt, daß der Inhaber die (
das obenstehende Lichtbild dargestellte Person is
die darunter befindliche Unterschrift eigenhändig
zogen hat!

Locarno, den *27. Januar* 6

DER DEUTSCHE KONS

2

		Ehefrau
...uf	*Privatier*	
...urtsort	*Königsberg*	
...urtstag	*9. Juni 1877*	
...hnort	*Saltoccio (Prov. Lucca, Italien)*	
...talt	*mittel*	
...icht	*oval*	
...be der Augen	*blaugrau*	
...be des Haares	*dkl. ergrauend*	
...ond. Kennzeichen	*doppelte*	
...rmuscheln		

KINDER

Name	Alter	Geschlecht

3

In- und Ausland

Der Paß wird ungültig am

26. Januar 1942

~~wenn er nicht verlängert wird.~~

Ausstellende Behörde
DEUTSCHES KONSULAT - LIVORNO

Datum
Livorno, den 27. Janu

Unterschrift
DER DEUTSCHE KO

VERLÄNGERUNGEN

rlängert bis ....

........................., den ....
Dienststelle

....
Unterschrift

....

rlängert bis ....

........................., den ....
Dienststelle

....
Unterschrift

....

längert bis ....

........................., den ....
Dienststelle

....
Unterschrift

....

Denuncia annonaria

n: 76975

Lucca 25 gennaio 1940 - XVIII.

6

Merkblatt
für Reisen in das Ausland

1. Der Paßinhaber darf an dem Paß keinerlei Änderungen vornehmen. Änderungen haben die Ungültigkeit des Passes sowie unter Umständen die Bestrafung des Paßinhabers und ferner Unzuträglichkeiten beim Grenzübertritt zur Folge.

2. Wer in das Ausland reist, beachte folgendes:

   a) Auch Reichsangehörige können die Reichsgrenze sowohl bei der Einreise als auch bei der Ausreise regelmäßig nur auf Grund eines gültigen Reisepasses überschreiten.

   b) Alle ausländischen Staaten fordern für die Einreise und den Aufenthalt die Vorlage eines gültigen Reisepasses. Der Reisende führt den Paß im Ausland zweckmäßig stets bei sich.

   c) Eine Reihe ausländischer Staaten verlangt noch die Vorlage eines Sichtvermerks, der vor Antritt der Reise bei der zuständigen hiesigen Vertretung (Konsulat) des Zielstaates einzuholen ist. Über die fremden Staaten, deren Gebiet nur mit Sichtvermerk betreten und verlassen werden kann, geben die Paßbehörden und die amtlichen Reisebüros Auskunft.

   d) Im Ausland gelten vielfach besondere Bestimmungen über die polizeiliche Meldung und die Notwendigkeit einer Aufenthaltserlaubnis.

   e) Zur Arbeitsaufnahme ist im Ausland meistens eine besondere Erlaubnis erforderlich, deren Beschaffung vor der Einreise geboten oder zweckmäßig ist. Die notwendigen Auskünfte hierüber erteilen die hiesigen Vertretungen (Konsulate) des Zielstaates.

   Häufig schließen fremde Staaten vorbestrafte Ausländer von der Arbeitsaufnahme aus.

Gedenke, daß du ein Deutscher bist!

A 52 b (6. 32)

3. Wer auswandern will, wende sich mündlich oder schrift=
lich an die nächstgelegene Auswandererberatungsstelle,
deren Sitz u. a. bei der Paßbehörde zu erfahren ist. Die
Auswandererberatungsstellen geben auf Grund zuver=
lässiger Unterlagen erschöpfende Auskunft über die Aus=
sichten der Auswanderung, insbesondere über die allge=
meinen Lebens=, Arbeits= und Niederlassungsverhältnisse
in den Zielländern, über Reisewege und Einreisebestim=
mungen, über Fürsorgeeinrichtungen für Deutsche im
Ausland u. a. m.

4. Bei Jugendwanderungen ist folgendes zu beachten:

Bei allen Wanderungen im Ausland sei man stets
eingedenk, daß man in einem fremden Staate nur Gast=
rechte besitzt.

Im Ausland fällt der fremde Wanderer viel mehr auf
als in der Heimat. Sein Handeln wird daher schärfer
beurteilt. Nachlässigkeit in Kleidung, Betragen und
Arbeit setzen ihn, seinen Berufsstand und seinen Heimat=
staat in den Augen des anderen Volkes herab.

Für einen großen Teil der fremden Völker sind Wande=
rungen von einzelnen oder Gruppen noch unbekannt.
Jugendherbergen fehlen. Die Quartierbeschaffung ist
deshalb sehr viel schwieriger als in Deutschland. Zelten
und Übernachten im Freien werden von der Bevölkerung
oft als Vagabundieren angesehen. Der Wanderer, der
sich in Unkenntnis dieser Tatsache ins Ausland begibt,
gerät daher leicht in Not.

Auskünfte über die Verhältnisse in fremden Ländern,
über die Möglichkeit, in einer angemessenen Form auch
mit geringen Mitteln das Ausland kennenzulernen, er=
teilen die Jugendämter, die Berufsschulen sowie die
Jugend= und Wanderverbände.

Gedenke, daß du ein Deutscher bist!

GERHARD SCHUSTER
CHRONIK DER EREIGNISSE 1943–1945

> »Wenn wir nur überleben und uns
> selber treu bleiben, so soll es allen
> Schrecken zum Trotz auch noch
> einmal wieder besser werden.«[376]
> *(Rudolf Borchardt, Dezember 1944).*

Vorbemerkung Wie wenig die bisherigen Bemühungen um eine
faktensichere Rekonstruktion der Biographie und der Werkgeschichte
Rudolf Borchardts gefruchtet haben, liesse sich auch an den mehr-
fachen Versuchen zeigen, die den letzten Lebensjahren gegolten
haben.[377] Trotz aller Bemühungen ist es bereits aus Anlass der Mar-
bacher Ausstellung von 1978 nicht zu einer exakten Dokumentation
dessen gekommen, was im »Halbschatten des Nacherzählten, des
entweder Legendären oder Widersprüchlichen« mehr und mehr an
Verlässlichkeit verlor.[378] Zu sehr schien die Recherche der Fakten an
die Publikation des nur unter der Hand verbreiteten Nachlasstextes
›Anabasis‹ geknüpft zu sein, um nicht immer und immer wieder
vertagt zu werden;[379] teilweise mit Scheingründen, oft wohl auch aus
Bequemlichkeit. Sechzig Jahre nach den Ereignissen werden hier nun
die erhaltenen Dokumente und erreichbaren Auskünfte mit Erläute-

---

[376] Als mündliche Äusserung RBs zitiert in der redaktionellen Vorbemerkung
zum Abdruck des Gedichtes: ›Weihnachten‹ (In: ›Neue Zürcher Zeitung‹.
Jg. 167, Nr. 2408 vom vom 25. Dezember 1946, Blatt 3; Grüninger 2002 Nr. 140).

[377] Ein erster Versuch war der Aufsatz des Verf. zum 50. Todestag: ›Denn wie auf
Fittichen über das Rauheste. Zum fünfzigsten Todestag von Rudolf Borchardt:
Auskünfte über sein letztes Lebensjahr aus neuen Quellen. In: Frankfurter All-
gemeine Zeitung. Nr. 8 vom 10. Januar 1995 S. 25.

[378] Vgl. den Wunsch von Reinhard Tgahrt in Katalog 1978 S. 515 f.

[379] Vgl. die Bemerkung im Nachwort zu Prosa VI 1990 S. 548.

rungen zusammengeführt – als Darstellung der Sachverhalte gewiss nur ein Bruchteil dessen, was man vor zwanzig, vor dreissig Jahren noch hätte eruieren und durch Interviews mit den Beteiligten beglaubigen können.

Die nachfolgende Chronik kann also nicht viel mehr bieten als ein Datengerüst der Abläufe, versehen mit knappen Zitaten und Bildern. Grundlage des Mitgeteilten bilden zunächst die Briefe und Texte RBs und darüber hinaus Notizen der Familie von 1974 und eine Tonbandaufzeichnung von 1984, in der sich Frau Marie Luise Borchardt, Kaspar Borchardt und Cornelius Borchardt – vierzig Jahre danach – den Ablauf von August/September 1944 noch einmal vergegenwärtigt haben; Anlass dazu war eine Bitte um Auskünfte, die Klaus Voigt für sein grundlegendes Werk ›Zuflucht auf Widerruf‹ leider vergeblich an die Witwe Rudolf Borchardts gerichtet hatte. Die Fragen stellten damals die Gesprächsteilnehmer einander selbst, und so entstehen in der Arbeit an der Erinnerung ebenso reizvolle Rückblicke wie sich auch gleichsam einhellig Erinnerungslücken bei den Beteiligten dokumentieren. Der tontechnische Zustand dieser Aufzeichnung (das Band selbst ist heute unzugänglich, der Wortlaut nur in einer ungeprüften Abschrift überliefert) lässt einen integralen Abdruck der von Lücken, Wiederholungen und zahllosen Irrtümern durchsetzten Erinnerungen nicht zu; die wesentlichen Partien werden jedoch in der Chronik zitiert.

Unabhängig von der Frage nach den literarischen Gesichtspunkten, unter denen RBs ›Anabasis‹ als Teil seiner schriftstellerischen Œuvres zu würdigen bleibt, lesen sich seine Aufzeichnungen heute vor allem als Geschichtsquelle. Der Zusammenhang mit den Tagebuchnotizen von Corona Borchardt und den Erinnerungen von Cornelius Borchardt bietet eine Fülle von Einzelheiten aus dem Zeitraum von Sommer 1944 bis Januar 1945, die nur in Verbindung mit der inzwischen intensivierten zeitgeschichtlichen Forschung über den italienischen Kriegsschauplatz ab 1943 verstanden werden können. Das hier Mitgeteilte enthüllt zwar nichts Grundsätzliches neues, aber es dokumentiert in den Einzelschicksalen viele Details, die so oder so ähnlich vor allem deutschen Lesern bisher nicht bekannt gewesen sind.

Solche Zeugnisse nicht nur biographisch, sondern auch zeitgeschichtlich zu erläutern, kann leicht zu überbordenden Einzelstellen-Kommentaren führen, die dem Leser dennoch keine zufriedenstellende Übersicht über den Kontext verschaffen, in dem die Dokumente stehen. Der historische Hintergrund ist inzwischen jedoch so sorgfältig erforscht, dass es im Folgenden genügen darf, auf die wichtigsten Publikationen zu verweisen, in deren Horizont sich alle drei Texte einordnen lassen.

Unentbehrlich bei allen Recherchen ist die Bibliographie von Josef Schröder bis zum Erscheinungsjahr: ›Italien im Zweiten Weltkrieg/ L'Italia nella seconda guerra mondiale‹ (München: Bernard & Graefe Verlag für Wehrwesen 1978; Schriften der Bibliothek für Zeitgeschichte. Weltkriegsbücherei Stuttgart. Neue Folge der Bibliographien der Weltkriegsbücherei, Heft 14); ausserdem die ›Enciclopedia dell' antifascismo e della Resistenza‹, Bd. 1–6 (Milano 1968–1989). Wie sehr RBs persönliche Lebensumstände sich vom Schicksal deutscher Emigranten in Italien unterscheiden, macht die gründliche zweibändige Untersuchung von Klaus Voigt deutlich: ›Zuflucht auf Widerruf. Exil in Italien 1933–1945‹ (Stuttgart: Klett-Cotta 1989, 1993). Den Ereigniszeitraum 1943/44, auf den RB rückblickend anspielt (vgl. S.19), untersucht Josef Schröder in seiner Monographie: ›Italiens Kriegsaustritt 1943. Die deutschen Gegenmassnahmen im italienischen Raum: Fall »Alarich« und »Achse«‹ (Göttingen/Zürich/Frankfurt: Musterschmidt 1969; Studien und Dokumente zur Geschichte des Zweiten Weltkrieges, Bd.10), ausserdem vor allem – geradezu als Hauptkommentar zu RBs ›Anabasis‹ – die Monographien von Lutz Klinkhammer: ›Zwischen Bündnis und Besatzung. Das nationalsozialistische Deutschland und die Republik von Salò 1943–1945‹ (Tübingen: Niemeyer 1993; Bibliothek des Deutschen Historischen Instituts in Rom, Bd.75) und Hans Woller: ›Die Abrechnung mit dem Faschismus in Italien 1943 bis 1948‹ (München: Oldenbourg 1996; Quellen und Darstellungen zur Zeitgeschichte. Hrsg. vom Institut für Zeitgeschichte, Bd.38). Die militärischen Ereignisse fasste Werner Haupt erstmals übersichtlich zusammen: ›Kriegsschauplatz Italien 1943–1945‹ (Stuttgart: Motorbuch-Verlag 1977). Im ›Anabasis‹-Text wird mehrfach (vgl. S. 34, 38) auf die italienische Widerstandsbewegung hingewiesen, von der RB persönlich Kenntnis und zu der er, nach dem Zeugnis von Marie Luise Borchardt (S. 372), Corona Borchardt (S. 109) und Cornelius Borchardt (S. 34), auch Kontakt hatte, ohne dass noch weitere Einzelheiten ermittelbar wären. Mustergültig für die Kenntnis der entsprechenden Umstände in allen Teilen des Landes ist der von Luca Baldissara erarbeitete ›Atlante storico della Resistenza italiana‹ (Milano: Istituto nazionale per la storia del movimento di liberazione in Italia/Bruno Mondadori 2000); vgl. ausserdem Luciano Casella: ›The European war of liberation. Tuscany and the Gothic line‹. Preface by Lelio Lagorio. Translation by Jean M. Ellis D'Alessandro (Firenze: La Nuova Europa 1983). Daneben sind die Monographien von Schreiber und Andrae unverzichtbar: Gerhard Schreiber: ›Deutsche Kriegsverbrechen in Italien. Täter – Opfer – Strafverfolgung‹ (München: Beck 1996); überarbeitet und mit aktualisierter Bibliographie unter dem Titel ›La Vendetta Tedesca. 1943. Le Rappresaglie naziste in Italia‹ (Milano: Mondadori 2000). – Friedrich Andrae: ›Auch gegen Frauen und Kinder. Der Krieg der deutschen Wehrmacht gegen die Zivilbevölkerung in Italien 1943–1945‹ (München: Piper 1995); überarbeitet unter dem Titel ›La Wehrmacht in Italia. La guerra delle Forze armate tedesche contro la popolazione civile 1943–1945‹ (Roma: Editori Riuniti 1997). Die italienische Regionalforschung hat, unterstützt von den jeweiligen Provinzialzweigstellen des ›Istituto nazionale per la storia del movimento di liberazione in Italia‹, zahlreiche Einzelveröffentlichungen vorgelegt, im Falle von Lucca etwa in den ›Documenti e Studi. Rivista dell' Istituto Storico della Resistenza in Provincia di Lucca‹ (seit 1984), für Florenz in den ›Atti e studi‹ des ›Istituto storico della Resistenza in Toscana‹ (seit 1960); darauf sei hier ebenso nur verwiesen wie auf die Beiträge der Tagungspublikation ›La Resistenza e gli alleati in Toscana‹ (Firenze: Tip. giuntina 1964) und den Band ›La Resistenza in Lucchesia. Racconti e cronache della lotta antifascista e partigiana‹ (Firenze: La nuova Italia 1965). Wichtig sind für unseren Zusammenhang der Ereignisse in Toskana (und der Lucchesia) die Forschungen von Michele Battini:

256

›Guerra ai civili: la politica di repressione della Wehrmacht in Toscana. Contributi e richerche recenti‹ (In: Leonardo Paggi (Hrsg.): ›Le memorie della Repubblica‹ (Firenze: La Nuova Italia 1999 S.221–244), Ugo Jona (Hrsg.): ›Le rappresaglie nazifasciste sulla popolazione toscane. Diario di diciasette mesi di sofferenze e di eroismi‹ (Firenze: Comitato Regionale Toscano 1992), und der von Ivan Tognarini eingeleitete Band: ›1943–1945 la Liberazione in Toscana, la storia, la memoria‹ (Firenze: Pagnini 1994). Was RB und seine Familie während des Transportes in Städten wie Barga, Castelnuovo oder Piazza al Serchio an Kriegszerstörungen wahrgenommen haben, zeigt Oscar Guidi in seiner mit eindrucksvollen Bildern und Dokumenten versehenen Monographie ›Garfagnana 1943–1945. La Guerra. La Resistenza‹ (Lucca: maria pacini fazzi 1994; Collana di Cultura e Storia lucchese, 13).

Auch die Ereignisse des Sommers 1944 in Florenz, wie das Tagebuch von Corona Borchardt sie spiegelt, lassen sich inzwischen durch zahlreiche Darstellungen einordnen. Berichte wie die anonym erschienene Broschüre ›La liberazione di Firenze. La lotta clandestina in Toscana e la battaglia partigiana nella città. 8 settembre '43–11 agosto '44‹ (Firenze: Le Monnier 1945) sind nicht selten. Die Biographie von David Tutaev über Gerhard Wolf unter dem Titel ›The Consul of Florence‹ (London: Secker & Warburg 1966) liegt mit Abbildungen und erweiterten Nachweisen in der Übersetzung von Eugen Haas auch deutsch vor: ›Der Konsul von Florenz. Die Rettung einer Stadt‹ (Düsseldorf/Wien: Econ-Verlag 1967). Reizvolle Einblicke in eine Welt, die zeitweise – bis hin zur Bedrohung durch den Nationalsozialismus – auch die RBs und seiner Familie gewesen ist, vermitteln die mit zahlreichen zeitgenössischen Photos illustrierten ›Jugend-Erinnerungen 1923–1950‹ der Prinzessin Irmingard von Bayern, einer Tochter des Kronprinzen Rupprecht (St. Ottilien: EOS-Verlag 2000, insbes. ab S. 230). Eine abwägende Darstellung der (militärisch angeblich notwendigen) Sprengung der Brücken gibt Gerhard Hümmelchen in seiner Schrift: ›Die Kämpfe um Florenz im Sommer 1944, dargestellt unter Verwendung des Tagebuchs von Konsul Steinhäuslin‹ (Bonn: Studiengesellschaft für Zeitprobleme 1965; Wehrpolitische Schriftenreihe Nr. 17). Eine zu Corona Borchardts Eindrücken zeitgleiche Darstellung aus der Erinnerung geben Hanna Kiel: ›La battaglia della collina. Fiesole – una cronaca dell'agosto 1944‹. A cura di Paolo Paoletti. Traduzione dal tedesco di Enrico Cirri e Paolo Paoletti (Firenze: Edizioni Medicea 1986) und Gaetano Casoni: ›Diario fiorentino. Giugno-agosto 1944‹ (Firenze: Civelli 1946). Lesenswert die Kriegsaufzeichnungen von Gerhard Nebel: ›Unter Partisanen und Kreuzfahrern‹ (Stuttgart: Klett 1950), über den Juli 1944 in Florenz vgl. S. 141–150. – Eines der frühesten Bücher zum Thema ist das von Frederick Hartt: ›Florentine art under fire‹ (Princeton / New Jersey: Princeton University Press 1949). Aus italienischer Sicht aufschlussreich für die Abläufe ist das Buch von Paolo Pieraccini: ›Guerra, liberazione ed epurazione a Firenze 1939–1953. Un caso esemplare: il Corpo dei vigili urbani‹ (Firenze: Pagnini 1997; Collana di studi, richerche, documenti 11) und die lebendig geschriebene, umfassend bebilderte Reportage von Ugo Cappelletti: ›Firenze »Città Aperta«. Agosto 1944 – Cronaca di una Battaglia‹ (Firenze: Bonechi 1994); vgl. auch die mit zeitgenössischem Bildmaterial versehene Gesamtdarstellung von Carlo Francovich: ›La Resistenza a Firenze‹ (Firenze: ›La Nuova Italia‹ Edizione 1962; Quaderni del ponte. Nuova Serie, 10) und die Monographie von Luciano Casella: ›The European War of Liberation. Tuscany and the Gothic Line‹ (Firenze: La Nuova Europa 1983, insbes. S. 239–266). – Corona Borchardts Hinweise auf die Alliierten Streitkräfte in der Stadt finden Entsprechungen in den Untersuchungen von C. R. S. Harris: ›Allied Military Administration of Italy 1943–1945‹ (London: Her Maj.'s Off. 1957; History of the Second World War: United Kingdom Series) und G. W. L. Nicholson: ›The Canadians in Italy 1943–1945‹ (Ottawa: Cloudier 1957; Official History of the Canadian Army in the Second World War, vol. 2, insbes. S. 458–486). – Einen Überblick der relevanten Daten bietet Roberto Mascagni in: ›Cronache toscane dal battesimo della nazione al battesimo dell' alluvione (1859–1966). Con una nota autobiografica di Roberto Ridolfi‹ (Firenze: Mascagni 1987 S. 115–122.).

Die letzten Lebensmonate RBs fallen in die Endphase des Krieges, die er teilweise, mit der gebotenen Vorsicht, in seinen späten Briefen kommentiert. Vgl. dazu Horst Boog/Gerhard Krebs/Detlef Vogel: ›Das Deutsche Reich in der Defensive. Strategischer Luftkrieg in Europa, Krieg im Westen und in Ostasien 1943–1944/45‹ (Stuttgart/München: Deutsche Verlags-Anstalt 2001; ›Das Deutsche Reich und der zweite Weltkrieg‹. Hrsg. vom Militärgeschichtlichen Forschungsamt, Bd. 7). – Die Situation der Herbstmonate 1944 in Innsbruck verdeutlichen folgende Publikationen: Adolf Zimmermann: ›Alte Stadt im Ungewitter. Tatsachenbericht eines alten Innsbruckers‹, mit zahlreichen Abb. und einem Stadtplan (Innsbruck: Selbstverlag 1949), Leo Unterrichter: ›Die Luftangriffe auf Nordtirol im Kriege 1939–1945‹ (In: Veröffentlichungen des Museum Ferdinandeum, Bd. 26/29, 1946/49, S. 556–581) und Johann Ulrich: ›Der Luftkrieg über Österreich 1939–1945‹ (Militärhistorische Schriftenreihe. Hrsg. vom Heeresgeschichtlichen Museum (Militärwissenschaftliches Institut), Heft 5/6, Wien 1967. – Einen annähernd zeitgenössischen Eindruck der Lebenssituation in Trins und Umgebung vermittelt Franz Zimmeter-Treuherz: ›Steinach am Brenner in Tirol und seine Umgebung‹ (3. verm. Aufl., mit 52 Bildern und einer Karte. Hrsg. vom Verkehrsverein Steinach am Brenner. Innsbruck: Druck der Wagner'schen Universitäts-Buchdruckerei 1927).

Die analytische Verbindung aller Quellen und der wissenschaftlichen Literatur zu einer durchdachten Schilderung des Ablaufes ist eine Aufgabe, die der Augenzeuge und der Chronist einem künftigen Biographen überlassen müssen. Er wird neben den zeitgeschichtlichen Abläufen von Ende August 1944 bis Januar 1945 auch die innere Biographie RBs zu schildern haben, – eine Phase intensivster Produktion, die nicht nur der Niederschrift seiner ›Anabasis‹ gilt, sondern auch RBs letztes grosses Werk zeitigt, seine ›Epilegomena zu Homeros und Homer‹.

[38] *Villa Pallavicino in Forte dei Marmi, Gartenseite. 1943 (Rudolf Borchardt Archiv).*

1943

zum 1. Januar Freitag: Die Familie Borchardt muss die seit März 1932 mietweise bewohnte Villa Bernardini in Saltocchio bei Lucca räumen. Seit 29. Dezember 1943 Umzug nach Villa Pallavicino in Forte dei Marmi, Viale Morin Nr. 80 b. »Der Tag vor dem Auszug, an dem ich noch allein in dem fast geplünderten Hause, die Gänge, Treppen, Winkel, Kammern abgeschritten bin, an denen so viel Glück und Unglück von dreizehn so schweren wie reichen Jahren mit all seinen Geistern haftet, hat sich mit heissen Eisen in mich gegraben. Nie in meinem Leben ist ein Abschied ein solcher ›Vortod‹ wie Goethe sagt, für mich gewesen, nie habe ich so gefühlt, dass ich meines gesammten Menschen bedarf um zu verhindern, dass es Epoche in meinem Leben macht. Diese dreizehn Jahre 1930–42, liegen eingebettet zwischen Hugos Tod und dem Ende des Krieges.« (RB an Rudolf Alexander Schröder, 2. Februar 1943; Briefwechsel RB/Rudolf Alexander Schröder S. 613 f.) »Dass wir Saltocchio aufgeben mussten, traf ihn schwer, und obwohl er die kostbarsten seiner Pflanzen Gartenfreunden in der Nähe in Obhut gab, ahnte er wohl, dass er seinen Garten für immer verloren hatte.« (Erinnerung von Marie Luise Borchardt; Gärtner 1968 S. 387)

ab Januar Forte dei Marmi Viale Morin Nr. 80 b: Das Haus, die ›Villa Pallavicino‹, wurde durch Vermittlung des genuesischen Reeders Marino Querci, dem Käufer der Villa Bernardini, von der Familie für ein Jahr gemietet. Das (heute verbaute) Anwesen liegt am südlichen Ortsrand von Forte, damals mit seiner Gartenseite noch unmittelbar zu Lido und Strand hin, »und sein Gärtchen war mit dichten Hecken gegen die Sandwinde geschützt. Auf alles, was Blume heisst, musste verzichtet werden. So schön der Blick von der Terrasse oder den Fenstern des Hauses auf die unbegrenzte Weite des Meeres war, für Borchardt bedeutete er nichts. Er stand oft traurig und tatenlos und starrte auf das Meer, dessen Unendlichkeit, wie er sagte, sein Wesen ausrinnen mache.« (Erinnerung von Marie Luise Borchardt; Gärtner 1968 S. 387)

6. Januar Mittwoch Forte dei Marmi: RB schreibt Briefe an Benedetto Croce, Ranuccio Bianchi Bandinelli, Conte Girolamo Roncioni. (Briefe 1936–1945 S. 537–541).

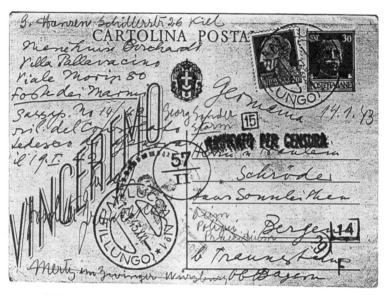

[39]   *Postkarte von Marie Luise Borchardt an Rudolf Alexander und Dora Schröder,
Januar 1943: »Vinceremo« (Privatbesitz).*

7. Januar Donnerstag: Polizeiliche Abmeldung RBs und seiner Familie
von Villa Bernardini Saltocchio seit 15. September 1936(!) nach Comune
di Forte dei Marmi. (Comune di Lucca, Archivio Storico)

14. Januar Donnerstag bis 2. Februar Dienstag Florenz: Aufenthalt
von RB und (ab 29. Januar) Marie Luise Borchardts bei Baronin Marion
Franchetti in Villa Torre di Bellosguardo. (Gästebucheintrag; Privatbesitz
Barone Amerigo Franchetti, Firenze) Begegnungen mit Rupprecht Kronprinz von Bayern.

14. Januar Donnerstag Forte dei Marmi: Postkarte von Marie Luise
Borchardt an Rudolf Alexander Schröder und Dora Schröder: »Es
war und ist immer noch eine katastrophale Unordnung und Ungemüt-
lichkeit um uns herum – und das Wetter ist so grausig wie möglich.
Wegen der Überfüllung mussten wir ans Meer entweichen, wo wir eine
bequeme hübsche moderne Villa mieteten – leider fehlt uns Holz sodass

wir nur ein Zimmer heizen können, worunter Bor natürlich am meisten leidet. Aber wir auch. Lebt wohl und lasst einmal von Euch hören – was macht O[nkel] Rudi? Gibts nichts Neues? B schreibt einen Caesar Aufsatz.« (Briefwechsel RB/Rudolf Alexander Schröder 1919–1945 S. 610)

23. Januar Sonnabend: Peter Voigt, Bremen, Rembertistrasse 1 a, an Marie Luise Borchardt. »Eben kommt eine Karte von Luigino [Franchetti] u. er schreibt v. 18. ds., dass Ihr so verzweifelt wäret, dass Ihr noch nicht einmal auspacken würdet. Ich bin ganz unglücklich über diese Nachricht, besonders da es die letzte seit wieder Wochen ist […] Wenn Forte so grausig ist, warum habt Ihr nicht erst einmal Castoldi's Angebot angenommen? – Aber müssig ist das Fragen, denn wahrscheinlich hattest Du Gründe es nicht zu tun. – Könnt Ihr nicht von dort weiter suchen?« (Nachlass Borchardt DLA)

26. Januar Dienstag: Tagebucheintrag von Vittorio Santoli: »È stato oggi da me Borchardt. Abbiamo parlato a lungo. […] A proposito del suo saggio su ›cortesia‹, finora inedito, ha detto che doveva essere il primo di una serie, destinata a dimostrare che i concetti morali del mondo moderno hanno origine medievale.« (Vittorio Santoli: Dal diario di un critico. Memorie di un germanista (1937–1958), a cura di Giuseppe Bevilacqua e Maria Fancelli. Firenze 1981)

2. Februar Dienstag Florenz Villa Torre di Bellosguardo: RB an Rudolf Alexander Schröder. (Briefwechsel RB/Rudolf Alexander Schröder 1919–1945 S. 612–630) – Die seit 19./20. November 1942 dauernden Kämpfe um Stalingrad enden mit der Vernichtung der deutschen 6. Armee unter Generalfeldmarschall Friedrich Paulus (1890–1957). (vgl. ›Anabasis‹ S. 19)

6. Februar Sonnabend: Mussolini bildet das Kabinett um und übernimmt anstelle seines Schwiegersohns, des Grafen Galeazzo Ciano, selbst das Aussenministerium.

8. Februar Montag Forte dei Marmi: RB an Benedetto Croce. (Briefe 1936–1945 S. 541 f.)

12. Februar Freitag: ›Soggiorno degli Stranieri in Italia‹ für RB, ausgestellt von der Comune di Lucca (Nachlass Borchardt DLA); der Geburtsname seiner Mutter Rosa Borchardt geb. Bernstein wird in dieser Aufenthaltserlaubnis aus Gründen der Verschleierung mit »Rosa Beaud« wiedergegeben. (Vgl. Abb. S. 265)

4. März Donnerstag Forte dei Marmi: RB an Vittorio Santoli. (Briefe 1936–1945 S. 542–546).

11. März Donnerstag Forte dei Marmi: RB an Ranuccio Bianchi Bandinelli. (Briefe 1936–1945 S. 546–547)

13.–26. März Sonnabend bis Freitag Florenz: Corona Borchardt als Gast von Baronin Marion Franchetti in Villa Torre di Bellosguardo. (Gästebucheintrag; Privatbesitz Barone Amerigo Franchetti, Firenze)

vor 17. März Mittwoch: RBs Mutter Rose Borchardt geb. Bernstein (geb. Königsberg 20. April 1854 – beerdigt Berlin 17. März 1943) nimmt sich in Berlin (nach einer mündlichen Überlieferung der Familie) im Alter von 89 Jahren das Leben, um ihrer angekündigten Verhaftung und Deportation zu entgehen.

20. März Sonnabend Forte dei Marmi: RB an Benedetto Croce. (Briefe 1936–1945 S. 548)

10. April Sonnabend Forte dei Marmi: RB an Bernard Berenson. (Briefe 1936–1945 S. 571–575)

15. April Donnerstag: Im neugebildeten Kabinett des Marschalls Pietro Badoglio wird Benedetto Croce »ministro senza portafoglio«.

20. April Dienstag Forte dei Marmi: RB an Ranuccio Bianchi Bandinelli über dessen Monographie ›Storicità dell'Arte Classica‹ (Firenze: Sansoni 1943; Contributi alla storia della civiltà europea). (Briefe 1936–1945 S. 576–588)

13. Mai Donnerstag: Kapitulation der ›Heeresgruppe Afrika‹, 130 000 deutsche und fast 120 000 italienische Soldaten gehen in britische und amerikanische Gefangenschaft.

N. 001605   Mod. **22 P. S.** (nuov

Soggiorno degli Stranieri in Italia

Séjour des Etrangers en Italie - Foreigners' sojourn in Italy - Aufenthaltserklärung für Ausländer in Italien

(Art. 142 T. U. Leggi di P. S. e art. 260 Regolamento di P. S.)

Provincia di   L U C C A   Comune di   L U C C A
Province - Province - Proviaz   Commune - Municipality - Gemeinde

Cognome B O R C H A R D T   nome   Rodolfo
Nom - Name - Zuname   prénom - surname - Vorname

paternità   Roberto   maternità   Rosa Beaud
paternité - paternity - Vater   maternité - maternity - Mutter

nato a   Konigsberg   il   ?-6-1877   di razza   Ariana
né (née) à - place of birth - geboren in   le - date of birth - am   de race - race - Rasse

di nazionalità   Tedesca   di condizione   sposato
de nationalité - nationality - Staatsangehörigkeit   de condition - condition - Zivilstand

luogo di provenienza   Germania   data di ingresso in Italia   1906
lieu de provenance - coming from? - Herkunftsort   date d'entrée en Italie - date of entrance in Italy - Einreisedatum in Italien

scopo del soggiorno   dimora   luogo di dimora in Italia   Forte dei Marmi
but du séjour - reasons of sojourn - Zweck d. Aufenthaltes   lieu de demeure en Italie - place of dwelling in Italy - Aufenthaltsort in Italien

con i congiunti di età non superiore ai 16 anni, a tergo indicati, che accompagnano il dichiarante.
avec des enfants, indiqués au verso, d'âge non supérieur à 16 ans, qui accompagnent le déclarant.
with children, whose age does not surpass 16 years of age, noted on the back of this form-as living with the declarer.
mit auf der Rückseite angeführten, nicht über 16 Jahre alten Angehörigen, die den Erklärer begleiten.

... deve essere esibita a ... richiesta degli Organi di Polizia.
Le présent reçu doit être exhibé sur toute demande des officiers, agents de Police.
This receipt must be shown on request to all officials of the Police.
Diese Bescheinigung muss auf Verlangen den Beamten der Polizeibehörde vorgezeigt werden.

Il possesso di essa costituisce, per ogni effetto, la prova della presente dichiarazione.
La possession de ce reçu constitue, pour tous les effets, la preuve de la présente déclaration.
The possession of said receipt is, to all effects, the proof of the present declaration.
Ihr Besitz bildet, in jedem Fall, den Beweis der Anmeldung.

Lucca   , il   12 Febbraio   1943 - A. XXI°
le - date - den.

Firma e qualifica dell'Autorità di P. S.
Signature et qualification de l'Autorité de Sûreté Publique.
Signature and qualification of the Police Authority.
Unterschrift der Polizeibehörde.

[signature]

PARTE DA CONSEGNARE AL DICHIARANTE

Spazio riservato alle annotazioni di autorizzazione o divieto di lavoro a termine di validità del permesso di soggiorno.

AVVERTENZA - Il titolare è vivamente pregato di restituire il presente documento, all'atto dell'uscita dall'Italia, consegnandolo
al funzionario addetto alla verifica dei passaporti alla frontiera. Tale restituzione è richiesta unicamente a scopi statistici.
AVERTISSEMENT - Le titulaire est vivement prié, au moment de quitter l'Italie, de consigner le présent document au fonctionnaire qui vérifie les passe-
ports à la frontière. Cette restitution est uniquement demandée dans un but de statistique.
NOTICE - The possessor is requested to return this document to the passport official at the frontier, on leaving Italy. Such restitution is requested only
for statistical reasons.
BENACHRICHTIGUNG - Der Inhaber wird dringend gebeten, dieses Dokument beim Ueberschreiten der italienischen Grenze dem Passbeamten auszuhän-
digen. Diese Rueckgabe hat lediglich statistische Zwecke.

(Ged ... stab. Alterocca - Terni, 6-939 (350.000)

[40–41]   *Aufenthaltserlaubnis der Comune di Lucca für Rudolf Borchardt vom*
12. Februar 1943. Der Geburtsname der Mutter ist als »Rosa Beaud [statt Bernstein]«
camoufliert, »di razza Ariana«. (Nachlass Borchardt DLA).

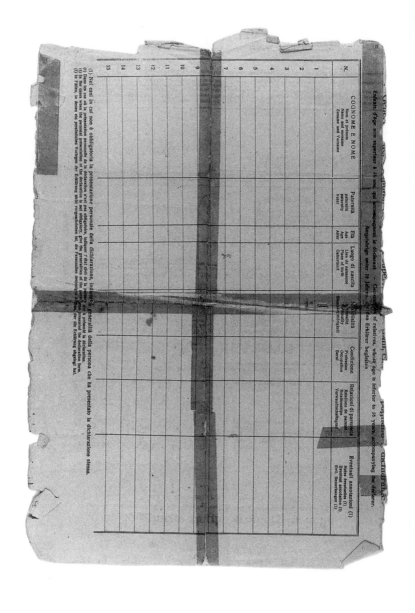

Enfants d'âge non supérieur à 16 ans, qui accompagnent le déclarant . Children of relatives, whose age is inferior to 16 years, accompanying the declarer. Angehörige unter 16 Jahren ... den Erklärer begleiten

N.	COGNOME E NOME Nom et prénom Name and surname Zuname und Vorname	Paternità paternité paternity Vater	Età Age Age Alter	Luogo di nascita Lieu de naissance Place of birth Geburtsort	Nazionalità Nationalité Nationality Staatsangehörigkeit	Condizione Profession Occupation Beruf	Relazioni di parentela Relations de parenté Relationship Verwandtschaftsgrad	Eventuali annotazioni (1) Notes éventuelles Eventual annotation (1) Evtl. Bemerkungen (1)
1								
2								
3								
4								
5								
6								
7								
8								
9								
10								
11								
12								
13								
14								
15								

(1) Nei casi in cui non è obbligatoria la presentazione personale della dichiarazione, indicare le generalità della persona che ha presentato la dichiarazione stessa.

(1) Dans les cas où la présentation personnelle de la déclaration n'est pas obligatoire, indiquer l'état civil de la personne qui a présenté la déclaration.

(1) In the cases when the personal presentation of the declaration is not obligatory, give the generalities of the person who presented the declaration form.

(1) In Fällen, in denen eine persönliche Vorlage der Erklärung nicht vorgeschrieben ist, die Personalien desjenigen angeben, der die Erklärung abgelegt hat.

15. Mai Sonnabend Forte dei Marmi: RB an Martin Bodmer über eine mögliche Werkausgabe. (Briefe 1936–1945 S.589–596).

zum 18. Mai Dienstag Forte dei Marmi: Glückwunschbrief RBs an Rupprecht Kronprinz von Bayern zum 74. Geburtstag. »Ich selber habe in den verflossenen Monaten nicht mehr zu klagen gehabt als Jedermann. Man schickt sich unter dem harten Joche der Zeit mit allen hindurch, dem Tage des Sieges entgegen, den heut jeder schon dadurch dass er ihn überhaupt erlebt, mitverdient haben wird.« (Briefe 1936–1945 S.597–599) – Rupprecht Kronprinz von Bayern antwortet aus Florenz am 19. Mai, mit Rücksicht auf die Zensur wohl bewusst knapp und bedeutungsvoll nichtssagend: »Mein lieber Herr Borchardt | Für Ihre mich sehr erfreuenden Glückwünsche herzlichen Dank. Diesmal nur wenige Zeilen, da ich augenblicklich mit Briefeschreiben überbelastet bin. | Gewiss kommen Sie einmal wieder hierher dann wird es sehr freuen Sie wiederzusehen | Ihren | Ihnen aufrichtig geneigten | Rupprecht«. (Nachlass Borchardt DLA)

19. Mai Mittwoch: Britischer Luftangriff auf Rom.

Juni: Im letzten Heft der Zeitschrift ›Corona‹ (München/Zürich, Jg. 10, Heft 6, S.771–773 und 789) erscheinen innerhalb der von Herbert Steiner besorgten Auswahl ›Aus Hugo von Hofmannsthals Briefen‹ zwei Schreiben Hofmannsthals an »R. B.«[!] vom 27. Juli 1911 und 21. April 1921. (Vgl. Briefe I S.77 f. und 287 f.)

1.–9. Juni Dienstag bis Mittwoch: Aufenthalt von Corona und Kaspar Borchardt bei Baronin Marion Franchetti in Villa Torre di Bellosguardo, Florenz. (Gästebucheintrag; Privatbesitz Barone Amerigo Franchetti, Firenze)

5. Juni Sonnabend: Nach der Einnahme von Rom ernennt König Vittorio Emanuele III. gemäss der von ihm gegebenen Zusage am 6. Juni seinen Sohn Umberto zum Generalstatthalter des Königreichs Italien. Marschall Badoglio tritt zurück. – Martin Bodmer dankt für RBs Brief vom 15. Mai mit der Erwägung zu einer künftigen Werkausgabe in der

Schweiz. »Von Steiner, der seit Frühjahr 1940 in den USA weilt, hörte ich seit über einem Jahr nichts mehr. Die letzten Hefte der Corona musste ich somit allein herausgeben, was mir sie aber eigentlich erst nahe brachte und den Entschluss, sie aufzugeben, schwer machte. Aber praktisch und finanziell war es zu schwierig geworden und so ist denn das Unternehmen nach Erscheinen des 60. Heftes kürzlich abgeschlossen worden.« (Nachlass Borchardt DLA)

vor 10. (?) Juni Donnerstag Forte dei Marmi: RB an Eva Dorothee Baronin Franchetti über Martin Bodmers Stellungnahme zur künftigen Werkausgabe. (Briefe 1936–1945 S. 600 f.)

vor 17. Juni Donnerstag bis 27. Juni Sonntag Forte dei Marmi: Aufenthalt von Marie Luise Borchardts Bruder Peter Voigt (1899–1950).

17. Juni Donnerstag: Peter Voigt an Hans Feist: »Deine Gedanken über die Vergebung des Gartenbuches habe ich nicht. Ich bin überhaupt dafür wenigstens ein Buch unter Dach u. Fach zu kriegen, damit Marel weiter Mittel zum Leben bekommt, da hier das Leben recht teuer geworden ist. – Borchardt selber ist erst schwankend geworden gegenüber dem Heinrich Bodmer Plan [einer Werkausgabe gegen Pränumeration], aber noch nicht so entschieden sicher, wie wir, dass nichts aus der Sache wird. – Dieser Unglücksrabe Heinrich Bodmer liegt leider schwer krank in Montreux u. so kann B. von ihm keine Nachricht erhalten. – Er, Borchardt, schrieb nun nochmal an Martin Bodmer, der sehr freundlich bereits antwortete [vgl. Einträge zum 15. Mai und 5. Juni 1943] u. zwar in genau demselben Sinne, wie er mir ebenfalls mündlich schon alles gesagt hat. – [...] Mit Marelchen war ich 8 Tage in Florenz [zum Besuch des ›Maggio Musicale Fiorentino‹]. Wir hatten es herrlich u. haben die Zeit sehr genossen.« (Nachlass Feist DLA)

22. Juni Dienstag: Ranuccio Bianchi Bandinelli, Firenze Via S. Niccolò Nr. 95, dankt für RBs Brief vom 20. April 1943. (Nachlass Borchardt DLA)

24. Juni Donnerstag: Peter Voigt an Hans Feist: »Marel will nun so rasch wie möglich das Gartenbuch [›Der leidenschaftliche Gärtner‹] abtippen. – Sie ist bisher einfach nicht dazu gekommen. Es liegt zuviel auf ihren Schultern u. eine Familie zweimal am Tag satt zu machen ist eine entsetzliche Arbeit. Nun hat sie seit 3 Tagen ein neues Mädchen, was hoffentlich mehr tut als die vorige.« (Nachlass Feist DLA) – Walther Meier im Verlag Fretz & Wasmuth, Zürich, bietet RB die Herausgabe zweier Bändchen der (dann doch nicht erschienenen) Reihe ›Helicon‹ mit einer Auswahl aus Gedichten von John Keats und Robert Browning an. »Die Bändchen sollen von Dichtern herausgegeben werden und nicht von Professoren und Literarhistorikern. Kommentar und Nachwort sollen sich allein mit dem Sprachkunstwerk, mit dessen Sinn und Geist beschäftigen, und keine Biographie, Erlebnispsychologie, geistesgeschichtlichen Spekulationen etc. etc. enthalten. Der maximale Umfang jedes Bändchens beträgt 4 Bogen. Bei den meisten Bändchen werden 2–3 Bogen genügen müssen. Format ungefähr wie die Insel-Bücher, aber etwas weniger hoch. Sehr sorgfältig gedruckt. […] Als Honorar zahlt der Verlag nach Ablieferung des Manuskriptes für jedes Bändchen Fr. 300. – (Schweizerfranken dreihundert). Wenn diese Buchreihe sich günstig entwickelt, wofür alle Anzeichen bestehen, würde ich Ihnen später gerne auch noch weitere Bändchen übergeben.« (Nachlass Borchardt DLA)

9./10. Juli Freitag/Sonnabend: Landung der Alliierten auf Sizilien. Die Besetzung der Insel gegen italienische und deutsche Kräfte ist bis zum 17. August abgeschlossen.

17. Juli Sonnabend: In einer Botschaft an das italienische Volk rufen US-Präsident Roosevelt und der britische Premier Churchill zur Erhebung gegen den Faschismus auf.

19. Juli Montag: Ein alliierter Luftangriff auf Rom fordert 166 Tote unter den Zivilisten. – Das Zusammentreffen zwischen Hitler und Mussolini in Feltre bei Belluno bleibt ohne Ergebnis im Blick auf die krisenhafte Entwicklung nach der Landung in Sizilien (vgl. ›Anabasis‹ S. 47).

[42]   *Bescheinigung des Deutschen Konsulats in Livorno für die Familie Borchardt,*
1943 (Nachlass Borchardt DLA).

22. Juli Donnerstag: Bestätigung des Deutschen Konsulats, Livorno,
Via Cairoli Palazzo della Galleria: »Auf Antrag wird hiermit bestätigt,
dass die Familie Borchardt, bisher in Lucca Saltocchio wohnhaft, nach
Forte dei Marmi hat übersiedeln müssen, da das Grundstück, auf dem sie
bisher ansässig war, zugunsten Bombengeschädigter aus Genua zwangs-
weise requiriert worden ist. –|Ferner wird bestätigt, dass die Wohnungs-
not in der Provinz Lucca ausserordentlich gross ist, und dass die Familie
Borchardt daher nur nach langem Suchen eine Unterkunft in Forte dei
Marmi gefunden hat.« (Nachlass Borchardt DLA) – Vgl. Abb. S. 40.

24. Juli Sonnabend: Unter dem Eindruck der alliierten Landung auf
Sizilien erfolgt das Misstrauensvotum des ›Grossen Faschistischen Ra-
tes‹ gegen den ›Duce‹. König Vittorio Emanuele III. übernimmt wieder
den Oberbefehl und lässt Mussolini internieren.

27. Juli Dienstag Forte dei Marmi: RB an Benedetto Croce. (Briefe
1936–1945 S. 601–603)

Hochverehrter Freund,

es ist nicht wegen unserer literarischen Anliegen, die sich wenig bewegen, in schweren Zeiten, wie diesen, dass ich Ihnen schreibe, und auch nicht, um Sie zu informieren, dass wenigstens ein Übersetzer durch RBB [Ranuccio Bianchi Bandinelli] aufgetan wurde, der so vielversprechend ist, dass ich glaube, ihn direkt mit Laterza und Ihnen in Verbindung zu bringen. Ich schreibe Ihnen, um zwei Zeilen Ihrer Würdigung und Freundschaft für mich zu erbitten, mit denen Sie mich haben beehren wollen.

Ich bin nicht von ängstlichem Temperament, und die Zeitläufte des Lebens haben mich hart gemacht gegenüber jenen jähen Veränderungen, die uns so sehr erschüttern. Aber ich bin hier mit meiner Familie, mit meiner Frau und den Kindern in jugendlichem Alter, herausgeworfen aus meinem Domizil, wo man mich seit Jahrzehnten kennt, in eine Umgebung und Region versetzt, die im Augenblick nicht feindlich ist, es aber doch eines Tages werden könnte, nicht gegen mich, oder uns persönlich, sondern gegenüber Angehörigen einer gegebenen Nationalität. Wie ich sie verlor, – wie sich mein italienisches Domizil ab einem bestimmten Datum in ein freiwilliges, verantwortliches Exil verwandelt hat, und das, selbst wenn ich gewollt hätte, mir die Rückkehr verwehrt hätte, all das, wie die Dinge liegen, ist in der Lucchesia bekannt, einschliesslich der behördlichen Autoritäten, die ich mit der äussersten Genauigkeit aufgeklärt habe, und die mir ein höfliches Verstehen artikuliert haben, das nicht genug gelobt werden kann.

Andererseits aber hatte ich mir unter dem Eindruck eines gewissen Patriotismus, der mir gewissermassen metaphysisch zu eigen ist, immer eine Linie würdiger, vollkommener Zurückhaltung auferlegt, aber es blieb doch immer bei einer wohlmeinenden Neutralität.

So viel zu jener Zeit der Vergangenheit, die sich anschickt, sozusagen Geschichte zu werden. Für die Gegenwart und unmittelbare Zukunft, dunkel und undurchdringlich, wie sie ist, in der niemand sicher sein wird, nicht in irgend eine Welle von unvermittelter Leidenschaft verwickelt zu werden, die den Unschuldigen nicht unterscheidet, das Opfer, den Dissidenten vom verbrecherischen Bündnis, – für diese gefährliche Zeit eben wäre mir ein Blatt zum Vorzeigen wertvoll, nur im aller äussersten Notfall, das unter Ihrem Siegel meinen »Status« formulierte, eines Mannes und Gastes, der nichts mit dem politischen Irrsinn zu tun hat, der den Zusammenhalt der menschlichen Familie auflöst, eines Mannes also, dessen Lebensarbeit einzig dafür bestimmt war, Italien lieben zu machen, der es verdient hätte, für sich und die Seinen ein gewisses Recht auf Immunität zu erhalten und darüber hinaus in Ruhe gelassen zu werden dort, wo er lebt und wo er arbeitet.

Wenn nicht italienische Behörden meinen Landsleuten auferlegen sollten, dieses Land zu verlassen und in die Heimat zurückzukehren, würde ich nicht gehen, in klarer Zuversicht, dass kein Italien eine Bleibe in welcher Notlage auch immer, jenen von ihr adoptierten Söhnen und Wahlkindern verweigern würde, die ihre ausländischen bewundernden Darsteller und Verteidiger sind. Und dies ist meine Hoffnung, meine Überzeugung, dass die (bald) wieder hergestellten italienischen Verhältnisse mir diese Bitte weniger peinlich machen möchten, die Sie bitte entschuldigen wollen und die ich niemals gedacht hätte, an Sie richten zu müssen.

In aufrichtiger Dankbarkeit

Ihr Borchardt

(Übersetzung von Cornelius Borchardt)

25. Juli Sonntag: Besuch Rudolf Alexander Schröders bei Otto Deneke in Göttingen, Weender Strasse 3. Beide tauschen Erinnerungen an RB aus; auf einer gemeinsamen Postkarte mit Datum und beiden Namen vermerkt Otto Deneke: »Diese Karte sollte an Rudolf Borchardt gesandt werden, doch war seine Adresse nicht bekannt«. (Privatbesitz)

Anfang August: Der Bombenkrieg erreicht von der süditalienischen Flugbasis Foggia aus Süddeutschland, Österreich und Böhmen, er erstreckt sich bis nach Königsberg in Ostpreussen.

2.–28. August Forte dei Marmi: Aufenthalt von Kronprinz Rupprecht von Bayern in der ›Hotel Pensione Alpemare‹, (heute) Viale Italico 104. Häufige Begegnungen mit der Familie Borchardt. (Bayerisches Hauptstaatsarchiv München/Geheimes Hausarchiv) – In diese Wochen datiert wohl RBs Scherzgedicht ›Eine Ballade vom König und vom Käse‹ (Gedichte II/Übertragungen II 1985 S. 156–157 und 421). Das in der zweiten Strophe erwähnte »dinner in ›La Barque‹« bezieht sich auf das Restaurant ›La Barca‹ (heute Viale Italico 3).

4. August Mittwoch Forte dei Marmi: Nicht abgesandter Brief RBs an Martin Bodmer über die Möglichkeit einer künftigen Werkausgabe. »Verfügbar für die nächsten Jahre sind dann vier weitere seitdem entstandene Romane der Reihe von denen ›Vereinigung durch d. F. h.‹ (›Die Mageren Jahre‹), das Homerbuch, die unveröffentlichten oder ungesammelten Gedichte seit 1918, ein mässiger Band, die Totenklage um den Kaiser, (›Toten Amt‹) das umfangreichste Einzelgedicht, das ich gemacht habe und das ich einzeln publizieren werde, die Cleopatra, wenn die Nähe grosser Bibliotheken mir gestatten wird, das wegen Mangel an papyrologischer Literatur (innere Verwaltung der letzten Ptolemäer) angehaltene Kapitel das für meine Beweisführung erheblich ist, abzuschliessen, und ein Band ›Italische und Italienische Themata‹, d. h. die Inedita der jetzt in Benedetto Croces Auftrag übersetzten, zweibändigen Sammlung (Laterza Bari), Argomenti Italici ed Italiani, für die ich ihm den Erstdruck in italienischer Fassung concediert habe, und deren Hauptstück (d. h. der Inedita) ein Catull- und ein Tacitus-

alla memoria di

Olga Principessa Cantacuzene
dei principi Altieri
Ladovica dei principi Altieri
madre e figlia
Sara Contessa Navascues

in ricordo
della vecchia Lucca altissima
colta e grandignora
albergo di grazia e di cortesia
a questo restano
della grande Europa

questa prima edizione italiana
delle prose d'argomento italiano
Rudolf Borchardt lidia

villa Sardi 1906-7 · villa dell' orologio 1907-8
villa Bartermandi di fattoria 1908-10 villa di
Saggiano 1910-12 villa di Marignoli 1912-14,
1921-22 · villa di Bigiano 1929-30 · villa di
Valbuchia 1930-43

Aufsatz sind, Versuche über die ewig wiederholten und nur professoral immer anders verbrämten unhaltbar gewordenen Urteile zu tieferer geschichtlicher Auffassung vorzudringen, und ein älterer Aufsatz (1907, aber laufend erweitert und vertieft) ›cortesia‹ Versuch der geschichtlichen Herleitung eines grossen ethischen Begriffs des Mittelalters, als Muster für solche unentbehrlichen Aufrechnungen, die ich wiederholt gefordert und an diesem Einzelfalle aus den Begriffen einer Mittelalterlichen Altertumswissenschaft heraus exemplifiziert habe, in mancher Hinsicht ein Gegenstück zu ›Villa‹, weil ebenfalls dem Stile nach fingiert als Artikel einer imaginären Realencyklopädie. – Das Buch an dem ich gegenwärtig schreibe, und über dessen Gegenstand und Titel ich noch Schweigen bewahre, wird als erstes, sofort nach Aufhören der Feindseligkeiten erscheinen [wohl ›Der Untergang der deutschen Nation‹]. Für weitere Pläne bin ich unbesorgt. Es ist mir nur recht, wenn ich durch die Umstände dazu bestimmt werde, mir von neuem Gehör zu verschaffen. Ein Mann soll sich regen, erwerben und etwas machen, nicht darauf pochen, dass seine verlebten Zeiten ihn pensionieren müssten. Und da ich physisch nie fester in den Schuhen gestanden bin und mein Naturell nichts an die Zeit verlieren zu wollen scheint, so wäre es schon erzdumm wenn ich zu denen treten wollte, die verschnaufen«. (Briefe 1936–1945 S. 603–609)

[43]   Entwurf eines Widmungsblatts für die geplante Sammlung übersetzter Italienschriften Borchardts, mit einer Widmung an die Damen der Familie Altieri und einer Aufzählung sämtlicher zwischen 1906 und 1943 bewohnter Villen, 1944. (Nachlass Borchardt DLA).

4. August Mittwoch: Brief von Benedetto Croce aus Sorrent an RB: »Caro Signor Borchardt,|Sono ormai più di quarant' anni che ci siamo idealmente incontrati nel culto dell' arte e della filosofia, e d'allora siamo rimasti sempre in amiche relazioni. Fo voti e ho buona speranza che, comunque vadano le cose in Italia (io, naturalmente, sono nelle schiere antifascistiche), non si faranno persecuzioni e mali trattamenti ai tedeschi, nostri ospiti, come Lei, da molto tempo per ragioni di studii e di amore alla nostra terra. Ma se Ella dovesse avere qualche noia o anche qualche preoccupazione, le do facoltà di valersi del mio nome e di farmi all'occorrenza interrogare perché io attesti il carattere del suo lavoro letterario e della sua vita in Italia. Anche testé Le ho proposto di pubblicare in traduzione italiana una serie di suoi saggi sulla storia e l'arte d'Italia e Le ho offerto a questo fine il mio stesso editore, il Laterza; e mantengo la proposta, se anche l'attuazione sarà da rimandare a giorni piú sereni.|Disponga di me e mi abbia cordialmente|Suo| Benedetto Croce« (Carteggio Croce-Borchardt. A cura di Emanuele Cutinelli-Rèndina. Napoli: Società Editrice Il Mulino 1997 S. 30f.) – RB erwähnt diesen »als ostensibel gedachten Brief« in ›Anabasis‹ (vgl. S. 53).

6. August Freitag Forte dei Marmi: Brief RBs an Martin Bodmer über seine geplante Werkausgabe. (Briefe 1936–1945 S. 610–612)

14. August Sonnabend: Rom wird von der italienischen Regierung zur »Offenen Stadt« erklärt.

3. September Freitag: Der vom König berufene neue italienische Ministerpräsident Marschall Pietro Badoglio unterzeichnet mit den Alliierten einen bis zum 8. September zunächst geheimen Sonderwaffenstillstand und erklärt Deutschland am 13. Oktober den Krieg. – Landung der 8. Britischen Armee an der Südspitze Kalabriens und im Golf von Tarent.

9. September Donnerstag: Landung der amerikanischen 5. Armee bei Salerno. – Beginn der Entwaffnung italienischer Verbände durch die deutsche Wehrmacht.

10. September Freitag: Rom wird von deutschen Truppen besetzt; die Exterritorialität des Vatikans wird dabei respektiert.

12. September Sonntag: Mussolini wird von deutschen Fallschirmtruppen aus dem Hotel ›Campo Imperatore‹ auf dem Gran Sasso befreit und nach München geflogen.

25. September Sonnabend: Erster schwerer alliierter Luftangriff auf Florenz. Friedrich Kriegbaum (geb. 1901), der mit RB bekannte Direktor des Kunsthistorischen Instituts, kommt dabei ums Leben.

30. September Donnerstag: Räumung von Neapel.

Mitte Oktober: Brief RBs an Rudolf Alexander Schröder über seine Homer-Studien. (Briefwechsel RB/Rudolf Alexander Schröder S. 631–633)

Anfang November Forte dei Marmi: Carl Christian Heye (1908–1994), ein Bruder von Rudolf Alexander Schröders Nichte Lilot Heye, überbringt ein Exemplar seiner ›Ilias‹ (Berlin: Suhrkamp vorm. S. Fischer 1943). (Briefwechsel RB/Rudolf Alexander Schröder 1919–1945 S. 642)

November (?): Zwei Briefe von RB an die Schwägerin Erika von Frey geb. Voigt und an den Schwager Alexander von Frey mit einem Exposé seines Homer-Buches. (Briefe 1936–1945 S. 613–641)

6. November Sonnabend: In Florenz werden 300–500 deutsche Juden verhaftet und zumeist nach Auschwitz deportiert.

zum 1. Dezember Mittwoch: Proklamation einer ›Repubblica Sociale Italiana‹ durch Mussolini (vgl. ›Anabasis‹ S. 26).

3. Dezember Freitag: »Hochverehrter Herr Doktor Schroeder! Erlauben Sie mir, um Ihre Zeit nicht über Gebühr in Anspruch zu nehmen, Ihnen die folgende Frage ohne grosse Vorbemerkung vorzulegen: | Bezieht sich das Gedicht ›Abschied von der Villa dell'Orologio‹ auf die Villa, in der Rudolf Borchardt lebte? | Mit welcher Anschrift kann man Herrn Borchardt heute erreichen? – Gibt es in den letzten Jahren Veröffentlichungen Borchardts?« (Karl Albin Bohacek an Rudolf Alexander Schröder; Nachlass Schröder DLA)

8. Dezember Mittwoch Forte dei Marmi: Niederschrift eines Gedichtes von RB für Marie Luise Borchardt vor einer Abreise.

24. Dezember – 17. Juni 1944: Aufenthalt von Kronprinz Rupprecht von Bayern in Florenz. (Bayerisches Hauptstaatsarchiv/Geheimes Hausarchiv)

30. Dezember Donnerstag: Rudolf Alexander Schröder, Hinterhör bei Neubeuern am Inn, an RB und Marie Luise Borchardt. »[…] dies Jahr sucht jeder noch einmal die Feste um die Jahreswende nach alter Weise zu feiern. Im Übrigen: der Inselverlag in Schutt und Asche, Suhrkamps Berliner Wohnung, Lutz Woldes, Käti Wätjens dito, von Bremen ganz zu schweigen. […] Von den Zerstörungen könnt Ihr Euch keine Vorstellung machen, meilenweite Trümmerfelder, wo einst Städte waren. Es ist das Ende unsrer Welt, nicht nur der deutschen, der abendländischen. Von dieser Selbstverstümmelung wird sie sich nicht wieder

Hier sind Deine beiden Kissen
Hier das Weisse hier das Grüne
Die von unserm Spiele wissen
Denn sie waren seine Bühne

Hinterm Vorhang aller Zeit
Alles Raums und selbst des Lebens
Aus dem Stegreif, und zu zweit
Spielten wirs, und nicht vergebens –

Denn gedrängt in eine Skizze
Spielten wirs, das ganze Stück,
Von der Hoffnung zum Besitze,
Von der Prosa bis zum Glück,

Von der Sprödheit zur Erklärung
Des was sich nicht mehr verschweigt
Erster Kuss und rasch Gewährung
Die den Wunsch noch übersteigt –

All das wissen beide Kissen,
Dieses weisse, dieses grüne,
Ausser, dass Du mich gebissen,
Und noch dies und jenes Kühne,

Aber, ausser ihrem Kreis
liegt, und ihrem dummen Stoffe
Dass ich schon von nichts mehr weiss
und schon jetzt von neuem hoffe.

Sonntag Nachmittag in meinem Zimmer   8 Dez 43

Meiner Süssen.

Ich vergass, – und muss jetzt sehen, –
  Noch das dritte Kissen, rosa!
Dies weiss nichts, was dann geschehen,
  Und erinnert nur die Prosa.

(Nachlass Borchardt DLA)

erholen. [...] Wann, wie und wo werden wir uns wiedersehn? Vielleicht noch einmal hier unten, vielleicht nicht. Gott helfe Euch durch das viele Schwere, wie wir ihn bitten, dass er uns helfen möge.« (Briefwechsel RB/Rudolf Alexander Schröder 1919–1945 S. 641)

Herbst 1943/Januar 1944: RB an Rudolf Alexander Schröder (Briefwechsel RB/Rudolf Alexander Schröder 1919–1945 S. 633–640)

Datierung unbestimmt: Folgende Niederschriften RBs fallen in den Herbst 1943 bzw. das Frühjahr 1944, ohne dass sich zum jetzigen Zeitpunkt der Recherche schon ein genauerer Zeitpunkt angeben liesse: ›Frühstück zu acht Gedecken‹ (Prosa VI 1990 S. 227–260, 583), ›Die Dorer‹ (Prosa IV 1973 S. 41–55, 403; Papier und Schriftbild erlauben auch eine frühere Datierung), ›Kleopatra‹ (Prosa IV 1973 S. 81–89), ›Zur deutschen Judenfrage‹ (Prosa IV 1973 S. 370–396, 453), ›Deutscher Föderalismus‹ (Nachlass Borchardt DLA), ›Monarchie‹ (Nachlass Borchardt DLA), ›The Case for the Prisoner. A letter to Lord Vansittart‹ (Nachlass Borchardt DLA; vgl. RB/ Rudolf Alexander Schröder: Briefwechsel 1919–1945 S. 638). – Das Gedicht »Denke nie, so oft im raschen ...« für Marie Luise Borchardt entsteht. (Gedichte II/Übertragungen II S. 158f. und 412).

1944

1. Januar Sonnabend Forte der Marmi: Briefe RBs an Aubrey Waterfield (1911–1979) und Estella Castoldi. (Briefe 1936–1945 S. 642–646).

Januar Forte dei Marmi: RB an Rudolf Alexander Schröder: »Gearbeitet habe ich seit ich hier bin, nicht mehr. Sich unerschüttert halten, im Gleichgewicht bleiben, nichts aufgeben und hingeben, klarsehen und doch nie aufhören zu hoffen und zu dienen – mehr kann keiner und ich danke Gott dafür es gerade noch zu können.« (Briefwechsel RB/Rudolf Alexander Schröder 1919–1945 S. 612)

3. Januar Montag: Die Rote Armee erreicht die ehemalige polnische Grenze.

9. Januar Sonntag Forte dei Marmi: Niederschrift der ›Aufzeichnung. Vierzehn Punkte‹ als Polemik gegen eine englische Propagandasendung über Wilson's ›Vierzehn Punkte‹ von 1917. (Nachlass Borchardt DLA)

nach Anfang Januar Forte dei Marmi: Niederschrift des Essays ›Friedrich Leo‹, vermutlich aus Anlass des 30. Todestags am 15. Januar 1914. (Prosa VI 1990 S. 263–293, 583 f.)

15. Januar Sonnabend Forte dei Marmi: RB an Conte Girolamo Roncioni. (Briefe 1936–1945 S. 646–648).

Januar(?) Villa Roncioni Pugnano: Besuch RBs bei Conte Roncioni. »Papa war da, um für uns ein Refugium zu finden durch sie. Es war ausgeschlossen. Die haben kein bisschen geholfen.« (Kaspar Borchardt; Tonbandgespräch 1984 S. 3)

18. Januar Dienstag: Robert Mächler (1909–1996), Baden/Aargau, berichtet brieflich, er habe am 7. Dezember 1943 einen Vortrag über den ›Ewigen Vorrat deutscher Poesie‹ und RB als Dichter gehalten. (Nachlass Borchardt DLA)

15. Februar Dienstag: Bombardierung und völlige Zerstörung des Klosters von Monte Cassino durch die Alliierten.

[45] *Handschrift Rudolf Borchardts, 1944 (Nachlass Borchardt DLA).*

Sage nicht, dass ich in die Gewöhnung,
   Da sie uns einmal gesellt, mich füge –
Oder auch vielleicht die gleiche Krönung
   Wie auf Dich auf Jede übertrüge.

Du allein beschämst noch die Verschönung,
   Dir ins Ohr nur klingt sie nicht wie Lüge –
Lüge wär es, wenn ich die Entwöhnung
   Deiner ewigen Neuheit noch ertrüge –
               Wenn ich zur Genüge
Je mich heftete an Deine Züge, –
   Wenn ich Deiner Lippen mich entschlüge.

Forte dei Marmi
   26 Febr 44.

(Nachlass Borchardt DLA; Erstdruck in Gedichte II/
Übertragungen II 1985 S. 160, 421; vgl. Abb. 44)

27. Februar – 5. März: Aufenthalt von Kaspar Borchardt bei Baronin Marion Franchetti in Villa Torre di Bellosguardo, Florenz. (Gästebucheintrag; Privatbesitz Barone Amerigo Franchetti, Firenze)

ab 1. März Mittwoch: Generalstreik in dem von deutschen Truppen besetzten Teil Italiens.

1. März Mittwoch Forte dei Marmi: RB an Robert Mächler. (Briefe 1936–1945 S.649–651)

14. März Dienstag: Vittorio Santoli, Firenze, Via Cairoli Nr.54, an RB. (Nachlass Borchardt DLA). Die beiden Antwortentwürfe RBs datieren ca. Ende März. (Briefe 1936–1945 S.652–656)

15. März Mittwoch: Erneute alliierte Bombardierung von Monte Cassino.

8. April Samstag: Die Rote Armee erreicht die ehemalige tschechoslowakische Grenze.

15. April Samstag: Giovanni Gentile (geb. 1875) wird in den Hügeln bei Fiesole von kommunistischen Partisanen ermordet. – Neubildung des Kabinetts Badoglio, dem auch Benedetto Croce (1866–1952) angehört.

ab 18. April: Die Familie des Kronprinzen von Bayern trennt sich voneinander. Prinz Heinrich bleibt bei Kronprinz Rupprecht in Florenz. Kronprinzessin Antonia übersiedelt mit drei Töchtern und Gräfin Paula Bellegarde von Brixen nach San Martino di Castrozza, während Prinzessin Irmingard bei einer befreundeten Familie am Gardasee unterkommt.

20. April – 23. Juni: Aufenthalt von Prinzessin Editha von Bayern bei Marion Baronin Franchetti in Villa Torre di Bellosguardo, Florenz (vgl. S.98–100). (Gästebucheintrag; Privatbesitz Barone Amerigo Franchetti, Firenze)

24./25. April Montag/Dienstag: Brand der Häuser des Verlages Oldenbourg an der Glück- und Lotzbeckstrasse in München nach einem Bombenangriff. Dabei werden auch die dort lagernden Bestände der

Zeitschrift und des Verlags der ›Corona‹ vernichtet, darunter wohl auch Auflagenteile RBs Monographie ›Pisa. Ein Versuch‹.

ca. 27. April Donnerstag: Als Forte dei Marmi Kriegsschauplatz wird, verlässt Marie Luise Borchardt mit den Söhnen Johann Gottfried und Cornelius das Haus; RB bleibt mit Kaspar Borchardt bis ca. Mitte Mai zurück. – Ausstellung eines ›Permesso di soggiorno‹ für Marie Luise Borchardt »presso Villa Castoldi Moriano« durch die ›Comune di Lucca‹. (Nachlass Borchardt DLA)

Ende April/Anfang Mai(?) Forte dei Marmi: Niederschrift des unvollendeten Aufsatzes ›A Word on Eastern Prussia‹ gegen den Plan Winston Churchills, Ostpreussen von Deutschland zu trennen. »I am writing this at no mans bidding, a dead man to the knowing of any of my former associates, hidden in a battered and shattered Italian sea ressort where the Gestapo, had they found me out, would have despatched me quickly; seated in an emptied house, at a tottering table; to no other end but to secure a hearing from the country which all through my life I have loved only less than my own homeland; and, if I fail, at least to have done my last duty to both.« (Nachlass Borchardt DLA). – Marie Luise Borchardt erinnerte sich an RBs Beschäftigung mit Churchill, »dessen Kriegsreden er im Radio mit Tränen hörte« (Gesprächsaufzeichnung Gerhard Schuster, 1981). »Er hatte einen kleinen Radioempfänger, und hörte gerne, auch schon ganz früh, also schon zu Beginn des Krieges, mit grosser Begeisterung den englischen Sender BBC. Und es verging kein Abend, wo er nicht mit dem Ohr am Gerät hing, um also diese doch sehr schlecht ankommenden Berichte in Englisch zu hören. Denn es war, glaub ich, ein Kurzwellensender, und die Geräte waren damals nicht so besonders gut, es war mit furchtbar vielen Nebengeräuschen verbunden. Dann gabs natürlich auch Störgeräusche, die Sender wurden ja bewusst gestört. Es gelang ihm aber immer doch irgendwie, die Hauptsache von diesen Sendungen mitzubekommen, und dann hat er regelmässig einen kompletten Bericht an meine Mutter gemacht, obwohl meine Mutter sich gar nicht soo wahnsinnig für diese politischen Nachrichten interessierte, und ich erinnere mich, dass es also eine fast lückenlose Wiederholung war, auch wortwörtliche, dieser englischen Berichte.« (Cornelius Borchardt; Martinez/Richter 1988 S. 30) Vgl. die Bemerkungen über »Radio Emissionen« in ›Anabasis‹ S. 31.

ab Anfang Mai San Michele di Moriano Villa Poggio al Debbio: Die Familie Borchardt ist Gast im Hause der befreundeten Familie Castoldi. Der gesamte Hausstand der Familie, darunter auch RBs Manuskripte, wird von einem von den Söhnen »organisierten« Wehrmachtslastwagen transportiert (vgl. die Erinnerung von Giulia Lenzi Castoldi S. 295–298). Der spätere erste Bibliograph RBs, Alfred Walter Beerbaum (geb. 1907), hat sie dort, noch bevor Marie Luise Borchardt wieder nach Italien reisen konnte, im Herbst 1948 gesehen: »a number of big wooden boxes stored in a barn […] subject to decay through mice and the weather.« (Rudolf Borchardt. A biographical and bibliographical study. New York: New York University 1952 S. 20)

12. Mai Freitag: Durchbruch der Alliierten unter General Harold R. Alexander (1891–1969) bei Monte Cassino.

13. Mai Freitag: Kapitulation der deutschen Truppen nach mehreren Rückschlägen unter Generaloberst Hans-Jürgen von Arnim in Nordafrika; rund 250 000 deutsche und italienische Soldaten gehen in Gefangenschaft.

18. Mai Donnerstag: 75. Geburtstag des Kronprinzen Rupprecht von Bayern.

4. Juni Sonntag: Rom wird von den alliierten Truppen besetzt.

6. Juni Dienstag: Landung britischer und amerikanischer Truppen in der Normandie.

9. Juni: König Vittorio Emanuele III. ernennt seinen Sohn Umberto (1904–1983) zum ›Generalstatthalter des Königreichs‹.

19. Juni Montag: Fingierte Abreise des Kronprinzen Rupprecht von Bayern aus Florenz nach Meran. Untertauchen in der Wohnung von Colonello Fernando Gramaccini, Via delle Mantellate nahe Corso Cavour. – Alliierte Truppen besetzen Perugia.

Juni/Juli: »Ich glaube Wochen oder Monate war ein Stillstand der amerikanischen Angriffe eingetreten, so dass alle die Leute die dort in dieser Pufferzone wohnten, dass die sich sauwohl fühlten und jeder ging spazieren und jeder kaufte was. Ich zum Beispiel, ihr habt mich doch seinerzeit nach Marina di Pisa geschickt um mit dem obersten Kommandanten zu reden. […] Ich sollte nur irgendwelche Sachen dort sagen oder was berichten.« (Kaspar Borchardt; Tonbandgespräch 1984 S. 7; Näheres dazu liess sich nicht in Erfahrung bringen)

ab Juli: Corona Borchardt beginnt in Florenz mit der Niederschrift ihres Tagebuchs (vgl. S. 97).

3. Juli Montag: Räumung von Siena durch deutsche Truppen.

5.–10. Juli Mittwoch bis Montag: Aufenthalt von Kaspar Borchardt bei Marion Baronin Franchetti in Villa Torre di Bellosguardo, Florenz. (Gästebucheintrag; Privatbesitz Barone Amerigo Franchetti, Firenze)

11. Juli Dienstag: Die Alliierten erreichen Arezzo.

ca. 16. Juli Sonntag: Tagebucheintrag von Corona Borchardt (vgl. S. 98).

19. Juli Mittwoch: Räumung von Livorno durch deutsche Truppen.

20. Juli Donnerstag: Tagebucheintrag von Corona Borchardt (vgl. S. 103). – Das Attentat Graf Claus von Stauffenbergs auf Hitler scheitert.

21. Juli Freitag: Tagebucheintrag von Corona Borchardt (vgl. S. 105).

23./24. Juli Sonntag: Tagebucheinträge von Corona Borchardt (vgl. S. 107 f.). – Anglo-amerikanischen Truppen erreichen die Arnomündung bei Pisa. Beginn der Bombardierung deutscher Stellungen in der Versilia.

27. Juli: Teilweise Zerstörung des Campo Santo in Pisa durch alliierte Bombardierung; schon vorher war der Campo Santo von der deutschen Wehrmacht als Fahrzeug-Unterstand verwendet worden. Marie Luise Borchardt bezeugt, dass sie die Schäden gesehen und RB davon berichtet habe. (Gesprächsaufzeichnung Gerhard Schuster, 1981).

27. Juli Donnerstag: Kronprinzessin Antonia von Bayern und ihre Töchter werden in ihrem Versteck in San Martino di Castrozza von der Gestapo verhaftet. (Irmingard Prinzessin von Bayern 2000 S. 292)

ca. 28. Juli Freitag: Tagebucheintrag von Corona Borchardt (vgl. S. 110).

seit 29. Juli Sonnabend: Kampf um Florenz durch alliierte Truppen. Evakuierung der Anwohner der Arnobrücken.

31. Juli – 2. August Montag bis Mittwoch: Tagebucheinträge von Corona Borchardt (vgl. S. 118–124).

2. August Mittwoch: Kronprinz Rupprecht von Bayern erfährt in seinem Florentiner Versteck von dem gescheiterten Attentat auf Hitler. – Deutsche Truppen räumen den nördlich des Arno gelegenen Stadtteil von Pisa.

4. August Freitag: Zwischen 3 und 4 Uhr morgens Sprengung der Florentiner Arnobrücken durch deutsche Truppen mit Ausnahme des Ponte Vecchio, dessen Zugänge durch die Sprengung von Häusern unpassierbar gemacht werden (vgl. S. 113–116). – Einnahme des »Oltrarno« von Florenz durch Partisanen und alliierte Truppen.

ca. 5. August Sonnabend: Kaspar Borchardt begegnet in Migliarino dem Hauptmann der Artillerie Dörner »an der Serchio-Mündung, hart an der Front, [und bittet ihn] um Passierscheine für gequälte Pisaner Freunde [Familie Roncioni?] nicht ohne Erfolg«. (›Anabasis‹ S. 39) – Dörner erscheint dann ca. am 19. August in San Michele di Moriano bereits »als Nachhut des Rückzugs«.

6. August Sonntag: Partisanenerschiessungen durch deutsche Truppen bei San Giuliano Terme (vgl. ›Anabasis‹ S. 37).

8. August Dienstag: Tagebucheintrag von Corona Borchardt (vgl. S. 124).

vor 9. – nach 10. August: Tagebucheinträge von Corona Borchardt in Florenz (vgl. S. 126–128). – Frontberichte RBs an Conte Girolamo Roncioni in Pugnano. (Briefe 1936–1945 S. 656–666) – »Ich hatte ja die Funk-

tion also von Papa dem Girolamo Roncioni politische Briefe zu überbringen. – »Drei Tage bevor wir wegfuhren, bin ich ja noch mit dem
Fahrrad, weil wir immer mit dem Fahrrad unterwegs waren, war ich ja
noch in Pugnano bei den Roncionis und da sagten Roncionis zu mir,
ach Menschenskinder, Kaspi, jetzt bleib doch hier, die drei oder vier
Tage, wo das hier kritisch ist, da tauchst Du hier unter und kein
Mensch weiss von Dir und von uns, dass wir Dich aufgenommen haben und du kommst über die Sache rüber. [...] Ich will ja nur erzählen,
dass die mich da zurückbehalten wollten und ich sagte, das kann ich
nicht, denn die warten jetzt auf mich. Das waren 2 Stunden mit dem
Fahrrad. Und dass ich dann wegfuhr und dass ich nachher später erfahren habe, als wir dann mal bei Castoldis waren, durch Castoldis erfuhr
ich, dass bei Roncionis 500 solcher Leute, die sich da in den Gebirgen
versteckt hatten, von den Deutschen erschossen wurden. [...] 500, die
ganzen Gebirge, die ganzen Hügel waren von Partisanen voll und mich
hätten die Partisanen doch auch aufgehängt, wenn ich als Deutscher ...
Es war gefährlich.« (Kaspar Borchardt; Tonbandgespräch 1984 S. 3 f.)

11. August Freitag: Endgültige Aufgabe der nördlichen Stadtteile von
Florenz durch deutsche Truppen. Einsetzung des sozialistischen Bür-
germeisters von Florenz, Gaetano Pieraccini.

August San Michele di Moriano: »Auf jeden Fall erinnere ich mich,
dass wir von einigen deutschen Offizieren, wir Gocki [der Bruder Johann
Gottfried] und ich, nachdem wir gut deutsch und italienisch sprachen,
auf einen dieser Centren oder Aussichtstürme mitgeschleppt wurden,
also freundlich, sie fragten, ob wir Lust hätten zu dolmetschen und da
gingen wir auf einen dieser Beobachtungsposten, das war ein paar Meter oder ein paar hundert Meter oberhalb von Poggio [Villa Poggio al
Debbio]. Da konnte man auf die andere Seite nach Lucca runterkucken
und die führten uns immer zu diesen grossen Fernkuckern, die so fest
eingebaut waren, wo man Lucca also sehen konnte durchs Fadenkreuz
mit allen Schikanen und wir wussten überhaupt nicht mehr wo wir eigentlich waren. Das war Porta Giannotti. Und er sagte immer, kuck
doch mal da durch, was siehst Du denn da unten. Ich sagte, ja da seh

ich das und das Haus. Wir waren auch furchtbar doof, wir waren ganz naiv und konnten einfach mit diesem Gerät technisch nicht viel anfangen und da sagte immer der eine zu dem andern, siehst Du da unten sind schon die Einheiten von den und den Leuten. […] Auf jeden Fall auf Grund dieser doch erheblichen Truppenbewegungen und auch Truppenkonzentrationen in und vor Lucca konnte man folgern, dass sie in den nächsten Tagen oder in den nächsten Wochen auch in Poggio al Debbio [sein würden].« (Cornelius Borchardt; Tonbandgespräch 1984 S. 6)

12. August Sonnabend: Räumung von Florenz durch deutsche Truppen. – Eine Einheit der Waffen-SS (2. Bataillon der 16. Division unter Major Walter Reder) exekutiert die Bewohnerschaft von Sant’ Anna di Stazzema in der Alta Versilia (560 Tote).

13. August Sonntag: Tagebucheintrag von Corona Borchardt in Florenz (vgl. S. 129–132). – Kronprinzessin Antonia von Bayern und ihre Töchter werden durch die Gestapo von San Martino di Castrozza auf die Seiseralm gebracht und von dort nach Pian di Gralba.

14. August Montag: Tagebucheintrag von Corona Borchardt in Florenz (vgl. S. 132 f.). – Kronprinz Rupprecht von Bayern verlässt nach 58tägigem Aufenthalt das Haus in der Via delle Mantellate in Florenz und kehrt zur Familie Fraunberg zurück.

15. August Dienstag: Tagebucheintrag von Corona Borchardt in Florenz (vgl. S. 133 f.). – Landung der Alliierten in Südfrankreich.

17.–19. August Donnerstag bis Sonnabend Vorgebirge Le Pizzorne bei Saltocchio: Partisanenerschiessungen durch die deutsche Wehrmacht.

17.–21. August Donnerstag bis Montag: Tagebucheinträge von Corona Borchardt in Florenz (vgl. S. 134–155).

ca. 19. August Sonnabend San Michele di Moriano: Vormittags Vermittlung RBs bei der Einquartierung von Artillerie-Hauptmann Dörner (XIV. Armee) in der Villa eines italienischen Obersten, dort befindet sich der Befehlsstand. »Sein Aufenthalt [...] werde wie er sagte sich auf drei bis vier Tage bemessen«. (›Anabasis‹ S.39) Durch den Hinweis RBs auf eine angebliche Scharlacherkrankung in Villa Poggio al Debbio wird der vereinbarte Besuch eine Stunde später von dem Burschen des Hauptmanns abgesagt. – Am Nachmittag Einquartierung des Stabsarztes Dr. med. Schneider (›Anabasis‹ S.40). Teilnahme an der Abendmahlzeit, Gespräch mit Estella Castoldi und den Borchardts über Italiener und Deutschland, Sudetendeutschland, Adalbert Stifter, Prag. Nach Tisch Begegnung mit Sanitätsunteroffizier Pastor Hans-Joachim Ulrich aus Königsberg-Juditten. (›Anabasis‹ S.61f.)

20. August Sonntag: Conte Girolamo Roncioni muss seinen Ausweis an die Deutschen abgeben, zu Kontrollzwecken. »Poco dopo la loro partenza abbiamo avuto la graditissima visita di Kaspy Borchardt a cui naturalmente abbiamo narrato l'accaduto ed egli ci ha promesso di interessarvi vivamente affinché la cosa non si ripeta.« (›Ricordi di un Signore di altri tempi‹. Privatdruck 2001, S.155)

ca. 20. August San Michele di Moriano: »Ich würde ohne dies aufkeimende Interesse schwerlich den nächsten Abend im gleichen Kreise verplaudert haben. – Schneider hatte nun die Ziererei fallen lassen und nahm alle seine Mahlzeiten unbekümmert und ohne dieser, wie er meinte, Selbstverständlichkeit durch die geringste Courtoisie gegen die Wirtin etwas abzudingen, als ihr Gast ein.« (›Anabasis‹ S.63)

ca. 21. – 24. August Montag bis Donnerstag San Michele di Moriano: »An den nachfolgenden Abenden war es der Unterhaltung nicht ganz zu verwehren, dass sie auch aktuellere Gegenstände streifte ...« (›Anabasis‹ S.71)

21. August Montag: Rimini wird von deutschen Truppen geräumt. (Vgl. ›Anabasis‹ S.56)

25. – 28. August Freitag bis Montag: Tagebucheinträge von Corona Borchardt in Florenz (vgl. S.155–162).

ca. 25. August Freitag: Die alliierten Truppen sind ca. 4 km von Ponte a Moriano entfernt. – »Ein paar Tage bevor wir Castoldis Haus verliessen, waren die Engländer oder wer immer es von den Alliierten war, in Lucca einmarschiert, sie hatten Lucca genommen, ein Tag vorher. Lucca war vielleicht 7 km von Castoldis entfernt, Luftlinie«. (Cornelius Borchardt; Tonbandgespräch 1984 S. 7) – Abendgespräch über Religiosität und Wehrmacht. (›Anabasis‹ S. 71–75)

26./27. August Sonnabend/Sonntag San Michele di Moriano: »Das gleiche wiederholte sich an den beiden nächst folgenden Abenden, an denen das Gespräch noch häufiger verstimmen sollte. Die Widerwärtigkeit des Patrons hatte mehr und mehr aufgehört, sich unter den ihm auferlegten guten Manieren einer wenigstens in den Formen homogenen Gesellschaft zu ducken, er warf die Hindernisse jetzt schon ungezogen ab.« (›Anabasis‹ S. 75) – »Wir hörten am ersten oder am zweiten Tage bevor wir abhauten, die Schrapnells in der Vigna von der Estella, vor ihrem Haus einschlagen.« (Cornelius Borchardt; Tonbandgespräch 1984 S. 7)

26.–30. August: Durch zwei nächtliche Fliegerangriffe der Alliierten mit über 800 Flugzeugen werden Teile vom Norden der Stadt Königsberg in Ostpreussen und die gesamte Innenstadt vernichtet; 4200 Menschen finden dabei den Tod, 200 000 Menschen werden obdachlos.

28. August Montag San Michele di Moriano: Abendgespräch über Wehrmacht und SS, »kleine häusliche Krise«. (›Anabasis‹ S. 77–80, 81) – Pastor Ulrich warnt die Familie: »Der kuckte durch den Spalt der Tür, so um 11 Uhr als alle schon schliefen, und flüsterte uns zu: SS, Vorsicht, Sicherheitsdienst, nicht SS, also SD.«[380] (Tonbandgespräch 1984 S. 1) – An diesem Tag erreichen die Alliierten die Arnolinie von Florenz bis Pisa.

---

[380] Vgl. Enzo Collotti: Documenti sull' attivita del Sicherheitsdienst nell' Italia occupata. In: Il Movimento di Liberazione in Italia. Milano. Nr. 83, aprile-giugno 1966, S. 38–77. – Ders.: Sui compiti repressivi degli ›Einsatzkommandos‹ della polizia di sicurezza tedesca nei territori occupati. In: Ebd. Nr. 103, aprile-giugno 1971, S. 80–97. – Klinkhammer 1993 S. 117–128.

29. August Dienstag San Michele di Moriano: Hauptmann Dörner in
der Villa, Besprechung mit Dr. Schneider. Nachmittags kurzes Gespräch RBs mit Pastor Ulrich, abends 20 Uhr Gespräch RBs mit dem
Hauptmann. Aufforderung, sich am nächsten Morgen ab 7 zur Abfahrt
bereit zu halten. (›Anabasis‹ S. 80; vgl. Giulia Lenzi Castoldi S. 297) – Abends
vor 21 Uhr Flucht der Familie Borchardt aus der Villa Castoldi, zunächst in das Haus des befreundeten Malerehepaars Mario Broglio
(1891–1948) und Edita Broglio geb. Walterovna von zur Muehlen
(1886–1977). – »Also die eigentliche Abfolge war doch so, dass wir,
nachdem Borchardt, nachdem also Papa gesagt hatte, los wir hauen hier
ab und wir nach langen Debatten ja gesagt hatten, gingen wir so schlen-
dernd so spazierenderweise an dem Abend die Wiese rauf zu Broglios.
Was machten wir da? Wir übernachteten, wir versuchten bei Broglios
zu übernachten.« – »Bei Broglios kamen wir alle, wurde uns durch
zischende und Flüstertöne von Frau Broglio gewiesen, es war 9 Uhr, es
war dunkel, wir sollten nicht durch die Tür kommen, sondern durchs
Fenster. Man hatte ein Fenster aufgemacht, durch das wir alle kletter-
ten. Sie sagte mir, ›Furchtbar, das ganze Haus ist voll deutscher Soldaten‹. Die sind auf dem Rückzug von Monte Cassino, der Rückschlag
von Monte Cassino meldete sich an diesem Tag begann das. Und der
ganze Hügel bei uns war besät mit Soldaten. Und bei dem Prete [Gio-
vanni Freddolini], wo wir eigentlich hinwollten, war alles voll, der sagte,
sie legen eine Telefonstation, sie hatten mitten in der Nacht schon alles
aufgerissen und die machen sich Unterkünfte usw. also keine Möglichkeit unbemerkt irgendwo durchzukommen, ganz ausgeschlossen. Wir
konnten also nicht zu diesem Prete rauf. Wohin? Da wussten wir schon
nicht weiter. Und in diesem Moment kam Gocki [der Sohn Johann Gott-
fried] und sagte, ist es nicht am besten wir gehen wieder zurück. Das war
der einzige vernünftige Gedanke.« (Cornelius Borchardt, Marie Luise Borchardt; Tonbandgespräch 1984 S. 5) Übernachtung in einem Schützengraben. Die Familie versucht, sich in einer Bauernhütte zu verstecken.
»…dass der Mann, der uns damals Unterkunft geben musste, denn er
konnte uns ja nicht rauswerfen, der Bauer da oben, wo wir waren, als
uns die Nazis …, dass er angeblich in Gefangenschaft gekommen ist,

[46] Giovanni Freddolini, fünfziger Jahre
(Rudolf Borchardt Archiv).

weil er uns aufgenommen hatte.« (Marie Luise Borchardt; Tonbandgespräch 1984 S. 3) – »Es war so, dass an dem Tag, sagte mir Estella, die auch alles nachträglich mir erzählt hat, an dem Tag, an dem wir weggingen, kamen die Engländer bis Lucca, und diese Stafette hat noch Borchardt wahrscheinlich gehört«. (Marie Luise Borchardt; Tonbandgespräch 1984 S. 5) »Auf jeden Fall gingen wir von da aus, von den Broglios gingen wir in diese Hütte, wo wir also gefangen, wo wir gefunden worden sind. Kaspi ging raus um Furage zu holen, und da wurde er [vor der Kirche von Aquilea] erkannt und musste die in unser Versteck führen.« (Cornelius Borchardt; Tonbandgespräch 1984 S. 8)

30. August Mittwoch: »Es war ja ein Regen, entsetzlicher Regen wie wir geflohen waren. Das war doch das Furchtbare, wir wussten nicht wohin, wir hatten nicht mal Mäntel. Da sind wir in einen Schützengraben. Die Nacht haben wir in einem Schützengraben verbracht, in einem ganz komischen Erdloch, es war aber zu klein, war entsetzlich, weil der ganze Regen reinkam und schliesslich brachen wir in dieses Bauernhaus ein. Es war entsetzlich, vollkommen verrückt diese Flucht, so aufs gradeheraus als ob du mal eben so wegspazierst.« (Marie Luise Borchardt; Tonbandgespräch 1984 S. 4) – Tagebucheintrag von Corona Borchardt in Florenz (vgl. S. 162 f.).

31. August Donnerstag San Stefano di Moriano Villa Mansi: »[Wir] wurden am 2. Tag von grausamen SS Leuten ergriffen und von da an war es furchtbar. Wir durften nicht mehr in die Villa (nur ich für eine halbe Std um ein paar Sachen zu packen unter Bewachung wurden von einem Commando zum anderen geschickt (behauptet wurde, dass B erschossen würde als defaitist)«. (Marie Luise Borchardt an Hans Feist, 22. Juni 1946; vgl. S. 366). Bei der Rückkehr in die Villa Poggio al Debbio erhält Marie Luise Borchardt von Estella Castoldi eine grössere Geldsumme, mit der sie die Ausgaben der nächsten Wochen bestreiten kann. »Jedenfalls, sie war sehr generös. Diese Summe hat uns damals über Wasser gehalten, denn wovon hätten wir denn diese Reisen und unser Essen in Verona alles bezahlt. Ich hatte nicht einen roten Heller mehr.« Die Rücknahme wurde beim ersten Besuch Marie Luise Bor-

Giulia Lenzi Castoldi: ›Freunde oder Feinde?‹

»Unser grösstes Pech« – sagt der Professor – »besteht darin, dass wir nie von den Römern kolonisiert wurden …«.

Deutscher Nationalität, aber seit mehr als dreissig Jahren in Italien ansässig, ist der Professor ein Mann von besonderer Intelligenz und profunder humanistischer Bildung. Er sieht physisch unvorteilhaft aus, aber seine Redeweise ist perfekt und seine Sprache brillant und gelehrt, wirklich eine Musik für das Ohr. Er pflegt vorzutragen, indem er mit dem stämmigen Oberkörper hin und her pendelt, und mit den zu langen Armen dabei fuchtelt.

»Wir Deutsche« – behauptet er – »haben alle den Nachteil, verliebt zu sein, entweder in Italien oder in Frankreich oder in England …«

Er ist in England verliebt!

Der Professor und seine ganze Familie sind bei uns zu Gast, seitdem die Kriegsverhältnisse zur Evakuierung der Zivilisten entlang des gesamten tyrrhenischen Küstenstreifens geführt haben. Mit einem Militärlastwagen haben drei lustige, gemütliche bayerische Soldaten ihren gesamten Hausrat inklusive Klavier in unsere Villa geschafft.

»Ich kann nichts dafür, aber ich finde mich so attraktiv!« beteuert Sepp, einer der drei, indem er sein zerknittertes Schiffchen lüftet, mit einer komischen Grimasse in seinem unregelmässigen Gesicht …

»Ach, schon wieder Sie! …«, sagt der Stabsarzt barsch, als er den ältesten Sohn ganz ins Lesen vertieft sieht.

Der steht auf, rot im Gesicht, stottert irgendetwas…

Vor einigen Tagen wurde er vom Stabsarzt bemerkt, als er deutsche Soldaten anbettelte, mitfahren zu dürfen.

»Was machen Sie hier? Warum arbeiten Sie nicht mit, wie
alle Deutschen? …« hat er angeblich zu ihm gereizt gesagt …

Da wir alle unter dem selben Dach wohnen, lernt der Stabsarzt
den Professor und seine Familie schnell kennen, und unterhält
sich mit ihnen über angenehme, scheinbar triviale Themen. Das
geht ein paar Tage lang so, dann ruft er ganz plötzlich den
Hauptmann zu sich, der in der Villa gegenüber logiert.

Am gleichen Abend, nach ihrer endlosen Unterredung, erscheint der Hauptmann ganz offiziell in unserem Salon, um sich
persönlich mit dem Professor und seiner Frau zu beraten.

Wir sind alle anwesend.

»Ich möchte Ihre zwei jüngeren Söhne als Dolmetscher ein-
stellen«, sagt er höflich, aber bestimmt. »Sie werden gut bezahlt
und anständig behandelt. Wir haben grossen Bedarf an Dol-
metschern, und Sie als Deutsche, hoffe ich, werden sich nicht
weigern …«.

Auf den Ältesten verzichtet er, weil der wegen einer Kinderlähmung hinkt und an einem Arm behindert ist.

Die Stimmung ist eisig. Weder Weine noch Liköre schaffen
es, sie zu beleben.

Der Stabsarzt greift hin und wieder in seiner gelangweilten
und ironischen Art ein.

Der Professor betont nachdrücklich das ›zarte Alter‹ seiner
Sprösslinge, die man der Liebe der Familie entreissen will; seine
schwülstigen und pathetischen Worte gehen ins Leere, wie in
einem leeren Raum.

»Wenn das so ist«, schliesst er mit tragischem Tonfall, »werde
ich das Schicksal meiner Söhne teilen! … Ich gebe Ihnen mein
Wort, dass wir morgen früh alle reisefertig sind und zu Ihrer
Verfügung stehen!«

»Gut«, fügt der Hauptmann hinzu, »ich werde Ihnen um acht den Wagen schicken. Sie können frei darüber verfügen, bis zum Ende der Reise«.

Er salutiert steif und verlässt den Raum, hinter ihm der Stabsarzt, befriedigt und scheinheilig.

Die zwei Jungens sind vergnügt. Im Grunde missfällt ihnen der Vorschlag durchaus nicht.

Um Mitternacht gehen wir schlafen. Es wird eine unruhige Nacht ...

Um sechs Uhr morgens wecken uns niederschmetternde Nachrichten.

Während der Nacht ist der Professor mit der gesamten Familie geflohen.

Hundert Mann durchstreifen die Felder nach ihrer Spur.

Unsere Villa wird umzingelt und steht unter strenger Kontrolle.

Niemand darf sich ohne besondere Erlaubnis entfernen.

Auf meiner Mutter lastet der Verdacht eines Einverständnisses mit den Flüchtigen ... In Augenblicken wie diesen kann so etwas das Leben kosten ... Ist das die Dankbarkeit für eine mit Herz und Grosszügigkeit bewiesene Gastfreundschaft?

Sie wird in höflichen Formen vom Stabsarzt selbst befragt, man glaubt ihr aufs Wort.

Der Vormittag vergeht anscheinend normal, in Wirklichkeit auf des Messers Schneide.

Gegen drei Uhr nachmittags erscheinen im Gutshaus zwei Frauen, auffallend vorsichtig, und verlangen im Namen des Professors etwas zu essen.

Wir erfahren so, dass sie sich in eine kleine Kirche auf dem Hügel geflüchtet haben.

Diese ebenso dumme wie naive Handlung bringt sie in den Rachen des Wolfs und befreit meine Mutter aus einer ziemlich kritischen Situation. Man beschattet die Frauen und nimmt die Geflohenen ohne Blutvergiessen gefangen.

Am nächsten Tag kommt unter Bewachung der älteste Sohn, blass, erschöpft und mit einem blauen Auge, um die Sachen der Familie abzuholen. Ein erbärmlicher Anblick!

Der ungehobelte Adjutant des Stabsarztes hat ihn als ersten entdeckt und ihn gezwungen, das Versteck der anderen zu verraten.

Den Faustschlag hat er eingesteckt, weil er bei seiner Ehre als Deutscher falsch geschworen hat!

Giulia Lenzi Castoldi, eine der Töchter von Estella Castoldi, veröffentlichte diese in Einzelheiten sehr freie Erinnerung an RB und seine Familie in der Villa ›Poggio al Debbio‹ als Abschnitt IX ihres Bändchens mit autobiographischen Skizzen: ›Amici o Nemici?‹ (Roma: Giovanni Volpe 1965 S.31–35). – Übersetzt von Ilaria Furno und Gerhard Schuster.

chardts nach dem Krieg von der Geberin abgelehnt; stattdessen behält sie einen Teil der eingelagerten antiken Möbel der Familie. (Marie Luise Borchardt; Tonbandgespräch 1984 S.16) – »Von da [von der Hütte] gingen wir dann, wurden wir in eine Villa verfrachtet, wo wir noch einmal eine Nacht verbracht haben, als wir gefangen waren. Das war die Villa von Mansis auf diesem Hügel. Da war das ganze deutsche Kommando drin.« (Cornelius Borchardt, Marie Luise Borchardt; Tonbandgespräch 1984 S.8)

1. September Freitag Villa Mansi S. Stefano di Moriano: »Als wir zurück waren, war er so verzweifelt, dass er sich [in Villa Mansi] den Balkon runterstürzen wollte – vollkommen wahnsinnig – und sagte, ich

hab euch geschadet und womöglich bring ich euch jetzt alle ins Konzentrationslager und alles was ich geraten hab, war Mist und das richtige wäre natürlich gewesen, das zu ertragen was uns befohlen war«.
(Marie Luise Borchardt; Tonbandgespräch S.3) – Ab 1.September Tagebucheinträge von Corona Borchardt in Florenz (vgl. S.163).

2. September Sonnabend: Einnahme von Pisa durch alliierte Truppen. – »Und dann wurden wir, wurde diese Marschkolonne zusam-
mengestellt. Dann wurden wir zuerst mit einem Auto irgendwo in die
Garfagnana gefahren, nach Castelnuovo. Da war ein anderes Kommando, und da sollten wir verhört werden. Er wurde auch allein raus-
geholt, ich durfte nicht mit und er hatte furchtbare Angst. Er kam
wieder nach verhältnismässig ganz kurzer Zeit und flüsterte mir zu:
›Es ist mir unbegreiflich, es war gar nichts‹. Er durfte ja nichts sagen
und so erfuhr ich erst abends von ihm, dass sie ihn überhaupt nicht
verhört hätten, sondern nur seinen Namen und alles aufgenommen
und gesagt hätten: ›ja, Sie sind sicherer im Norden.‹ […] Er wurde als
Defätist deklariert. […] Aber wir haben ja eine Begleitung bekommen
mit Maschinengewehr. Er kohlte nicht. Wir waren ja nicht mehr
frei.« (Cornelius Borchardt, Marie Luise Borchardt; Tonbandgespräch 1984
S.8) – Als Begleitung wird der (aus Magdeburg stammende) Feldwebel Paul Müller zugewiesen, »mit einer Plakette, auf der Feldgen-
darmerie stand. […] Der Mann nahm die Kette ab, weil Borchardt
[in Mantua?] ihn darum bat.« (Tonbandgespräch 1984 S.8) – »Unser Feldwebel, dessen Sehnen ging nur darum, wie komm ich so schnell wie
möglich nach Magdeburg. Dort hatte er seine Familie und die wollte
er sehen und je schneller er uns absetzte, desto länger war sein Aufenthalt in seiner Familie, weil er das ein bisschen hinauszögern
könnte. Aber deswegen war er dafür, dass man also schneller machte
und drängte.« (Tonbandgespräch 1984 S.13)

3. September Sonntag Piazza al Serchio: »Wir sassen hinten alle auf
dem LKW oben drauf und Mama war unten mit in diesem Führer-
häuschen, neben dem Autofahrer. Und Papa und wir alle drei sassen
hinten drauf und los gings über den Apennin. Das war ein Fahrzeug

von verschiedenen Fahrzeugen. Insgesamt waren es glaube ich vier oder fünf Fahrzeuge. Dann weiss ich noch genau, dass wir in Piazza al Serchio haltmachten und dort eine Pause gemacht wurde und dass wir in der Nisula baden wollten. Und das wurde uns verboten und wir wurden festgehalten von den Gendarmen. Gocki und ich wir sahen ja noch Schneider in einem offenen VW an uns vorbeifahren. Wir guckten ihn an und er guckte uns an und er haute also ab. Er fuhr an uns vorbei. Er sass als Beifahrer rechts im Auto und links war ein Fahrer, ein Militärfahrer. Also auf jeden Fall fuhren wir an dem Tag von Castelnuovo über Piazza al Serchio weiter. Von da aus ging die ganze Kolonne los.« (Kaspar Borchardt, Cornelius Borchardt; Tonbandgespräch 1984 S. 9) »Jetzt will ich mal meine Version erzählen. Die erste Nacht haben wir verbracht in Piazza del Serchio in einer ganz kleinen miesen Pension. Ich erinnere es ganz genau wie die war, und dass es ..., mein Gott, man hätte schlimmer unterkommen können. Es war möglich, nicht, und die Leute waren sogar freundlich und denen habe ich noch Briefe gegeben für Corona, weil die Frau sagte, es kann sein, dass jemand mal nach Florenz kommt, dann geb ich die Briefe mit. Der erzählte ich von Corona, die aber nie einen Brief bekommen hat. Und dann hat die Frau uns noch Sachen mitgegeben, geschenkt, die war also ganz human und nett. Dann kamen wir in der zweiten Nacht [Lücke] Bauernhütte.« (Marie Luise Borchardt; Tonbandgespräch 1984 S. 9) – »Dann sind wir nach Piazza al Serchio dort waren wir eine Nacht oder zwei. Wir dachten nämlich schon, wir werden hier bleiben, weil wir nicht wussten, wohin. Das wären schon fünf Nächte gewesen. Und dann fuhren wir weiter und da sagst Du nun: Modena? Es dauerte eine ganze Weile, bis der Rücktransport in Bewegung gesetzt wurde.« (Marie Luise Borchardt, Cornelius Borchardt, Kaspar Borchardt; Tonbandgespräch 1984 S. 9)

September: »Und dann kamen wir auf diesen Hof von Mantua – oder Modena – und da kam Papas Idee, denn er sagte zu den Soldaten, zu unserm Wagen, fahren Sie doch mal dahin, da ist der Graf Salviati, sein [nicht ermittelter] Besitz, und den kannte er gar nicht. Es waren ganz junge Leute. Die waren aber verwandt mit Antinali [gemeint wohl: Antinori], und den kannte ja Borchardt. Und so kam man in eine Unterhaltung und er kam und pochte nachts, es war nachts, bei denen an die Tür und da kamen die nicht, sondern ein Diener, ein Butler, ich fand das sehr peinlich, Borchardt aber war ganz enorm energisch und sagte zu dem Butler, hier ist meine Frau, der wird zugemutet, von diesen deutschen Überfallssoldaten, hier im Wagen zu übernachten, ich möchte bitten, ob man nicht für meine Frau eine anständige Schlafmöglichkeit hat. Und dann kam noch irgend so ne Hausdame oder so was ähnliches, und die wurde dann ersetzt durch einen sehr gut aussehenden Italiener, das war einer dieser Salviati-Herren, die aus England erzogen und eigentlich fast besser englisch wie italienisch sprachen. Und Borchardt ging sofort auf den zu und sagte: ... Haben Sie englische Nachrichten gehört? Ich fand es auch wahnsinnig leichtsinnig, er hatte noch nie ein Wort mit denen geredet und redete sofort so. Dann kam die Signora, die Mutter dieser beiden Herren, sie hatte gehört, dass eine deutsche Frau da war und liess mir sofort, ich weiss nicht was schicken, also rührend, ein Teebrett mit allen möglichen Keksen und Sachen und dann ... Nein zuerst wurde mir gesagt, ich könnte die Gast-Villa bewohnen und da schlafen solange ich wollte mit Euch zusammen. [...] Es war eine Villa für sich. Und da wurde sofort ein Bett bezogen oder mehrere und dann kam ein riesiges Tee-Geschirr ein riesiges englisches Tee-Brett mit allen Geschichten, Gebäck, und die Signora Marquesa oder Contessa liess sich entschuldigen, dass sie nicht zu mir käme, um mich selbst zu empfangen, aber sie liege im Bett und es ginge ihr nicht gut. Ich bedankte mich und sagte, ich würde morgen früh kommen und ihr meine Aufwartung machen, wenn's ihr recht wäre. Wozu's aber gar nicht kam, weil wir schon sehr früh wieder weg mussten. Da hat sich Borchardt mit diesen zwei Herren, sie fanden ihn sehr interessant, sofort unterhalten über die ganze Lage und dass jetzt in no time, innerhalb von 3 Minuten Frieden kommt, und so weiter.« (Tonbandgespräch 1984 S. 10 f.)

5. September Dienstag: Einnahme von Lucca durch alliierte Truppen. – Übergang des Transports der Familie Borchardt über den Po.

ab ca. 6. September Mittwoch Mantua: Wohl mehrtägiger Aufenthalt. »Das einzige was mir übrig geblieben ist in der Erinnerung ist, dass es in Mantua ein grosses Essen gab und dass dieser Gendarm [Paul Müller] mit eingeladen wurde und dass er dort dann seine Meinung geändert hat und zu uns viel freundlicher gewesen ist.« (Kaspar Borchardt; Tonbandgespräch 1984 S. 1, S. 13) – »Dann kamen wir nach Mantua und in Mantua haben wir Aufenthalt gehabt, mittags. Und dort hat Borchardt dann den Erzbischof besucht, immer noch in der wahnsinnigen Idee, frei zu werden. Und dieser Erzbischof war sehr kalt und ablehnend.[381] Und Borchardt war sehr zerschmettert. [...] Dann kam ein Arzt und Borchardt sah ja so aus als ob er gleich umfiel, ganz grau. Und trotzdem dachte ich, das beste wär, wenn wir tot wären, wenn jedenfalls Borchardt ein Mittel hätte, um sich das Leben zu nehmen bevor er in die Hand der Nazis käme. Und ich sagte auch zu Gocki [der Sohn Johann Gottfried Borchardt] damals er sollte, das hab ich aber erst in Verona gesagt, er sollte Gift holen. In Mantua haben wir einen Arzt gefunden, und ich erinnere mich nicht mehr wieso wir zu diesem Arzt kamen, das kann ich mir jetzt nicht mehr erklären, jedenfalls ist Borchardt bei dem gewesen und ich auch. Und dieser Arzt hat Borchardt untersucht und hat dann zu mir gesagt, wissen Sie, dass Ihr Mann ein Todeskandidat ist? Mich würde es nicht wundern, wenn er in diesem Moment tot umfällt. Er hat einen so hohen Blutdruck, wie kein Mensch ihn aushalten kann und ist vollkommen am Ende. Er hat einen viel zu hohen Puls und hat dies und hat das und hat wahrscheinlich eine angina pectoris, was ich hier auf meinen Instrumenten nicht sicher feststellen kann. Und darauf sagte ich, ja das macht ja garnichts, wenn er einen Tod hat, einen natürlichen Tod hätte, wär' es besser als der Tod, der ihn jetzt vielleicht erwartet von

---

[381] Über den Bischof Monsignore Domenico Menna (1875–1957) und seine auch sonst ablehnend-neutrale Haltung gegenüber der sich bildenden (kommunistischen) Resistenza vgl. Silvio Tramontin: ›I documenti collettivi dei vescovi nella

[47] Auf den vorangehenden Seiten: Der Landschaftsraum des Appenin als Kriegsschauplatz 1943/45. Die Villa Poggio al Debbio befindet sich nördlich von Lucca, exakt auf der Höhe der damaligen »Linea Verde«.

den Schergen Hitlers. Und sagte ihm das nicht begründet, sondern nur dass ich Angst hätte, was passieren würde und ob er mir nicht ein Mittel geben könnte, ob er nicht Borchardt eine Spritze geben könnte, die verhinderte, dass er weiter führe. Denn ich dachte, wenn er jetzt eine schwere Krankheit bekommt, dann muss doch dieser Unteroffizier [Paul Müller], er kann ja nicht mit dem Mann auf der Bahre liegen. Das war meine Hoffnung. Und da hat dieser Arzt hin und her überlegt und sagte, ja gut, ich werde das tun, ich verstehe das alles hier. Und er hat aber gar nichts weiter getan, um Pillen mir zu geben für Borchardt, was er ja eigentlich hätte tun können gegen angina pectoris; er war sich nicht sicher und hat's deswegen nicht getan.« (Marie Luise Borchardt; Tonbandgespräch 1984 S.12) – Vgl. die mehrsinnige Erwähnung von Mantua[382] im Gedicht »Wir haben keine Kerzen …« (S.343).

6.– 8. September Mittwoch bis Freitag: Tagebucheinträge von Corona Borchardt in Florenz (vgl. S.167–169).

vor 9. September Sonnabend: Übernachtung im Freien, ein Tag nach Mantua, ein Tag vor Verona. (Tonbandgespräch 1984 S.13) – »Ich weiss, wir haben auch einmal im Freien übernachtet in so komischen Zelten und da kam einer von denen, der Feldwebel, zu mir und sagte, das ist wohl schwer für Sie, so zu campieren und brachte mir ganz rührend schöne Decken und weiche, und alles mögliche, und eine Tasse Tee. Es war also einer von diesen, die sie da trafen, die hatten da ein Biwak. Aber nur die Frau wurde so gütig behandelt, ihr weniger. Was mich immer sehr ärgerte. Das war also auch noch ein Tag.« (Marie Luise Borchardt; Tonbandgespräch 1984 S.10 f.)

---

primavera-estate del 1944‹ (In: Guerra – guerra di liberazione – guerra civile. A cura di Massimo Legnani e Ferruccio Vendramini. Milano: Franco Angeli 1990 S.424 f.)

[382] Auch als Anspielung auf das ›Andreas-Hofer-Lied‹: »Zu Mantua in Banden | Der treue Hofer war, | In Mantua zum Tode | Führt ihn der Feinde Schar …« nach dem Gedicht von Julius Mosen (1803–1867) aus dem Jahr 1831, vertont 1844 von Leopold Knebelsberger (1814–1869); in der Tirolerstube des Hotels ›Trinser Hof‹ hängt heute wie 1944 ein Porträt Andreas Hofers (vgl. Abb. 29).

11. September Montag Verona: »In Verona [das ist wohl eine Verwechslung mit Mantua], sagten unsere Leute, würden wir einen längeren Aufenthalt haben und ein gutes Quartier bekommen«. (Marie Luise Borchardt; Tonbandgespräch 1984 S. 13) – »Und da in Verona [d. i. Mantua] hat auch Borchardt auf seltsame Weise, weil er irgendwo in Cafés herumsass, wahrscheinlich, hat er einen Kellner kennen gelernt und mit dem Freundschaft geschlossen. Und der wollte alles tun und sagte er wolle die ganze Familie verbergen.« (Marie Luise Borchardt, Kaspar Borchardt; Tonbandgespräch 1984 S. 13)

12. September Dienstag Verona: Wohl abends Abreise der Familie Borchardt per Zug nach Innsbruck, unter Bewachung durch den Feldgendarmen Müller. »In Verona war doch der Moment, wo wir vom LKW befreit wurden und da wurden wir in den Zug gestopft. Da endete nämlich unsere Autofahrt. Da stiegen wir in den Zug ein. […] Weil es schneller ging für diesen Feldwebel und sie sollten ihren Befehlen nach möglichst Benzin sparen, die hatten kein Benzin. Und die sprachen von nichts anderem während der ganzen Fahrt, als dass sie mit Carbone heizen müssten auf der Rückfahrt. Und wie sie das nun machen sollten bei der Flucht vor dem Feind. Die Autos sollten umgestellt werden von Benzin auf Methan, also Kohlengas.« (Kaspar Borchardt, Marie Luise Borchardt; Tonbandgespräch 1984 S. 3) Marie Luise Borchardt bezeugt, man habe dort vor Antritt der Zugfahrt Zeitungen mit den Nachrichten von der Hinrichtung der Verschwörer gegen Hitler, u. a. Ulrich von Hassells (hingerichtet Berlin-Plötzensee 8. September 1944) gekauft (Gesprächsaufzeichnung Gerhard Schuster, 1981). – In Verona hat man einen ganzen gebratenen Puter gekauft, der während der Fahrt verzehrt wird. »Es ist mir noch erinnerlich oder unvergesslich eigentlich, dass Papa in einer furchtbar pelikanösen Art uns Kindern den letzten Rest dieses Puters gab, obwohl er ihn wahnsinnig gerne selber gegessen hätte und dann, nachdem wir ihn verspeist hatten, selber er in einen erschöpfungsartigen Schlaf verfiel; und da sah ich ein Gesicht, das so aschgrau war und ich dachte noch: Herrgott, ist das eine furchtbare Zeit!« (Cornelius Borchardt; Tonbandgespräch 1984 S. 1) »Und dann

[48]   Italienisches Formular für Bezugsscheine, von der entsprechenden Behörde in
Innsbruck weiterführend gestempelt (Nachlass Borchardt DLA).

sind wir dann in Verona in den Zug gestiegen, alle zusammen, und sind mit dem Zug dann in Innsbruck angekommen. Dann, ich weiss noch, dass Papa furchtbar schlecht aussah, wie eine Leiche, immer aus dem Fenster guckte, ... so: ›wer weiss was wird‹.« (Kaspar Borchardt; Tonbandgespräch 1984 S. 3)

13. September Mittwoch Innsbruck: Ankunft um ca. 5 Uhr früh am Hauptbahnhof. RB und seine Söhne warten unter Bewachung am Bahnhof, während Marie Luise Borchardt mit dem Feldgendarmen Müller zur Gauleitung in das ›Neue Landhaus‹ am Landhausplatz geht; der damalige Gauleiter bzw. Reichsstatthalter von Tirol-Vorarlberg, Franz Hofer (1902–1975), ist zu diesem Zeitpunkt, ca. um 7 Uhr morgens, noch nicht im Dienst. – »Da war noch niemand in diesem Amt, da war also ein Mädchen, ein verlorenes Mädchen, die sagte ›Ja was soll *i* denn machen mit denen‹.« (Marie Luise Borchardt; Tonbandgespräch 1984 S. 14) Ein Aufenthaltsschein wird ausgestellt und auf Grund der »Urlauberkarte« (vgl. S. 307) werden Lebensmittel- und Raucherkarten für zunächst einen Monat ausgefolgt. »Dann brachte der mich noch zu einem andern Haus, es hatte irgend so einen Nazi-Namen, und da waren nur lauter Frauen, Damen, beschäftigt und die sagten, ob ich Geld wollte. Und sie würden sich auch unser annehmen, weil ich nämlich immer erzählte, dass wir vollkommen mittellos und von unserem Besitz abgelöst hierher geworfen seien, ohne Gepäck und nicht für den Winter ausgerüstet seien. [...] Als Auslandsdeutsche, die dem Kriege zufolge hatten weichen müssen, kriegten wir eine Unterstützung. Das konnten wir jede Woche holen.« (Marie Luise Borchardt; Tonbandgespräch 1984 S. 14) – »Wir wurden nach Innsbruck gebracht. Also wir haben nie erfahren, was da in diesem Begleitbrief stand, den unser Begleiter natürlich bei sich hatte, denn der hat diesen Brief vor den Augen meiner Mutter zerrissen. Und der Herr Müller gab uns dann oder besorgte uns Lebensmittelmarken, die es damals gab, besorgte uns eine Aufenthaltsgenehmigung in Innsbruck als Deutsche und verabschiedete sich. Das war im September 44. [...] Mein Vater war natürlich sehr traurig, und seine Stimmung war ganz furchtbar niedergedrückt, sagen wir mal, und

[49]   Hotel Speckbacher Hof, Maximilianstrasse (heute zerstört), vor 1944 (Stadt-archiv Innsbruck).

[50]   Die Lebensmittelkarten-Ausgabestelle im Neuen Landhaus, 1943 (Stadtarchiv Innsbruck).

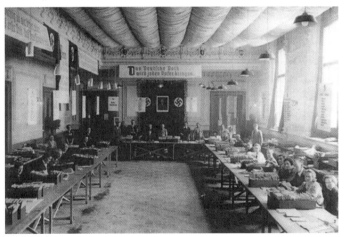

auch niedergeschlagen. So niedergeschlagen, wie er sich gefühlt hat, hat er sich nicht gezeigt.« (Cornelius Borchardt; Martinez/Richter 1988 S. 31)

ab 13. September Mittwoch Innsbruck: Zunächst Unterbringung im Hotel ›Speckbacher Hof‹, Ecke Salurner Strasse/Maximilianstrasse 47 – »Wir mussten eingewiesen werden. Es musste alles am selben Tag geschehen. Der Speckbacher Hof, es war alles besetzt. Da gabs nur noch den Speckbacher Hof, da waren noch Betten frei, also so viel, dass wir zusammenbleiben konnten, worauf ich Wert legte. Und ich erinnere noch, dass Borchardt und ich in einem Zimmer lagen und ich voller Empörung sagte, ich hab überhaupt nicht mal ne Lampe zum Lesen. Die Betten waren auch ziemlich grausig. Und Borchardt hat keine Lampe und lag im Bett und sagte nur, ›ach, dass wir hier so liegen und plötzlich dieser Alptraum zergeht, ich kann's noch nicht fassen, ich kann's einfach noch nicht fassen‹. [...] So sah es aus. Erst mal weil er sich das immer vorwarf, dass er – und doch, er hielt diese Flucht nachher für wahnsinnig.« (Marie Luise Borchardt; Tonbandgespräch 1984 S. 15)

September Innsbruck: »Ich erinnere mich, dass Papa auch ziemlich schnell raushatte, dass es einige Lokale gibt, wo man Suppen ohne Lebensmittelmarken bekam. Wir hatten ja Lebensmittelmarken zwar bekommen, aber mit denen mussten wir so vorsichtig umgehen; oder wir hatten sie schon in der ersten Woche aufgegessen, während sie für den ersten ganzen Monat gelten sollten.« (Cornelius Borchardt; Tonbandgespräch 1984 S. 1)

14. September Donnerstag Innsbruck: Vermerk in italienischer Aufenthaltserlaubnis mit Stempel ›Gauhauptstadt Innsbruck Ernährungsamt‹: »Urlauberkarte ausgefolgt vom 13.IX.44 bis 16.IX.44« (Nachlass Borchardt DLA). – Vgl. Abb. S. 307.

14. September Donnerstag Innsbruck Hotel Speckbacher Hof: Postkarte von Marie Luise Borchardt an Rudolf Alexander Schröder und Dora Schröder in Bergen/Obb. (Briefwechsel RB/Rudolf Alexander Schröder 1919–1945 S. 644; vgl. Abb. 47)

Lieber O. Rudi liebste Dora – Wir sind seit gestern hier und fragen Euch an ob Ihr uns in Eurer weiteren oder nähern Umgebung einquartieren könnt? Wir sind auf Befehl der WM [Wehrmacht] hierher gebracht haben *kaum* Gepäck – unsere Lage ist schrecklich, da alles so schnell geschehen musste. Bitte schreibt uns umgehend ob es bei euch geht? – Hier können wir nur wenige Tage bleiben – es ist sehr voll.

Umarme Euch innigst

Eure Marel (wir sind zu 5.)

[Rudolf Alexander kam sofort persönlich nach Innsbruck, traf bei seinem Besuch ca. am 16. September im Hotel die Familie zunächst allerdings nicht an und hinterliess an der Rezeption diese Postkarte mit folgendem Vermerk als Antwort:]

Onkel Rudi ist hier, um Euch abzuholen. Packt gleich Eure Sachen, dass wir so rasch als möglich abfahren können nach Bergen

Herzlichst grüsst

Rudi

Ich komme in 1 hl. Stunde also gegen 3/4 1 Uhr

15. September Freitag Innsbruck: Postkarte von RB an Rudolf Alexander Schröder, Bergen/Obb. (Briefwechsel RB/Rudolf Alexander Schröder 1919–1945 S. 645; Abb. 50/51)

ca. 16. September Sonnabend Innsbruck: Besuch Rudolf Alexander Schröders. »Die Kraft ist Rudolf Borchardt bis ans Ende geblieben. Noch bei der letzten Begegnung, die uns beiden im September 1944 beschieden war, habe ich sie spüren und bewundern dürfen. Borchardt war während jener Tage trotz der durch die zwangsweise Verschleppung nach Innsbruck über ihn und die Seinen hereingebrochenen Notlage aufs intensivste mit den mir schon vorher brieflich skizzierten Gedanken einer für ihn persönlich abschliessenden Schrift zu der von uns beiden ein Leben lang miteinander verhandelten Frage nach dem Dichter der Ilias und der Odyssee beschäftigt. Ihrem Abschluss ist sein jäher Tod (Jan. 1945) zuvorgekommen. Die inzwischen begonnene Veröffentlichung seines Gesamtwerks wird in absehbarer Zeit auch den grossartigen Torso dieser in einigen Teilen fertig daliegenden Arbeit vorlegen. [...]« (›Erlesenes und Erlebtes. Im Gedenken an Otto Deneke gestorben 11.7.1956 zu Göttingen‹; Berlin: Gerd Rosen 1957; darin S. 11f.: Rudolf Alexander Schröder: Otto Deneke und Rudolf Borchardt). – Begegnung im Café Katzung, Herzog-Friedrich-Strasse 16. »Als ich ihn im Herbst 1944 auf ein [nicht ermitteltes] Telegramm hin aufsuchte, war er mit Frau und Söhnen durch die SS aus seinem Asyl in der Lucchesia nach Innsbruck verschleppt. [...] Als ich ihn in Innsbruck traf, fand ich den Siebenundsechzigjährigen stark gealtert, aber wie immer voller Pläne und Hoffnungen, als habe er noch ein zweites Leben vor sich. Er wollte die Geschichte seiner Verschleppung und ihrer wunderbaren Errettung unter dem Titel ›Anabasis‹ schreiben, wollte ein grossangelegtes, lang vorbereitetes Werk über die homerischen Gedichte zu Ende bringen.« (Drei Begegnungen. In: Gesammelte Werke, Bd. II, Frankfurt/Main: Suhrkamp 1952, S. 959) »Ich fand ihn äusserlich sehr mitgenommen, die Jahre des Wahnsinns und des Schreckens hatten ihn, der sich so gern und mit so liebenswerter Zuversicht unversieglicher Jugendkräfte gerühmt, zum alten Mann gemacht. Er war auf dem fluchgeschlagenen Boden unmittelbarer Lebensgefahr ausgesetzt. Die Schlamperei und ein Rest gesunden Menschenverstands der schon in Untergangsstimmung befangenen österreichischen Lokalbehörde hat ihn neben andern Umständen, die ich hier übergehen muss, vor dem Schlimmsten bewahrt.« (Erinnerungen an Rudolf Borchardt. Zum 9. Juni 1947. In: Gesammelte Werke, Bd. II, Frankfurt/Main: Suhrkamp 1952, S. 873) – Rudolf Alexander Schröder erinnert sich an eine Bemerkung RBs über das ›Buch Joram‹, zu dem er sich »in unsrer letzten Unterredung, ein Vierteljahr vor seinem eigenen Hingang, [...] als zu einer für ihn immer noch grundsätzlich bedeutsamen Arbeit bekannte.« (Reden 1955 S. 10)

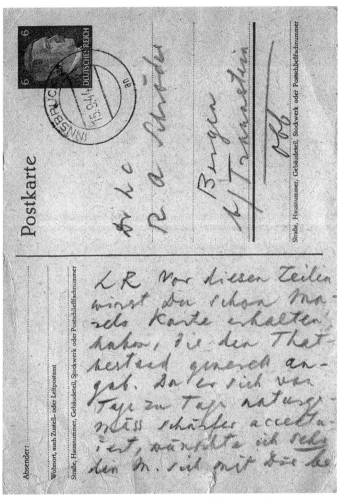

[51–52]   *Postkarte von Rudolf Borchardt an Rudolf Alexander Schröder, Innsbruck
15. September 1944 (Privatbesitz).*

gesprochen, und hoffe daß sie
für kurze Zeit beruhigen
wird. Obwohl ich mein
was ich Euch hiermit re-
... in ... zumute,
so begreift ihr daß die
Bitte gewagt werden ...
Hoffentlich (... keines-
wegs sicher) trägt man ...
... ... einen
Antwort von dir noch in
... prämisse vor ... ...
... . An teil-
nehmender Menschlichkeit fehlt
es an sich keineswegs, aber
sie ist machtlos gegen die
Riesenmaschinerie die ...
... Einzelfall kennen darf.
Gib ... Kunde von dir und
... ...
und bedenk. B.

17. September Sonntag Innsbruck: Postkarte von Marie Luise Borchardt an Rudolf Alexander Schröder und Dora Schröder. (Briefwechsel RB/Rudolf Alexander Schröder 1919–1945 S. 645)

vor 19. September Dienstag: »Ich kriegte [als Auslandsdeutsche] auch sofort Geld, also nicht am selben Tag, aber eine Woche drauf kriegte ich Geld.« (Marie Luise Borchardt; Tonbandgespräch 1984 S. 15)

19./20. September Dienstag/Mittwoch: Marie Luise Borchardt reist nach Bergen/Obb. über Traunstein zu Rudolf Alexander Schröder und Dora Schröder.

23. und 30. September Sonnabend und Sonnabend Innsbruck: Vermerke in italienischer Aufenthaltserlaubnis mit Stempel ›Gauhauptstadt Innsbruck Ernährungsamt‹: »Urlauberkarte ausgefolgt vom 25. IX. 44 bis 1. X. 44« (Nachlass Borchardt DLA)

ab ca. Anfang Oktober Innsbruck: RB beginnt mit der Niederschrift der ›Anabasis‹ (vgl. S. 379).

5. Oktober Sonntag: Kronprinzessin Antonia von Bayern wird mit einer doppelseitigen Lungenentzündung in das Innsbrucker Krankenhaus eingeliefert; Gräfin Paula von Bellegarde bleibt bei ihr und kann einen Kontakt zur Familie Borchardt herstellen. (Irmingard Prinzessin von Bayern 2000 S. 292, 295 ff.)

7. Oktober Sonnabend Innsbruck: Vermerk in italienischer Aufenthaltserlaubnis mit Stempel ›Gauhauptstadt Innsbruck Ernährungsamt‹: »Urlauberkarte ausgefolgt vom 9. X. 44 bis 15. X. 44«. (Nachlass Borchardt DLA) Marie Luise Borchardt reist nach Bergen zu Rudolf Alexander Schröder und Dora Schröder. – Tagebucheintrag von Corona Borchardt in Florenz (vgl. S. 169 f.).

8./9. Oktober Sonntag/Montag Hinterhör bei Neubeuern am Inn: Besuch von Marie Luise Borchardt und Rudolf Alexander Schröder bei Ottonie Degenfeld. (Werner Volke: Ottonie Gräfin Degenfeld zum 100. Geburtstag. Rede zur Gedenkfeier in Hinterhör am 13. August 1982. In: Hofmannsthal-Blätter. Frankfurt. Heft 29, Frühjahr 1984, S. 49) – Tagebucheinträge von Corona Borchardt in Florenz (vgl. S. 170–174).

Oktober Innsbruck: Zufällige Wiederbegegegnung der Söhne Borchardt mit dem Feldwebel Müller. »Und da haben wir nochmal später diesen Feldwebel in Innsbruck wiedergetroffen und da hat er uns erzählt, dass sie tatsächlich diese Autos bekommen hatten und zurück mit auf Carbone umgestelltem Motor fahren müssen, es wär katastrophal. Damit wäre überhaupt der Krieg beendet gewesen, sagte er.« (Kaspar Borchardt; Tonbandgespräch 1984 S. 13)

vor 17. Oktober Dienstag Innsbruck: Zufällige Begegnung Marie Luise Borchardts mit dem Bremer Jugendfreund Ludwig Wolde (1884–1949), seinerzeitigem Mitbegründer der ›Bremer Presse‹; er lebt wegen seines Lungenleidens zurückgezogen in dem Dorf Gries am Brenner. »Lutz Wolde hatte [über] Onkel Rudi von uns gehört. Trafst Du ihn in Innsbruck? Und der wohnte in Gries am Brenner bei Frau Penz. Nein, den trafen wir zufällig, auf der Strasse. Er wusste von diesem Hotel, und er macht jetzt alles, damit wir dahin kämen. Und der hat das auch gemacht. Es war furchtbar schwierig, überhaupt weg zu kommen und in diesem Speckbacher konnten wir nicht bleiben, weil der nicht heizte, hatte keine Heizung.« Ludwig Wolde leiht Marie Luise Borchardt kein Geld, obwohl das in österreichischer Valuta vorliegt. »Aber Du kriegtest doch von Bremen dann Geld. Ja, durch die Schweiz [von Erika und Alexander von Frey]. Über die Schweiz bekamst Du von Bremen hundert Reichsmarkscheine.« (Marie Luise Borchardt, Cornelius Borchardt; Tonbandgespräch 1984 S. 16) – »Dann hat mir, glaube ich, auch Lutz Wolde vielleicht zu dieser Umänderung in den Trinser Hof ein Geld gegeben. Das weiss ich nicht mehr. Ich erinnere, dass er ziemlich knickerig war und nie was gab und besonders weil es eben so dumm war, weil er wegging und es nicht mitnehmen konnte. Er konnte das Geld nicht mehr von dem Konto loskriegen.« (Marie Luise Borchardt; Tonbandgespräch 1984 S. 16 f.)

17. Oktober Dienstag Innsbruck: Vermerk in italienischer Aufenthaltserlaubnis mit Stempel ›Gauhauptstadt Innsbruck Ernährungsamt‹: »Urlauberkarte ausgefolgt vom 16.X.44 bis 22.X.44« (Nachlass Borchardt DLA) – Postkarte von Marie Luise Borchardt an Dora Schrö-

[53] Das Neue Landhaus (Gauleitung) in Innsbruck, mit Bombenschäden vom Oktober 1944 (Stadtarchiv Innsbruck).

[54] Die Speckbachstrasse in Innsbruck, mit Bombenschäden vom Oktober 1944 (Stadtarchiv Innsbruck).

der, Bergen/Obb.: »Wir haben heut mit Lutz ein entzückendes Gasthaus in Trins angesehen aber ob sie uns aufnehmen, das weiss ich noch
nicht – Es wär für eine Zeit und vor allem ganz nah dem Gymnasium
in Steinach. – Meine Liebe, es war so heimatlich und warm bei Euch
dass wir Euch nicht genug danken können und besonders Dir, denn
Dein Wesen machte die Gastlichkeit des Hauses aus. Ich habe es unendlich gefühlt und genossen und Du musst es auch gespürt haben.«
(Briefwechsel RB/Rudolf Alexander Schröder 1919–1945 S. 648)

18. Oktober Mittwoch: Alle waffenfähigen Männer zwischen 16 und
60 Jahren werden zum ›Deutschen Volkssturm‹ aufgerufen, der von den
örtlichen Gauleitern aufgebaut wird.

20. Oktober Freitag: Luftangriff des 205. Geschwaders der ›Royal Air
Force‹ auf Eisenbahnanlagen in Innsbruck; durch die rechtzeitige Räumung kam es nur zu geringen Schäden. (Ulrich 1967 S. 21). Die seit den
schweren Luftangriffen vom Dezember 1943 im Bau befindlichen Stol-
lenanlagen in den Felsen des Nordhangs sind zu diesem Zeitpunkt noch
nicht vollendet. »Planmässig hätten sie bei vollem Ausbau etwa 20 000
Personen fassen sollen, hinein aber wollten zwei Drittel der Einwohner-
schaft, so dass entsprechende Unzukömmlichkeiten bei der Besetzung
der Stollen an der Tagesordnung waren.« Der Bombenabwurf erfolgt
erst nach langer Dauer des Alarms, weshalb viele Menschen die Stollen
bereits wieder verlassen haben. Abwurf von ca. 300 Sprengbomben und
1000 Splitterbomben im Innenstadtbereich, 34 Tote. (Unterrichter 1946/49
S. 561, 563 f.) – Postkarte von Marie Luise Borchardt an Rudolf Alexander
Schröder und Dora Schröder: »Ihr Lieben – Eben war ein grauenvoller
Angriff u. mir bebt noch das Herz – telephonieren geht nicht vielleicht
kommt diese Karte eher an. Ich versuchte schon heut früh mit Euch zu
sprechen aber umsonst. Wir werden wahrscheinlich nach Trins gehen in
der Nähe von Lutz, auf wie lange ich Aufenthaltsbewilligung bekomme
weiss ich nicht – gewiss nicht sehr lang – also bewahrt Eure Kammern
und die bei R. [Graf Siegfried von Roedern in Bergen/Obb., Schröders Nach-
bar] Schreibe sobald ich dort bin nochmals – vorläufig werden wohl die
Bohnen nicht gehen – am Montag schicke ich 2 Jungens nach Raubling

wo auch O[nkel] Rudi sich einfinden soll – wenn Rucksäcke sind mitzu-
bringen. Hoffentl. klappt es, alle drei sind sehr erkältet – u. es ist möglich dass wir telephonisch nicht communizieren können. Was macht
Dora? Ist sie gesund? Bor liest Ilias und schreibt lange Bogen dazu die
er vielleicht einmal gelegentlich zeigt, eigentl. sind sie viele Abschwei-
fungen u. Exkurse. Sein Gemütszustand charakterisiert das gestern
entstandene Distichon: ›B zu Zeiten unterhosig sieht das Dasein wieder
rosig‹. Sonst interessiert er sich für die Essmenues der hiesigen Gast-
stätten.« (Briefwechsel RB/Rudolf Alexander Schröder 1919–1945 S. 649) – RB
weigert sich, bei den Fliegerangriffen auf Innsbruck (trotz entsprechen-
der Weisungen), wohl aus Sorge vor Kontrollen, in den Bunker zu gehen; seine Frau und die Söhne suchen die Stollen auf. – Tagebucheintrag
von Corona Borchardt in Florenz (vgl. S. 180–182).

vor 23. Oktober Montag Innsbruck: Vermerk in italienischer Aufenthaltserlaubnis mit Stempel ›Gauhauptstadt Innsbruck Ernährungsamt‹: »Urlauberkarte ausgefolgt vom 23. X. 44 bis 29. X. 44«. (Nachlass
Borchardt DLA)

vor 24. Oktober Dienstag Innsbruck: Abreise der Familie Borchardt
nach Trins im Gschnitz-Tal, bei Kälte und Schnee, mit einem Auto-
bus. Das in einem Seitental des Brennertals südlich von Innsbruck
gelegene Dorf (1168 Meter) hat damals rund 500 Einwohner. Unterbringung im ›Alpenhotel Trinserhof‹, einem erst 1927 errichteten
Gasthof am östlichen Ortsrand (Besitzer: Jakob Covi). Vgl. Abb.
S. 237–240. RB und Marie Luise Borchardt bewohnen im zweiten
Stock des Hauses das (heutige) Zimmer Nr. 115, dort werden – mit
Blick auf die spätgotische Kirche St. Georg – ›Anabasis‹ und der
›Grundriss zu Epilegomena zu Homeros und Homer‹ niedergeschrie-
ben. Der älteste Sohn Kaspar bewohnt im dritten Stock ein Zimmer,
ebenso Cornelius und Johann Gottfried. – Das Tal wird von den
Luftangriffen nicht berührt; Bomben auf die nahegelegenen Ort-
schaften Matrei und Steinach fallen erst im Februar und März 1945.
(Vgl. Unterrichter 1946/49 S. 581)

[55] Der Trinser Hof im Gschnitztal, frühe fünfziger Jahre. (Rudolf Borchardt Archiv).

24. Oktober Dienstag: Mit einem Brief des Landesfremdenverkehrs-verbands Tirol-Vorarlberg/Innsbruck, Dr. Sohm, an Marie Luise Borchardt, z. Zt. Hotel Trinserhof, wird nach persönlicher Vorsprache von Marie Luise Borchardt im Amt eine Aufenthaltsgenehmigung für die Familie Borchardt bis zum 24. Dezember 1944 erteilt. »Unter Berück-sichtigung der von Ihnen dargelegten Gründe erteile ich Ihnen und Ih-rer Familie, d. h. Ihrem Gatten und Ihren 3 Söhnen, die Genehmigung zu einem verlängerten Aufenthalt in Trins von insgesamt 2 Monaten, gerechnet vom 1. Aufenthaltstage, gegen jederzeitigen Widerruf. | Ich bitte Sie, diese Bescheinigung dem Beherbergungsgeber auszuhän-digen, von dem sie zu Kontrollzwecken aufzubewahren ist.« Überliefert ist auch das gleichzeitige Begleitschreiben an den Bürgermeister der Fremdenverkehrsgemeinde Trins. (Tiroler Landesarchiv Innsbruck)

Oktober Trins Alpenhotel Trinser Hof: Brief RBs an Rudolf Alexan-der Schröder über den Untergang Deutschlands; politische Prognosen zur Nachkriegszeit. (Briefwechsel RB/Rudolf Alexander Schröder S. 646 bis 648)

26. Oktober: Um 11.30 Uhr Luftangriff von 8–10 Bombern des 205. Geschwaders der ›Royal Air Force‹ auf Eisenbahnanlagen in Innsbruck. (Unterrichter 1946/49 S. 564 f.; Ulrich 1967 S. 21)

27. Oktober Freitag Alpenhotel Trinser Hof: Marie Luise Borchardt an Rudolf Alexander Schröder und Dora Schröder. (Briefwechsel RB/Rudolf Alexander Schröder 1919–1945 S. 650)

ca. 29. Oktober Sonntag: Corona Borchardt berät sich auf der Suche nach ihren Eltern und Brüdern mit Estella Castoldi und Mario Broglio in S. Michele di Moriano (vgl. S. 194–197).

seit Ende Oktober Trins: RB schreibt die ›Epilegomena zu Homeros und Homer‹ nieder‹ (Prosa II 1959 S. 7–108, 533 f.)

[56] Anmeldezettel für Johann Gottfried Borchardt (Gemeindeverwaltung, Trins).

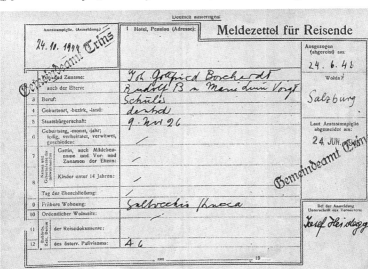

Ende Oktober/November Trins Hotel Trinser Hof: »Und er hat noch mit uns Latein und Griechisch gepaukt, in Trins. Da haben wir noch einen lateinischen Brief entworfen an Onkel Rudi, sogar mehrere glaub ich damals (vgl. S.328–331). Dann lasen wir Xenophons Anabasis. Aber wir lasen auch in einem Lateinbuch, das wir von der Steinacher Schule bekommen hatten oder irgendwo her, lasen wir Cicero, Sallust und Livius und solche lateinischen Autoren und Caesar auch, Caesar nicht de bello gallico sondern de bello civile, und ich erinnere mich, dass ich mich furchtbar dämlich anstellte. ›Nimm Dich endlich zusammen‹. Und ich konnte mich schlecht konzentrieren, wir waren zerstreute Jungens, und einfach mit Konzentrationsschwächen. Aber er mit seiner enormen Engelsgeduld hat also weitergemacht und hat dann uns auch wieder so Geschichtsabrisse erzählt über die Situation zu der Zeit des Xenophon und der Anabasis und wie das damals gewesen wäre, unheimlich lebendig, ich weiss nur noch, dass er diese, er sagte immer, das war damals gar nicht so, es war wie heute, im Grunde müsst Ihr Euch überlegen, es war die damalige Gegenwart, war genau wie die heutige Gegenwart. Es war eine Fülle von verschiedenen Kräften und Gegenkräften, die sich die Waage hielten oder die einander jedenfalls entgegen standen.« (Cornelius Borchardt; Tonbandgespräch 1984 S.18)

November/Dezember: Zwei Briefe RBs an den Schwager Peter Voigt über dessen Gesundheitszustand. (Briefe 1936–1945 S.666–672)

November: Prinzessin Irmingard von Bayern, die im September ebenfalls von der Gestapo verhaftet worden war, begegnet ihrer Mutter im Luftschutzkeller des Innsbrucker Krankenhauses wieder. (Irmingard Prinzessin von Bayern 2000 S.298f.)

1. November Mittwoch: Kronprinz Rupprecht von Bayern wird von General Edgar Erskin Hume (1889–1952) nach Rom verbracht, wo er bei Kronprinz Umberto gastliche Aufnahme findet und von Papst Pius XII. empfangen wird. Am 10. November kehrt er nach Florenz und von da aus nach Schloss Leutstetten zurück. – Tagebucheintrag von Corona Borchardt in Florenz (vgl. S.182f.).

[57] *Titelblattentwurf Rudolf Borchardts für sein Homerwerk, 1944 (Nachlass Borchardt DLA).*

3./5. November Freitag bis Sonntag: Tagebucheinträge von Corona Borchardt in Florenz (vgl. S. 183–187).

6. November Montag: Meldung einer amerikanischen Tageszeitung über RBs Gefangennahme.

AZIS SEIZE GERMAN POET

Capture Rudolph Borchardt in Italian Village

By Wireless to THE NEW YORK TIMES.

ROME, Nov. 6—Rudolph Borhardt, highly regarded German poet who is staunchly anti-Nazi and who fled to Italy when Adolf Hitler took power, was captured by SS [Elite Guard] troops forty-eight hours before the Allies freed the village of San Michele di Moriano, near Lucca, it was learned today.

During the night the poet and his family escaped but were retaken and great fears are entertained for their well-being. In addition to his original work, Herr Borchardt had translated Dant and Shakespeare into German.

[58] Eine Zeitungsmeldung der amerikanischen Presse, November 1944 (Sammlung Herbert Steiner, DLA).

8. November Mittwoch Trins: »Bedarfsanforderung für Borchart [sic] u. Liesenfeld[?]« vom »Wirtschaftsamt Landrat Klotz.« (Gemeindearchiv Trins)

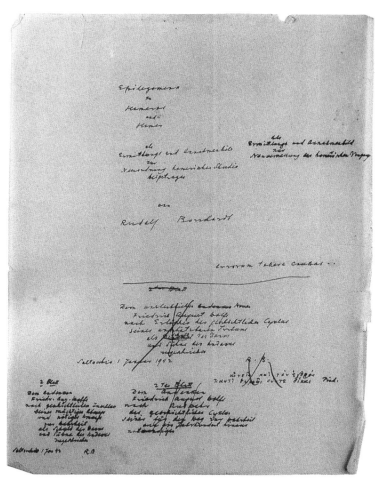

[59]   *Titelblattentwurf Rudolf Borchardts für sein Homerwerk, 1944 (Nachlass Borchardt DLA).*

15. November: Nach laufenden Angriffen auf die Brennerbahn an den Vortagen erfolgt erneut ein schwerer Luftangriff auf Innsbruck. Um 11.45 Uhr greifen mehrere Wellen von 60 amerikanischen Bombern die Bahnanlagen an und verursachen ausgedehnte Schäden im Stadtgebiet und Brände in den Bahnhofsanlagen. (Unterrichter 1946/49 S.565; Ulrich 1967 S.21)

16. November: Um die Mittagszeit Luftangriff auf Innsbruck, Abwurf von 500 Sprengbomben. (Unterrichter 1946/49 S.565)

16. November Donnerstag: Tagebucheintrag von Corona Borchardt in Florenz (vgl. S.191–203).

25. November: Um 3.45 Uhr schwerer Angriff eines Verbandes des 205. Geschwaders der ›Royal Air Force‹ auf Innsbruck und die Karwendelbahn; es entsteht aber nur geringer Schaden. (Ulrich 1967 S.22; abweichend dazu Unterrichter 1946/49 S.566)

vor 27. November Montag Trins Hotel Trinser Hof: RB an Dora Schröder und Rudolf Alexander Schröder, u. a. über die Niederschrift seiner ›Epilegomena‹. (Briefwechsel RB/Rudolf Alexander Schröder 1919–1945 S.651f.)

30. November: Nachtangriff gegen Eisenbahnziele im Raum von Innsbruck. (Unterrichter 1946/49 S.567; Ulrich 1967 S.22)

vor 1. Dezember Freitag: Marie Luise Borchardt zu Gast bei Rudolf Alexander Schröder und Dora Schröder in Bergen/Obb.

Dezember: Lateinischer Brief RBs an Rudolf Alexander Schröder, überliefert in einer Diktatniederschrift von Cornelius Borchardt. (Nachlass Borchardt DLA)

1. Dezember Freitag Trins: RBs letzter überlieferter Brief richtet sich an Gräfin Paula (»Pauli«) von Bellegarde (1914–19??), seit ca. 1932 die Erzieherin der Kinder des Kronprinzenpaars. Die Nachricht von der Verhaftung und Internierung der Kronprinzessin Antonia und ihrer

[60]   *Titelblattentwurf Rudolf Borchardts für sein Homerwerk, 1944 (Nachlass Borchardt DLA).*

Rudolf und Vocatia mit allen ihren Kinder grüssen ihren sehr
lieben Rudolf Schroeder.

Dein Brief und auch Deine Karten [jeweils nicht ermittelt] sind
uns zugestellt worden; sie waren zugleich sehnlichst erwartet.
Dafür danken wir Dir und erkennen sehr Eure Gewissenhaftig-
keit und Aufmerksamkeit an, wenn es um unseren Schutz geht.
Du weisst, dass wir Innsbruck verlassen haben, freilich zur
grössten Freude aller, da jenes für unsere Bedürfnisse keineswegs geeignete Hotel und auch das bäurische Benehmen der
Leute nicht länger zu ertragen waren. Du wirst Dich wundern,
dass wir uns aus dieser Stadt – denn es ist eine Stadt, hin-
reichend gepflegt und im übrigen durchaus nicht unschön, um
darin zu wohnen – in die Unwegsamkeit des Gebirges geradezu
geflüchtet haben. Doch ist dieses Hotel, in dem ich Dir diese
Zeilen schreibe, in jeder Hinsicht vollkommen, und im Verhältnis zu den Engpässen der Zeit auch mit jeder Art von Nah-
rungsmitteln versehen. So kommt es, dass wir in der Tat begonnen haben, das Hungern in Innsbruck mit einem gewissen
Überfluss zu vertauschen. Natürlich setzt uns der Winter zu.
Wo auch immer man die Augen hinwendet, bietet sich ein un-
erträglicher Anblick von Bergen, Wäldern, Eis und sehr hoher
Schneemassen auf dem Gipfel. Nur wenige Tage wurde es uns
gewährt, das letzte Ende des Herbstes, Wiesen, die noch grün
waren, und das Laub der Bäume zu sehen. Was soll ich viele
Worte machen? Auch auf uns, die wir in den Tälern geschützt
waren, wie wir wenigstens hofften, fielen Massen von Schnee
und zwar früher und häufiger als sie in dieser Jahreszeit zu erwarten waren. Wohlan, dass wir eingeschlossen werden. Weder
Versorgungsgüter noch Reisende, auch keine Boten, kommen
aus Steinach, einem kleinen Städtchen, das in weiter, aber doch
[in Luftlinie] sehr naher Entfernung gelegen ist. Gestern endlich
erblickten wir den dringend angeforderten, freilich riesigen

[61–62]   Lateinischer Brief von Rudolf Borchardt an Rudolf Alexander Schröder. In der Abschrift von Cornelius Borchardt, 16. Januar 1945 (Privatbesitz).

silvarum, glaciei, nivium in ex cacumine altissima
nivium conspectus. Serenus dies extremum detinuerum,

prata adhuc virentia, arborum comae in conspicere
dabatur. quid multa? in nos quoque vallibus immunitas
ut quidem spes erat, nives incidere, et maturiores et
crebriores quam quae hic licet tempestate expectabantur.
Ego quod praedictum, neque commeatus neque viatores,
ne nuntii quidem Stenaco, quod est oppidulum longe
sed proximus satnui intervallo. Heri tandem fugitatissi
mum conspeximus Karunlitam quam quam ingentem, ut mox
Brevis nostratem loca nivium opiad nive vias libera
ret. Visex aliquem egentioris quidam ve propertisim
αρτυμάτως euiusque in modum ingeniosissime est
extructum ut aratri instar nives pellat, easque
dextrorsum, sinistrorsum in marginibus vias
concalet. Liberi numus sperare coepimus, perveniunt
ibi, litterae, curros, vehicula. Sed imminet
ut ante urgetque decimo, melius quam dicit
Karta Jupiter. Arbor fit ut istarum partium incola,
ad hiemem musam usque neque gramina alique te
porem redditura esse, quae forti, ut decet, animo
farremus.
_____
Serori delectataque me vomina salutem dicas,
valeas usque ventos annos.

Schneepflug, der vom Brenner-Berg in unser Gelände geschickt worden war, damit er die Strassen von Schnee frei machte. Es war sehenswert, wie er mit der Kraft einer erstaunlichen Erfindung automatisch vorangetrieben wurde und in der Art höchst sinnreich konstruiert ist, dass er wie ein Pflug den Schnee schiebt und ihn zur Rechten und zur Linken an den Rändern der Strasse aufhäuft. Wir sind frei und haben begonnen zu hoffen. Nahrungsmittel treffen ein, Briefe, Postbusse, Autos. Doch es droht wie zuvor und drängt von neuem heran ein – wie ihn der Dichter bezeichnet – trüber Himmel. Von den Bewohnern dieser Gegend erfahre ich, dass bis zum Monat Mai weder Gras noch Wärme zurückkehren werden: Wir werden dies – wie es sich ziemt – tapfer ertragen.

Deiner sehr geliebten Schwester sage in meinem Namen einen Gruss, bleibe gesund und habe uns auch Deinerseits lieb.

Nachlass Schröder DLA. Aus dem Lateinischen übersetzt von Gerd von der Gönna. Die Anspielung »quem dicit poeta« bezieht sich auf Horaz carm 1, 22, 19 f., wohl mit Bezug auf die zunächst am 25. Dezember 1944 ablaufende Aufenthaltsgenehmigung der Borchardts für Trins.

Tochter Irmingard im Innsbrucker Krankenhaus veranlasst ihn zu Zeilen unter den Augen der Zensur: »Durch einen wunderlichen Zufall, – bei dem *keinerlei* Indiskretion im Spiele war – erfahre ich von dem zeitweiligen Übelbefinden Ihrer h. Damen und dem daraus erfolgten Aufenthalte an dortiger Stelle, auch von der erwünschten Besserung, zu der ich meine gehorsamsten Glückwünsche ausspreche, und mit unseren treuesten Grüssen zu melden bitten darf. | Wir sind durch die Wehrmacht zum Verlassen unserer Villa Mitte September verhalten und nach manchen Fährlichkeiten nach Innsbruck transportiert worden, haben von da ein Alpenhôtel in Nähe des Brenner beziehen können –

bis auf meine Tochter von der wir ohne alle Nachricht sind.« (Briefe 1936–1945 S. 672 f.). – Ende Januar 1945 wird Prinzessin Irmingard von Bayern von der Gestapo nach Oranienburg überführt, Kronprinzessin Antonia von Bayern kommt nach Buchenwald und von da nach Jena.

3. Dezember: Angriff der 15. US-Luftflotte auf Bahnanlagen in der Gegend von Innsbruck und auf die Mittenwaldbahn; die Brennerlinie wird fast täglich bombardiert. (Ulrich 1967 S. 22)

3. Dezember Sonntag: Predigt von Rudolf Alexander Schröder zum 1. Advent (Predigten zum Kirchenjahr. Gesammelte Werke, Bd. VIII, Frankfurt/Main: Suhrkamp 1965, S. 15–27)

vor 5. Dezember: Corona Borchardt in Florenz erhält erstmals Nachricht vom Schicksal ihrer Eltern (vgl. S. 205).

6. Dezember Mittwoch Trins: Nikolaus-Feier im Hotel für die Kinder der Hotelgäste und solche aus der Nachbarschaft. Der alte Herr Lapper erscheint als Nikolaus verkleidet und sagt RBs Gedicht auf – am Schluss mit einem Appell an die Mitgäste, wegen der täglichen Fliegerangriffe die Verdunkelungsvorschriften strenger einzuhalten.

> Ich bin der alte Nikolas
> Und bin herkommen nit zum Spass,
> Sondern um vor dem heiligen Krist,
> Der wieder einmal vor der Thüren ist,
> All denen hiesigen kleinen Leuten
> Ihre Pflicht und Schuldigkeit zu bedeuten.
> Und weil ich weiss von all Eurn Sachen,
> Da lass ich mir kein Wind vormachen,
> Denn die heilige Allwissenheit
> Weiss mit all Euern Viechereien Bescheid
> Und hat ein langes Sündenregister:

Als zum Beispiel der Othmar – fleissig ist er,
Das gib ich zu, doch hab ich Bericht,
In seim Werkzeug hält er kein Ordnung nicht
Und ferners, wiederzugeben vergisst er,
Wenn er sich etwas ausgeliehn, –
Ferners für dies Mal wird noch verziehn
Den beiden Zankern Hansjörg und Wini-
freth, denn ein guter Nikolas bin i,
Sie sollen sich künftig besser vertragen.
Über den Sepp sind nicht viel Klagen,
Aber er soll überm Rodeln das Essen
Und die Mahlzeiten nicht vergessen.
Der Detlev soll sich seiner Hände nicht schämen
Und dieselben aus den Taschen nehmen,
Statt Hände in Taschen herum zu strauchen.
Cornelius und Gottfried sollen nicht rauchen,
Weil erstens der Tabak kostet ein Geld
Und zweitens es manch einem missfällt.
Waltraud und Ursel sollen nicht immer
Sich verstecken im Dunkelzimmer
Und ansonst sich wie rechte Fraubasen
Geheimnisse in die Ohren blasen.
Was ist das mit dem Horst für ein Wesen?
Dieser Lausbub, der will nicht lesen!
Dann mit dem Essen, das ist eine Plag,
Dass der Helmut dies und das nicht mag,
Und der Gerhard bei Tisch nie ruhig gesessen,
Und der Erich könnt auch besser essen.
Alle zusammen gross und klein
Bös sinds nicht, könnten noch besser sein, –
Als zum Beispiel auf Korridoren
Nicht zanken raufen und rumoren

– Das Raufen will der Jürgen nicht lassen –,
Nicht spielen, krachen, plauschen, tollen,
Wenn Herrn und Damen schlummern wollen,
Aber auch manche Herren und Damen
Haben beim Niklas kein' guten Namen,
Lassen die Fenster leuchten und funkeln,
Statt, wie sichs gehört, bei Zeit verdunkeln,
Als wäre der Welt der Krieg beschieden,
Und nur dem Trinserhof der Frieden.
Damit versteht der Nikolas
Auch bei Herrn und Damen keinen Spass
Und quittierte nicht mit Äpfeln und Wecken
Sondern in Zukunft mit dem Stecken!
Ferners nicht mit Kloben an den Tatzen
Über Teppich und Läufer in Säle patzen,
Oder sich sonsten unliebsam,
Wie leicht schon hier und da vorkam,
Bemerkbar machen: es geht ihnen hin,
Weil ich der gute Nikolas bin
Und will die Lausbuben nicht nur schonen,
Sondern zugleich mit den Braven belohnen,
Da ist mein Sack und jetzt schaut zu,
Was ich aus ihm herauskriegen thu.

(Nachlass Borchardt DLA)

Dezember Trins: Begegnungen, Gespräche und Spaziergänge RBs mit dem im selben Hotel wohnenden Ehepaaren Prinz Erwin von Hohenlohe-Waldenburg-Schillingsfürst (1893–1969) und Mitgliedern der Familie Prinz Karl (»Charley) von Windisch-Graetz (geb. 1909), meist abends nach Tisch in den beiden (noch heute unveränderten) kleinen getäfelten vorderen Stuben.

Dezember Trins: »Er ahnte damals nicht dass das Ende so nahe war, obwohl ein schwermütiger Ernst, den ich mir als aus den schlimmen Verhältnissen entstanden erklärte, vielleicht ein Wissen darüber verbarg, – aber auch kurze Zeit vor seinem Tode hat er noch mit mir von Ihnen gesprochen, Sie als den lebendigen, schöpferischen Geist angesehen, bestimmt das Erbe von Scherer und Burdach weiter zu führen, immer wieder hat er Ihre Bücher gelesen, vorgelesen und – verteidigt – wenn es sein musste. Die letzten Monate seines Lebens freilich hatte er kein Buch mehr als die zwei kleinen [noch nicht ermittelten] Bände, die wir heimlich zu uns hatten stecken können, und das konnten keine umfangreichen sein.« (Marie Luise Borchardt an Josef Nadler, 19. Januar 1950; Nachlass Borchardt DLA)

Dezember Trins: »Ich weiss nur, dass wir da immer assen, und dass die Hotelgesellschaft, die Gäste, an verschiedenen Tischen untergebracht waren und auch dass diese Frau, diese Deutsche dort war, die also einen unangenehmen Einfluss auf alle Anwesenden hatte. Das war die Frau Neuburg. […] Das weiss ich auch noch, und dass man sich da sehr vorsehen musste, was man sagen sollte, wir hatten ja unsern eigenen Tisch, und an dem Tisch wurde gegessen und da war nicht viel da, ein paar Kartoffeln und die waren meistens angebrannt.« (Kaspar Borchardt; Tonbandgespräch 1984 S. 18)

Dezember Steinach: Einladung von Lutz Wolde für RB und Marie Luise Borchardt nach Steinach zum Essen, »da war ein Lokal [nicht mit Sicherheit zu bestimmen: der Gasthof ›Zum Wilden Mann‹ oder das ›Hotel zur Post‹ am Hauptplatz] und das hatten wir auch schon mal gemacht. […] Runter fuhren wir glaub' ich mit einem Schlitten oder mit einem Autobus, aber zurück hatten wir den Autobus, der uns zurückbringen sollte, verpasst. Es war entsetzlich. Und Borchardt musste nun mit mir gehen. Ich ging sehr schnell und hatte immer nur den einen Wunsch, zu Dir [Cornelius Borchardt] zu kommen, weil Du schwer krank warst und ich Dir Essen bringen wollte und überhaupt nach Dir sehen und dachte, was machen denn nur die Kinder, was machen die ohne mich. Ich musste [mich] nun diesem Tempo anpassen und wartete immer verzweifelt eine Viertelstunde bis Borchardt hinter mir herkeuchte. Und schliesslich sagte ich, Du ich geh zu. Ich kann Dir ja doch nicht helfen, leider, leider, leider. Und da kam gottlob nachdem ich weggegangen war und schon oben war, da kam mir [der Hotelier des ›Trinserhofs‹] Herr Covi entgegen mit dem Schlitten und fuhr brausend runter und da sagte ich ihm, Gott nehmen Sie meinen Mann auf, der kommt überhaupt nicht mehr den Berg rauf, ich weiss nicht was ich tun soll, und das hat er auch getan. Er sah schrecklich aus. Da merkte ich, dass er furchtbar krank war. Aber ich hab' immer noch nicht geglaubt, dass er so schnell sterben würde. Es kam mir garnicht der Gedanke, obwohl [in Mantua] der Arzt mir das gesagt hatte.« (Marie Luise Borchardt; Tonbandgespräch 1984 S. 17 f.)

7. Dezember: Angriff von 3 Bombern der 15. US-Luftflotte auf Innsbruck. (Unterrichter 1946/49 S. 567; Ulrich 1967 S. 22)

Dezember Trins: Brief RBs an Rudolf Alexander Schröder über seine Arbeit an den ›Epilegomena‹ zu Homer. (Briefwechsel RB/Rudolf Alexander Schröder 1919–1945 S. 653–663)

9. Dezember: Angriff der 15. US-Luftflotte auf Salzburg, Linz und Innsbruck, als Beginn einer Reihe konzentrischer Operationen gegen deutsche Nachschublinien nach Osten und Süden. (Ulrich 1967 S. 23)

10. Dezember Sonntag: Predigt von Rudolf Alexander Schröder zum 2. Advent (Predigten zum Kirchenjahr. Gesammelte Werke, Bd. VIII, Frankfurt/Main: Suhrkamp 1965, S. 28–34).

ab ca. 12. Dezember Trins: Die drei Söhne Kaspar, Johann Gottfried und Cornelius erkranken an Scharlach.

15. Dezember: Um die Mittagszeit Grossangriff vom 40 Bombern der 15. US-Luftflotte auf Eisenbahnziele in Innsbruck, Salzburg und Linz sowie mehrere Orte an der Anflugstrecke; in Innsbruck wird der Bahnhof im Tiefangriff bombardiert, doch entsteht nur geringer Schaden. (Unterrichter 1946/49 S. 567 f.; Ulrich 1967 S. 22)

16. Dezember: In der Mittagszeit Angriff von Verbänden der 15. US-Luftflotte auf Innsbruck, in sechs Wellen zu je 20 Flugzeugen; abgeworfen werden ca. 600 Sprengbomben und 12 000 Stabbrandbomben. (Unterrichter 1946/49 S. 568 f.; Ulrich 1967 S. 22)

16. Dezember Montag Trins: Postkarte von Marie Luise Borchardt an Rudolf Alexander Schröder und Dora Schröder: »Ihr Lieben – nur einen Gruss Euch, leider unmöglich zu telephonieren was ich gern getan hätte wegen Pimmy Helms der bei Euch sein soll u. Sachen mitgebracht? Die Kleinen sind auch krank, gleiche Symptome – aber am 6. Tag noch kein Ausschlag – nur Grippe Anzeichen. Fieber noch hoch. Fühle mich selbst auch nicht sehr wohl – leider – Sage Pimmy alles was die Familie wissen will –; ich hätte es riskiert mit ihm nach Br[emen] zurück zu reisen aber nun ist es faktisch ausgeschlossen. Danke für alles Mitgebrachte – was ich – falls es nicht zu schicken ist – selber abhole – | Habt Ihr Unterhaltungsbücher für die Kinder, die nichts wert sind – so wäre ich sehr dankbar. Die langweilige Reconvaleszenz wird noch viel Geduld brauchen.« (Briefwechsel RB/Rudolf Alexander Schröder 1919–1945 S. 652 f.).

18. – 25. Dezember: Grossräumige Operationen der amerikanischen Luftstreitkräfte gegen Eisenbahn- und Verkehrsziele in ganz Österreich; besonders schwere Angriffe richteten sich gegen Innsbruck. (Unterrichter 1946/49 S. 569 ff.; Ulrich 1967 S. 23)

zum 24. Dezember Sonntag Trins: Niederschrift von RBs letztem Gedicht:

[63–64]   *Entwurf Rudolf Borchardts für eine »Ehrentafel« seines Homerwerks. Auf der (durchtrennten) Rückseite kopfständig der Entwurf für das Weihnachtsgedicht 1944. (Nachlass Borchardt DLA)*

Wir haben keine Kerzen
Nur einen schwarzen Baum
Und bringen es nur kaum
Zu weihnachtlichen Herzen,
Bei Fiebersglut und Schmerzen
In engem fremdem Raum –
Und doch, die Weihnacht spricht
Die Nacht ist kurz, und überall das Licht

Wir haben keine Schrift
Die Botschaft zu verleben
Es ist ein giftiges Wesen
Das dies Mal uns betrifft
Da hilft kein Gegengift
Als denken wir gewesen
Dann doch die Weihnacht meint
Lang raset nicht lodern bis es wieder scheint

Wir dachten nicht zu leiden
Die [...]
Dann kam ihr Hinterhalt
Das Schrecken und das Scheiden
Sie machten uns zu dreien
Wir hatten die [...]
Dann kam die Flucht zu spät
Sie fielen in die Schleifen

Wir haben keine Kerzen
Nur einen düstern Baum,
Und bringen es nur kaum
Zu weihnachtlichen Herzen
Bei Fiebern und bei Schmerzen
Im engen fremden Raum
Und doch, die Weihnacht spricht:
Die Nacht ist kurz, und unterwegs das Licht.

Wir haben keine Schrift
Die Botschaft zu verlesen;
Es ist ein giftig Wesen
Das diesmal uns betrifft.
Da hilft ein Gegengift:
Gedenken was gewesen
Dass doch wie Weihnacht sagt:
Kurz nur die Nacht ist und es bald schon tagt.

Sie kamen uns zu knechten
Uns frommte nicht zu fliehn;
Sie zwangen uns zu ziehn
Und wollten uns entrechten.
Den Schergen und den Schlechten
Wars halb an uns gediehn
Und doch die Weihnacht hiess:
Die Nacht nur währen bis der Tag sich wies.

Der Knecht den sie zum Herrn
Uns setzten blieb nicht roh,
In seinem Herzen so
Gott wandelte den Kern.
Es ging sein treuer Stern
Nachts mit uns übern Po

Weil doch die Weihnacht weint
Nur kurze Nacht, drin doch ihr Stern erscheint.

Zu Mantua in Banden
Dräut uns ein offen Grab,
Wir sind draus ohne Hab
Lebendig doch erstanden.
Sind wir auch weltabhanden
Verdrängt am Bettelstab,
Dennoch die Weihnacht heisst
Arm wohl die Nacht sein, reich den lichten Geist.

O krank und halb genesen
O Liebste und zuletzt
Ich der Euch singe jetzt
Wie ich Euch einst gelesen,
Es wird noch wie's gewesen,
Der Kern ist nicht verletzt
Denn Weihnacht bringts vom Herrn,
Dass Nacht nur Schale und der Tag ihr Kern.

Die Kerz ist nicht das Licht
Die Schrift nicht das Versprechen
Lasst alles uns gebrechen
Was Einsamen gebricht.
Das Reich verbleibet nicht
Dem Finstern und dem Frechen,
Denn Weihnacht spart die Krone
Nach Vaters Willen einem Sohne.

Und hiess es wohl ein Hohn
Wenn wir von Betten sängen,
Kommt uns zusammendrängen
Um unsern süssen Ton,

Kommt danken heute schon
Und an einander hängen
Weil dennoch Weihnacht ward
Sei Nacht auch grimm, und Anfang noch so zart.

Dass wir uns Alles sind
Wie dort auf jenem Wagen
Drauf wir geworfen lagen
Durch Mitternacht und Wind;
Das bringt uns zu dem Kind
Bei dem ist kein Verzagen,
Denn seine Weihnacht brennt
Von unserm Tag am ganzen Firmament.

Nachlass Borchardt DLA; postumer Erstdruck als Doppeldruck unter dem Titel ›Letztes Gedicht‹ (›das silberboot. Zeitschrift für Literatur‹. Hrsg. von Ernst Schönwiese. Salzburg. Jg. 2, Heft 9 von Weihnachten 1946 S. 191 f. und ›Die Fähre‹. München. Jg. 1 Heft 9, vom 1947 S. 515–516) [Grüninger 2002 Nr. 138, 139]; jetzt in Gedichte 2003 S. 370–372.

ab 26.–31. Dezember: Bombardierung von Eisenbahnanlagen in Innsbruck und der Nachschubwege nach Italien. Unterbrechung der Brennerbahn durch laufende Angriffe bis zum 3. Januar 1945. (Unterrichter 1946/49 S. 570; Ulrich 1967 S. 23 f.)

Ende Dezember Trins: »Wir hatten Bücher aus der Steinacher Leihbibliothek erhalten – zum Teil gute: Storm, Fontane, u. a., Häring. Daraus folgerte angeregte Unterhaltung (mit Borchardt).« (Marie Luise Borchardt; Gesprächsprotokoll 1970er Jahre) – Cornelius Borchardt bezeugt die Lektüre von Willibald Alexis (1798–1871): ›Die Hosen des Herrn von Bredow‹ (1846–48), vor allem aber ›Der Roland von Berlin‹ (1840) und Gustav Freytag (1816–1895): ›Die verlorene Handschrift‹ (1864). (Gesprächsaufzeichnung Gerhard Schuster, 1987). – »Wir haben viel gelesen. B. schrieb. Wir gingen auch gelegentlich spazieren, mit den Hohenlohes – ich hatte aber keine richtigen Schuhe. Die zwei Jüngsten sind noch Ski gelaufen. […] Borchardt schrieb unentwegt an einem kleinen Tisch, erst an der Anabasis, später dann wieder am Homer. Als er den ersten Teil beendet hatte las er ihn uns vor – und begann dann gleich mit dem zweiten Teil. Er sah nicht wohl aus, war aber sehr ruhig und besonders liebevoll mit uns. – Die Wirtin brachte [an Weihnachten] einen Teller voller Backwerk, was wir dankbar annahmen, wir sassen auf unseren Betten herum und sangen noch vielleicht einige Weihnachtslieder. Es war eisig kalt, aber das Haus war einigermassen geheizt, die Hotelbesitzer waren übrigens sehr freundlich und halfen wo sie konnten, besonders auch in der schwierigen Zeit wo die Jungens die ansteckende Krankheit hatten.« (Marie Luise Borchardt; Gesprächsprotokoll 1970er Jahre)

26. Dezember Dienstag: Predigt von Rudolf Alexander Schröder zum 2. Weihnachtsfeiertag (Predigten zum Kirchenjahr. Gesammelte Werke, Bd. VIII, Frankfurt/Main: Suhrkamp 1965, S. 76–89).

30. Dezember Sonnabend: Sandro Volta veröffentlicht unter der Überschrift ›Fu arrestato un poeta‹ seinen mit zwei Zeichnungen illustrierten und mit einer Kurzbiographie versehenen Augenzeugenbericht von der Flucht und Verhaftung der Familie Borchardt in der Zeitung ›Quadrante. Settimanale illustrato d'arte letteratura e varietà‹ (Roma. Jg. 1, Nr. 4 vom 30. Dezember 1944, S. 2; Ausschnitt im Nachlass Borchardt DLA; ein Exemplar hat sich in italienischen Bibliotheken noch nicht auffinden lassen; vgl. Abb. 18/19 S. 172 f.).[383]

---

[383] Das Original des hier in einer Übersetzung von Ilaria Furno und Gerhard Schuster mitgeteilten Textes ist für den entsprechenden Band der Zeugnisse über RB aus den Jahren 1905–1947 vorgesehen (Edition Tenschert bei Hanser, in Vorbereitung). Der Artikel bietet am Schluss eine von kuriosen Fehlern durchsetzte bio- und bibliographische Notiz über RB, die hier weggelassen wurde.

Sandro Volta: ›Ein Dichter wurde verhaftet‹

Früh am Morgen klingelte es am Gartentor, vermutlich kurz vor sieben. Ich wachte gleich auf, hatte die Nacht auf einem Sofa völlig angezogen verbracht und war eingeschlafen als es schon anfing, hell zu werden. Gegen zwei Uhr waren einige Autos gekommen, sie hielten vor der Villa.

Die Deutschen – hatte durch die Stäbe der Fensterläden einer der Bauern, die Wache hielten, geflüstert. Daraufhin gingen wir alle barfuss in den Garten, um neugierig durch die Hecke zu schauen. Die Autos waren durch das Tor der Villa gegenüber gefahren, kurz darauf hörte man nichts mehr. Wir dachten, sie wollten die Leute des Feldlazaretts abholen, die bei Sonnenaufgang wegfahren sollten. Wir gingen wieder schlafen, aber nur halb. Acht Männer betraten unseren Garten und schoben dabei wortlos das Dienstmädchen zur Seite, die die Tür aufgemacht hatte. Ich sah sie durch die geschlossenen Fensterläden: Zwei Offiziere und sechs Soldaten oder Unterführer, in voller Bewaffnung, mit Maschinengewehren und am Gürtel festgebundenen Handgranaten. Meine Frau trat ins Zimmer, den Morgenmantel erst halb angezogen.

– Die Deutschen, sagte sie, beeile Dich und flieh.

Es war keine Zeit mehr. Ich öffnete die Tür und ging ihnen entgegen. Ich fragte, was sie wollten. Ein Soldat, der der Leiter der Gruppe zu sein schien und sogar mehr Autorität ausstrahlte als die Offiziere selbst, ein Hauptmann und ein Oberleutnant, antwortete. Er fragte, ob Landsleute in der Villa versteckt seien: Er sprach ein furchtbares Deutsch und ich konnte ihn nur mit Mühe und Not verstehen, vielleicht hatte er einen defekten Gaumen und konnte deswegen Wörter nur schlecht aussprechen. Er war klein und untersetzt, mit dunklen Haaren und einem finsteren Ausdruck im Gesicht; vielleicht war er ein

Slawe: Pole vielleicht. Ich sagte, da sei niemand [Eine Zeile Textverlust].

Das alles geschah in einem Augenblick. Die Männer waren gleich Richtung Villa gegangen und gingen hinein um sie zu durchsuchen. Vier blieben draussen und bewachten sie an den vier Ecken. Ich blieb auch im Garten, neben dem Oberleutnant, der ein grosser blonder Junge war und dessen Aussehen weniger brutal war als das der anderen. Ich wandte mich an ihn und fragte, ob es stimme, dass die Amerikaner Lucca eingenommen hätten. Er sagte, sie selbst hätten die Stadt schon seit dem Abend vorher verlassen, womöglich seien die Amerikaner schon einmarschiert oder dabei, es zu tun.

– Es sind Farbige, Neger, sagte er, in Pisa haben sie ganze Familien massakriert. Kaum eine Chance für eine Frau sich zu retten. – Er schwieg kurz, dann starrte er mich an. Er sagte:

– Warum wartet Ihr hier auf sie? Es wäre besser, Ihr würdet fliehen.

– Schön wäre es, antwortete ich, aber es ist schon zu spät. Wir haben gehofft, sie würden aufgehalten und wieder ins Meer zurückgeworfen. Man las es in der Presse. Nun sind die Strassen von der Artillerie befahren. Wie könnten wir fliehen?

– Ihr könntet quer durch den Wald rauf auf die Berge. Danach findet Ihr vielleicht irgendeinen Laster, der Euch nach Norden mitnehmen würde.

Wenn ich allein wäre, würde ich es machen. Aber mit mir sind mein siebzigjähriger Vater und meine ebenso alte Mutter. Und Mutter liegt krank im Bett. Wie könnte ich sie in die Berge mitnehmen?

Er gab keine Antwort. Kurz darauf sagte er:

– Habt Ihr Kinder?

– Einen achtzehnjährigen Sohn. Er wurde einberufen mit

den Eingezogenen des ersten Semesters 1926. Seit zwei Monaten hören wir nichts mehr von ihm.

Klar, Ihr könnt Eure Mutter nicht in die Berge mitnehmen. Andererseits kann es auch sein, dass die Neger Euch nichts antun.

Er wurde allmählich menschlicher. Die Masche mit dem einberufenen Sohn hatte funktioniert. Nun zeigte er ein gewisses Mitgefühl. Indessen fuhren die, die im Haus waren, mit ihrer Durchsuchung fort, sehr genau, sogar in den Schränken des Schlafzimmers meiner Mutter und unter dem Bett. Hier und dort in den Feldern fielen Kanonenschüsse, die dabei die Weinstockreihen verwüsteten; einige Granaten explodierten in unmittelbarer Nähe.

– Das hier ist sehr gefährlich, sagte er, habt Ihr keinen Keller?

– Es gibt keinen Keller. Wir bleiben fast den ganzen Tag in einem Zimmer im Erdgeschoss in der Mitte des Hauses.

Plötzlich wechselte er das Thema. Er sagte:

– Kennt Ihr Professor Borchardt?

– Ja, ich hab' mit ihm ein paarmal gesprochen. Er ist ein alter Herr aus Deutschland, der in der Villa gegenüber wohnt.

Er sprach nicht weiter, aber seine Frage hatte genügt, um mich verstehen zu lassen, wie die Dinge richtig standen: Es ging doch nicht um Deserteure, sie suchten nach Borchardt, meinem Freund Rudolf Borchardt, dem es bis dahin gelungen war, sich samt der ganzen Familie zu verstecken. Gerade am Vortag hatte ich ihn gesehen und er hatte mir gesagt:

– Angeblich gehen sie morgen früh fort. Morgen sind wir frei. – Was war wohl in der Nacht passiert?

Mit Frau und Kindern, drei Jungs um die zwanzig, hatte Rudolf Borchardt den Winter in der gegenüberliegenden Villa verbracht. Seine Tochter hatte in Florenz auf die Alliierten gewartet und nun war die Familie dabei, ausserhalb des [Eine Zeile

Textverlust] zusammenzukommen. Wir hatten von der Gefahr gesprochen, für ihn als Deutschen in ein Konzentrationslager der Alliierten zu landen, doch Borchardt hatte davor keine Angst, er sagte mir, er besässe Briefe von Benedetto Croce, durch die er beweisen konnte, wer er war. Ich selber hatte ihm versprochen, mit den Freunden des Befreiungskomitees von Lucca, sobald der richtige Moment käme, zu sprechen. Im Dorf war er allgemein beliebt, man nannte ihn »den Exildeutschen aus Deutschland«, und immer wenn irgendwelche Soldaten Übergriffe in einem Haus verübten, schickte man nach ihm. Er hatte einen Dienstgrad im letzten Krieg erlangt und oft gelang es ihm, sich dem Soldatenhaufen gegenüber durchzusetzen; so hatte er einige Kühe und manchen Kartoffelsack gerettet.

Rudolf Borchardt, einer der berühmtesten deutschen Dichter, lebte seit vielen Jahren in Italien. Ein verbissener Gegner Hitlers, hatte er nie mehr deutschen Boden betreten, seitdem dieser an die Macht gekommen war. In Italien hatte er einige schöne Passagen über die toskanische Campagna geschrieben und eine perfekte Übersetzung der *Divina Commedia* verfasst. Er hatte auch viele Werke von Shakespeare übersetzt; vor dem Krieg unternahm er auch eine Reise nach England, »für die season«, wie er in seiner Sprache, der eines alten Herrn aus anderen Zeiten, zu sagen pflegte.

Das grosse Durcheinander, das durch die zahllosen Evakuierten entstanden war, die in allen Villen der Umgebung untergebracht wurden, hatte ihn bis zu diesem Zeitpunkt der Fahndung der Gestapo entrissen und nun, da die Alliierten schon bis Lucca gekommen waren, nur sieben oder acht Kilometer von uns entfernt, konnte er sich als ausser Gefahr betrachten. In letzter Zeit jedoch hatte ein deutsches Feldlazarett die von den Borchardts bewohnte Villa bezogen, ein Hauptmann und ein Oberleutnant mit zwei Soldaten, sehr höfliche Leute, die den

Bauern Medikamente geschenkt und die erkrankten Zivilisten behandelt hatten. Die zwei Offiziersärzte und die Familie des Dichters speisten zusammen mit den Hausbesitzern. Eine gewisse Zeit war die Atmosphäre freundlich gewesen, aber eines Tages rutschten der Frau Borchardt einige ziemlich gravierende Worte gegen die S. S. heraus.

– Wie können Sie das sagen? – wandte der Hauptmann ein, – sowohl ich wie auch mein Kamerad gehören der S. S. an und wir sind bestimmt keine Verbrecher. Wir sind alle Freiwillige, fest entschlossen, uns für den deutschen Sieg umbringen zu lassen. – Bis dahin hatte keiner begriffen, S. S. Angehörige vor sich zu haben; sie hatten kein besonderes Abzeichen auf der Uniform und hatten sich immer zu den Leuten gut verhalten. Erst dann verstand Rudolf Borchardt die äusserst ernste Gefahr und sagte es mir sofort.

Dies geschah zwei oder drei Tage vor der Ankunft der Alliierten in Lucca. Als Lucca eingenommen wurde, befahl man auch dem Feldlazarett, sich zurückzuziehen. An jenem Abend sagte der Hauptmann zu Borchardt:

– Und Sie, worauf warten Sie? In Kürze werden hier die Amerikaner sein.

– Wir haben versucht abzureisen, es war uns aber nicht möglich ein Beförderungsmittel zu finden.

Da sagte der Hauptmann: – Es macht nichts. Wir fahren morgen früh um sieben ab und werden Euch mitnehmen. Um die Zeit müssen Sie startbereit sein.

– Ich weiss nicht, ob wir genug Zeit haben, sagte Borchardt, jedenfalls werden wir unser Möglichstes tun.

– Sie schaffen das. Dies ist ein Befehl meines Generals, den ich über Ihre Anwesenheit unterrichtet habe.

Unter dem Vorwand zu packen, zog sich Borchardt samt Familie in sein Zimmer zurück. Sie beschlossen zu fliehen. Sie warteten bis alle eingeschlafen waren und gegen Mitternacht verliessen sie geräuschlos die Villa; sie gingen durch die Felder. Um zwei kamen die Autos, die uns in Alarmzustand versetzt hatten. Die Villa wurde streng bewacht. Es war schon zu spät: die Zimmer der Gefangenen wurden leer vorgefunden.

So begann die Treibjagd: Sie fing bei meinem Haus an und setzte sich in allen Häusern der Umgebung fort. Es kamen im Dorf mehr als zweihundert S. S. Angehörige an und brachten in jede Familie Verwirrung. Sie schossen hinter den fliehenden Leuten her, sie schossen in die Maisfelder, wo irgendjemand sich hätte verstecken können. An jenem Tag regnete es in Strömen und trotzdem verliess die ganze Bevölkerung ihr Heim, um der Razzia zu entkommen. Männer und Frauen rannten durch die regentriefenden Wälder, versteckten sich in Gräben voller Wasser und Schlamm. Zu Dutzenden wurden sie festgenommen, alle wurden aber wieder freigelassen, da es an Lastwagen fehlte, um sie abzutransportieren.

– Wir gehen von hier nicht weg, solange wir sie nicht gefunden haben, hatte der Hauptmann gesagt, – wir werden sie alle wie Hunde totschlagen.

Schliesslich nach beinahe vierundzwanzig Stunden verbissener Fahndung fanden sie sie. Sie fanden in einer Hütte auf dem Berg zuerst den ältesten Sohn, der beim Pfarrer gewesen war, um sich etwas zu essen geben zu lassen; sie schlugen ihn blutig. Dann entdeckten sie die Falltür, die in ein Untergeschoss führte, wo die ganze Familie sich verkrochen hatte. Sie wurden auf einen Laster geladen und weggebracht. Man hörte nichts mehr von ihnen.

Man erfuhr nur, dass die S. S., die von den Borchardts in der von ihnen bewohnten Villa zurückgelassenen Sachen durchwühlt, aber das, was sie suchten nicht gefunden hatten. Das Manuskript eines Buches, das Rudolf Borchardt dem Maler

Mario Broglio anvertraut hatte, wurde jetzt der Tochter des Dichters übergeben. Vielleicht wird in diesem Buch die Niederlage der S. S. vorhergesehen, die eine fünfköpfige Familie festnahm, »um sie alle wie Hunde totzuschlagen«, vielleicht wird darin der Sieg im Kampf, den der deutsche Dichter Rudolf Borchardt seit Jahren gegen das Nazi-Deutschland führte, vorausgesagt.

1945

Januar Trins: »Ich hatte kurz vor seinem Tode noch lange Unterhaltungen mit ihm über das Buch [den ›Ewigen Vorrat deutscher Poesie‹]. Ich wollte die zu lange Johannes Minne heraus haben, dafür das Gedicht von Morungen und andere aus der Manessischen Handschrift herein haben, auch von Walther ›Ich sass auf einem Steine‹ – er gab auch nach, aber so lebhaft wir darüber debattierten, ich erinnere jetzt nicht mehr, welche Gedichte es genau waren. Auch [von] Rückerts Amaryllis Gedichten fand ich nur zwei dem Zeiturteil standhaltend …« (Marie Luise Borchardt; Gesprächsaufzeichnung Gerhard Schuster, 1981)

vor 8. Januar Trins: Beginn der Fortsetzung des Homer-Buchs mit einem Abschnitt über die Rhapsodik, Odyssee und Theogonie. Das Manuskript endet mit der ersten Seite (Nachlass Borchardt DLA).

8. Januar Montag Trins: RB liest seiner Frau Teile aus dem soeben vollendeten ersten Teil des ›Grundrisses zu Homeros und Homer‹ vor.

Weil im Chore der Neun, die Eines sind, Klio zwischen Urania und Melpomene kreist, die Herrlichkeit über der Geschichte zwischen der Herrlichkeit über das Ideenreich der Freiheit und der Herrlichkeit über der untergehend noch siegreichen Seele, darum kann es so wenig wie eine populäre Philosophie und eine populäre Tragödie eine andere populäre Geschichte geben, als die parteiische, die ein einziges praktisches Programm hat, und die servile, die jeden Erfolg als solchen rechtfertigt, und deren grässlicher Optimismus so manchen vornehmen Geist die Bücher der Vergangenheit scheuen macht wie einen unreinen Lumpen. Nicht ohne Unrecht, nicht ohne ein geheimes Recht: Von der ewigen Einatmung der Fülle des geschichtlichen Lebens, das mit dem Arom erhabener Unabwendbarkeit gesättigt ist, hat die Geschichte das der tragischen Trunkenheit so verwandte herbe Verlangen aufgenommen, ihr Grenzengefühl, in dem sie ganz eigentlich zur Göttin transzendiert, im Raume des Vergeblichen der Erschütterung auszusetzen, um zu erhärten, was alles ertragen werden kann. Wer die sizilische Ausfahrt bei Thukydides, wer den Ausgang Sullas bei Mommsen gelesen hat, kennt diese Harmonieen. Aber die wahre Geschichte ist allerdings nicht die der siegreichen Sache und der vollendeten Fortschritte, – ja die Göttin, deren Anhauch sie vom Dienste an dem Siebe und der Lupe zum Deuteramte der Gesichte über der Tafel und dem Griffel erhoben, verzieht auch wol den Mund zu den immer noch irdischen Opferschüsseln des Geschehenen und Vollbrachten. Erst das nicht ganz Geschehene, erst das nur Entworfene, Nie-Geschehene, erst das brechende Herz des besseren Mannes und der vernichtete Plan der retten-den Einsicht, – das in sich herrliche Nichtgewordene, durch alle Jahrtausende zusammenhängend hinter dem Stückwerke des Gewordenen, ist ihre reinste Kost, der Äther ihrer Ambrosia und der dünne Nektar des Durstes seliger Geister. Also be-dürfen sie nicht anderer als ihrer eigenen Attribute, um mit den Nachbar-Schwestern der Maske und des Kothurns in eines zu stimmen, die den Geist vom Erdenreste seiner Leiden reini-gen, – durch Fühlen mit dem, was gefühlt worden ist, und das Bangen mit der Bängnis.

Auch das – vor Philosophie, Geschichte und Tragödie des unfassbaren Volkes, dem das Menschengeschlecht diese drei verdankt, sie alle drei im Keime enthaltend wie eine dreisamige Frucht, – auch das ist, – unter dem nichtssagenden Namen des Epos, den sie selber nicht geführt hat, ohne einen Namen, zu dem sie selber sich bekannt hätte, – auch das im besonderen, und das alles, ist die Ilias, ist Homeros.

(Der Schluss von RBs ›Epilegomena über Homeros und Homer‹; Prosa II 1959 S. 107f.)

bis 9. Januar Dienstag Trins: »Abends waren wir oft zusammen mit Hohenlohes, die haben auch an der (literarischen) Unterhaltung teilgenommen. [...] Zwei auffallend schöne Menschen (Ehepaar), immer hungrig. Er dichtete und brachte Borchardt seine Gedichte zum Lesen. Es war an dem Tag, vor dem B starb. (Marie Luise Borchardt; Gesprächsprotokoll 1970er Jahre)

10. Januar Mittwoch Trins: »Ja, er litt unter der mangelhaften Ernährung und unter dem absoluten Fehlen von Kaffee und Stimulanzien. Ich sorgte mich nicht mehr als sonst, als der Schlag kam, der endgültig sein sollte. – [Frage: Wann geschah es genau?] Am 10. Januar. So um 17 Uhr. Wir tranken gerade Tee. Als er für einen Hotelgast Tabak holen wollte, den wir auf dem Sims des Schrankes aufbewahrten, stürzte er von dem Stuhl auf dem er stand ohne Laut herunter in die Arme unseres jüngsten Sohnes. Ja, er brauchte nur die Arme auszubreiten, die anderen sprangen dann dazu. Er liess auch den Körper sanft auf den Boden gleiten, den Kopf aufgestützt auf dem einzigen Lehnstuhl, der da war. Eine Ärztin [Dr. Thurnher], die dort auch zu Gast war, wurde gleich gerufen. Sie machte noch Herzmassagen – umsonst. Wir legten ihn auf das Bett. Viele Gäste kamen noch dazu. Es kam dann der Hotelbesitzer und besprach alles mit uns. Gegen Abend wurde er abgeholt und in der kleinen Kapelle, die neben der Kirche steht, aufgebahrt. Alles ganz nah zum Hotel. Es war sehr kalt, ich konnte nicht zur Ruhe kommen, weckte schliesslich Corné, und bat den Hotelbesitzer mir Zugang zur Kapelle zu verschaffen – die war nämlich abgeschlossen. Ich glaubte, er wäre noch lebend, konnte mich nicht überzeugen, als ich ihn sah. Erst der Arzt, der inzwischen gekommen war, beruhigte und überzeugte mich. Als ich dann in der Kapelle, allein, mich zu ihm herunterbeugte, spürte ich die Haarlocke, die er bei sich in der inneren Tasche des Anzuges trug.« (Marie Luise Borchardt; Gesprächsprotokoll 1970er Jahre) – »Er starb ziemlich unvermittelt, wie er selbst gehofft hatte, einmal sterben zu dürfen, und zwar, mit dem Blitzschlag des plötzlichen Todes. Es muss ein Gehirnschlag gewesen sein, oder so etwas, und er war also in einem Augenblick gestorben. Und es passierte ja so, dass er

eine Tabakschachtel vom Schrank hatte nehmen wollen, und er hatte
noch mit einem Hotelgast, dem Herrn Streiter, sich unterhalten, unten
in der Halle des Hotels, und hatte ihm gesagt, er würde ihm gerne ein
bisschen von seinem Tabak geben, war heraufgegangen in sein Zimmer,
war dann auf einen Stuhl geklettert, gestiegen, und hatte von dem Stuhl
aus die Schachtel, die Tabakschachtel nehmen wollen, und in dem Moment muss es passiert sein, denn die Schachtel fiel ihm aus der Hand,
und es gelang ihm zwar noch, von dem Stuhl herunterzusteigen – und
dann war er tot. Und das war für mich selbst leider eben spektakulär
und unvergesslich, weil ich zufällig genau daneben stand, und er eigentlich in meine Arme fiel und ich ihn dann festgehalten habe oder
versucht habe, ihn festzuhalten, und merkte, dass er tot war. Dann liess
ich ihn langsam zu Boden fallen, und da konnte man sehen, dass seine
Augen gebrochen waren.« (Cornelius Borchardt in: Mathias Martinez, Mat-
thias Richter: Unerwünschte Meisterschaft. Wiederannäherung an Rudolf Borchardt. 1877–1945. Norddeutscher Rundfunk NDR 3, Sendung vom 1. November
1988, Manuskript S. 32)

13. Januar Sonnabendvormittag 10 Uhr Trins: Beerdigung RBs durch
den (in Tirol damals einzigen) protestantischen Pfarrer Hermann We-
ber (1903–1988) aus Innsbruck, »der freundlicherweise in dem Schnee-
gestöber den Berg heraufkam« (Erinnerung Marie Luise Borchardt). Das

ug.	*1*	*−*	*1877,*	*sec. [?]*	*[?], [?] Mai auf [?]*	*[?] amt*
			9. Juni		*Ortsfriedhof*	*[?] a. [?]*
					am 13. I. 1945	*Nr. 4/1945*
					10 Uhr	

Grab befindet sich an der östlichen Aussenseite des Turms der St. Georgs-Kirche, also (damals) ausserhalb der geweihten Erde des katholischen Friedhofs, zu diesem Zeitpunkt das einzige Grab dort. Nach dem Geistlichen sprach kurz Ludwig Wolde, anwesend waren, neben Marie Luise Borchardt und den drei Söhnen, die Ehepaare Prinz Hohenlohe-Schillingsfürst, Prinz Karl Windisch-Grätz, Graf Rudolf von Sarnthein und sein Vetter Graf Carl von Sarnthein, und das Ehepaar Jakob und Berta Covi. – Die 1995 auf Wunsch der Familie neu gesetzte marmorne Grabplatte mit der Inschrift »Non omnis moriar« (Horaz, carm. 3, 30) ersetzt die ortsüblichen und seit 1945 bereits mehrfach erneuerten hölzernen Grabkreuze; ursprünglich stand auf der Plakette des Kreuzes nur der Name und die Lebensdaten. »Wir alle waren dann für lange Zeit gebrochen, und unfähig etwas zu tun oder uns auch nur zu unterhalten. Die Jungens sassen abends immer bei mir, bis ich schliesslich, auch durch Schlafmittel, die ich mir verschaffte, einschlief.« (Marie Luise Borchardt; Gesprächsaufzeichnung Gerhard Schuster, 1981)

15./16. Januar Montag Trins: Marie Luise Borchardt schreibt an Rudolf Alexander Schröder und Dora Schröder (Briefwechsel RB/Rudolf Alexander Schröder 1919–1945 S. 664 f.) und an ihre Schwester Erika von Frey (Briefe 1936–1945 S. 674–676).

gung ?en? Inhalt	Datum der Erledig.	Registrat.- Bezeichng.	
[?]	*5. 5*		*12*
[?]	*[?]*		
[?]	*5. 5*		

[65] Eintrag ins Sterbebuch der evangelischen Gemeinde Innsbruck. (Landesarchiv Innsbruck).

[66] »Totfallaufnahme« Rudolf Borchardts (Amtsgericht Steinach).

Montag 15 I. [1945]

Wie soll ich anfangen zu schreiben? Wie etwas erzählen was ich nicht glauben kann obwohl es geschehen ist? – Erika – vorgestern haben wir Bor begraben. – Er *lebt* nicht mehr, er liegt dort drüben, neben der Kirche die ich hier vom Fenster täglich sehe, in der Bergwelt die er nicht liebte – unter Fremden, fremd und arm wie er es immer auch hier bei uns gewesen ist – in seinem dünnen Sommeranzug – unter dem Schnee – weg von mir weg aus diesem engen fremden Raum in einem noch so viel engeren – ohne mich. Und er konnte in der letzten Zeit nicht mehr sein ohne mich ohne uns. Unsere Gemeinsamkeit war so innig sie bildete die Schale um ihn, um uns gegen die Aussenwelt – aus dieser innigen Zusammengehörigkeit schöpfte er die Kraft für die Zukunft, des Glaubens, aus dem »denken wies gewesen« die Sicherheit »es wird noch wies gewesen« [vgl. S.343] – Er wollte noch leben er hatte noch zu arbeiten – er wollte noch zurück alles erleben um seine Werke heraus zu geben – obwohl er fast nie davon sprach. Diese letzte Reise war zuviel für ihn gewesen – manchmal kam mir damals der Gedanke ob er es überleben wird? Er sah so todeselend aus so jammervoll unglücklich – und doch liess ich mich immer wieder von seinem Glauben an sich – von seiner Zähigkeit überzeugen. Er hielt sich für gesund – (litt unter der Ernährung, gewiss) – und ich selber hielt ihn auch dafür – so sehr, dass mir heut noch alles unfasslich ist. Er rauchte immer noch stark – sass den ganzen Tag an dem kleinen winzigen Tischchen und arbeitete – schrieb noch wunderschöne Seiten in seinem Homerbuch von dem er den ersten Teil abgeschlossen hatte. Er las mir alles vor und auf einige Einwände die ich machte schrieb er einen grossen Teil nochmal – und las ihn mir den vorletzten Tag vor – und es war klarer und plastischer geworden – er selbst zufrieden und in seliger Produktionsfreude wie man aus seiner Angeregtheit und Elastizität

spürte – aus seinem Glück – denn siehst Du in all diesem
Unglück waren wir ja so glücklich. Es lag so garnicht in seiner
Natur sich zu beklagen – oder zu trauern – wenn er unglücklich
war hat er es vor mir verborgen – oder wenigstens sprach er nicht
davon. In den letzten Monaten war [er] heiter und so voller
Arbeitsplänen [sic] und dichterischen Gedanken wie ich ihn in
den letzten Jahren selten erlebt habe. Mit mir war er wie Ihr ihn
immer kanntet liebevoll besorgt und »mein treuester Diener«[384]
wie er selbst sagte; – dass er mir die Sorgen nicht abnehmen
konnte war nicht seine Schuld und er litt darunter wohl oft –
aber was er tun konnte um mir im täglichen Leben Liebe zu zeigen zartes zu beweisen das hat er getan – und im höheren Sinn
bin ich – das weisst Du ja – alles was ich bin durch ihn. –
    Wenn ich nur irgendetwas denken könnte was mir
frommte[385] – ich bin so leer – der Tod als Faktum ist nicht zu
leugnen, ich sag es mir täglich vor und doch begreife ich ihn
nicht; dass er mir mein halbes Leben weg genommen hat –
meine Gedanken, meine Zukunft und den Mittelpunkt um den
sowohl meine Sorgen als meine schönsten und höchsten Gedanken kreisen.
    Ich war am Mittwoch vom Spaziergang zurück im Zimmer
wartete auf ihn – denn er brachte immer unsern Thee herauf –
als er atemlos etwas gebeugt hereintrat – nach Atem rang und
sich gleich auf den Boden gleiten liess; ich fühlte dass das Herz

---

[384] So auch die gedruckte Widmung in dem 1908 von Alfred Walter von Heymel
veranstalteten Privatdruck des Aufsatzes ›Villa‹ für Caroline Borchardt-Ehr-
mann: »Der Frau von Villa Sardi | ihr treuester Diener« (Grüninger 2002 Nr. 26).
[385] So schliesst das Lied des Bänkelsängers in Hofmannsthals ›Kleinem Welt-
theater‹, der das Mädchen unterbricht: »Den dritten zu denken, bringt mir
Scham. | Gott weiss, wie manches kommt! | Nun lieg ich auf meinem Sterbe-
bett: | Wenn ich nur ein Ding zu denken hätt’, nur *ein* Ding, das mir frommt!«

rasend schlug und fragte, ob er Nitrolingual³⁸⁶ (was ich für *mich* hatte) wolle – aber er antwortete es wäre gleich vorbei und käme nur vom engen Gürtel – stand auch bald darauf schnell auf und erklärte er müsse jemandem mit Taback aushelfen und kletterte auf den Stuhl um auf den Schrank zu reichen wo der Tab. stand. Als ich mich wieder umsah war er neben dem Stuhl und sank lautlos Corne in die Arme – er röchelte noch furchtbar wurde blau am Hals – und es war aus. Eine Ärztin war im Haus – versuchte gleich die künstliche Atmung aber es war aus – ganz aus. –

Lutz war hier – von Rudi keine Nachricht – Kaspi nimmt es sehr schwer – der arme – die andern scheinen drüber weg zu kommen. Hier waren die Menschen lieb und gut zu mir[.]

Er ist nur 67 Jahr alt gewesen. Am 13 S. [September] hier in D. [Deutschland] angekommen und am 13 J. hier begraben.

Die arme Corona! Ich denke immer an sie – sie hat viel von seiner Art und Leidenschaft und darum wird sie schwer und schrecklich leiden wenn sie es erfährt – Lassen wir sie noch in ihrem Unwissen – vielleicht erfährst Du was von ihr –

Die Kinder sind lieb und rührend und wollen alles tun um mir ihn zu ersetzen – wie unmöglich das ist – das werdet Ihr begreifen – er war einmalig, einzig –

Eure Marel

³⁸⁶ Ein als Pumpspray verbreitetes Präparat zur Behandlung akuter Angina-pectoris-Anfälle (Herzanfälle durch Sauerstoffunterversorgung des Herzmuskels bei Belastung, die sich in Ruhe bessern).

Dienstag 15 J. [1945]

Wir haben nichts von Euch gehört und ich weiss nicht ob Ihr
das [nicht ermittelte] Telegramm erhieltet – oder ob etwas bei
Euch geschehen ist?

Bor ist am Samstag hier beerdigt, liegt an dem Kirchturm den
ich hier vorm Fenster, an dem er täglich arbeitete – sehe – liegt
zwischen Fremden in fremder Landschaft in dem engen düstern
Raum – Es ist mir unfasslich und ich kann es lang nicht begreifen. Er fühlte sich ewig – war voller Pläne und arbeitete so gut
wie lang nicht – er war auch glücklich – Rudi – glücklich mit uns,
die er noch aller ausser Gefahr um sich hatte – glücklich auch
mit mir, wie er es in unermüdlichen Liebesbeweisen äusserte. Er
hat nichts geahnt und nichts gespürt. Er muss doch Angina gehabt haben sonst lässt es sich kaum erklären. Er kam herauf
atemlos nach Luft ringend und sank auf die Erde als ich ihm helfen wollte – sagte er es sei nichts, nur vom zu engen Gurt und
stand gleich darauf auf, sprang auf einen Stuhl um etwas vom
Schrank zu nehmen als ich mich umdrehte, lag er Corne in den
Armen der ihn heruntergleiten liess –. Nach einem Röcheln war
es zu Ende – eine Ärztin die hier wohnte war sofort gekommen
hatte künstliche Atmung versucht – es war umsonst. – Alles was
dann kam war grauenhaft – Er wurde schon nach 3 Stunden
weggeholt – ich konnte es nicht ertragen und musste zweimal
nachts in die Kapelle wo er so dürftig lag – so kalt so arm – Die
Nacht war die kälteste die wir je hatten – trotzdem behielt er
seine Wärme so viele Stunden und ich konnte es nicht glauben –

Schauerlich ist der Tod und unbegreiflich – er hat auch alles
in mir gelöscht von Hoffnung und Glauben. Es ist leer und
sinnlos zu leben – und nur ein künstliches Gefühl von Pflicht
hält mich aufrecht.

Er hat sein H[omer] Buch zur Hälfte beendet und ein ganz
einfaches schönes Gedicht für uns gemacht zu Weihnachten –

das voller tiefer Zuversicht ist – und unsere Reise streift – die ihn vielleicht gebrochen hatte.

Ich versuche die Papiere zu ordnen und versuche auch den Kindern Inhalt in ihr Leben zu geben, ein netter Prof [der als Hochschullehrer von den Nationalsozialisten entlassene österreichische Strafrechtler und Rechtspolitiker Prof. Dr. Ferdinand Kadecka (1874–1964)] – der seines Geistes einen Hauch verspürt hat hilft mir bei dem Lesen –.

Lutz war hier –, ich bleibe, weil ich die Kinder noch nicht lassen kann, auch die Kälte fürchte, obwohl es auch hier nicht warm wird. Ihr dürft auch die Reise nicht machen, wir warteten auf Rudi am Samstag und es wäre schön gewesen. Unterbringen wird Dich die rührende Wirtin hier immer – aber jetzt? Man muss fertig werden damit – Du für Dich – ich für mich –

Marel

[67]   Das Grab im Frühjahr 1945 (Rudolf Borchardt Archiv).

Die Nachricht vom Tode RBs verbreitete sich schnell. Gottfried Benn kondoliert F. W. Oelze bereits am 26. Januar 1945: »Mein Beileid zu Borchardts Tod, der Ihnen ja doch nahe stand.« (Briefe an F. W. Oelze 1932–1945. Wiesbaden: Limes 1977 S. 382). Carl J. Burckhardt schreibt seinem Freund Max Rychner am 25. Februar 1945: »Vor drei Wochen ist Rudolf Borchardt gestorben, zu Innsbruck; er hätte in Lucca, im alliierten Bereich bleiben können, oder in Florenz, er hätte ein grosser Emigrierter sein können; nun hat dieser Mann, den man stets als genialen Hochstapler schilderte, in den Jahren 44 und 45 die freie Wahl getroffen, ein Deutscher zu sein. Er starb, sagt man mir, vom Schlag gerührt, als er auf einer kleinen Leiter stehend nach einem Buche griff. Nach welchem Buche wohl? Nun sind auch Weimar und Dresden gelöscht.« Max Rychner antwortet am 1. März 1945: »Nun auch Borchardt – diese Generation verschwindet und wievieles mit ihr! Noch ragen so alte Halbsaurier, auf denen Moos wächst und die Eichhörnchen springen, in unsere Gegenwart, wie Gerhart Hauptmann und Shaw, auch nicht mehr lang. Wie Borchardt am Ende noch in sein Leben ein lauteres Beispiel deutscher Treue brachte, ist erschütternd, Nun ist er plötzlich viel stärker da als je in all den Jahren, da er ständig am Ausweichen war.« (Briefe 1926–1965. Frankfurt/Main: S. Fischer 1971 S. 87 f.).

Die Nachrichten über die zurückliegenden Monate, untermischt mit Legenden und ausgeschmückt mit anekdotischen Zügen, hat Marie Luise Borchardt vergeblich immer wieder richtigzustellen gesucht. Bis in die Nekrologe, die erst im Laufe des Jahres 1946 in der Presse erscheinen und dann mit dem Gedenktag des siebzigsten Geburtstags am 9. Juni 1947 zusammenfallen, werden Augenzeugenberichte und frei erfundene Sachverhalte vermischt. Ihre Zusammenstellung ist als Beispiel für Legendenbildung nur noch von rezeptionsgeschichtlichem Interesse, sie kann für unsere Dokumentation hier ausser acht bleiben und ist für den entsprechenden Supplementband der ›Gesammelten Briefe‹ in der Edition Tenschert vorgesehen.

Marie Luise Borchardt und ihre drei Söhne – mit Corona kam eine Verbindung erst im Dezember 1945 zustande – blieben aufgrund besatzungsrechtlicher Verfügung bis August 1946 in Trins wohnhaft, zeit-

GERHARD SCHUSTER: CHRONIK

weise im Ansitz Schneeberg der befreundeten Grafen Sarnthein. Rudolf Alexander Schröder kann das Grab seines Freundes erst im Mai 1945 besuchen.

Marie Luise Borchardt an Hans Feist, 22. Juni 1946

Lieber Feist – Ihr [noch nicht ermittelter] Brief hat mir sehr wohl getan und durch Ihren schönen Aufsatz über B [›Lebewohl für Rudolf Borchardt‹. In: ›Neue Schweizer Rundschau‹. Zürich. Heft 11 vom März 1946 S. 684–691] sind so viele Jahre und Schatten verschwunden die uns scheinbar trennten, dass ich Ihnen innigst danke. Es ist das erste ernste und liebevolle Wort über ihn. Wie sehr hat es mich bewegt und in vergangne Zeiten geführt – ihn zu lesen und darin das schöne Gedicht [›Lichterblickungs Lied‹], das mir bisher nicht eins der schönsten zu sein schien – (so blöd ist man) –, und das so tief und herrlich ist! Es ist schon so, dass er *uns* als Schutz gegen die ›kalte helle Welt‹ empfand doch hat er sich in den letzten Zeiten immer inniger an mich und die Kinder geschlossen – besonders aber nach jenem missglückten Fluchtversuch in Italien. Was Sie schildern stimmt nicht alles – er wurde nicht wegen der Rasse verfolgt – das ahnte man nicht sondern leichtsinnig wie immer hatte er Äusserungen gemacht die einem Arzt der in unserer Villa Quartier hatte, nicht passten, und der wie sich später herausstellte SS Offizier war. Wir sollten erst einfach aus der Kriegszone nach Norden abgeschoben werden darüber zersprang aber B's Geduld – denn die Alliierten waren nur 4 km von Ponte a Moriano entfernt und er konnte nicht länger warten. So flohen wir – wurden am 2. Tag von grausamen SS Leuten ergriffen und von da an war es furchtbar. Wir durften nicht mehr in die Villa (nur ich für eine halbe Std um ein paar Sachen zu packen unter Bewachung) wurden von einem Commando zu andern geschickt (behauptet wurde, dass B erschossen würde als defaitist) und schliesslich in der Garfagnana mit einer Colonne von 8 Autos unter spez. Bewachung eines Feldwebels der Gendarmerie nach Innsbruck gebracht. Brief etc. stimmt, auch unsere Verzweiflung in Mantua. Sie können sich denken was geschehen wäre, wenn man ihn erkannt hätte! Deshalb ging *ich* aufs Gauhaus – wie ich auch versuchte in Verona [gemeint ist Mantua] von einem Komm. zum andern unsern Transport zu verhindern suchte – alles unmöglich wegen des Briefs. – So lebten wir hier auch in fortgesetzter Angst. B war aber kühn und hatte eine seelische Elastizität die bewundrungswert war. Nur, er sah so elend aus – dass es mir immer noch ins Herz schneidet daran zu denken. Er war verhungert – wie wir alle – aber er vor allem – er vertrug auch vieles nicht und gab immer die grössere Portion den Söhnen ab. Vielleicht ist die Herzkrankheit die er wahrscheinlich hatte auch ein Grund dieser Abmagerung und aschgrauen Gesichtsfarbe. In Trins arbeitete er und war zufrieden – oft sogar glücklich in den herrlichen Gesprächen die wir zusammen hatten und in der Gewissheit, dass alles bald besser werden würde – Er hat gerade von der Halbgeretteten Seele mit mir zuletzt gesprochen – die er mit als seine beste dichterische Arbeit betrachtete – überhaupt wünschte er über sein Werk zu sprechen und über das was noch zu tun sei. Mir werden diese letzten Wochen schmerzlich selig im Herzen eingebrannt bleiben – es war so selten, dass man Zeit hatte und dort im Hotel war ich ja ganz frei für ihn. Wie oft sagte er halb schmerzlich halb lachend – jetzt musst Du für uns sorgen und uns schützen – nachher darfst Du ausruhen und ich mache alles und schaffe uns die endliche Basis. – Und jetzt sind mir die Flügel gebrochen ich bin matt und müde – kämpfen für ihn war selbstverständlich und ohne ihn kann es doch so nicht ewig weitergehen? Es ist aber so dass wir nun völlig rechtlos sind und jeder Schritt erkämpft werden muss. Hier glaubt man nicht an seine Rasse ich kann es nicht ›dokumentieren‹ und die unglaubhafte Bureaukratie der Welt erstickt schliesslich jede meiner Empörungsworte. – Ich erhalte voraussichtlich das Visum für Italien – aber kein Geld! Ich muss mich um eine Erbschaft kümmern, auch darin als Deutsche rechtlos, und sehen dass wir in unserer spez. Situation eine Sonderstellung erhalten.

Wahrscheinlich kann ich aber wegen pek[uniären] Gründen nur sehr kurz in Italien sein und die MS [Manuskripte] nur in Eile sortieren hoffentl. soweit dass ich etwas mitnehmen kann um es dann später in Bremen bearbeiten zu können. Sollten Sie die Möglichkeit haben nach It. zu kommen und könnten Sie mir helfen so wäre ich sehr dankbar. Nur eilt es alles – denn hier habe ich wieder den Ausweisebefehl und meine Abreise wird also noch im Juni erfolgen. Sie erreichen mich in Italien unter der Adresse meiner Tochter Corona – bei Fraunberg Via S Niccolò 119 Firenze. Für heut nur dies – obwohl ich gerne noch ein Hühnchen rupfte mit Ihnen über Dante Übers.[387] was Bs Hauptwerk war! Trotzdem – es ist ein schönes Lebewohl und ich danke Ihnen.

Alles Gute Ihre

Marel

(Nachlass Feist DLA)

---

[387] Hans Feist hatte am Ende eines Absatzes über den Deutschen Dante geschrieben: »Wie weit der Versuch ein endgültiger ist oder nur eine Stufe, können wir noch nicht übersehen« (S. 689).

**Rudolf Alexander Schröder an Karl Albin Bohacek,
5. Februar 1947:**

[…] Rudolf Borchardt ist im Januar 45 in Trins, einem kleinen
Sommerort am Brenner, einem Schlaganfall erlegen. Er war im
Sept. 44 per Schub aus Italien nach Innsbruck gebracht mit Frau
und den drei Söhnen, auf die es wohl hauptsächlich als Kano-
nenfutter abgesehen war. Da Borchardt noch einen normalen
Pass hatte, und im Herbst 44 in Innsbruck schon Untergangsstimmung herrschte, ist der Familie nichts weiter geschehen.
Ich habe B. noch in Innsbruck besucht, fand ihn sehr gealtert,
aber geistig frisch wie je und habe ein so nahes Ende nicht vermutet. Im Mai 45 bin ich dann durch einen gemeinsamen amerikanischen Freund noch nach Trins gekommen, habe meine
Nichte und die Jungens und das Grab (als ›Ketzergrab‹ hinter
der Kirche!) besucht. Meine Nichte, Frau Marie Louise B. ist
jetzt bei ihrer Mutter (Frau Lina Voigt Platjenwerbe Post Bremen – St. Magnus). Wegen der Herausgabe der Werke steht
noch nichts fest, ich hoffe, meine Nichte im März in Bremen
zu sehen, falls die Witterung dann schon das Reisen für einen
alten Mann möglich macht. Jedenfalls wird in absehbarer Zeit
eine grössere Publikation erfolgen. Hier in München wird
ein Borchardt-Heft vorbereitet, das ich Ihnen dann versuchen
werde zu schicken.

Mit Borchardts und mit Gerhart Hauptmanns Tod schliesst
für mich eine lange Lebensepoche endgültig ab. Aber das hat
man davon, wenn man leichtsinnig genug ist, seine Freunde zu
überleben. […]

(Sammlung Bohacek DLA)

Bei meinem letzten Zusammen sein mit Rudolf Borchardt im
Oktober 1944 fand ich den Freund in folge der Anstrengungen und
Aufregung seine durch die S.S. veranlasten zwangsweisen Überführung
von Lucca nach Innsbruck sehr mitgenommen und leidend. Ich hatte,
trotzdem er selbst sich alle Mühe gab, heiter und zuversichtlich aufzutreten,
einen tief erschütternden Eindruck. Es leidet für mich keinen Zweifel, dass
die durchlittenen Tage der Todesangst und der Sorge um seine
Frau und Kinder sehr wesentlich zu seinem jähen Ende beigetragen haben

[68]   Rudolf Alexander Schröder über Rudolf Borchardt. Entwurf einer Bescheinigung für den Wiedergutmachungsantrag von Frau Marie Luise Borchardt. Wohl 1947.
»Bei meinem letzten Zusammensein mit Rudolf Borchardt im Herbst 1944 fand ich
den Freund infolge der Anstrengungen und Aufregung seiner durch die S.S. veranlass-
ten zwangsweisen Ueberführung von Lucca nach Innsbruck sehr mitgenommen und
leidend. Ich hatte, trotzdem er selber seiner gewohnten Art nach sich alle Mühe gab,
heiter und zuversichtlich aufzutreten, einen tief erschütternden Eindruck. Es leidet für
mich keinen Zweifel, dass die durchlittenen Tage der Todesangst und der Sorge um
Frau und Kinder sehr wesentlich zu seinem jähen Ende beigetragen haben.« (Nachlass
Schröder DLA).

[69]   *Das Grab im November 1981 (Photo: Gerhard Schuster, Rudolf Borchardt Archiv).*

**Aufzeichnung von Marie Luise Borchardt für
Gerhard Schuster, 1981:**

Zu Anabasis

B in s. Verblendung. Durch die Hilfe von Castoldis, vor allem
Frau C wurden wir gerettet. Was B nie erwähnt, wir hatten
keine substit Mittel Geld durfte aus Deutschland nicht über-
wiesen werden die Summe die m. Bruder mit eigenem Risiko
uns brachte war fast verbraucht als wir den Befehl bekamen
Forte zu verlassen. Das einzig mögliche was wir *hätten* tun können *wenn* wir Geld gehabt hätten wäre uns den deutschen [!]
Anti Nazis anzuschliessen, die in der Nähe Fortes im Gebirge
die Zwischenzeit verbrachten, unter grossen Gefahren, wie mir
nachher erzählt wurde, unter denen RB sich doch keinesfalls
exponieren durfte. Der Weg zu Cast. war absolut gegeben und
alles wurde getan um uns als Freunde dort aufzunehmen und
reich zu bewirten. Ich hatte B lange gebeten an Croce zu schreiben damit ein pourpasser für uns vorläge, nach Beendung des
Krieges. Er erwähnt dies Zeugnis auf S.17 [S.53] Anabasis
vielleicht ohne sich zu erinnern dass er damals in seinem Stolze
schwer dazu zu bewegen war, darum zu bitten. Schneider Af-
faire ist scharf gesehen, obwohl die Gereiztheit von Estella
ihren Grund auch in B selbst fand dessen Wirkungswille ihrem
fast gleich war.

(Nachlass Borchardt DLA)

[70] *Marie Luise Borchardt, 1946 (Privatbesitz).*

ANHANG

Zu dieser Ausgabe   Herausgeber und Redakteur verstehen auch diese vollständige Edition des nachgelassenen Textes ›Anabasis‹ von Rudolf Borchardt mit allen zugehörigen Dokumenten als einen neuerlichen Versuch, ein bisher unbekanntes Werk aus dem Nachlass mit allen notwendigen textkritischen Bemühungen, einer wenigstens knappen Kommentierung und einer Dokumentation durch zugehörige Materialien als Beispiel für die künftige kritische Werkausgabe vorzulegen, an deren Vorbereitung inzwischen im Rahmen der Aufgaben des von Heribert Tenschert wiedererrichteten Rudolf Borchardt Archivs gearbeitet wird. Gerade die jahrelange Forschung um den ›Anabasis‹-Komplex hat dabei gezeigt, wie sehr eine literaturwissenschaftliche Interpretation die vorangehende Unterstützung des Editors und der Historiker benötigt, um zu wissenschaftlich gesicherten und hermeneutisch akzeptablen Ergebnissen zu gelangen: Denn RBs Biographie und sein Werk sind zeitlebens so sehr miteinander verflochten, das in keinem Fall auf eine exakte Klärung der jeweils zugrundeliegenden Lebenstatsachen verzichtet werden könnte. Das vorliegende Beispiel zeigt freilich auch einmal mehr, dass jede Recherche zwar leicht im Unabschliessbaren stecken bleiben, aber doch wenigstens zu mitteilbaren Zwischenergebnissen gelangen kann.

Möglich wurde die Herausgabe des seit langem geplanten Bandes durch die Unterstützung der Mitglieder der Familie Borchardt, die sowohl als beteiligte Zeitzeugen wie als Inhaber der Rechte an hier abgedruckten Texte eine Veröffentlichung gewünscht und zu ihr beigetragen haben: Kaspar Borchardt, Johann Gottfried Borchardt und Cornelius Borchardt gaben ihre Erlaubnis für die Aufnahme des Textes von Rudolf Borchardt, der zitierten Briefe und Notizen von Marie Luise Borchardt und Rudolf Alexander Schröder und insbesondere des in der Chronik mehrfach benutzten Tonbandgespräches von 1984 zwischen Marie Luise Borchardt und ihren Söhnen Kaspar und Cornelius in Bergen/Obb., von dem sich eine Nachschrift im Nachlass im Deut-

schen Literaturarchiv in Marbach befindet. Für die Erlaubnis zur Veröffentlichung von Passagen der Tagebuchaufzeichnungen von Corona
Borchardt aus dem Jahr 1944 danken wir Prof. Dr. Roberto Abbondanza (Perugia); Frau Giulia Lenzi Castoldi (Rom) gestattete den Wie-
derabdruck einiger Seiten aus ihren Erinnerungen ›Amici o nemici‹ von
1965 (vgl. S. 295–298). Die Rechtsnachfolger von Sandro Volta (vgl.
S. 346–352) konnten leider noch nicht ermittelt werden. Das Deutsche
Literaturarchiv in Marbach stellte aus dem dort befindlichen Nachlass
RBs die Handschrift der ›Anabasis‹ und zahlreiche Vorlagen für Abbil-
dungen zur Verfügung. Zitiert wird aus RBs ›Gesammelten Werken‹
(Stuttgart: Klett-Cotta 1955–2002), den ›Gesammelten Briefen‹ (Mün-
chen/Wien: Carl Hanser 1994 ff.) und den Publikationen der Rudolf
Borchardt-Gesellschaft mit den gebräuchlichen Abkürzungen.

Die Recherchen zur Kommentierung von Teilen der hier versam-
melten Texte wäre nicht möglich gewesen ohne die tatkräftige Hilfe
vieler deutscher und italienischer Freunde, die an den Vorbereitungen
dieses Bandes immer wieder Anteil genommen haben. Besonders ge-
plagt mit wiederholten Fragen und Bitten um Berichte und zeitgenös-
sische Bilder waren die Zeitzeugen, – neben den Kindern von Rudolf
und Marie Luise Borchardt vor allem Contessa Benigna Busiri-Vici v.
Fraunberg (Florenz), Gabriella Harley Peterich (Florenz) †, Mario
Giampaoli (Saltocchio) und Familie Harry Covi (Trins am Brenner).
Ohne die Lebenserinnerungen IKH Irmingard Prinzessin von Bayern,
Schloss Leutstetten, wären viele der dramatischen Einzelheiten für uns
undeutlicher geblieben (vgl. S. 257).

Zur Klärung zahlloser Details haben beigetragen: Dr. Liselotte Gre-
vel (Pisa), Ingrid Grüninger (Stuttgart/Marbach), Sabine Helms
(München), Lilot Heye (München), Dr. Marlies Ingenmey (Pisa), Lars
Korten (Kiel), Markus Neumann (Bremen), Karl Neuwirth (München), Akad. Dir. August Ohage (Göttingen), Dr. Reinhard Tgahrt
(Marbach/Neckar), Conte Manfredo Roncioni (Pisa) †, Dr. Immacolata de Simony (Wien), Dr. Joachim Seng (Freies Deutsches Hochstift,
Hofmannsthal-Archiv, Frankfurt/Main), Prof. Dr. Marianello Maria-
nelli (Pisa) †, Dr. Ilaria Furno-Weise (Castellina in Chianti und Mün-

chen), Gerd von der Gönna (Würzburg), Barone Amerigo Franchetti (Florenz), Dorit Krusche (Berlin) und Dr. Gustav Seibt (Berlin). Zahlreiche Institutionen haben mitgeholfen, die historischen Hintergründe des von RB und seiner Tochter behandelten Themas konkreter zu machen; das hat zu vielfacher Unterstützung geführt, die wir hier gern vermerken: Wir danken der Evangelische Kirche in Tirol (Oswald Keiler), Dr. Hans Woller im Institut für Zeitgeschichte in München und Dr. Gerhard Immler im Geheimen Hausarchiv des Bayerischen Hauptstaatsarchivs in München, der auch die Genehmigung für eine Teildurchsicht des Nachlasses von Kronprinz Rupprecht von Bayern erwirkt hat; Auskünfte zur kriegswissenschaftlichen Literatur gab das Militärgeschichtliche Forschungsamt in Potsdam; mit Personenrecherchen half die Deutsche Dienststelle für die Benachrichtigung der nächsten Angehörigen von Gefallenen der ehemaligen deutschen Wehrmacht in Berlin und das Deutsche Historische Institut in Rom (Dr. Lutz Klinkhammer); Frau Dr. Maren Ballerstedt (Stadtarchiv Magdeburg) hat sich trotz der rund fünfzig Träger des Namens »Paul Müller« zwischen 1943 und 1950 nicht entmutigen lassen, über die Möglichkeit nachzudenken, den Feldgendarm, der die Familie Borchardt laufen liess, zu ermitteln. Der Hamburger ›Arbeitsstelle Altpreussisches evangelisches Pfarrerbuch‹ (Dr. Reinhold Heling) verdanken wir den entscheidenden Hinweis auf die Identität des von RB geschilderten Sanitätsunteroffiziers Hans Ulrich (vgl. S. 62); hier laufen die Recherchen noch, so dass man eines Tages auch des Dr. Schneider habhaft werden wird. Das Stadtarchiv in München und das Forschungsinstitut »Brenner-Archiv« der Universität Innsbruck (Dr. Anton Unterkircher), Frau Josefine Justic im Stadtarchiv Innsbruck und die Bürgermeisterämter von Trins und Steinach am Brenner und das Istituto Storico Lucchese, Lucca, stellten Bestände zur Verfügung. Der Photothek des Deutschen Kunsthistorischen Instituts in Florenz (Frau Dr. Martina Hansmann) verdanken wir die hier erstmals publizierten Bilder der zerstörten Innenstadt von Florenz vom Sommer 1944 (vgl. S. 114–116).

Ein besonderer Dank geht an die ersten Leser der Materialsammlung, Dr. Johannes Saltzwedel (Hamburg) und Kristian Wachinger

(Carl Hanser Verlag, München/Wien), und wie immer an Friedrich Pfäfflin (Marbach/Neckar), der auch diesmal die Gestaltung des Bandes betreut hat, und dem sich – durchaus in Erinnerung an Gespräche über die mit den Schicksalen der Familie Borchardt fast gleichzeitigen Erlebnisse Ludwig Greves in Lucca – viele Hinweise verdanken.

Dass die editorische Planung und die Finanzierung der Herstellung nicht möglich gewesen wäre ohne namhafte Zuschüsse von Heribert Tenschert (Bibermühle) und Ursula Haeusgen (München), sei ausdrücklich mit dem Dank dessen vermerkt, der die Recherchen zu diesem Band mit den Möglichkeiten und Hilfsmitteln des Rudolf Borchardt Archivs unterstützen konnte.

G. Sch.

ANMERKUNGEN

Die Niederschrift des Fragmentes ›Anabasis‹ befindet sich im Nachlass RBs, den das Deutsche Literaturarchiv in Marbach verwahrt. Der Text ist auf 22 doppelseitig beschriebenen Blättern überliefert. Das weisse, dünne Schreibpapier trägt ein Wasserzeichen der italienischen Marke ›REGIA|AUSONIA‹ unter der lombardischen Krone. RB hat nach dem Zeugnis der Familie mit der Abfassung unmittelbar nach der Ankunft in Innsbruck am 13. September begonnen und diese bereits im ersten Gespräch mit Rudolf Alexander Schröder am ca. 16. September 1944 bezeugt (vgl. die Chronik S. 256). Auf Einreden Marie Luise Borchardts, der er die Argumentationslinie seiner Erinnerungen nicht vorenthielt, blieb die Arbeit, deren Schreibfluss auf nur wenige Tage der Beschäftigung deutet, unausgeführt (vgl. dazu das Argument in Prosa VI 1990 S. 604 f.); weitere Gründe dazu hat Cornelius Borchardt in seinem Beitrag S. 221–223 genannt. – Entsprechend unvollständig und in sich mit Streichungen und Korrekturen durchsetzt ist diese vorläufige Fassung. Sämtliche Varianten werden im nachfolgenden Apparat verzeichnet, ohne dass damit dem Text S. 17–90 der Status einer Fassung letzter Hand zukäme.

17,1] *Am Kopf der Seite in Bleistift, wohl aus anderer Fassung:* Der Übergang vollzog sich im Frühjahr 44. Ich hielt das Haus in Forte dei Marmi, wo inzwischen geräumt worden, ich selber aber ausgenommen und geschont war, in der eitlen Hoffnung fest, dort immer wenigstens für mich alleine ausweichen zu können, und wenn selbst unter Luft und Seeangriffen
17,1 Stosse] *aus* Xxxxxx
18,1 geneigte] *aus* geniegte
18,6 um] *aus* und
18,9 Auch rollten] *aus* Und immerhin rollten
18,11 auszuweichen] *danach gestrichen* ge‹hofft›
18,12 Luccheser Land Hause] *aus* Luccheser Hause

19,1 um] *aus* an

19,2 hatte] *in der Handschrift irrtümlich* hatten

19,2 f. Ich verzeichne [...] hier] *aus* Ich halte [...] hier fest

19,6 statt] *danach gestrichen* nach der dritten

19,12 das] *aus* der

19,16 genug] *aus verschrieben* geg<xxxx>

19,17 Yorck] *aus* Jorck

20,3 Unterminierens] *davor gestrichen* Mi<nierens>

20,13 gehofft] *von Marie Luise Borchardt ergänzt aus dem durch Seiten-wechsel verursachten irrtümlichen* hofft

21,13 uns schmeicheln] *danach gestrichen* in herrschaftlich gehaltenen und ausgestatteten Gastzimmern eines reich, fast verschwenderisch ge-führten Haushaltes, bei zwar auf jedem Punkte anders Gesinnten, an-ders Gewöhnten, anders Erzogenen, aber immerhin dem was die Welt Freunde nennt, und was anders zu definieren immer beschwerlich ist, es noch unendlich viel besser getroffen zu haben als die Weitaus Meis-ten die der Krieg täglich zwang, auszuweichen und sich mit Ihresglei-chen oder auch Ungleichen, seufzend zu bequemen. *Danach auf der Zeilenmitte ein Zäsurstrich, jedoch wiederum gestrichen.*

21,14 unendlich viel] *aus* immer noch

21,17 zu behelfen.] *danach auf Seite 2 gestrichen und als Seite 3 verworfen* Es waren ein par herrschaftlich ausgestattete und mit peinlicher Sorg-falt gehaltene Gastzimmer. Der Haushalt wurde für mehr als [*aus* über] 20 Personen und zahlreiches Personal ohne fühlbare Proportion zu der [*aus* für sie fühlbare Rücksicht auf die] hungernden Allge-meinheit fast verschwenderisch geführt, und konnte hierin Anstoss erregen. Die Personen der Wirte waren zwar auf jedem erdenklichen Punkte anders erzogen, anders gewöhnt, anders gesinnt und gesonnen als wir, aber das gleiche gesellschaftliche Niveau fingiert ein gemein-sames Terrain selbst dort wo es in Wahrheit kaum zu finden wäre, und gute Sitten müssen dazu helfen es dort wo es brüchig wird immer aufs neue zu improvisieren, und schliesslich gehört es zum Tone dieser Sit-ten, den Begriff von Freunden so zu nehmen wie die Gesellschaft ihn prägt und nicht pedantisch ausschliessend zu definieren. Wenn es [*ge-*

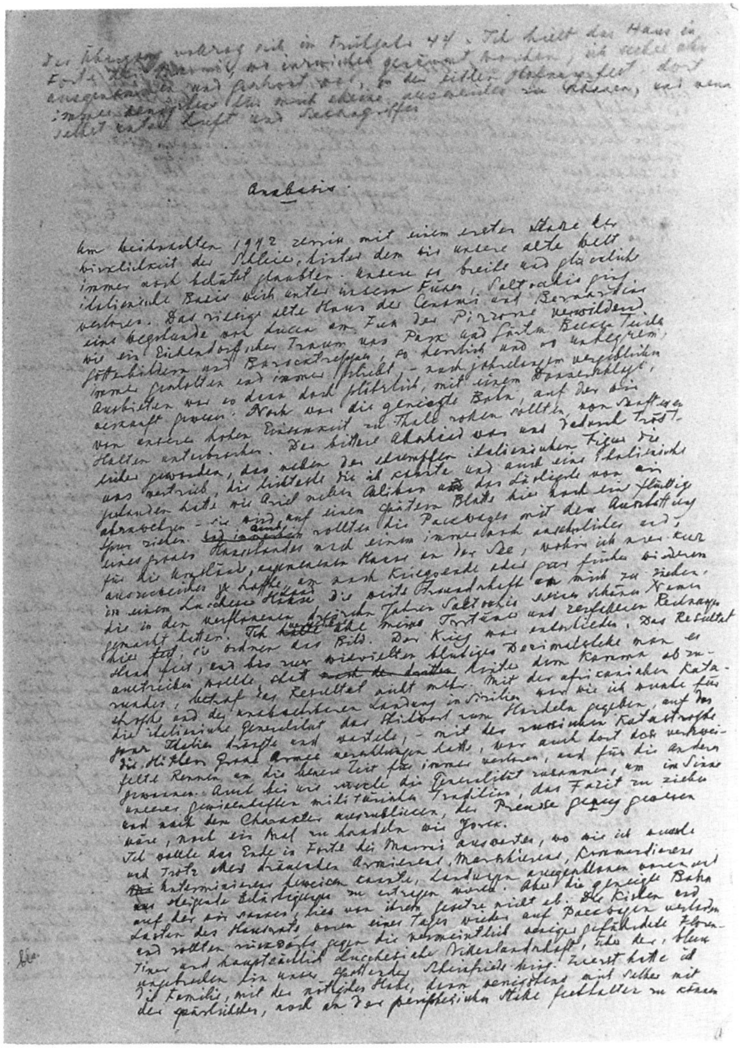

Anabasis

[71] *Die erste Seite der ›Anabasis‹ (Nachlass Borchardt DLA).*

strichen unter solchen Umständen] aber immer die höchsten Anforderungen an den Takt beider Teile stellen wird, ein solches Verhältnis [*gestrichen* unter solchen Umständen] dass selbst unter unleidlich werdenden Umständen praktisch nicht abgebrochen werden könnte, mindestens leidlich zu erhalten, so war ich in diesem Falle auf das Schlimmste vorbereitet. Mit conventionellen Leuten auch denen einer anderen Convention als der unsern hätte ein solcher Takt vermutlich sich frei auswirken können, denn alle Conventionen sind im Grunde gleichen Ursprunges und garantieren sich untereinander. Aber die Familie N. – ich verändere Namen und Initialen – war eine solche conventionelle italienische Familie leider [*eingefügt* nicht – oder sie war es] nur im ganz belanglosen und negativen, den durchschnittlichen Vorurteilen & Beschränkungen jedes reichen italienischen Mittelstandes, der wie jeder Kundige weiss durch seine banausische und opportunistische Unauflösbarkeit sowol von der höheren Gesellschaft wie der reich begabten und aufgeschlossenen [*aus* sowol das höhere wie das reich begabte und aufgeschlossene] unter ihm liegenden Gesellschaft sich isoliert. Alle diese Kreise hatten sich [*eingefügt* natürlich] durch eben jenen ihnen einwohnenden tiefliegenden Opportunismus längst auf die sichere Seite [*gestrichen* gezogen] geborgen, wären mit uns im gröbsten ganzen einig gewesen und hätten uns keine thörichten Schwierigkeiten bereitet. Aber das Unheil hatte uns an eine der wenigen Familien gekettet, in der ein landfremdes Element die Werte anders schichtet, den glücklichen gesunden Menschenverstand des Italieners [*aus* Italieni<schen>] aus dem Halte hebt [*gestrichen* di<e>] und die beweglichen Bestände des Nationalcharakters, Rhetorik, Pathos, [*gestrichen* Rollenbe<griffe>] Jargon, Parteibegriffe dadurch ins Verrückte verschiebt, dass er sie aus beweglichen zu starren, aus Nebensachen zu Hauptsachen macht, sie selber und ihr Verhältnis zum Ganzen total missversteht und daher [*irrtümlich statt* der] dem [*gestrichen* normalen] nationalen Norm, dem durchschnittlichen Menschlichen, höchst gutherzigen und geistig wie seelisch gleich feinfühligen Italien unverständlich und verhasst wird. Die Frau des Hauses – der Gatte, fast ständig abwesend, spielte keine Rolle, – war

die Tochter einer Engländerin und gewiss die Enkelin, Nichte, Gross-
nichte noncomformistischer Schottinnen. Hätte sie nur dies sein wollen! Engländerinnen und Schottinnen haben viele italienische Häuser
in die sie geheiratet hatten halb anglisiert, aufs günstigste gelockert
und zweiseitig, ja vielseitig gemacht, und angloitalienische Ehen haben sich hierin nach meiner Kenntnis aufs [*gestrichen* günstigs<te>]
glücklichste von den fast immer missratenden deutsch italienischen
ausgezeichnet. Diese Frauen aber waren nicht sowol Engländerinnen
als englische Renegaten und jeder Welterfahrene wird mir darin bei-
stimmen, dass das geistige und seelische Renegatentum nirgends un-
lieblichere Züge tragen kann als dort wo es die [*aus* der] Treue gegen
das stolzeste, in sich geschlossenste und strengste aller europäischen
Volkstümer verleugnet. Und wenn es nur – könnte ich fortfahren, sie
wirklich zu verleugnen vermöchte, anders als mit dem bösen, schwachen und treulosen Munde! Diese Frauen die sich entschlossen hatten, nichts als Italienerinnen zu sein, machten dasjenige mit dem
Willen was nun einmal von allen erdenklichen Seiten aus gemacht
werden kann, nur nicht vom Willen aus. Sie waren Italienerinnen auf
eine englische Weise, wie sie sonst auf eine englische Weise Engländerinnen gewesen wären, – also etwas was man nicht sein kann weil es
das nicht gibt. Und je mehr es sie erbitterte zu fühlen, dass es nicht
ging eben weil es das nicht geben kann, um so mehr fanatisierten sie
es, bis in ihrem ganzen Lebens und [*aus* Lebxxx] Wirkenskreise die
Dinge zwar vollkommen logisch und consequent, weil sie englischen
Ursprungs waren, protestantisch und nonconformistisch [*aus* die
Dinge zwar vollkommen logisch, consequent, protestantisch und nonconformistisch waren, weil sie englischen Ursprungs waren], und zugleich vollkommen idiotisch und absurd [*aus* idiotisch, absurd], weil
sie es auf italienisch katholisch und antienglisch zu sein versuchten
und erzwangen, was dann zu dem kläglichen Ergebnisse führen musste, dass die verkehrte Frau nie wusste ob sie sich mehr [*aus* xxx]
schämte Engländerin oder mehr schämen musste Italienerin zu sein,
welches beides in einem gesunden Wesen nur Anlass zu Glück und
Stolz geben kann und keinen geringsten zu Verlegenheit und Scham.

zu 21] *Oben links eigenhändiger nicht zugehöriger Vermerk ausserhalb des Seitenspiegels* Theeschachtel

21,18] *Gestrichener Schreibansatz* Die angedeutete *In neuer Zeile* Dennoch [*aus* und dennoch] sollte sich eben dasjenige [*gestrichen* steigend] wachsend an uns rächen, wogegen [*aus* was] wir um des nächsten Vorteils willen zuerst die Augen verschlossen, weil

21,20 schon] *eingefügt*

21,20 f. ohnehin […] zu zeigen braucht.] *aus* überhaupt einander nur Oberflächen zeigt.

21,26 hatten überhören wollen] *aus* überhört hatten

22,3 existieren] *danach gestrichen* zu können,

22,4 geben zu können.] *danach gestrichen* Aber die N's waren ein conventioneller Haushalt leider nur in dem [*gestrichen* einen Sinne] negativen Sinne jener totalen Phantasielosigkeit und jenes totalen Mangels einer [*gestrichen* Ansch<ung>] Ahnung von einer Welt höherer Werte, durch die sich bekanntlich die reiche italienische Bourgeoisie bis zum Komischen nicht nur von den hohen Ständen sondern auch von den reichbegabten und viel feiner organisierten niedern des Landes auszeichnet.

22,4 Aber die Ns] *Absatz in der Handschrift bedingt durch Neuansatz*

22,5 des] *eingefügt*

22,6 Sinne] *eingefügt*

22,6 der] *aus* jener

22,6 des] *aus* jenes

22,7 einfältigen] *gestrichen* robusten

22,8 in Beidem] *aus* im Platten Einfältigen

22,9 je nachdem] *danach gestrichen* glei<xxx>

22,9 verleidet] *eingefügt* zu

22,10 komisch zu machen pflegt.] *aus* komisch macht.

22,12 der Schrecken der Landschaft.] *danach S. 4 ab Merkstrich am linken Rand verworfen und auf S. 5 gestrichen* Die Frau, aus einer ehemals normal begütert gewesenen alten Familie [*aus* einer ursprünglich normal begüterten alten römi<schen> guten Familie] stammend aber ganz wesentlich die Tochter einer englischen Mutter, die bereits ihrerseits ihre nationale Tradition [*eingefügt* fast ganz] preisgegeben hatte, war nun im zweiten Grade des Renegatentumes zu einer Närrin jenes [*aus* des] Englandhasses geworden, der als eine neue Art des politischen und gesellschaftlichen Snobismus seit dem Ende des Weltkrieges gewisse lärmende Minoritäten der Gesellschaft zu kennzeichnen begann, und der den früheren anglophilen Snobismus der gleichen Gesellschaft gar nicht [*aus* nicht etwa] auflösen konnte [*aus* auflöste so<ndern>], sondern nur auf den Kopf stellte. Sie hatte unter ihrem Stande reich geheiratet, einen braven munteren und neben ihr nicht hervortretenden kleinen Mann, und dessen Mittel als Auftrieb für einen rabiaten Familienehrgeiz disponiert, der ganz im Dienste des grellen politischen Faschismus ihrer Generation stand, und innerhalb dessen sie wahrscheinlich glaubte Italienerin und Patriotin zu sein, [*gestrichen* und] in diesem Sinne tyrannisierte fanatisierte und peinigte die farblose, kurzgewachsene, körperlich leidende, erbitterte Frau ihre gesamte Umgebung, Kinder und Leute, Bauern Gutsangehörige und Nachbarn, von früh bis spät auf dem Posten, hadernd, erziehend [*gestrichen* e], predigend, weltverbessernd, propagierend, [*gestrichen* besser wissend] hart, selbstgerecht, von der innern Rage verzehrt und vergiftet, alles besserwissend, alles dümmste glaubend wenn es Wasser auf ihre Mühlen trieb, alles [*gestrichen* überlegen] wütend bescheltend, was sie widerlegte. Sie war mit einem Worte, bis zur Karikatur gerade das was sie nicht sein wollte, eine Engländerin, ja eine Schottin, des unlieblichsten und unweisesten Typus, und war gerade das nicht, was sie in ihrer bedauernswerten [*gestrichen* Ver<wirrung>] Confusion am meisten sein wollte, Italienerin, denn nicht nur dass sie Italien, den Italiener und alles wirklich Italienische so missverstand, hasste und verachtete wie ein ungebildeter oder hochmütiger englischer Durchschnitt es zu thun pflegt, man durfte fragen für welches Phantom von Italien dieser Patriotismus ohne Liebe und Ehrfurcht oder wenn man will humorvolle Duldung des eigenen nationalen Wesen [*sic*] denn eigentlich [*aus* eigentliche] Gerechtigkeit, Sieg und Weltgeltung fordern konnte ohne sich selber mit jedem Worte zu widersprechen; denn es bedarf keines Wortes dafür, dass [*eingefügt* bei ihr] dieser Patriotismus sich nicht etwa, wie bei vielen streng urteilenden tüchtigen Italienern [*eingefügt* der Fall,] wenigstens aus ideellen [*aus* idealen] Quellen, Geschichte, Kunst, Literatur, Kultur, speisen konnte, welche alle bei [*gestrichen* ihr] dem Stande ihrer Bildung garnichts bedeuten konnten und immer so unzugänglich wie uninteressant geblieben waren, – sodass als Summe dieses affektierenden Patriotismus nur der allerroheste Collectivegoismus und die ebenso rohe [*aus* einer ebenso rohen] Rachsucht der sich gedemütigt wissenden übrig blieb. Es war kaum auszumachen ob sie sich mehr schämte, Italienerin [*gestrichen* oder] zu sein oder wie sie immer wieder tobte Engländerin [*aus* oder Engländerin wie sie immer wieder tobte], denn sie genügte keinem dieser beiden hohen nationalen Begriffe und trat den Boden den sie auf beiden hätte besitzen können, auf beiden mit Füssen.

Ich hatte ihr bereits im ersten Kriegsjahre, als sie uns in Saltocchio besuchte, kurz und bündig gesagt, das Alles [*aus* der Krieg] verloren sei und die [*sic*] widerstandslose Siegeslauf von Land zu Land das furchtbare Spiel der [*aus* dxxx] Gottheit die denjenigen den sie verderben will verblendet. Ich hatte ihr gesagt der Krieg könne nur [*gestrichen* werde] mit dem Untergange Deutschlands und seinem Ausscheiden auf hundert bis zweihundert Jahre, aus der europäischen Geschichte enden, während Italien, günstiger gestellt und elastischer gefügt voraussichtlich nur entbehrliches opfern und sich rascher retablieren werde.

22,13 Der Frau] *davor gestrichener Schreibansatz* Ich nahm[?]

22,13 f. aus ansehnlichem […] Hause] *aus* sehr gutem früher auch begütertem italienischen Hause

22,15 wütend] *eingefügt. Am Rand von der Hand Marie Luise Borchardts als Entzifferungshilfe: wütend hasste*

22,15 und] *eingefügt*

22,24 f. das geringste Neue] *aus* etwas Neues

23,4 wusste] *danach gestrichen* dasjenige

23,5 Massgefühl] *davor gestrichen* Proportions<gefühl>

23,5 dasjenige] *eingefügt*

23,7 jeder Taglöhner bewertete] *aus* und bewertete

23,9 Siegesernten] *davor gestrichen* Erfolge

23,10 Taxifahrer] *aus* Stadtfahrer

23,10 f. nicht flott [...] verlieren*] aus* nicht schleunigst diesen Krieg verlieren

23,12 f. Nur keine Bange*] davor gestrichen* den Krieg hier gew‹innt›

23,13 den*] eingefügt*

23,14 sind*] davor gestrichen* ist

24,4 f. geschlossenen*] davor gestrichen* gesamten

24,5 in den*] aus* in einen

24,6 Finanz Banken*] aus* Finanz und Banken

24,13 Streber*] gestrichen* Ehrgeizige

24,13 doch nur*] angefügt am Rand links*

24,23 f. ein Monarch müsse*] aus* er müsse als Monarch

25,2 f. bei niemandem mehr Vertrauen*] aus* von niemand mehr Glauben

25,3 im*] davor gestrichen* nämlich

25,6 Unter*] aus* Von

26,3−5 eine grössere Gelegenheit [...] besessen und verwirkt.*] aus* eine grössere Gelegenheit besessen und verwirkt, die ganze Nation mit sich zu reissen

26,5 ist*] eingefügt*

26,7 der Dynastie*] aus* ihr

26,10 es weiter [...] muss*] aus* sich überwiegend für die alte Staatsform entscheiden muss

26,11 belastet ist.*] danach Absatz und gestrichen* Frau N. war von der eigenen Familie her und aus gemeinsamen Schultagen her mit dem königlichen Hause [*aus* mit der königlichen Familie] und gerade seinen [*aus* ihren] rabiatesten Vertreterinnen [*gestrichen* eng verbunden] früher vertraut gewesen und empfand sich, auch darin sehr englisch [*aus* echt englisch], als [*aus* der] Mitausdruck [*gestrichen* geltender] der für das Land verantwortlichen Kreise. Sie war, auch von den erwähnten absurden Spannungen ihrer zwiespältigen Herkunft abgesehen, ein äusserst schwieriger und verkehrter Charakter, in jedem Sinne [*gestrichen* tief] unbefriedigt, [*aus* bei höchsten Ansprüchen und] bei ungemessenen Ansprüchen und [*gestrichen* ausschliesslichem] verzehrendem Geltungsbedürfnis viel zu arm an menschlicher und frauenhafter Substanz, an Kultur und Anziehungskraft, um [*eingefügt* Jemand] etwas zu bedeuten und füglich [*gestrichen* bis ins Herz] frühe enttäuscht verbittert, und zerrissen; dazu [*aus* körperlich so leidend] traten körperlich Leiden, [*eingefügt* so] dass nur eine ererbte wahrhaft schottische Willenskraft ihren schmalen Rahmen in der Fuge hielt. Gewohnt sich selber ebenso wie ihre gesamte Umgebung [*aus* ebenso wie alles] und möglichst noch Landschaft, Volk und Staat gewaltsam zu behandeln, unfähig über [*eingefügt* mehr als] kurze Anwandlungen hinaus auch nur das äusserliche Air

26,13 f. und zwar gerade […] vertraut gewesen.*] aus* vertraut gewesen, und zwar gerade seinen hitzigsten Vertreterinnen.

26,16 Führung*] aus* Stände

26,17 sie*] danach gestrichen* sich

26,20 f. Conversationen*] aus* Conversation

26,21 abgesehen*] aus* ungesehen

26,23 erweckte*] davor gestrichen* gehörte

27,12 f. ihrer englischen und ihrer italienischen*] aus* ihrem englischen und ihrem italienischen <Fanatismus>

27,18 f. ländererobernd*] davor gestrichen* col<onisierend>

27,22 findet*] aus* fände

28,6–8 gab ohne es zu ahnen […] Vollkommenheitsansprüchen.*] aus* gab ihren eigenen Geltungs und Vollkommenheitsansprüchen ohne es zu ahnen [*gestrichen* nur] den Namen der geblähten politischen Propaganda.

28,9 sie*] davor gestrichen* nur

28,10 Schuld*] gestrichen* versäumte Pflicht

28,14 Fanatismus*] gestrichen und wieder geöffnet*

29,4 hier*] aus* nur

29,9 schillernde*] gestrichen* höllische

29,21 unsern*] gestrichen* dort

29,21 dort*] irrtümlich hinter* erblicken *eingefügt*

29,25 zugleich*] davor gestrichen* ihrer überheblichen

30,4 entzogen, und*] aus* entzogen. D<xx>

30,7 bereits*] eingefügt*

30,11 sie*] aus* sich

388

30,17 Landes] *davor Schreibansatz* Xxx.

30,19 vorgeblichen] *aus* angeblichen

30,23 an] *davor Schreibansatz* de<ssen>

31,29 Radioemissionen] *aus* Radionach<richten>

32,7 zugleich akustisch] *aus* akustisch zugleich

32,7 respektvoll] *davor gestrichen* liebevoll

33,2 mit] *aus* zu

34,5 zu] *aus* zur

34,15 gerade] *aus* genau

35,4 f. im Sinne internationaler Menschlichkeit] *aus* im menschlichen Sinne

35,6 der Luccheser Ortskommandantur] *aus* dem Luccheser Ortskommandant

35,17 Hilflosen] *aus* hilflosen

36,3 f. Flaschen Wein] *aus* Weinflaschen

36,9 ausgleichende] *aus Schreibansatz* xxxxx

36,11 bei] *aus* xxx xx

36,15 verheimlicht] *davor gestrichen* erwidert

36,17 und] *eingefügt*

36,21 Mitmenschlichkeiten] *aus* Menschlichkeiten *und* Nebenmenschlichkeiten

38,10 f. Gespanntheit] *aus* Spannung

38,18 mussten] *gestrichen* erwarteten

38,24 machten] *gestrichen* schoben sich

38,26 befreundete Nachbarvilla] *aus* eine Villa befreundeter

38,27 einer Strassenkreuzung] *aus* einem Strassenstern

39,1 fast] *eingefügt*

39,5 auftrat] *aus* erschien

39,7 den] *eingefügt*

40,7 f. seinen Burschen] *davor gestrichen* Ordonnanz

40,9 Soldatenschritte] *aus* Dolm<xxx>

41,5 trage] *davor gestrichen* schiebe

41,6 Stande] *aus* Standpunkte

41,7 mit Entsetzen] *aus* mit tiefem Entsetzen

41,9 den verlorenen Krieg] *aus* ihren verlorenen Krieg
41,10 als] *davor gestrichener Schreibansatz* all
41,12 nach mehr] *aus* nach, aber
41,15 als] *eingefügt*
42,1 sie] *davor gestrichen* deren
43,5 auch nur] *eingefügt links am Blattrand*
43,13 dadurch suchen und ungestraft] *aus* ungestraft dadurch suchen
43,14 zermalmenden] *davor gestrichen* mordenden
43,15 um] *eingefügt*
43,19 f. Staffierung] *davor gestrichen* Vermummung
43,20 der] *davor gestrichener Schreibansatz* sub<x>
44,4 nicht umgangen werden konnten.] *danach gestrichen* , und an denen meine eigene soldatische Erfahrung und jenes Traditionsgefühl, das dem älteren Deutschen und Preussen mit ein Stück seines geheiligten Bezirkes ist, alles vermisste was mir selber und meinen Vätern den Begriff des deutschen Offiziers unverkennbar umschrieben hatte: die stilvolle Figur, zu deren herber Prägung die längste Vorbereitung die strengste Schulung und die engste Wahl beigetragen hatten: die ritterliche Figur die dazu erzogen war den Punkt genau zu bestimmen und unbedingt zu verteidigen an dem die Freiheit der eigenen Verantwortung, die Unabhängigkeit des edeln Mannes die Unterordnung unter blinde Befehle überwiegt: im besten Falle die Unabhängigkeit und Selbständigkeit der zugleich [*gestrichen* höchst] charakteristisch sittlichen und [*gestrichen* höchst] charakteristisch gebildeten Figur, von der mir aus meinen Feldzugserinnerungen neben glänzenden auch die schlichtesten Beispiele zur Verfügung standen. Tapfern Männern Unrecht zu thun indem man sie an falschen Maassstäben vermisst, wäre unverzeihlich, an Aufopferung und harter Sterbewilligkeit standen diese neusten krieggeborenen Träger von Offiziersabzeichen den Offizieren der alten Armee sicherlich in Nichts nach, ihre elementare, taktische und spezialisierte Tüchtigkeit hatten sie selbst für denjenigen bewiesen, der die militärische Schwäche der kleinen und die mangelhafte Rüstung und Vorbereitung der grossen Gegner nüchtern [*gestrichen* xxxxxxx] in Anschlag brachte, und wenn es den an das strenge preussi-

[72]   Manuskriptseite 11 der ›Anabasis‹ (Nachlass Borchardt DLA).

sche Waffenkleid mit seinen kargen, dafür um so kostbareren Kreuzen auf der linksobern Brust gewöhnten ernsten Blick lächern oder sich abwenden machte, die ganze Waffenrocklänge frischbackener Leutnants und [*gestrichen* Majors] Hauptleute – ja [*gestrichen* manchmal] was? Corporäle – mit abenteuerlichen Blechen jeder Art [*aus* Heil<xxxx>] wie mit Cotillon- und Operettenorden besternt zu sehen, und dort wo [*eingefügt* unter] alte ruhmgekrönte Feldherren die Sterne der grossen Ritterorden der preussischen und deutschen Geschichte getragen hatten, wirklich [*eingefügt* neuartige] Sternchen, am Halse halber Knaben wirklich die Halskreuze der Goeben, Blumenthal und Manteuffel zu sehen: so war doch schon mit dem Weltkriege die gewissenlose Entwertung dieser gehaltschweren Embleme unaufhaltsam geworden, hatte man mit Empörung Friedrichs Pour le Mérite [*gestrichen* am Halse] zum Gladiatorenzeichen [*aus* Scharfschützenabzeichen] der Luftduelle herabsinken sehen, und eine noch 1870 selbst für Stabsoffiziere [*aus* den Stabsoffizier] ganz ungewöhnliche Auszeichnung wie die bei Sternen zu tragende erste Klasse des Eisernen Kreuzes zu etwas wie einer [*aus* einer] blossen Dienstgradbezeichnung von Subalternoffizieren werden, denn jeden Bataillons Adjutanten gab damals bereits sein Kommandeur [*eingefügt* wieder und wieder] dafür ein, und niemand blickte mehr auf das entweihte Symbol, das seine Träger nur noch rangierte und nicht mehr auszeichnete. Es waren denn auch nicht solche oder blosse Äusserlichkeiten, die es schwer machten, den zu zehntausenden [*aus* tausenden] improvisierten Offizieren einer in wenigen Jahren aus mässigen Caders angeschwemmten Riesenarmee mit der traditionellen Ehrerbietung zu begegnen: sie [*gestrichen* stand] war unter bösen Unsternen geboren, sie hatte die alte Ehre des deutschen Offiziers ausserhalb der niedern Parteien nur dem Könige zu dienen und schulden, verwirkt, sie war [*eingefügt* mit allen ihren nagelneuen Feldmarschällen] ohne einen einzigen Feldherrn, der Charakter gehabt und ihr gegeben hätte, sie besass nach der Annullierung ihrer wenigen militärischen und sittlichen Capacitäten ersten Ranges – Fritsch, Beck, des ausgezeichneten aber an verlorenem Posten gelähmten Leeb [*aus* Fritsch, Beck, des an verlorenem Posten gelähmten

ausgezeichneten Leeb] – strategisch in den Händen grauer Mittelmäs-
sigkeiten die bei normaler Entwickelung der Operationsabteilung von
Divisionsstäben schlecht und recht genügt hätten, – sie war aufge-
schossen und formiert aber nicht gebildet nach jenen unverrückbaren
Gesetzen langsamer Bildung, die alleine Gediegenheit und Dauer verbürgen, und daher waren ihre Offiziere was diejenigen von Revolutions
und Volksheeren immer gewesen sind, Troupiers mit allen Vorteilen
und allen Nachteilen der blossen Tapferkeit und militärischen Tüchtigkeit, [eingefügt meist] einseitig und flach, urteilslos und völlig unwis-
send, denkungewohnt und denkunfähig, schablonenhaft in Äusserung
und Anschauung, subaltern in ihrem ganzen Apparat, und weitaus
überwiegend aus Bevölkerungsschichten ohne Überlieferung und ohne
Schulen hervorgegangen, die Stabsoffiziere, von denen einige mir vor-
gekommen sind, ganze ohne kriegsakademische und generalstabliche
Disziplinierung und erweiterte Auffassung, die ganz Wenigen die in
der alten Armee bereits Befehls und nicht Kommandostellen bekleidet
hatten bereits im Eilavancement auf General und Oberkommanden
dem Einflusse auf das neu sich bildende Offizier Corps entzogen. Es
waren denn dies auch logischerweise als sie mir endlich zu Gesichte
kamen, die Offiziere eines unwiderruflich geschlagenen Heeres, die
Träger eines in seiner wilden Vermessenheit an den Faktoren der Wirklichkeit gescheiterten ruchlosen Experiments, der Blick sah sie verloren, das Urteil konnte [aus mochte] sie individuell beklagen.
44,6 von gewiss bewiesener Tüchtigkeit] aus zweifellos unüberbietbar
Tüchtigen; in der Handschrift ist irrtümlich die Korrektur unvollständig
durchgeführt mit Tüchtigen statt Tüchtigkeit
44,8 praktisch] davor gestrichen und
44,10 etwa] eingefügt
44,11 mindestens] eingefügt
44,12 einen Krieg führen] aus die sie führen
44,13 alle Kriege] aus die Kriege
44,14 der höchste militärische Geist] aus die Feldherrnschaft
44,14 der] in der Handschrift versehentlich noch die
44,14 f. siegreich oder unterliegend] gestrichen und wieder geöffnet

44,15 handelt] *am Rand gestrichen* militärisch

44,15 das Gesicht des Staates […] in der Lage ist] *aus* das Gesicht des um seine politischen Zwecke blutig durchzusetzen [*eingefügt und gestrichen* Staats] in der Lage ist

45,2 Einzelner] *aus* einzelner

45,3 doch] *eingefügt*

45,4 rein] *gestrichen* des

45,4 f. sein kann und nicht controllieren] *aus* ist und nicht controllieren kann

45,5 Falschmünzerei] *aus* falsche Währung

45,6 goldensten] *gestrichen* ehrenvollsten

45,7 in ihr] *eingefügt*

45,7 f. Hier hatte es sich] *aus* Es hatte sich

45,10 aufgeschwemmte] *aus* aufgeschwemmten

45,15 abenteuerlich] *davor gestrichen* unglücklich

45,16 f. der alten höhern] *aus* der jetzt alten hohen

45,17 echten] *eingefügt am Rand*

45,17 in sich] *eingefügt*

45,19 solchen] *eingefügt*

45,19 und dass] *eingefügt*

45,20 Feld Marschälle] *aus* Marschälle

45,20 auch nur zu] *aus* selbst zu

46,2 triste] *aus* har<te>

46,2 selber] *eingefügt*

46,3 Diese] *gestrichen* Solche

46,3 hinreichen] *davor gestrichen* dafür

46,5 Offizieren] *davor gestrichen* diesen

46,6 erst recht] *eingefügt am Rand*

46,8 f. menschlich und landsmannschaftlich] *eingefügt*

46,9 denn] *davor gestrichen* – und

46,9 ihnen] *eingefügt*

46,10 Erhaltung.] *Fragezeichen in Schlusspunkt geändert.*

46,12 den] *gestrichen* noch

46,13 und überlieferter] *eingefügt am Rand*

46,13 und Gehalt] *eingefügt*

46,14 gewesen] *gestrichen und wieder geöffnet*

47,9 altehrwürdiger Auszeichnungen] *eingefügt am Rand*

47,10 einzureissen] *davor gestrichen* die ersten

47,17f. diese [...] meines Innern] *aus* meine [...] Verfassung

47,18 meines Innern] *danach gestrichen* Militärisch wie politisch gesprochen liess diese längst vorauszusehende Entscheidung einer gewissenhaften deutschen Staats und Kriegsführung überhaupt keine Wahl. Die geringen deutschen Truppen die aus Sizilien [*gestrichen und wieder geöffnet*] und den tyrrhenischen Inseln noch gerettet werden konnten, zuzüglich der in Italien selber zerstreuten Einheiten mussten mit Hilfe der auf diesem Punkte keineswegs ehrlos gesonnenen italienischen Regierung so schleunig und kräftig zurückgezogen werden wie am Ende des Weltkrieges die deutsche Falkenhaynarmee aus der kapitulierenden Türkei, die schwachen deutschen Flottenstreitkräfte [*aus* Flottenstreitkräfte deutschen] mussten sich durchschlagen, versenken oder [*gestrichen* flüchten] in neutralen Häfen annullieren, und dann stand [*eingefügt* es] dem Vergeltungsfeuer der politischen Phrase [*gestrichen* der] frei seine Beschimpfungen gegen den ausscheidenden Bundesgenossen so zu steigern und zu verpuffen wie das gegen das ausscheidende Österreich 1918 geschehen war. Keine solche Scheltrede konnte dem unglücklichen Lande, das in einen heillosen Krieg gegen seinen Willen hineingezwungen in ihm ungeheure Menschen und Materialverluste vergeblich gehäuft hatte, das Recht bestreiten, in dem Augenblicke Frieden zu schliessen, in dem es [*gestrichen* keinen] den Krieg fortzuführen nicht mehr vermochte. Es war eine schamlose Niedrigkeit, die in letzter Stunde beschlossene Rettungsaktion eines Oberkommandos das über keine vollständige Panzerdivision mehr verfügte, keine Landung verhindern, keinen Luftangriff mehr abwenden konnte, Städte und Land wehrlos der Rache eines rücksichtslosen Feindes preisgeben wusste, einen Verrat an [*aus* zu] Deutschland zu nennen. Ein Staatsvertrag und Militärtraktat, der von der letzten Not gebrochen wird, wird nicht gebrochen, er zerfällt von selber an der brennenden Logik des Unterganges und wenn Badoglio ein Verräter war so waren es 1813 [*aus* 1812] York und Friedrich Wilhelm und in der Leipziger Schlacht die Hilfstruppen der Rheinbundstaaten. Keine Nation gibt durch eine Allianzurkunde die letzten Reserven der nationalen Souveränetät aus der Hand, kraft deren sie selber bestimmt ob sie im Schlepptau eines untergehenden Alliierten [*gestrichen* selb<st>] mit zu Grunde gehen soll oder nicht, und die mutige Hand die in der Katastrophe das Tau kappt um sich schwimmend zu bergen wird [*aus* und] durch die gesamte politische Geschichte unseres Erdteils gerechtfertigt. Hitlers [*gestrichen* wütende] Unthat, die von einer solchen Figur zu erwartende, das unselige Land aller Wunder Herrlichkeiten und Heiligtümer Europas vogelfrei zu erklären, zum Kriegsschauplatze eines weiteren verlorenen Feldzugs zusammenzutreten und in seinem vergehenden schönen Leib [*aus* Leibe] sich lange genug ein zu krallen [*gestrichen* bis ers<t>] um das von ihm gepackte, sich täglich verringernde Stück auszurauben bis auf den Knochen, diese Unthat, eine der schändlichsten des grässlichen Menschen, ist militärisch mit dem Verluste Südrusslands und politisch mit der auf Jahrhunderte hinaus unstillbaren Todfeindschaft des letzten grossen europäischen Volkes bezahlt worden auf dessen Sympathien, zum Teil auf dessen Bewunderung, ein künftiges Deutschland noch hätte zurückgreifen können, sie ist von Niederlage zu Niederlage gegangen, hat zehntausende blühender deutscher Menschenleben unter die Ruinen weltberühmter Kulturstätten gebettet, die kein künftiges Auge mehr erblicken wird und den Gegner, den sie an einer Seitenfront zu »binden« vorgab, und der ihre Cordonstellungen eine nach der andern mit zusammengestoppelten Allerweltsarmeen, der buntscheckigsten Hilfstruppenarmee der Kriegsgeschichte, zusammenknackte, keine Einbusse gekostet, die seine gewaltigen Operationen im Norden und Süden Frankreichs beeinträchtigt oder verzögert hätten. Ich gedenke nicht zu verbergen und lasse mich nicht herab zu beschönigen oder zu verteidigen, dass ich dieser Entwickelung, dem blossen Bestehen der Schreckensthatsache eines »italienischen Kriegsschauplatzes« mit Grausen und Erbitterung mitangesehen habe, und zwischen den Trägern dieses nichtswürdigen Krieges – schuldigen, mitschuldigen, halbschuldigen, ja unschuldigen und mir selber das Tischtuch zerschnitten. Ich hatte die ganze deutsche Tradition, deren Fortsetzer ich selber durch meine Lebensarbeit gewesen bin, auf meiner Seite, die ganze deutsche Humanität und die ganze deutsche Politik des 19 Jahrhunderts, wenn ich der politischen und militärischen Entartung, die den deutschen Namen zum Scheusal gebildeter Völker machte das Recht auf meine Gesinnungen und meine Substanz, geschweige auf die Geltendmachung eines Pflichtenverhältnisses bestritt und mich und die Meinen unabhängig zwischen die Nationen verlegte. Ich habe meinen abgelaufenen deutschen Pass[388] nicht mehr verlängern [*gestrichen* la<ssen>] und es darauf ankommen lassen, ob ich ohne ein giltiges Ausweisdokument mich möglicherweise gefährden könne. Was ich wünschte und hoffte

47,19 zu dem Armee] *aus* zu dem die

47,20 schrittweise] *gestrichen davor* endlich

47,27 f. bei der unwiderruflichen] *aus* und die unwiderrufliche

47,28 Unterlegenheit] *danach gestrichen* als eine Phase [*eingefügt* auch] der deutschen Katastrophe für jeden nüchternen Blick erwiesen

48,6 aus der Hand gäbe] *aus* ausschlösse

48,9 so] *eingefügt*

48,9 Yorck] *aus* Jorck

48,10 bei] *davor gestrichen* in

48,13 mehr] *eingefügt*

48,14 Luftwaffe] *danach gestrichen* mehr

48,17 einzige] *aus* erste

48,19 selbst] *eingefügt*

49,8 seine Schuld nicht gewesen.] *danach gestrichen* Wenn der Tag gekommen sein wird, an dem die Dokumente der Waffenstillstandverhandlungen der geschichtlichen Forschung zugänglich werden, wird schwerlich mehr bezweifelt werden können, auf welcher Seite

49,13 praktisches] *eingefügt*

49,18 Kriegsgeschichte] *aus* militärischen Geschichte

49,24 f. in neutrale Häfen] *aus* der Mittelmeerhäfen

[388] Vgl. die Abb. S. 245–252.

49,26 roher Wut] *aus* vollster Roheit
49,26 als] *davor gestrichen* für
49,27 behandeln] *davor gestrichen* erklären
49,27 und eine Sperrfront] *davor gestrichen* sperrfrei
50,6 auswog] *aus* ausgewogen werden konnte
50,6 hielt] *davor gestrichen* schob
50,10 nur noch] *eingefügt*
50,11 vorgeblichen] *aus* angeblichen
50,14 gezeichnete] *davor gestrichen* widerwärtige
50,17 von nun ab] *eingefügt*
50,17 f. von Hitlers Joche] *aus* vom nationalsozialistischen Joche
51,4 der Promachie] *aus* des Philhellenen und
51,10 Usurpatoren] *aus* Con‹quistadoren› *Entzifferungshilfe von Marie Luise Borchardt am Rand*
51,11 deren kein Terror sie sicher machen könnte] *aus* deren selbst ihr Terror sie nicht sicher machen könnte
51,13 f. zwischen Tod und Leben stellen] *davor gestrichen* aufs Spiel setzen
51,14 f. jeder für die nationale Existenz Kämpfende] *aus* jeder Kämpfende für die nationale Existenz
51,17 Jahrhundert] *aus* Jahrt‹ausend›
52,9 wol halb verzagt halb trotzig] *aus* wol verzagt und trotzig
52,11 über […] Gott erbarm] *aus* wo dann Gott erbarm
52,16 einsam] *gestrichen* in einer fürchterlichen Einsamkeit
52,16 ehemalige preussische] *aus* preussische ehemalige
52,17 sich] *eingefügt*
52,18 abgewonnen] *davor gestrichen* sich
52,21 anzuerkennen] *aus* anerkennen
52,21 zu] *eingefügt*
52,22 darstellen] *gestrichen* sein
53,4 wol hätte] *aus* hätte wol
53,4 was] *davor gestrichen* um durch
53,8 und als Parteigänger gehandelt hat] *aus* gehandelt hat und als Parteigänger
53,11 der höchsten Leidenschaft] *davor gestrichen* dem symbolischen

53,16 sich versagt.] *danach gestrichen* Ich hätte unter anderen Umständen als denen des Krieges

53,23 bei] *aus* in

53,25 ausgezeichnete] *davor gestrichen* teure

53,26 f. mögliche politische] *eingefügt*

53,27 f. selbst nach seinem Ausscheiden] *gestrichen* Rücktritt vom Mini‹sterium›

53,29 sein nächster Freund] *eingefügt am Rand*

54,1 persönlich wolbekannt] *aus* wolbekannt persönlich

55,17 der] *aus* des

55,20 mit] *aus* in

55,22 Katastrophe] *davor gestrichen* geschichtlichen

56,1 gegenüber] *aus* über

56,3 am] *aus* im

56,7 Dinge] *davor gestrichen* solche

56,20 wechselnden ländlichen] *aus* ländlichen wechselnden

57,6 bei Monte San Quirico] *eingefügt am Rand*

57,7 deutschen] *gestrichen und wieder geöffnet*

57,10 unseres Ufers] *eingefügt am Rand*

57,20 vor Tisch] *eingefügt*

57,21 der] *aus* dem

57,21 hinausgetreten] *davor gestrichen* vor Tisch

58,1 also] *davor gestrichen* er

58,2 nervöse aufgeregte] *aus* aufgeregte nervöse

58,3 angeblich] *eingefügt*

58,6 sich eine Weile zu verlängern beliebt] *aus* eine Weile auszukosten beliebt

58,7 f. gewollt] *aus* gewü‹nscht›

58,8 Halbkrieger] *davor gestrichen* Krieger

58,10 an jenem Abend] *aus* jenen Abend *und* für jenen Abend

58,18 den] *davor gestrichen* auf

58,23 der] *aus* ihrer

59,15 der starren Pfauenaugen ihrer Eitelkeit] *aus* ihrer ausdrucksvollen Pfauenaugen

59,19 die harte Mutter, die kränkende Herrin] *eingefügt am Rand*
59,23 die sie suchend stammelte.] *eingefügt*
60,1 die grosse Rolle] *davor gestrichen* denn
60,3 neue] *eingefügt*
60,5 f. verzerrten Lächeln.] *danach verworfen* Das Objekt dieser Werbung war ein knabenhafter langer Mensch, unter normalen Umständen wenig mehr als examensreif, mit etwas degenerierten [*zu ergänzen* Zügen] [*aus* mit einem degenerierten Zuge] in dem farblosen kleinen Gesichte, das manchmal [*gestrichen* etwas] an ein verzogenes Mädchen und manchmal an einen übermüdeten Hysteriker gemahnen konnte, das manchmal widerwärtig war und für Augenblicke, im äussersten Gegensatze dazu, Kindisches und sogar Kindliches durchschimmern liess, und dann nicht missfiel. Man sah in ihm sofort das Produkt seiner Zeit, einen der unzähligen [*gestrichen* Unglück] einer lieblosen Generation, auf deren ursprünglich feine Anlage zu dringen vergebene Mühe war, denn sie war bis in die Wurzel verdorben und nie stark genug gewesen, ein Interesse zu tragen. Seine Art, bei zurückgeworfenem Kopfe unter halbgesenkten Augenlidern die Umgebung zu mustern, sein langsam ziehendes gleichgiltiges Hinwerfen von Worten, sein zähnefletschendes stummes Lächeln, seine ungezogen oder vielleicht nur unerzogen schlechte räkelnde Haltung waren die eines wenig beherrschten Menschen, den keine gute Gesellschaft gebildet und auf seine bescheidenen Ansprüche reduziert hatte. Meine zu seiner Linken [*aus* xxxxxxx] sitzende Frau, die ihm in den Pausen seiner Defensive gegen die Wirtin ihre Freundlichkeit widmete, konnte ihm wenig abgewinnen. Er war Deutschböhme, Prager, hatte dort promoviert und schon assistiert. Die Physiognomie hätte allerdings unter die subtileren slavischen gezählt werden können, oder mindestens an sie erinnern und das Widerspruchsvolle in ihr, die unbehagliche Maske, das Befangene in Gehaben und Gebahren, das [*aus* den] sich an die Stelle natürlicher Schlichtheit wol schon lange gesetzt haben mochte, stimmte recht wol zu diesem Mischvolke streitender Geblüte, dessen unstillbarer innerer Hader [*gestrichen* sich] den ganzen Erdteil zu zerreissen drohte. [*Gestrichen* Dazu stimmte] Daneben konnte das unreife und geradezu

grüne des Aplombs mit dem er bei Uns Allen [*aus* Allen Uns] die ihm selber eigene Überschätzung der sudetendeutschen Sublimität voraussetzte, doch nicht nur mit tolerantem Lächeln quittiert werden, denn es war darin etwas recht dreistes und hartes unverkennbar, und überhaupt dem Wesen des Menschen das Verstimmende eingeprägt, dass er auf seiner jugendlichen Stufe sich bereits zugekniffen und verstockt hatte, und der Entwickelung, durch die man zum Manne wird, durch irgend einen Defekt bereits verlustig gegangen. Dazu stimmte, dass wunderlicher Weise sein volles, zu lang getragenes Haar bereits ergraute, und so das für seine Jahre viel zu Unreife uns das vor den Jahren [*gestrichen* Gez<eichnete>] Alternde durcheinanderspielte, von einander flohen mit einander zankten, eine Harmonie nicht aufkommen liessen.

60,11 weil ihm die Sprachen dafür gefehlt hätten.] *aus* weil seiner Bildung die Sprachen fehlten.

60,15 er fand es nicht] *aus* fand er es nicht

60,16 Sudetendeutscher] *gestrichen* Deutschböhme

60,18 nach] *davor gestrichen* abe<rmaliger?>

60,19 über seine Heimat] *eingefügt*

61,1 jedenfalls habe er es nie gehört] *eingefügt*

61,2 gedehnte] *gestrichen* unbehagliche

61,5 jungen] *eingefügt*

61,7 sich] *eingefügt*

61,7 f. ärgerlichen] *gestrichen* verzerrten

61,8 konnte] *aus* konnten

61,9 etwa] *eingefügt*

61,10 dann] *eingefügt*

61,12 f. halb vorsichtig halb hart] *gestrichen* in wenig angenehmer Weise

61,14 war] *aus* ko<nnte>

61,23 Entwickelungsfähigkeit] *aus* Entwickelungsmöglichkeit

61,30 f. zu meiner] *aus* ein

62,1 Pastor] *davor gestrichen* der

62,12 der Unterhaltung] *aus* dem Ge<spräch>

62,12 jetzt] *eingefügt*

63,11 so hatte doch] *aus* so lag doch

63,17 sie] *eingefügt*
63,24 erschien] *aus* zeigte sich
63,26 es] *davor gestrichen* et<wa>
64,3 Er erzählte […] Königsberger Scheusslichkeiten gegen Juden] *aus*
Er erzählte wie er nach den Königsberger Scheusslichkeiten gegen die
Juden – der [*aus* als] politische<n> Frage an sich nicht vorgreifend –
64,7 etwas herausgenommen habe] *davor gestrichen* zu Schritten
64,7 zu] *aus* in
64,8–10 Ich vermied hier […] zu verhehlen] *aus* Ich vermied hier wie
immer der Uniform gegenüber, ohne meinen düsteren Ausblick auf die
Zukunft zu verhehlen
64,12 nur] *eingefügt*
65,3 nachzutragen] *gestrichen* anzumerken
65,4 bestand ich diese unvermeidlichen Berührungen] *aus* stand ich in
diesen unvermeidlichen Berührungen
65,5 von langer Hand festgelegten] *eingefügt am Rand*
66,1 Jahren] *gestrichen* undenklicher Zeit
66,1 italienische Domizile] *aus* italienisches Domizil
66,2 ganz ohne andere Interessen] *aus* ohne wesentlich andere Interessen
66,2 gerne] *gestrichen* grundsätzlich
66,3 amüsiert] *aus* amüsierte
66,6 f. des in den weltfremden Spezialforscher Verkleideten sei] *aus* des
[*gestrichen* verkleidet<en>] in den weltfremden Spezialforscher verkleideten RB sondern des Wirklichen sei
66,8 f. Mich für derzeit verschollen halten zu dürfen] *aus* Ich war glücklich mich für derzeit verschollen halten zu dürfen
66,10 bezauberte mich geradezu.] *eingefügt am Rand*
66,11 Es war umso leichter, als] *aus* Dazu trug bei, dass
67,1 in meiner ital. Umgebung] *gestrichen* in Italien *eingefügt am Rand*
67,3 erraten] *aus* raten
67,4 ausfüllen mochte] *aus* ausfüllte
67,12 dennoch] *aus* doch
67,15 war] *eingefügt*

67,15 selber] *davor gestrichen* w<ar?>
67,16 der] *aus* in die
68,2 Bei] *aus* Und bei
68,2 des] *aus* von der
68,2 f. Münchener] *gestrichen und wieder geöffnet*
68,3 der] *aus* von
68,3 f. unter den Papieren] *davor gestrichen* bei der Durchsuchung wie Haussuchungen
70,4 unter] *davor gestrichen* entw<?>
70,4 gehalten] *aus* gehalten hatte
70,7 italienische Staatshoheit] *aus* Staatshoheit italienische
70,10 Henkershelfer] *davor gestrichen* Nebe<xxxxxx>
71,2 der] *aus* die<ser>
71,10 das] *aus* dies
71,12 vor mich] *davor gestrichen* zu
71,17 ansah] *aus* et<xxx>
71,18 Messe,] *aus* Messe und
71,19 und von] *aus* und mit
71,23 christkatholischen] *davor gestrichen* kat<holischen>
71,24 Subordination] *gestrichen* Disziplin
71,25 Liebedienerei] *davor gestrichen* Rücksi<chtnahme>
71,26 der junge Mensch] *gestrichen* der Letztere
72,1 zurückgedrückt] *aus* zurückgeschlagen
72,3 zugegeben hätte] *aus* zu geben hätte
72,6 es] *aus* sie
72,19 organisierte] *aus* organisierten
72,19 dass er] *aus* dass ihm
74,1 den] *davor gestrichen* sich
74,2 Berliner] *eingefügt*
74,9 mit] *davor gestrichen* das
75,7 worüber] *aus* womit
75,19 die] *aus* diese
75,22 ihm] *davor gestrichen* der
76,13 Ziergarten] *davor gestrichen* Hau<sgarten>

76,22–24 Frau N […] hatte an den Geistlichen gedacht] *aus* Frau N hatte an den Geistlichen gedacht, auch sie war ausnahmsweise von den Vorgängen die ich hier nicht erschöpfen wollte, empört

76,28 auf] *davor gestrichen* dara‹uf›

77,4 mit betrübter und stummer Miene] *aus* mit betrübtem und besorgtem Gesicht

77,13 Wirten] *aus* Wirtin

77,15 mit leiser Stimme] *eingefügt*

78,1 wurde,] *aus* würde),

78,5 dem] *gestrichen und wieder geöffnet*

78,16 glaubte] *aus* glaubt

79,13 Schwager] *aus* Schwieger‹vater›

79,15 Augenblick] *danach Komma gestrichen*

79,19 nahm] *davor gestrichen* blieb

79,19 mit uns allen] *eingefügt*

79,27 hätte. Hätte] *in der Handschrift irrtümlich durch Zeilenbruch* hätte, Hätte

79,27 f. verschwiegen] *gestrichen* für sich behalten

80,3 die] *aus* diese

80,15 konnte] *aus* könnte

80,19 selber] *eingefügt*

80,20 wurde] *davor gestrichen Schreibansatz* bl‹xxx›

81,3 Serchioschlucht] *aus Schreibansatz* Sera‹valle?›

81,5 mitten durch die Luccheser Bodentafel] *aus* über die Luccheser Bodentafel

81,9 bis] *eingefügt*

81,14 Abfall zur See] *davor gestrichen* See

81,14 Widerstandskerne] *davor gestrichen* Widerst Nachhuts

81,18 zum Nachtessen zugesagt] *eingefügt am Rand*

82,1 eine hübsche alte Villa] *aus* ein hübsches altes Haus

82,4 zitterten] *davor gestrichen* aber

82,16 vorübergehen] *aus* vorüber

82,17 Freitreppe] *aus* freie Treppe

82,19 f. Ein längeres Gespräch […] wieder aussen zeigte.] *eingefügt am*

Blattrand oben

82,21f. den Pastor [...] im Vorbeigehen,] *aus* vorbeigehend sagte ich
dem dort an einem Tische schreibenden Pastor freundlich

83,5 Gegen die Nachtessensstunde hin] *aus* Kurz vor der Nachessens-
stunde

83,5 auf] *aus* vor

83,6f. eines meiner Kinder] *aus* einer meiner Söhne

83,8 Wenige Minuten darauf] *davor gestrichen* Dann

83,9 zur] *davor gestrichen* dort

83,19 Schlafzimmer] *davor gestrichen* Neben<zimmer>

83,20 umziehend] *aus* anziehend

83,27 heute] *aus* hier

84,10 persönliche] *im Text irrtümlich* persönlichen

84,16 unsere] *danach gestrichen* uneinnehmbaren

84,17 könnten oder] *eingefügt*

84,19f. ein toter Winkel wie] *eingefügt am Rand*

84,20 Stein] *aus* Sxxxx

84,26 darüber] *eingefügt*

84,29 wenn] *aus verschrieben* wennn

84,29 nützlich gemacht haben] *aus* nützlich machen

85,9 nur Italiener] *aus* Italiener nur

85,17 von dort] *eingefügt*

85,20 wol] *eingefügt am Rand*

85,23 erhalten habe] *aus* habe erhalten

85,25 einem] *davor gestrichen* nur dem

85,25 ausgeübten] *aus* ausgen

85,26 rein] *eingefügt*

86,1 worden wäre.] *aus* worden bin.

86,5 und] *eingefügt*

86,5 stehen.] *danach gestrichen*, und rief unten die Meinen aus der plau-
dernden Gesellschaft ins Haus.

86,5 Dörner] *aus* Hauptmann Dörner

86,6f. gutgewachsener] *aus* gel

86,7 von netter Haltung] *eingefügt am Rand*

86,7 mit] *aus* von

86,8 nicht gerade Garde] *davor gestrichen* der Typus

86,10 schon] *eingefügt*

86,13 geworden] *davor gestrichen* gemacht

86,13 f. Ich hatte […] human betragen hatte,] *durch Umstellung aus Zeile 17.*

86,14 den Airs] *davor gestrichen* seiner gemachten

86,16 f. Manier] *davor gestrichen* diese

86,17 Affektation] *aus* Affektationen

86,20 zweier] *eingefügt*

86,21 f. die Maschinerie einer] *aus* die schnöde Maschine dieser

86,23 kurz] *davor gestrichener Schreibansatz* tha<tsächlich>

87,1 im Radio] *davor gestrichen* mir

87,4 zu] *aus* be

87,5 unsere] *davor gestrichen* meine

87,7 anzurühren] *aus* anzutreiben

87,12 f. welcher […] werde ich noch sagen] *aus* ich erfuhr später und werde noch sagen, welcher allgemeinen Combination

88,3 zu stellen] *davor gestrichen* innerhalb von Stunden

88,5 abgelegenen] *eingefügt*

88,10 der] *aus* was

88,13 und] *in der Handschrift bei Zeilenbruch versehentlich* und und

88,22 hätte] *davor gestrichen* wäre

89,1 über] *eingefügt*

89,4 von Evacuierten überfüllten] *eingefügt am Rand*

89,4 f. Occupations Städte] *aus* occuppierten Städte

89,19 Diese Perspektive] *aus* Während diese Perspektive

89,21 f. über den Fortgang von Alexanders Angriff] *aus* vom Fortgang der Operationen Alexanders

89,30 Solange noch] *davor gestrichen* Hiezu musste ich mit ganz anderen Mitteln gezwungen werden

89,30 Solange noch ein einziger Ausweg war] *aus* Solange es noch einen einzigen Ausweg gab

89,31 um meine Freiheit durchzusetzen] *aus* um meine Freiheit gegen diese Schergen und seinen Büttel, zwei hirnverbrannte unreife Truppenoffiziere, zu verteidigen,

90,1 nicht mich] *aus* mich nicht

90,2 f. um sehr teure Preise] *aus* um den teuersten Preis

90,3 aus] *aus* doch

90,3–5 dankte ich [...] jener Manie der Unabhängigkeit] *mit Einfügung am Rand aus* dankte ich der absoluten Freiheit, der fast zur Raserei getriebenen Unabhängigkeits<manie>

90,9 harte Jahre] *aus* Jahre harte

90,17 keine] *in der Handschrift irrtümlich* keiner

91,9 f. Hofmannsthal] *davor gestrichen* einem

91,13 in] *eingefügt*

92,1 oder] *aus* aber

92,2 laut dem] *aus* nach dem

92,5 deutschen] *davor gestrichen* bankrotten

92,6 und Revers] *aus* und dieses ganze Revers

92,8 vielleicht] *davor gestrichen* meinem

92,17 sonst wo] *aus* sonstwie

92,22 f. und Ausgewanderter] *eingefügt am Seitenrand links*

Die Tagebuchaufzeichnungen von Corona Borchardt sind nur noch in Form eines photokopierten Typoskripts aus der Nachkriegszeit überliefert; die handschriftliche Vorlage gilt in der Familie einstweilen als verschollen. Dass es sich dabei um ein Heft mit teilweise lose einliegenden Blättern gehandelt hat, ist mündlich bezeugt; bei genauer Lektüre des Textes erwies sich, dass diese eingelegten Eintragungen vom späteren Abschreiber nicht immer an der chronologisch richtigen Stelle eingefügt wurden. Solche Vertauschungen sind, soweit das möglich war, durch die in eckigen Klammern ergänzten Daten richtiggestellt. Ihrerseits bietet diese Abschrift von der Hand Marie Luise Borchardts und Corona Borchardts spätere stilistische »Verbesserungen« des Textes, die hier unberücksichtigt geblieben sind; dennoch könnte sich aus Bemerkungen wie der S. 100 über die Hochzeit der Prinzessin Editha von Bayern mit Tino Brunetti vom 12. November 1946 die Möglichkeit ergeben, dass bereits in der Vorlage heute nicht mehr rekonstruierbare Ergänzungen vorgenommen wurden, die in das Typoskript eingingen. – Von den insgesamt einhundert Blättern des Typoskripts wird hier etwa die Hälfte wiedergegeben; die Einträge sind in sich ungekürzt. Leitendes Kritierium für die Auswahl bildeten dabei die zeitgeschichtlichen Eindrücke der Verfasserin. Beiseite geblieben sind demnach Lektüreschilderungen und zahlreiche private Erlebnisberichte aus der Welt der anglo-amerikanischen Besatzung. Rechtschreibung und Zeichensetzung werden, mit Ausnahme von erkennbaren Schreibversehen, bewahrt.

Borchardt, Vera, s. Rosenberg, Vera
Borchardt-Ehrmann, Caroline 73,
80, 359
Boris, Fiamma 183
Bose, Herbert von 69
Bourbon-Parma, Louis Prinz von 25
Bourbon-Parma, Maria Prinzessin
von 25
Boutourline, Lilly Contessa 201
Brauchitsch, Walther von 45
Bremer Presse (Verlag) 32, 321
Brewster (Familie) 207
Brewster, Elizabeth 109, 112 f., 125,
128, 136, 137, 138, 152, 155, 161, 167,
198
British Broadcasting Corporation
(»BBC«) 284
Broglio, Edita 75, 81 f., 164, 196,
198–200, 224 f., 292, 294
Broglio, Mario 75, 81 f., 164, 196,
198–200, 292, 294, 321, 351
Browning, Robert 207, 269
Bruce 201
Brunetti, Tito Tommaso 99, 121
Buber, Martin 34, 62
Bücheler, Franz 338 f.
Büchner, Fritz 68
Bulgarien, Boris III. König von 25
Bulgarien, Giovanna Königin von 25
Burckhardt, Carl J. 364
Burdach, Konrad 335
Bürgermeisteramt Steinach 377
Bürgermeisteramt Trins 377
Busiri-Vici v. Fraunberg, Benigna
97, 99, 153, 177, 376
Byron, George Gordon Noël Lord
207

Caesar, Gaius Julius 7, 9, 199, 263
Café Katzung, Innsbruck 236, 312
Calvi Conte di Bergolo, Giorgio
Carlo 25
Calvi Contessa di Bergolo, Jolanda
Margerita 25
Cappelletti, Ugo 258
Casati, Alessandro Conte 54
Casella, Luciano 258
Casoni, Gaetano 258
Castoldi, Agostino 30, 36, 58 f., 85
Castoldi, Agù, s. Lenzi Castoldi,
Giulia
Castoldi, Alberto 30, 36
Castoldi, Carlo 30, 36
Castoldi, Estella 10, 21 f., 26–36, 38 f.,
58–60, 62–63, 71, 75–80, 82, 85, 87,
166, 171, 179, 188, 191, 194–196, 200,
201, 216–223, 229 f., 263, 280, 285,
288, 290, 291, 294, 297 f., 321, 350,
372, 382 f., 384 f., 386, 387, 400, 401
Castoldi, Gianqualberto 30, 36
Castoldi, Giovanni Antonio 21 f., 30,
33, 166, 171, 179, 188, 191, 200
Castoldi, Giulia, s. Lenzi Castoldi,
Giulia
Castoldi, Maria Zelì 30, 40, 62, 75
Catullus, Valerius 273
Caturegli (Firma) 193
Cei Martini, Vincenzo 39
Cenami, Bartolomeo Conte 17
Cenami, Conti (Familie) 17
Chaplin, Charley 186
Chief of Allied Military Government
176
Churchill, Sir Winston 199, 269, 284
Ciano, Galeazzo Conte 263

Istituto Storico della Resistanza in
Toscana 256
Istituto Italiano di Studi Germanici,
Roma 70
Istituto Nazionale per la Storia del
Movimento di Liberazione in
Italia, Milano 256, 291
Istituto Storico della Resistanza in
Provincia di Lucca 256
Istituto Storico Lucchese, Lucca 377
Italien, Elena Königin von 25 f.
Italien, Umberto II. König von 24,
178, 267, 285, 322
Italien, Vittorio Emanuele III. König
von 24, 47, 267, 270, 276, 285

Jacoby, Yoram K. 64
Jaeger, Werner 54
Johannes XXII., s. Papst Johannes
XXII.
Johanniter-Orden 186
Jolanda Margherita Principessa
di Savoia, s. Calvi Contessa di
Bergolo, Jolanda Margerita
Jona, Ugo 257
Jung, Edgar J. 69
Jürgen 334
Justi, Carl 338 f.
Justic, Josefine 377

Kadecka, Ferdinand 362
Kaelter, David F. 64
Keats, John 207, 269
Keicher, Ulrich (Verlag) 37
Keiler, Oswald
Keitel, Wilhelm 45
Keppel-Trefusis, Violet 131

Kesselring, Albert 216
Kiel, Hanna 257
Kippenberg, Anton 60
Kirchhoff, Adolf 338 f.
Kleopatra 199, 273
Klett-Cotta (Verlag) 258, 376
Klinkhammer, Lutz 138, 255, 291, 377
Klio 353
Klotz, Landrat 326
Kluge, Hans Günther von 45
Knebelsberger, Leopold 305
Kölnische Zeitung 32
Korten, Lars 376
Kraft, Werner 42
Krebs, Gerhard 258
Kriegbaum, Friedrich 277
Krusche, Dorit 377

Lagorio, Lelio 256
Lampmann (Oberleutnant) 191
Landesfremdenverkehrsverband
Tirol-Vorarlberg, Innsbruck 320
Lapper, Herr 332
Lapper, Othmar 333
Laterza (Verlag) 273, 276
Le Lettere (Verlag) 18
Le Monnier (Verlag) 257
Leeb, Wilhelm Ritter von 392
Legnani, Massimo 304
Lenbach, Charlotte (»Lolo«) von 98
Lenbach, Franz von 98
Lenzi Castoldi, Giulia 30, 36, 40, 62,
75, 198, 200, 228, 285, 292, 295–298,
376
Leo Baeck Institut 64
Leo, Friedrich 281, 338 f.
Leyer, Hans 138

Schröder, Dora 236, 263, 310, 315, 316, 318, 319, 321, 326, 326–331, 337, 357, 361 f.
Schröder, Josef 255
Schröder, Rudolf Alexander 13, 18, 33, 43 f., 71, 73, 74, 188, 202, 236, 242, 244, 261, 262, 263, 273, 277, 278, 280, 281, 310, 311, 315, 312, 315, 318 f., 320, 321, 322, 326, 328–331, 332, 336, 337, 345, 357, 360, 361 f., 365, 369, 375
Schüler-Springorum, Stefanie 64
Schünemann, (Herr) 118
Schuster, Gerhard 12, 34, 44, 60, 62, 90, 97, 253, 284, 286, 298, 306, 345, 353, 357, 372
Schwarz (Hauptmann) 118
Schwarzmannseder (Leutnant) 35
Secker & Warburg (Verlag) 257
Seibt, Gustav 97, 377
Seng, Joachim 376
Sepp (Kind) 333
Sepp (Soldat) 295
Severino (Diener) 200, 219
Shakespeare, William 18, 349
Shaw, George Bernhard 364
Shelley, Percy Bysshe 207
Sigg 168
das silberboot (Zeitschrift) 74, 344
Simony, Henri-Reynald de 105, 108, 109, 112, 120 125, 127 f., 133, 134, 136, 137, 145, 152, 153, 158, 178
Simony, Immacolata de 376
Simony, Nicoletta de 97, 105, 140, 156, 166, 186
Smith (Familie) 207
Società Editrice Il Mulino 276
Söder, Gottfried 20, 44

Spanien, Alfons XIII. König von 25
Speer, Albert 59
Spinola, Gianluca Marchese 137
Stadtarchiv Innsbruck 309, 317, 377
Stadtarchiv Magdeburg 377
Stadtarchiv München 377
Stauffenberg, Claus Graf von 286
Steiner (Herr) 164, 182, 185
Steiner, Heinrich 164, 182, 185
Steiner, Herbert 66, 67, 91, 267, 268
Steinhäuslin, Carl 257
Stendhal d. i. Beyle, Marie-Henri 120, 152
Stifter, Adalbert 60, 290
Stockhausen, Gisele von 99, 103, 108, 111 f., 118, 128 f., 131, 136, 137, 166
Stonsdorf, Martin 20
Storm, Theodor 344
Strabon 8, 9
Strack, Hermann Leberecht 338 f.
Streiter (Herr) 356
Stucchi, Francesco 137
Studiengesellschaft für Zeitprobleme 257
Suhrkamp, Peter 278
Suhrkamp (Verlag) 42
Suhrkamp vorm. S. Fischer (Verlag) 277
Sulla, Lucius Cornelius 354
Swinburne, Algernon Charles 181

Tabucchi, Antonio 18
Tacitus, Publius Cornelius 273
Tealdi (Familie) 156, 210
Tenschert, Heribert 378
Tgahrt, Reinhard 36 f., 253, 376
Thackeray, Charles 181, 182, 183

422

Windisch-Graetz, Karl Prinz von 334, 357

Winifreth 333

Wirtschaftsamt, Innsbruck 326

Witzleben, Erwin von 45

Wolde, Ludwig 236, 244, 278, 316, 318, 335, 357, 360, 362

Wolf, Gerhard 103–105, 146, 212, 257

Woller, Hans 48, 255, 377

Xenophon 7, 8, 9, 10, 11, 322

Yorck von Wartenburg, Hans David Ludwig Graf 19, 48, 380, 395, 397

Zimmer, Heinrich 66

Zimmermann, Adolf 259

Zimmermann, Bernhard 7

Zimmeter-Treuherz, Franz 259

© für Rudolf Borchardts Text ›Anabasis‹ S. 17–93 und den Beitrag S. 207–244
bei Cornelius Borchardt,
für das Tagebuch von Corona Borchardt S. 97–203 bei Roberto Abbondanza,
für die Chronik 1943–1945 S. 253–408 und die Anmerkungen
bei Gerhard Schuster.

Der vorliegende Band erscheint im Sommer 2003
in zwei verschiedenen Ausgaben:
Für die Rudolf Borchardt-Gesellschaft e. V. München
als Band 9 ihrer Reihe ›Schriften der Rudolf Borchardt-Gesellschaft‹
in 500 Exemplaren,
gedruckt mit Unterstützung von Heribert Tenschert, Bibermühle,
und Ursula Haeusgen, München
Redaktion: Gerhard Schuster

Für Heribert Tenschert, Bibermühle,
der die wissenschaftliche Betreuung des Bandes durch das
Rudolf Borchardt Archiv in Rotthalmünster ermöglicht hat,
in 1000 Exemplaren als Supplement zur Ausgabe
von Rudolf Borchardts Gesammelten Briefen
in der Edition Tenschert im Carl Hanser Verlag,
München und Wien
ISBN Carl Hanser Verlag 3-446-20385-0

Den Satz in der Adobe Caslon von Caron Twombly 1990 nach
William Caslons Schnitt von 1725 eingerichtet,
den Druck auf 90 g Alster-Werkdruck der Firma Geese Papier besorgte
die Offizin Chr. Scheufele, Stuttgart. Die Leinenausgabe für
die Edition Tenschert bei Hanser und die broschierte Ausgabe für
die Rudolf Borchardt-Gesellschaft wurden gebunden
von der Großbuchbinderei G. Lachenmaier GmbH u. Co. KG.